# Soziales Gedächtnis, Erinnern und Vergessen – Memory Studies

**Herausgegeben von**
Dr. Oliver Dimbath, Universität Augsburg
Dr. Michael Heinlein, Ludwig-Maximilians-Universität München
Prof. Dr. Jörg Michael Kastl, PH Ludwigsburg
Dr. Nina Leonhard, Führungsakademie der Bundeswehr Hamburg
Dr. Marco Schmitt, Georg-August-Universität Göttingen
Dr. Gerd Sebald, Universität Erlangen-Nürnberg
PD Dr. Peter Wehling, Universität Augsburg

Nicole Burgermeister • Nicole Peter

# Intergenerationelle Erinnerung in der Schweiz

Zweiter Weltkrieg, Holocaust und Nationalsozialismus im Gespräch

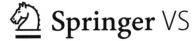

Nicole Burgermeister
Nicole Peter
Zürich, Schweiz

Die vorliegende Arbeit wurde von der Philosophischen Fakultät der Universität Zürich im Herbstsemester 2012 auf Antrag von Prof. Dr. Jakob Tanner und Prof. Dr. Peter-Ulrich Merz-Benz als Dissertation angenommen.

Diese Studie wurde gefördert und unterstützt durch den Schweizerischen Nationalfonds (SNF), den Marie Heim-Vögtlin-Beitrag des SNF, den Forschungskredit der Universität Zürich, dem Salomon David Steinberg-Stipendium sowie der Paul Schiller-Stiftung.

ISBN 978-3-658-03304-0      ISBN 978-3-658-03305-7 (eBook)
DOI 10.1007/978-3-658-03305-7

Die Deutsche Nationalbibliothek verzeichnet diese Publikation in der Deutschen Nationalbibliografie; detaillierte bibliografische Daten sind im Internet über http://dnb.d-nb.de abrufbar.

Springer VS
© Springer Fachmedien Wiesbaden 2014
Das Werk einschließlich aller seiner Teile ist urheberrechtlich geschützt. Jede Verwertung, die nicht ausdrücklich vom Urheberrechtsgesetz zugelassen ist, bedarf der vorherigen Zustimmung des Verlags. Das gilt insbesondere für Vervielfältigungen, Bearbeitungen, Übersetzungen, Mikroverfilmungen und die Einspeicherung und Verarbeitung in elektronischen Systemen.

Die Wiedergabe von Gebrauchsnamen, Handelsnamen, Warenbezeichnungen usw. in diesem Werk berechtigt auch ohne besondere Kennzeichnung nicht zu der Annahme, dass solche Namen im Sinne der Warenzeichen- und Markenschutz-Gesetzgebung als frei zu betrachten wären und daher von jedermann benutzt werden dürften.

*Lektorat:* Dr. Cori Antonia Mackrodt, Monika Kabas

Gedruckt auf säurefreiem und chlorfrei gebleichtem Papier

Springer VS ist eine Marke von Springer DE. Springer DE ist Teil der Fachverlagsgruppe Springer Science+Business Media.
www.springer-vs.de

# Vorwort und Dank

Die vorliegende Studie zur intergenerationellen Erinnerung an den Zweiten Weltkrieg in der Schweiz ist das Ergebnis einer langjährigen Zusammenarbeit zwischen einer Historikerin und einer Soziologin. Die Arbeit ist in den Jahren 2007 bis 2012 an der Forschungsstelle für Sozial- und Wirtschaftsgeschichte der Universität Zürich entstanden und ging aus einem durch uns initiierten und vom *Schweizerischen Nationalfonds (SNF)* geförderten Forschungsprojekt hervor. Es war uns ein Anliegen, entgegen der in den Geistes- und Sozialwissenschaften nach wie vor üblichen Vorgehensweise, unsere Dissertation gemeinsam zu schreiben und sie auch als Gemeinschaftswerk zu publizieren.

Unsere Arbeit entstand vor dem Hintergrund der in den 1990er Jahren erfolgten geschichtspolitischen Debatten um die Rolle der Schweiz während des Zweiten Weltkriegs und der damals erfolgten historischen Aufarbeitung durch die *Unabhängige Expertenkommission Schweiz – Zweiter Weltkrieg (UEK)*. Damit sich nicht wiederholt, was während der Jahre der nationalsozialistischen Herrschaft in Europa geschah, ist es unserer Meinung nach zentral, sich mit diesen historischen Ereignissen auseinanderzusetzen. Ebenso wichtig ist unseres Erachtens aber auch, dass wir als Forscherinnen uns dafür interessieren, wie in einer breiteren Bevölkerung Erinnerung und Auseinandersetzung mit dieser Epoche erfolgt und wie wissenschaftliche Vergangenheitsaufarbeitung rezipiert wird.

Unsere Arbeit wäre ohne die Unterstützung zahlreicher Personen und Institutionen nicht möglich gewesen. Ein ganz besonderer Dank gebührt unseren zweiundsiebzig Interviewpartnerinnen und Interviewpartnern. Mit ihrer Bereitschaft zur Teilnahme an einer der von uns zwischen 2008 und 2010 durchgeführten Gruppendiskussionen haben sie das Zustandekommen dieser Arbeit überhaupt erst ermöglicht. Danken möchten wir dem *Schweizerischen Nationalfonds (SNF)*, dem *Marie Heim-Vögtlin-Programm*, dem *Forschungskredit der Universität Zürich*, dem *Salomon David Steinberg-Stipendium* sowie der *Paul Schiller-Stiftung*. Sie alle haben es mit ihrer großzügigen Unterstützung ermöglicht, unser Forschungsprojekt durchzuführen und diese Dissertation konzentriert abzufassen. Der *Arbeitsgruppe Tiefenhermeneutik*, die uns über weite Strecken unseres Forschungsprojekts begleitet hat, danken wir herzlich für die intensiven, fruchtbaren und konstruktiven Diskussionen. Dafür, dass sie unserem Anliegen, eine gemeinsame, interdisziplinäre Dissertation zu verfassen, so offen gegenüber standen, sowie für zahlreiche Anregungen und wichtige Hinweise danken wir den Betreuern dieser Arbeit, dem Historiker Prof. Dr. Jakob Tanner und dem Soziologen Prof. Dr. Peter-Ulrich Merz-Benz, sowie dem Sozialpsychologen Prof. Dr. Harald Welzer, der uns bei der Initiierung des Projekts unterstützt hat. Cori Antonia Mackrodt und Monika Kabas vom Verlag Springer VS danken wir für die Geduld und die freundliche Begleitung.

Bedanken möchten wir uns auch bei all jenen, die uns in fachlicher, sachlicher und emotionaler Weise unterstützt haben, im Bewusstsein, dass Forschen stets auch ein gemeinschaftliches Unterfangen ist, das über Austausch, Dialog und Konflikt überhaupt erst jene Lebendigkeit erhält, die das Entdecken von Neuem möglich macht. Mit besonders herzlichem Dank hervorheben möchten wir dabei Lars Breuer, Christina Caprez, Lukas Germann, Ursula Germann, Ingrid Feigl, Alexander Hasgall, Patrick Hirschi, Mariska Keller, Monika Leuzinger, Andrea Notroff, Ernst Peter, Katharina Peter, Ron Peter, Mirjam Pulver, Anja Suter, Bernhard Schär, Vera Sperisen, Sebastian Winter und Rebekka Wyler. Sie haben uns während des Entstehungsprozesses dieser Arbeit begleitet, uns bei der Konzeptualisierung der Arbeit unterstützt, Teile des Manuskripts oder die ganze Arbeit gelesen und mit ihren Hinweisen und Ratschlägen, mit ihrer Kritik und ihrem Lob dazu beigetragen, dass wir die vorliegende Studie zu einem guten Abschluss bringen konnten.

Nicole Burgermeister und Nicole Peter

# Inhaltsverzeichnis

Einleitung ........................................................................................... 11

**1 Historische Perspektiven und methodischer Bezugsrahmen ............... 19**
    1.1    Erinnerungskulturen ........................................................................ 19
             1.1.1    Historiographische Konzepte –
                        Geschichte oder Gedächtnis ........................................ 22
             1.1.2    Perspektiven auf gegenwärtige Erinnerungskulturen .......... 24
    1.2    Intergenerationell zusammengesetzte Gruppendiskussionen ........... 32
             1.2.1    Erhebungsverfahren ................................................... 40
             1.2.2    Analyseverfahren ....................................................... 50

**2 Erinnerungskulturelle Konjunkturen in der Schweiz
    seit Mitte der 1940er Jahre ........................................................... 59**
    2.1    Erinnerungskulturen während und nach Ende des Kalten Krieges ... 60
    2.2    Alles unter Kontrolle? – die 1950er Jahre ....................................... 62
    2.3    Sand im Getriebe und geschichtsbildskeptische
           Gegenerinnerungen – die 1960er Jahre ........................................ 65
    2.4    Ein verlorenes Jahrzehnt? – die 1970er Jahre ................................. 72
    2.5    Action – in den 1980er Jahren ....................................................... 77
    2.6    Erosion patriotischer Gedächtnisse und
           Holocaust-Erinnerung seit den 1990er Jahren .............................. 86
    2.7    Fazit .......................................................................................... 105

**3 Intergenerationell zusammengesetzte Gruppendiskussionen
    als Erinnerungsräume ................................................................. 109**
    3.1    Kommunikative Vergegenwärtigung von
           Vergangenheit in der Familie ...................................................... 111
             3.1.1    Der Zweite Weltkrieg – (k)ein Familienthema? ............ 112

|  |  | 3.1.2 | Familienbanden – Kontinuitäten, Divergenzen und Konflikte ................................................. 114 |
|---|---|---|---|

        3.1.2  Familienbanden – Kontinuitäten,
              Divergenzen und Konflikte ................................................. 114
        3.1.3  Familien – Heterogene Erinnerungsräume ....................... 118
3.2  Vielfältige Bezugsorte: Zur Bedeutung von
      Schule, Fernsehen, Buch und Co. .................................................... 122
      3.2.1  In der Schule gelernt ........................................................... 125
      3.2.2  Auf der Leinwand verfolgt ................................................. 127
      3.2.3  Vor Ort besucht .................................................................. 133
      3.2.4  In Büchern gelesen ............................................................. 135
3.3  Generation als Gedächtniskategorie ............................................... 139
      3.3.1  Generationell erinnern? ...................................................... 140
      3.3.2  Generation als argumentative Selbst- und
             Fremdthematisierungsformel .............................................. 142
3.4  Gruppendiskussionen als gemeinsame soziale Praxis –
      die Rolle der Interviewerinnen ....................................................... 149
      3.4.1  Treuhänderinnen gelebter Geschichte ............................... 150
      3.4.2  Repräsentantinnen der UEK .............................................. 152
3.5  Fazit ................................................................................................ 155

**4  Umkämpfte Erinnerung – Divergenzen und
Konvergenzen im kommunikativen Erinnern ................................... 157**
4.1  Einblicke ins gegenwärtige Erinnerungsgeschehen ...................... 158
      4.1.1  Divergierende Erinnerungen in
             den Gruppendiskussionen .................................................. 158
      4.1.2  Gemeinsamkeiten im kommunikativen Erinnern .............. 173
4.2  Die 1990er-Jahre-Debatten im Nacken:
      Aktuelle Modi des Vergangenheitsbezugs ..................................... 177
      4.2.1  Linke und Rechte Erinnerung:
             Polarisierender Erinnerungsmodus .................................... 178
      4.2.2  Um Ausgleich bedacht:
             Komplementärer Erinnerungsmodus .................................. 185
      4.2.3  Viel Lärm um wenig:
             Metathematisierender Erinnerungsmodus ......................... 193
4.3  Fazit ................................................................................................ 199

**5  Mitten im Abseits – Bilder und Vorstellungen zur
Schweiz während des Zweiten Weltkriegs ........................................ 201**
5.1  Vorstellungen zur Situation der Bevölkerung im Krieg ................ 202
      5.1.1  Erfahrungen und Erzählungen ........................................... 203

|   |   | 5.1.2 | Vergangenheitskonstruktion im intergenerationellen Dialog | 209 |
|---|---|---|---|---|

- 5.1.2 Vergangenheitskonstruktion im intergenerationellen Dialog .................. 209
- 5.1.3 Instrumentalisierte Erinnerungen .................. 211
- 5.2 Die Schweiz in Europa .................. 216
  - 5.2.1 Die Schweiz als Insel .................. 217
  - 5.2.2 Umstrittene Neutralität .................. 221
- 5.3 «Flüchtlinge» und «humanitäre Tradition» .................. 227
  - 5.3.1 «Angst» und «Not» als Argument .................. 231
  - 5.3.2 Die Hilfsbereitschaft der Bevölkerung als Argument .................. 235
  - 5.3.3 Antisemitismus in den Gruppendiskussionen .................. 239
- 5.4 Vom Holocaust in der Schweiz .................. 244
  - 5.4.1 Ein Genozid unter vielen .................. 246
  - 5.4.2 Ein- und Auslagerungen in den Gruppendiskussionen .................. 250
  - 5.4.3 Ein zu dunkles Kapitel? .................. 257
- 5.5 Fazit .................. 265

**6 Der Zweite Weltkrieg: (K)Eine Gebrauchsgeschichte? .................. 269**
- 6.1 Vom Exempel zum Memento .................. 270
- 6.2 Von eingeschränkten Partizipationen .................. 272
  - 6.2.1 Geschichte für eine kleine Minderheit .................. 273
- 6.3 Die Vergangenheit in der Gegenwart .................. 276
  - 6.3.1 Vergangenheit abschließen .................. 277
  - 6.3.2 Gegenwart und Zukunft im Blick .................. 280
- 6.4 Schuld(ig) sein? .................. 283
  - 6.4.1 Die neue internationale Moral .................. 284
  - 6.4.2 Ein Imperativ in der Kritik .................. 285
- 6.5 Was tun? .................. 293
- 6.6 Fazit .................. 297

Schluss .................. 299

Bibliographie .................. 313

Literatur .................. 317

Anhang .................. 337

# Einleitung

> «*Aber wozu dann das Ganze, die Erinnerung, die Geschichte, der Kampf um das Gedächtnis.*»[1]
> Aus dem Theaterstück *Zwanzigtausend Seiten* von Lukas Bärfuss, 2012

«*Wozu das Ganze*», lässt der Autor und Dramaturg Lukas Bärfuss seine jugendliche Hauptfigur Tony gegen Ende des Stücks *Zwanzigtausend Seiten* fragen. Wozu «*die Erinnerung, die Geschichte, der Kampf um das Gedächtnis*», ist die zentrale Frage, die der Autor in seiner Satire auf die Geschichtsvergessenheit an das Publikum richtet. Inszeniert von Lars-Ole Walburg und uraufgeführt am 2. Februar 2012 im Schiffbau – der Dependance des Zürcher Schauspielhauses – spielt *Zwanzigtausend Seiten* an auf die fünfundzwanzig Bände oder eben die etwa zwanzigtausend Seiten umfassende Arbeit einer staatlich eingesetzten Historikerkommission, die sich mit der schweizerischen Politik, Wirtschaft und Gesellschaft der Schweiz während der Zeit des Nationalsozialismus und des Zweiten Weltkrieges befasst hat. In dramatischem Kontrast zu ihrem monumentalen Ausmaß nimmt sich Jahre später, so will es uns der Autor glauben machen, deren gesellschaftliche Relevanz bescheiden aus: Niemand scheint sich für diese Aufarbeitung zu interessieren; im Stück von Bärfuss vermodert die einzige noch erhalten gebliebene Ausgabe mitsamt ihrem Hüter in einer entlegenen Waldhütte.

Zehn Jahre nach Erscheinen des *Schlussberichts der Unabhängigen Expertenkommission Schweiz – Zweiter Weltkrieg* wirkt Lukas Bärfuss' Kommentar zum Effekt der bislang wohl aufwändigsten Vergangenheitsaufarbeitungen ernüchternd. Ist die Arbeit der Expertenkommission tatsächlich vergessen gegangen und wirkungslos geblieben? Bevor wir auf diese Fragen eingehen, werfen wir einen Blick zurück, und stellen die Frage, wie es überhaupt zu dieser Vergangenheitsaufarbeitung kam.

---

1 Bärfuss, Lukas: Zwanzigtausend Seiten, in: Ders.: Malaga, Parzival, Zwanzigtausend Seiten. Stücke, Göttingen 2012, S. 191.

## WWII reloaded

Mit dem Ende des Kalten Krieges Ende der 1980er Jahre und damit dem Ende der globale Herrschaftsinteressen stabilisierenden Ost-West-Dichotomie erhielt das Thema *Zweiter Weltkrieg* auch in der Schweiz neue Brisanz: Vor dem Hintergrund eines transnationalen erinnerungskulturellen Wandels, im Rahmen dessen die Erinnerung an den Holocaust nicht nur zur Referenz weltweiten Gedenkens und Aufarbeitens, sondern ex negativo auch zum Orientierungspunkt künftigen Zusammenlebens in Europa wurde,[2] erwies es sich zunehmend als anachronistisch, die Schweiz weiterhin als europäischen Sonderfall und den Zweiten Weltkrieg als erfolgreich bestandene Bewährungsprobe darzustellen. Medial aufbereitet mit Schlagworten wie *Nachrichtenlose Vermögen* und *Nazigold* sah sich die Schweiz Mitte der 1990er Jahre vom Ausland her konfrontiert mit heftiger Kritik an ihrer Rolle während des Zweiten Weltkrieges. Diese Kritik stellte das während Jahrzehnten gepflegte Geschichtsbild der heroischen Widerstandsnation grundlegend in Frage. Kontroversen um Vermögen von Opfern des Nationalsozialismus auf Schweizer Banken, Goldtransaktionen zwischen der Schweizerischen Nationalbank und NS-Deutschland, wirtschaftliche Verflechtungen und die antisemitische Flüchtlingspolitik entbrannten, primär ausgelöst durch äußeren Druck, der zunehmend auch finanzielle Folgen zu zeitigen drohte. Als «*Bystander*» der nationalsozialistischen Verfolgungs- und Vernichtungspolitik, wie es der Historiker Raul Hilberg formulierte,[3] konnte sich nunmehr auch ein so genannt neutrales Land wie die Schweiz der Auseinandersetzung mit Fragen hinsichtlich Mitverantwortung und Mitschuld am Leiden der verfolgten Jüdinnen und Juden und insgesamt seiner Rolle während der Jahre 1933 bis 1945 nicht länger entziehen.

Eine direkte Auswirkung der zur vergangenheitspolitischen Kontroverse transformierten juristischen Anfrage an Schweizerische Bankinstitute zu nachrichtenlos gebliebenen jüdischen Vermögenswerten durch amerikanische Anwälte war die erwähnte und staatlich in Auftrag gegebene Aufarbeitung der Rolle der Schweiz während Nationalsozialismus und Krieg. Per Bundesbeschluss bewilligten am 13. Dezember 1996 Parlament und Regierung eine *Unabhängige Expertenkommission Schweiz – Zweiter Weltkrieg (UEK)*. Mit dem Bundesratsbeschluss

---

2  Vgl. dazu etwa Levy, Daniel; Sznaider, Natan: Erinnerung im globalen Zeitalter: Der Holocaust, Frankfurt a. M. 2001. Eckel, Jan; Moisel, Claudia (Hg.): Universalisierung des Holocaust? Erinnerungskultur und Geschichtspolitik in internationaler Perspektive, Göttingen 2008. Karlsson, Klas-Göran; Zander, Ulf (Hg.): Echoes of the Holocaust: Historical Cultures in Contemporary Europe, Lund 2003.

3  Vgl. Hilberg, Raul: Täter, Opfer, Zuschauer: Die Vernichtung der Juden 1933-1945, Frankfurt a. M. 1992. In diesem Werk problematisiert Raul Hilberg nicht nur die Rolle der Opfer und Täter, sondern auch jene der scheinbar unbeteiligten Zuschauer, die von der Verfolgung und Ermordung der europäischen Juden und Jüdinnen profitiert haben.

vom 19. Dezember 1996 wurde eine international zusammengesetzte Kommission aus HistorikerInnen und JuristInnen bestimmt, der Wladislaw Bartoszewski, Saul Friedländer, Harold James, Georg Kreis, Sybil Milton, Jacques Picard, Jakob Tanner und Joseph Voyame angehörten. Versehen mit einem umfassenden Archivprivileg und ausgestattet mit einem beachtlichen Budget von 22 Millionen Franken, wurde diese Kommission unter dem Vorsitz von Jean-François Bergier damit beauftragt, innerhalb der folgenden fünf Jahre historisch-rechtlich die *Schatten* der jüngsten Landesgeschichte aufzuarbeiten. Die Emotionalität, mit der auf die Einsetzung der in der Öffentlichkeit als *Bergier-Kommission* bekannt gewordenen *UEK* reagiert wurde, ließ vermuten, dass es um weit mehr als die Klärung historischer Sachverhalte ging: Zur Debatte stand vielmehr ein historisches Narrativ, das während Jahrzehnten Anknüpfungspunkt nationaler Identifikation und kollektiver Sinnstiftung war.

Umso auffallender war demgegenüber die Indifferenz, mit der den 2001 und 2002 veröffentlichten Forschungsergebnissen (25 Bände und ein zusammenfassender Schlussbericht) in der politischen Öffentlichkeit begegnet wurde. So wird zwar in der geschichtswissenschaftlichen Literatur mit Blick auf diese Vergangenheitsaufarbeitung von einem grundlegenden Wandel des Geschichtsbildes ausgegangen – empirische Untersuchungen dazu gibt es hingegen kaum. Die Frage, inwiefern der in der Öffentlichkeit feststellbare erinnerungskulturelle Wandel, der die patriotische durch eine transnationale, auf den Holocaust fokussierte Weltkriegserinnerung ablöste, auch in der breiten Bevölkerung Fuß gefasst hat, wurde bisher nicht ins Blickfeld gerückt. Der Historiker Georg Kreis äußerte sich 2004 im Rückblick auf die Rezeption der Forschungsarbeiten jedenfalls skeptisch: Die Geschichtswissenschaft hätte, so Kreis, ihr *«Rendez-vous mit der Weltgeschichte»* gehabt; *«Die Mehrheit der schweizerischen Gesellschaft dürfte es dagegen verpasst haben.»*[4]

## Fragestellung und Erkenntnisinteressen

Auf eine fundierte empirische Grundlage konnten sich diese und ähnliche Einschätzungen nicht abstützen. Mit dieser Studie tragen wir dazu bei, die Frage zu klären, wie heute, d.h. bald zwei Dekaden nach Abklingen der jüngsten geschichtspolitischen Debatten um die Rolle der Schweiz während Nationalsozialismus und Krieg, diese historischen Ereignisse in der Bevölkerung erinnert und

---

4  Kreis, Georg: Das verpasste Rendez-vous mit der Weltgeschichte, in: Schweizerische Zeitschrift für Geschichte, 54, 2004, S. 327. Ebenfalls pessimistisch Furrer, Markus: Die Schweiz im Kopf. Wie Schülerinnen und Schüler Schweizer Geschichte erinnern, in: Jahrbuch der internationalen Gesellschaft für Geschichtsdidaktik, 2010, S. 171.

vergegenwärtigt werden. Im Rahmen der vorliegenden Arbeit erörtern wir, wie die aus diesen Debatten erwachsenen Nachforschungen der *UEK* sowie die damit einhergehenden öffentlich geführten Auseinandersetzungen in der Bevölkerung rezipiert werden und gehen der Frage nach, wie und auf welche Weise sich der behauptete erinnerungskulturelle Wandel seit den 1990er Jahren bei Personen verschiedener Altersgruppen und mit unterschiedlichem sozialem und politischem Hintergrund zeigt. Von Interesse ist mit andern Worten also, in welcher Weise öffentliche Debatten Einfluss auf die private Kommunikation haben und welche Mechanismen im Rahmen erinnerungskultureller Wandlungsprozesse zu beobachten sind.

Unsere Studie basiert auf zwanzig intergenerationell zusammengesetzten Gruppendiskussionen mit insgesamt zweiundsiebzig Teilnehmerinnen und Teilnehmern, die wir zwischen Dezember 2007 und September 2009 in verschiedenen städtischen und ländlichen Gegenden der deutschsprachigen Schweiz durchgeführt und mittels rekonstruktiv verfahrender Ansätze aus der *Qualitativen Sozialforschung* analysiert haben.

In dieser Arbeit gehen wir aus von Forschungsarbeiten, die der Sozialpsychologe Harald Welzer und sein Team zum *Kommunikativen Gedächtnis* sowie zur *Intergenerationellen Tradierung von Geschichtsbewusstsein* durchgeführt haben und die, ausgehend von Deutschland, in den vergangenen Jahren zunehmend auch in anderen europäischen Ländern getätigt werden.[5] Die aus diesen Untersuchungen gewonnenen Resultate haben gezeigt, dass die Bedeutung der Weitergabe von Vergangenheitsvorstellungen, etwa im intergenerationellen Dialog in der Familie, bisher gegenüber dem Effekt pädagogischer Wissensvermittlung erheblich unterschätzt wurde und dass öffentliches Gedenken und private Erinnerungspraxis mitunter erheblich divergieren können. Zur erinnerungskulturellen Situation in der Schweiz existieren inzwischen zwar verschiedene Oral History Studien, welche die Erinnerungen von ZeitzeugInnen an den Zweiten Weltkrieg

---

5  Studien zur Tradierung von Erinnerungen an die Zeit des Zweiten Weltkrieges wurden u.a. in Deutschland, in Norwegen, Dänemark, Holland, Luxemburg und Großbritannien durchgeführt. Zu Deutschland vgl. Welzer, Harald; Moller, Sabine; Tschuggnall, Karoline: Opa war kein Nazi: Nationalsozialismus und Holocaust im Familiengedächtnis, Frankfurt a. M.: Fischer Taschenbuch Verlag 2002; Jensen, Olaf: Geschichte machen. Strukturmerkmale des intergenerationellen Sprechens über die NS-Vergangenheit in deutschen Familien, Tübingen 2004; zur intergenerationellen Erinnerung in verschiedenen Ländern vgl. u.a. Welzer, Harald (Hg.): Der Krieg der Erinnerung: Holocaust, Kollaboration und Widerstand im europäischen Gedächtnis, Frankfurt a. M. 2007; Boesen, Elisabeth; Lentz, Fabienne; Margue, Michel; Scuto, Denis; Wagener, René (Hg.): Peripheral Memories. Public and Private Forms of Experiencing and Narrating the Past. Bielefeld 2012; McKay, Tom: A Multi-Generational Oral History Study considering English Collective Memory of the Second World War and Holocaust. Unveröffentlichte Dissertation, University of Leicester 2012.

untersucht haben.⁶ Kommunikative Erinnerungsprozesse innerhalb breiterer Bevölkerungskreise und verschiedener Altersgruppen wurden bisher allerdings nicht untersucht. Die vorliegende Arbeit nimmt deshalb das Erinnerungsgeschehen, wie es sich in den von uns durchgeführten Gruppendiskussionen zeigt, genauer in den Blick: Sie rekonstruiert, wie im intergenerationellen Dialog Bilder und Vorstellungen von der Zeit des Zweiten Weltkrieges verfertigt werden. Das Erkenntnisinteresse liegt daher auf der Rekonstruktion kollektiver Deutungs- und Sinnbildungsprozesse im Spannungsfeld von biographischer Erinnerung, kulturellem Gedächtnis und Geschichtswissenschaft. Von Interesse sind dabei auch die Frage nach (allfälligen) generations- und milieuspezifischen Aneignungsprozessen von Erinnerung, sowie nach der Bedeutung von Geschichtsbildern und Vergangenheitsvorstellungen für die Wahrnehmung von aktuellen gesellschaftlichen Entwicklungen, die Herausbildung nationaler, lokaler und transnationaler Erinnerungsräume und damit einhergehender Selbst- und Fremdzuschreibungen.

*Erinnerung* und *Gedächtnis* sind im Laufe der vergangenen zwei Jahrzehnte gerade in der Auseinandersetzung mit Nationalsozialismus und Holocaust zu einem populären Diskussionsgegenstand in der Öffentlichkeit, aber auch in den Geistes- und Kulturwissenschaften geworden, einhergehend mit einer nicht nur in Deutschland, sondern auch in andern in den Zweiten Weltkrieg involvierten Ländern zu beobachtenden «*neuen Ära des Generationendiskurses*» sowie einer «*Wiederentdeckung der Familienbande*».⁷ Insofern ist unsere Studie angesiedelt in einem höchst dynamischen erinnerungskulturellen Geschehen und rasant sich entwickelnden Forschungsumfeld. Wissenschaftliche, öffentliche, staatliche und politische Akteure wirken mit; ferner spielen unterschiedliche Interessenskonstellationen, Konkurrenz- und Machtverhältnisse eine zentrale Rolle.

**Aufbau**

Das auf der Grundlage der von uns erhobenen Gruppendiskussionen rekonstruierte Erinnerungsgeschehen beleuchten wir in den verschiedenen Kapiteln dieser Arbeit mit je unterschiedlichem Fokus und aus je unterschiedlicher Perspektive. Fokussieren wir in den einen Kapiteln auf die Darstellung und Auseinanderset-

---

6   Dejung, Christof; Gull, Thomas; Wirz, Tanja: Landigeist und Judenstempel: Erinnerungen einer Generation 1930-1945, Zürich 2002; Dejung, Christof: Aktivdienst und Geschlechterordnung: Eine Kultur- und Alltagsgeschichte des Militärdienstes in der Schweiz 1939-1945, Zürich 2006; Spuhler, Gregor; Chiquet Simone; Trüeb, Kuno (Hg.): Vielstimmiges Gedächtnis. Beiträge zur Oral History, Zürich 1994.

7   Weigel, Sigrid: Familienbande, Phantome und die Vergangenheitspolitik des Generationendiskurses. Abwehr von und Sehnsucht nach Herkunft, in: Jureit, Ulrike; Wildt, Michael (Hg.): Generationen: Zur Relevanz eines wissenschaftlichen Grundbegriffs, Hamburg 2005, S. 108-126.

zung mit der Heterogenität des Materials, steht in anderen die Analyse wiederkehrender erinnerungskultureller Phänomene (etwa unterschiedlicher Modi des Vergangenheitsbezugs) im Vordergrund. Ziel dieses Vorgehens ist die möglichst vielschichtige Beschreibung gegenwärtigen kommunikativen Erinnerungsgeschehens.

Im ersten Kapitel werden die für unseren Forschungs- und Arbeitsprozess zentralen geschichts- und sozialwissenschaftlichen Perspektiven dargestellt und erläutert. Dabei werden wir unsere theoretische und methodische Zugangsweise vor dem Hintergrund aktueller theoretischer Auseinandersetzungen zu *Erinnerung* und *Gedächtnis* erörtern, die Möglichkeiten einer explizit historiographischen Perspektive im Kontext einer stark kulturwissenschaftlich geprägten Forschungsdiskussion beleuchten und dabei auch das für unsere Erkenntnisinteressen attraktive Konzept *Erinnerungskulturen* vorstellen. Weiter werden wir auf unsere Quellengrundlage – intergenerationell zusammengesetzte Gruppendiskussionen mit Familien – eingehen. Such-, Auswahl- und Erhebungsverfahren werden beschrieben sowie das von uns entwickelte mehrstufige Analyseverfahren dargestellt und erläutert.

Im zweiten Kapitel werden die Studie und die darin verfolgten Erkenntnisinteressen und Fragestellungen in ihrem erinnerungskulturellen Kontext historisch situiert. Dies machen wir, indem wir die erinnerungskonjunkturellen Entwicklungen seit dem Ende des Zweiten Weltkrieges in der Schweiz überblicken, hierbei Platz und Beiträge der geschichtswissenschaftlichen Forschung beleuchten und aktuelle Forschungsbestrebungen und -diskussionen aufgreifen.

Die Gruppendiskussion als Erinnerungsraum steht im dritten Kapitel im Zentrum. Es wird gezeigt, wie in diesen Erinnerungsräumen unterschiedliche Perspektiven und Wissensformationen – mitunter konflikthaft – aufeinandertreffen, und dargelegt, welche Bedeutung dabei insbesondere den Faktoren *Familie, Generation,* verschiedenen *Medien* sowie *unserer eigenen Partizipation* als Interviewerinnen und Forscherinnen innerhalb der Gruppendiskussionen und des dortigen Erinnerungsgeschehens zukommt.

Anhand von vier ausgewählten Gruppendiskussionen wird im vierten Kapitel zunächst dargestellt, wie unterschiedlich sich die von uns in einem ersten Teil bewusst offen durchgeführten Gruppendiskussionen gestalten und wie die von den Interviewteilnehmerinnen und Interviewteilnehmern gesetzten thematischen Relevanz- und Schwerpunktsetzungen variieren. Inwiefern die vor dem Hintergrund des Holocausterinnerungsparadigmas in den 1990er Jahren erfolgten Kontroversen um die Rolle der Schweiz während des Zweiten Weltkrieges in den erhobenen Interviews wichtiger Bezugspunkt der Auseinandersetzung sind, wird in diesem Kapitel thematisiert. Und ebenso wird schließlich erläutert, inwiefern sich trotz Pluralität an Bezugnahmen auf den Zweiten Weltkrieg in den Gruppendiskussionen wiederkehrende thematische Interessensschwerpunkte, Erinnerungsstrategien und -rhetoriken zeigen, die den neuen Erinnerungsparadigmata in polarisierender, komplementärer oder metathematisierender Weise gegenüberstehen.

Kapitel fünf hat die verschiedenen Bilder und Narrative, welche unsere Interviewteilnehmerinnen und -teilnehmer von der Schweiz und ihrer Rolle während des Zweiten Weltkrieges zeichnen, zum Gegenstand. Vorstellungen zur damaligen wirtschaftlichen und politischen Situation des Landes und zum Alltag der Bevölkerung werden dabei ebenso beleuchtet wie die in den Gruppendiskussionen breit stattfindende Auseinandersetzung mit der Flüchtlingsthematik, einem auch in den Debatten der 1990er Jahre zentralen Verhandlungsgegenstand. Außerdem werden wir darlegen, wie in diesem Zusammenhang der Holocaust repräsentiert ist und inwiefern die Schweiz zur nationalsozialistischen Verfolgungs- und Vernichtungspolitik überhaupt in Bezug gesetzt wird.

Mit Blick auf die Bedeutung, die dem Erinnern und Gedenken an den Holocaust spätestens seit Mitte der 1990er Jahre im öffentlichen Diskurs zukommt, werden wir in Kapitel sechs der Frage nachgehen, inwiefern der nationalsozialistische Völkermord auch im kommunikativen Gedächtnis normativer Anknüpfungspunkt ist, welche Relevanz dem *Erinnern* und *Lernen aus Geschichte* im Hinblick auf Gegenwart und Zukunft beigemessen und wie in den Gruppendiskussionen die Arbeit der *Unabhängigen Expertenkommission Schweiz – Zweiter Weltkrieg* bewertet wird. Dabei werden wir uns auch mit dem in den Gruppendiskussionen ebenso wie in der Öffentlichkeit präsenten *Schuld*-Diskurs beschäftigen und die Problematik einer stark in moralischen Kategorien geführten Auseinandersetzung mit Vergangenheit aufzeigen.

# 1 Historische Perspektiven und methodischer Bezugsrahmen

## 1.1 Erinnerungskulturen

Seit Ende der 1980er Jahre lässt sich ein regelrechter Gedächtnisboom beobachten;[8] historische Erinnerung scheint in der Öffentlichkeit hoch im Kurs zu sein, entsprechend unüberschaubar ist denn auch die Fülle an Gedenkfeiern, Gedächtnis-Kontroversen und erinnerungsgeschichtlichen Abhandlungen. In den unterschiedlichsten Bereichen der kulturellen Praxis nimmt die Gedächtnisthematik eine zentrale Rolle ein; *Gedächtnis*, *Gedenken* und *Erinnern* gehören zu den Topthemen etwa in der Tages- und Wochenpresse, wo sich im Nachrichten- oder Feuilletonteil entsprechende Beiträge finden; die Programme der Televisionsanstalten warten auf mit Sendungen und Serien und im Web laden Bloggs ein zum interaktiven erinnernden Gedenken.

Werden im Kunst- und Literaturbetrieb *Erinnern* und *Vergessen* mannigfaltig inszeniert, ist *Gedächtnis* in Politik und Öffentlichkeit zu einem kontrovers diskutierten Gegenstand geworden. Die thematische Palette reicht dabei weit – allerdings haben die Kriege und Katastrophen des 20. Jahrhunderts einen besonderen Stellenwert, vorab die Erinnerung an den Massenmord an den europäischen Jüdinnen und Juden.[9] Es ist diesbezüglich gar die Rede von einer «*erinnerungspolitischen Neujustierung*» im globalen Maßstab, die sich unter anderem in einer seit den 1990er Jahren zunehmenden Institutionalisierung globaler Akteure zeigt, «*die bestimmte Deutungs- und Identifikationsentwürfe zum Holocaust weltweit kommunizieren, tradieren und festzuschreiben versuchen.*»[10]

---

8  Vgl. Erll, Astrid: Kollektives Gedächtnis und Erinnerungskulturen: Eine Einführung, Stuttgart 2005.
9  Vgl. Ebd.; Levy, Daniel; Sznaider, Natan: Erinnerung im globalen Zeitalter; Barkan, Elazar: The Guilt of Nations. Restitution and Negotiating Historical Injustices, Baltimore und London 2000; Eckel, Jan; Moisel, Claudia: Universalisierung des Holocaust? Göttingen 2008.
10  Jureit, Ulrike; Schneider, Christian: Unbehagen mit der Erinnerung, in: Dies.: Gefühlte Opfer: Illusionen der Vergangenheitsbewältigung, Stuttgart 2010, S. 12f.

Wie aber erklärt sich der hohe Stellenwert, der dem Erinnern in Politik, Wissenschaft und Kultur zukommt? Dass diese Tendenz in Verbindung steht mit den gesellschaftlichen Transformationsprozessen im ausgehenden 20. Jahrhundert, darüber scheint in der aktuellen Forschung weitgehend Einigkeit zu bestehen. Obwohl die Ursachen für diesen Trend regional spezifisch ausgestaltet sind, lassen sich auch im transnationalen Vergleich Faktoren ausmachen, die diese Entwicklung wesentlich beförderten und die gesellschaftlichen Rahmenbedingungen gegenwärtiger Erinnerungskulturen bilden. Der Kulturwissenschaftlerin Astrid Erll zufolge lassen sich zentrale Faktoren und die damit verknüpften Herausforderungslagen und Wissensordnungen zu drei Punkten bündeln:[11] In Übereinstimmung mit anderen zur Erinnerungsthematik arbeitenden Autorinnen und Autoren sieht Astrid Erll im Aufbrechen der binären Struktur von östlicher und westlicher Erinnerungskultur und dem mit der Auflösung der Sowjetunion verknüpften (Neu-) Auftreten einer Vielzahl nationaler und ethnischer Gedächtnisse eine zentrale Ursache für die länderübergreifende Aktualität der Gedächtnis-Thematik. Sie stellt eine zunehmende «*Multi(erinnerungs-) kulturalität*» westlicher Gesellschaften fest, bei der gerade im britischen, französischen und US-amerikanischen Kontext infolge von Dekolonialisierungsprozessen und Migrationsbewegungen die Versuche verschiedener Gruppen, ihrer eigenen Vergangenheitsversionen Gehör zu verschaffen, eine wichtige Rolle spielen.[12] Auch Astrid Erll macht im Holocaust einen wesentlichen Bezugspunkt dieser Entwicklung aus, der sich im Wandel der kulturellen Erinnerung an den Holocaust manifestiert und verknüpft ist mit dem Verschwinden jener Generationen, die Holocaust, Nationalsozialismus und Weltkrieg selbst miterlebt haben. Dadurch würden andere Formen des Vergangenheitsbezugs als diejenigen der mündlichen Überlieferung im Rahmen des kommunikativen Gedächtnisses an Bedeutung gewinnen, insbesondere das mediengestützte kulturelle Gedächtnis und die historisch-wissenschaftliche Forschung.

Im Wandel der Medientechnologien und der Wirkung der Medien sieht Astrid Erll denn auch einen zweiten wichtigen Faktor für die gegenwärtige Hochkonjunktur der Erinnerungsthematik. Gerade hierbei spielt, wie verschiedene

---

11 Erll, Astrid: Kollektives Gedächtnis und Erinnerungskulturen, S. 2ff. Sowohl zur Gedächtnisthematik an sich als auch zu möglichen Erklärungen dafür, warum der Gedächtnisdiskurs in den letzten Jahren eine derartige Virulenz erhalten hat, wurde in den vergangenen zehn Jahren viel publiziert. Deutlich wird jedenfalls, dass gesamtkulturelle, interdisziplinäre und internationale Gedächtnis-Phänomene nicht monokausal erklärt werden können. Astrid Erll gibt in ihrem überaus empfehlenswerten Überblicksband *Kulturelles Gedächtnis und Erinnerungskulturen* einen kurzen, aber gehaltvollen Einblick in die vorhandenen Erklärungsansätze.
12 Vgl. ebd.

Autorinnen und Autoren dargelegt haben,[13] die Vergegenwärtigung der Zeit des Zweiten Weltkrieges und des Nationalsozialismus eine wichtige Rolle. Nebst der wachsenden Bedeutung des Internets als Speichermedium von Daten verweist Astrid Erll insbesondere auf die Rolle, die semi-fiktionale Kinofilme über den Holocaust, Historienfilme, TV-Dokumentationen und Bücher als Ausdruck und Motor des gegenwärtigen Gedächtnis-Booms spielten. Auch TV-Produktionen, wie etwa die im Sommer 2009 ausgestrahlte Doku-Serie *Alpenfestung – Das Leben im Réduit* des Schweizer Fernsehens, lassen sich hier einreihen.[14]

Schließlich misst Astrid Erll den geistes- und wissenschaftsgeschichtlichen Entwicklungen der letzten Jahrzehnte einen wesentlichen Einfluss bei. Sie vermutet, dass die Etablierung des Gedächtnis- und Erinnerungsdiskurses auch im Kontext der Entwicklung von postmoderner Geschichtsphilosophie und Poststrukturalismus zu sehen ist, wo in Anlehnung an Jean-François Lyotard oft vom *Ende der Großen Erzählungen* die Rede ist.[15] Das Gedächtnis-Paradigma ermögliche es, die Bezugnahme auf Vergangenheit mit den Positionen postmoderner Theoriebildung und der Einsicht in die Geformtheit und Narrativität der Geschichtsschreibung zu vereinbaren. Auf diese Zusammenhänge verweist auch die Historikerin Heidemarie Uhl, die gerade im Brüchig-Werden der epistemologischen Grundlagen moderner Gesellschaften eine wichtige Ursache für den Boom der Gedächtnisthematik sieht: Durch den Verlust des Fortschrittsglaubens und teleologischer Zukunftsvorstellungen verlagere sich, so Heidemarie Uhl, der «*Orientierungshorizont für das gesellschaftliche Normen- und Wertesystem zunehmend auf die Vergangenheit*».[16] Im Verweis auf diese «*moralisch-ethische Dimension, mit der die gesellschaftliche Relevanz von Gedächtnis argumentativ begründet*» werde, sieht sie einen wesentlichen Faktor für die Popularität des Gedächtnisses, insofern es so zur «*normativen Instanz*» eines Kollektivs werde.[17]

---

13  Eckel, Jan; Moisel Claudia: Einleitung, in: Dies.: Universalisierung des Holocaust, S. 9f.
14  Mit ihrem als populistische Sommersoap angelegten Living History-Projekt *Alpenfestung – Das Leben im Réduit* gedachte im Sommer 2009 das Schweizer Fernsehen zur besten Sendezeit der siebzigsten Wiederkehr der Generalmobilmachung anno 1939; die seriöser angelegte, indes zu später Stunde ausgestrahlte Dok-Serie *Die Schweiz im 2. Weltkrieg* beleuchtete weniger populäre Kapitel dieser Zeit, etwa die Flüchtlingsthematik.
15  Lyotard, Jean-François: Das postmoderne Wissen, Wien 1999.
16  Uhl, Heidemarie: Kultur, Politik, Palimpsest. Thesen zu Gedächtnis und Gesellschaft am Beginn des 21. Jahrhunderts, in: Schmid, Harald: Geschichtspolitik und kollektives Gedächtnis: Erinnerungskulturen in Theorie und Praxis, Göttingen 2009, S. 39.
17  Vgl. ebd. Heidemarie Uhl verweist dabei auf den 1988 erschienenen, oft als Gründungstext kulturwissenschaftlicher Gedächtnisforschung bezeichneten Text von Jan Assmann, der diese Bedeutung des kulturellen Gedächtnisses umschrieben hat: «*In ihrer kulturellen Überlieferung wird eine Gesellschaft sichtbar: für sich und andere. Welche Vergangenheit sie darin sichtbar werden und in der Wertperspektive ihrer identifikatorischen Aneignung hervortreten lässt, sagt*

Als transdisziplinäres Phänomen habe, wie die Anglistin und Kulturwissenschaftlerin Aleida Assmann meint, *Gedächtnis* vor diesem Hintergrund denn auch zu einem «*Leitbegriff in den Kulturwissenschaften*» avancieren können.[18] Unterschiedliche Disziplinen, wie etwa Religionswissenschaften, Soziologie, Psychologie, Geschichts-, Literatur- und auch Naturwissenschaften, haben sich der Thematik angenommen und beteiligen sich an theoretischen wie auch methodologischen Diskussionen. Mit unserem Vorgehen knüpfen wir an diese Diskussionen an.

Den durch Postmoderne und Poststrukturalismus herausgeforderten Geistes- und Sozialwissenschaften erlaubt die kulturwissenschaftliche Erweiterung der Einzeldisziplinen sowie der gemeinsame Fokus auf Gedächtnis und Erinnerung neue Legitimation,[19] stellt doch *Gedächtnis* ein transdisziplinäres Forschungsfeld dar, das zwischen den verschiedenen Forschungsbereichen Austausch geradezu erfordert. Dieser interdisziplinäre Brückenschlag bedeutet eine intellektuelle Herausforderung, gerade weil die jeweiligen disziplinären Zugriffsweisen mit allgemeinen Theorien und Erkenntnissen der Nachbardisziplinen zusammenfließen.

### 1.1.1 Historiographische Konzepte – Geschichte oder Gedächtnis

Erinnerung und Gedächtnis sind zentrale Begriffe in der aktuellen (kultur-)wissenschaftlichen Diskussion, eine breite Palette von Begriffsbestimmungen und Konzepten sind damit verbunden. Einigkeit besteht darin, Erinnerungen als Ergebnis eines Prozesses und Gedächtnis als eine (veränderliche) Struktur zu konzipieren.[20]

Die Entwürfe der geschichtswissenschaftlich orientierten Gedächtnisforschung sind zum einen auf Langzeitversionen des kollektiven Gedächtnisses ausgerichtet, sie reichen über die Grenze des Generationengedächtnisses hinaus und sind stärker auf die abgeschlossene Geschichte fokussiert. Zentrale Konzepte in dieser auf die absolute Vergangenheit gerichteten Geschichtsschreibung stellen etwa Pierre Noras *Lieux de memoire* dar. Nora setzte Geschichte versus Gedächtnis und entwickelte eine zuweilen umstrittene, mit zivilisationskritischem Timbre versehene geschichtswissenschaftliche Perspektive auf die Erinnerungsthematik, wobei er in Anlehnung an die Gedächtnistheorie des Soziologen Mau-

---

*etwas auch über das, was sie ist und worauf sie hinauswill.»* Vgl. Assmann, Jan: Kollektives Gedächtnis und kulturelle Identität, in: Ders.; Hölscher, Tonio: Kultur und Gedächtnis, Frankfurt a. M. 1988. S. 16.

18 Assmann, Aleida: Gedächtnis als Leitbegriff in den Kulturwissenschaften, in: Musner, Lutz; Wunberg, Gotthart (Hg.): Kulturwissenschaften: Forschung - Praxis - Positionen, Wien 2002.
19 Erll, Astrid: Kollektives Gedächtnis und Erinnerungskulturen, S. 4f.
20 Vgl. ebd., S. 7.

rice Halbwachs eine theoretische Konzeption des kollektiven Gedächtnisses mit einer Analyse der Herausbildung und Tradierung von Vergangenheitsversionen verknüpft.[21] Während Pierre Nora in seiner defizitorientierten Perspektive den Verlust eines einstmals homogenen Gedächtnisses im 20. Jahrhundert betrauert, richten demgegenüber Eric Hobsbawm und Terence Ranger mit ihrem eng mit Benedict Andersons *Imagined Communities*[22] korrelierendem Konzept *Invention of Tradition*,[23] und mit Blick auf die Instrumentalisierung von Geschichte ihr Forschungsinteresse auf die Entstehung von nationalen Gedächtnissen. Der wesentlich von Gerhard Oexle aus der mediävistischen Memoria-Forschung entwickelte, kulturhistorisch und um transdisziplinäre Perspektiven erweiterte Entwurf *Memoria als Kultur* konzentriert sich auf Einfluss und Kontinuität im kulturellen Wandel.[24] Archiv-Konzepte,[25] hervorgegangen aus den geschichtstheoretischen Überlegungen des französischen Poststrukturalismus, problematisieren wiederum Vorstellungen von neutralen Quellen bzw. der Wertfreiheit ihrer institutionellen Sammlung. Sie führen in Abgrenzung gegenüber den in der hermeneutisch orientierten Geschichtswissenschaft dominierenden Kontinuitätsvorstellungen Begriffe wie *Bruch* und *Diskontinuität* in die historische Analyse ein.[26]

All diesen überaus unterschiedlichen geschichtswissenschaftlichen Konzepten eignet ihr Blick auf die institutionell abgesicherten sowie vermittelten politischen, kulturellen und religiösen Gedächtnisse einer Erinnerungskultur. Demgegenüber richten «*diesseits des Floating Gap»*[27] die Zeitgeschichte, die Oral History oder auch die zwischen Sozialwissenschaft, Sozialpsychologie und Oral History angesiedelte Forschung zu Intergenerationellen Tradierungsprozessen ihre Forschungs- und Erkenntnisinteressen auf die Aneignung und Deutung von Vergangenheit. Hierbei liegt der Fokus auf der Geschichte als Lebenserfahrung und es geht um die Tradierung von Vergangenheitsversionen durch Kommunikation und Interaktion im Alltag.[28]

---

21   Nora, Pierre: Les lieux de mémoire, Paris 1996; Nora, Pierre: Zwischen Geschichte und Gedächtnis, Berlin 1990.
22   Anderson, Benedict: Imagined communities: Reflections on the Origin and Spread of Nationalism. London 1983.
23   Hobsbawm, Eric John; Ranger, Terence O.: The Invention of Tradition, Cambridge 2000.
24   Oexle, Otto Gerhard: Memoria als Kultur, Göttingen 1995.
25   Vgl. dazu etwa Foucault, Michel: L'archéologie du savoir, Paris 1984 oder Derrida, Jacques: Mal d'archive, Paris 1995.
26   Erll, Astrid: Kollektives Gedächtnis und Erinnerungskulturen, S. 48ff.
27   Niethammer, Lutz: Diesseits des «Floating Gap». Das kollektive Gedächtnis und die Konstruktion von Identität im wissenschaftlichen Diskurs, in: Platt, Kristin; Dabag, Mihran, Generation und Gedächtnis: Erinnerungen und kollektive Identitäten, Opladen 1995.
28   Erll, Astrid: Kollektives Gedächtnis und Erinnerungskulturen, S. 50.

Auf dem Gebiet der Zeitgeschichte wird dabei die Durchdringung unterschiedlicher vergangenheitsbezogener Diskurse, wie etwa der Geschichtswissenschaft oder des (kommunikativen) Gedächtnisses, in ihrer Konflikthaftigkeit besonders evident und widerspiegelt sich auch in den entsprechenden theoretischen Auseinandersetzungen.

### *1.1.2 Perspektiven auf gegenwärtige Erinnerungskulturen*

Die oben vorgestellten geschichtswissenschaftlichen Konzepte gehen wesentlich vom Gegensatz Geschichte versus Gedächtnis aus, d.h. von der wissenschaftlichen Auseinandersetzung mit Vergangenheit versus Tradierung von Vergangenheitsversionen im Alltag. Demgegenüber haben die aktuellen theoretischen Diskussionen um die geschichtswissenschaftliche Gedächtnisforschung die Beziehung von Geschichtswissenschaft und Gedächtnis zum Gegenstand. Der Gedächtnis-Diskurs und in diesem Rahmen auch der Zusammenhang von (Wissenschafts-) Kultur und Gedächtnis war in den vergangenen beiden Jahrzehnten innerhalb der Geschichtswissenschaften insofern spannungsgeladen, als die in diesem Kontext aufgeworfenen Fragestellungen das Selbstverständnis der Disziplin nachhaltig tangierten. Ein zentraler Punkt in diesen Diskussionen ist die Frage, ob die Geschichtswissenschaft nicht *selbst* eine Form kollektiver Erinnerung sei. Problematisiert werden dabei zuerst die *Rohmaterialien* allen historiographischen Arbeitens – die Quellen, die als kulturelle Erzeugnisse vergangene Wirklichkeit nicht einfach widerspiegeln, sondern diese selbst schon perspektivisch deuten. Aber auch die Praxis der Historikerin und des Historikers, die einem Objektivitätsideal kaum gerecht zu werden vermag, rückt in diesem Zusammenhang in ein kritisches Licht, denn die historiographische Tätigkeit, die Michel de Certeau in seinem Werk *Das Schreiben der Geschichte* als eine soziale Praxis begreift, bleibt an den historischen, sozialen Standort und die persönliche Perspektive der Historikerin gebunden.[29] Historikerinnen und Historiker treffen eine Auswahl, gewichten und überführen historisches Geschehen in einen geschlossenen Diskurs, einen Text, der eine bestimmte Form der Intelligibilität organisiert und beschließt.[30] Daher verknüpft die Tätigkeit der Historikerin oder des Historikers eine soziale Praxis mit einer deutenden, die wiederum als Erinnerungsinteresse und Deutungsanspruch auf eine politische bzw. soziale Praxis abzielen.

---

29  De Certeau, Michel: Das Schreiben der Geschichte, Frankfurt a. M. 1991, S. 8f. bzw. S. 17-29.
30  Vgl. dazu Sandl, Marcus: Historizität der Erinnerung/Reflexivität des Historischen. Die Herausforderung der Geschichtswissenschaft durch die kulturwissenschaftliche Gedächtnisforschung, in: Oesterle, Günter: Erinnerung, Gedächtnis, Wissen. Studien zur kulturwissenschaftlichen Gedächtnisforschung, Göttingen 2005.

Hinsichtlich der Gegenüberstellung von Geschichte und Gedächtnis, gerade in Bezug auf den Nationalsozialismus, sind vor diesem Hintergrund die Überlegungen des israelischen Historikers Saul Friedländer von Bedeutung. Saul Friedländer bestreitet den Unterschied zwischen Erinnerung und Geschichtsschreibung zwar nicht, er plädiert jedoch für eine Verknüpfung beider Pole, indem er für eine Integration der Erinnerungen der Opfer der nationalsozialistischen Verbrechen in die historiographische Darstellung des Nationalsozialismus eintritt und die Vorstellung einer Geschichtswissenschaft, die Emotionalität als alleinig dem Gedächtnis zugehörig ausblendet, problematisiert. So verweist er in seiner Auseinandersetzung mit dem deutschen Historiker Martin Broszat darauf, dass, obwohl die Geschichtsschreibung «im Prinzip das kritische Auge ist, das die Konstrukte der Erinnerung überprüft», sie dennoch Teil eines «umfassenderen und kontinuierlichen Konstruktions- (oder Rekonstruktions-)Prozesses deutscher Erinnerung an die Nazizeit» sei. In seinem Briefwechsel mit Martin Broszat macht er darauf aufmerksam, wie außerdem der biographische Hintergrund und die persönliche Involvierung in den Untersuchungsgegenstand die historiographische Arbeit des Historikers beeinflussen.[31]

Ein weiterer Streitpunkt ist damit angesprochen, der in der Auseinandersetzung um die historische Gedächtnisforschung diskutiert wird, die Frage nämlich, welche gesellschaftlichen Funktionen die Geschichtsschreibung übernehmen kann, darf oder soll. Hat die Geschichtswissenschaft eine dominant wissenschaftliche Funktion, die sich angeblich objektiv und unbeteiligt der Rekonstruktion der Vergangenheit überantwortet, oder soll die Historiographie eine engagierte sein, die Partei ergreift, Zeugnis ablegt und in der Gegenwart *etwas will?* Aleida Assmann hat dieses Spannungsfeld von Funktionen der Geschichtsschreibung hinsichtlich der geschichtswissenschaftlichen Auseinandersetzung mit der Verfolgung und Ermordung der europäischen Jüdinnen und Juden ausformuliert: *«Die einen schreiben die Geschichte des Holocaust, um damit ein Zeugnis vom größten Verbrechen der Menschheitsgeschichte abzulegen und es als solches in der Erinnerung zu befestigen, die andern wollen dieses Geschehen vergleichend behandeln, kausal erklären.»*[32] Wie auch immer die Positionierung der einzelnen Historikerinnen und Historiker in diesem Feld ausfällt, evident wird – gerade auch in Anlehnung an Michel de Certeaus Überlegungen zu den Voraussetzungen

---

31 Vgl. Friedländer, Saul: Überlegungen zur Historisierung des Nationalsozialismus, in: Ders.: Nachdenken über den Holocaust, München 2007, S. 72f; sowie Um die «Historisierung des Nationalsozialismus». Ein Briefwechsel mit Martin Broszat, in: Ebd. S. 78-124. Bez. der Integration der Erinnerung der Opfer vgl. Friedländer, Saul: Memory, History and the Extermination of the Jews of Europe, Bloomington/Indianapolis, 1993.
32 Assmann, Aleida: Erinnerungsräume: Formen und Wandlungen des kulturellen Gedächtnisses, München 1999, S. 143.

der historiographischen Praxis –, dass die gesellschaftliche und damit politische Dimension stets in die Geschichtswissenschaft mit einwirkt: Wissenschaftliches Denken und Sprechen über die Geschichte sind gesellschaftlich bedingt und fließen wiederum ein in gesellschaftliches Denken und Handeln.

In die Auseinandersetzungen über das Verhältnis von Geschichte und Gedächtnis gingen wesentliche Impulse von der Kultur- und Sozialwissenschaft ein.[33] Die von Maurice Halbwachs bereits in den 1920er Jahren formulierten Thesen zum kollektiven Gedächtnis standen und stehen dabei Pate. Legte doch der im März 1945 im Konzentrationslager Buchenwald gestorbene Soziologie und Sozialist Halbwachs in seinen Werken dar, dass Gedächtnisse milieuabhängige, sozial verfestigte Konstruktionen von beschränkter Dauer seien.[34] Mit den Begriffen *Erinnerung* und *Gedächtnis* werden in der Tradition Halbwachs' aus kulturwissenschaftlicher Perspektive nun nicht nur spezifisch Themenfelder abgesteckt, sondern sind auch bestimmte methodische Zurichtungen des Forschungsgegenstandes verbunden. Dabei wird nicht primär Vergangenheit als solche fokussiert, sondern die durch Vergangenheitsrekonstruktionen und -repräsentationen entstehenden Symbolhaushalte, Deutungsmuster und (kollektiven) Identifikationen. Konnten daher *Gedächtnis* und *Erinnerung* in verschiedenen Disziplinen zur Chiffre werden für alle Erscheinungsformen historischer Sinnbildung *«für die vielfältigen, kulturell variablen Produktionsprozesse, in denen Wirklichkeiten unter Rückgriff auf die Vergangenheit erzeugt und hervorgebracht werden»*,[35] begegnen etliche HistorikerInnen diesen Begriffen mit Skepsis: Während der Ägyptologe und Kulturwissenschaftler Jan Assmann, der im deutschsprachigen Raum zusammen mit Aleida Assmann die gedächtnistheoretischen Diskussionen wesentlich prägte, in Bezug auf Geschichte (als Vergangenheit) und Gedächtnis (als deren Vergegenwärtigung) von zwei Seiten einer Medaille, d.h. von ein und demselben Untersuchungszusammenhang spricht, und insofern die Gedächtnisgeschichte nicht als Gegensatz, sondern als einen Zweig der Geschichtswissenschaft darstellt,[36] reagierten HistorikerInnen auf diese theoretischen und methodischen Zurichtungen ablehnend. In der geschichtstheoretischen Diskussion der 1990er Jahre wurden die Begriffe Geschichte und Gedächtnis einander vielmehr antithetisch gegenübergestellt und normativ aufgeladen. HistorikerInnen wie Jörn Rüsen problematisierten die komplementäre Perspektive, hoben demgegenüber deren Differenz hervor und betonten, dass Geschichte und Gedächtnis diachron

---

33 Hölscher, Lucian: Geschichte als «Erinnerungskultur», in: Platt, Kristin; Dabag, Mihran (Hg.): Generation und Gedächtnis. Erinnerung und kollektive Identitäten, Opladen 1995. S. 148ff.
34 Siehe dazu Halbwachs, Maurice: Das kollektive Gedächtnis, Frankfurt 1991.
35 Sandl, Marcus: Historizität der Erinnerung, S. 95.
36 Vgl. Assmann, Jan: Das kulturelle Gedächtnis: Schrift, Erinnerung und politische Identität in frühen Hochkulturen, München 1992.

zu differenzierende und konkurrierende Formen des Bezugs zur Vergangenheit seien.[37] Die Geschichtsschreibung gilt dabei als Ergebnis eines Verwissenschaftlichungsprozesses, das sich Ende des 18. Jahrhunderts gegen die Dominanz der lebensweltlich verankerten Erinnerung, damit aber auch gegen das Gewicht des Vergangenen über die Gegenwart, durchgesetzt und gegenüber vormodernen Gesellschaften offenere Zukunftshorizonte geschaffen hatte. So gesehen stellen Geschichte und Gedächtnis zwei zunächst konkurrierende Zugriffsweisen auf die Vergangenheit dar.[38]

Die Debatten der 1990er Jahre sind mittlerweile abgeklungen, und es gibt heute gerade auch in Bezug auf die Zeit des Nationalsozialismus und des Holocaust eine umfangreiche geschichtswissenschaftliche Gedächtnisforschung. In theoretischer Hinsicht bleibt aber die Kritik an der Unterscheidung zwischen Vergangenheit als solcher und Vergangenheit, wie sie erinnert wird, nach wie vor aktuell und zentral. Der Historiker Marcus Sandl macht in seinem Grundlagentext zur geschichtswissenschaftlichen Gedächtnisforschung diese Unterscheidung auch in Anknüpfung an Michel de Certeaus Perspektivierung der Geschichtswissenschaft als «*Diskurs der Trennung*»[39] zum Ausgangspunkt seiner weiteren Überlegungen. Er weist darauf hin, dass sich in den gedächtniskritischen Positionen von HistorikerInnen eine Sensibilität für die Konstruiertheit dessen artikuliert, was Geschichte ist: Geschichte ist nicht etwas, das a priori gegeben ist, sondern Resultat bestimmter historischer Verfahrensweisen, die sich zu einem bestimmten Zeitpunkt etablieren konnten. Die Grundlage dieser Verfahrensweisen ist die Trennung von Gegenwart und Vergangenheit, die sich im 18. Jahrhundert durchsetzte. Geschichte ist seither das, was nicht gegenwärtig ist. Erst als das Andere der Gegenwart lässt es sich in wissenschaftlicher Form als Wissen rekapitulieren. Als Diskurs der Trennung bleibt damit die Unterscheidung zwischen Vergangenheit und Gegenwart keine Voraussetzung, sondern das Prinzip der Geschichtswissenschaft. So gesehen ist Vergangenheit als Geschichte das Resultat eines ganz bestimmten Diskurses und existiert nur innerhalb des Aussagenfeldes dieses Diskurses. Daher, so argumentiert Marcus Sandl, kann Vergangenheit als Geschichte nicht zur Voraussetzung von Erinnerung gemacht werden: «*Erinnerung ist vielmehr das Resultat eines anderen Diskurses, d.h. eines Diskurses, der auf anderen Regeln basiert: Eines Diskurses [...], der Übergänge und Verschiebungen, der Konvergenz von Getrenntem und der permanenten Neu- und Umperspektivierung des Überkommenen. Geschichte ist Vergangenheit im Hinblick auf*

---

37 Vgl. dazu Rüsen, Jörn: Historische Orientierung: Über die Arbeit des Geschichtsbewusstseins, sich in der Zeit zurechtzufinden, Schwalbach 2008. S. 84.
38 Vgl. Sandl, Marcus: Historizität der Erinnerung, S. 126ff.
39 De Certeau, Michel: Das Schreiben der Geschichte, S. 13ff.

*ihre Einheit und Unabänderlichkeit, die die Eliminierung des Flüchtigen voraussetzt, im Falle von Erinnerung geht es darum, dieses Flüchtige konzeptuell zu rahmen, um das Transitorische selbst zum Thema zu machen.»*[40]
Unter dem Blickwinkel einer Geschichte der Erinnerung indes werden Geschichte und Gedächtnis miteinander in Verbindung gebracht. Die geschichtswissenschaftliche Perspektive auf die Erinnerungsthematik erfordert aber, wie Marcus Sandl hervorhebt, eine konsequentere Historisierung. Historisierung bedeutet vor diesem Hintergrund, von einer Definition der Begriffe Gedächtnis und Erinnerung, welche die Trennung von Gegenwart und Vergangenheit a priori voraussetzt, Abstand zu nehmen, weil diese Trennung selbst Ausdruck der Ausdifferenzierung von Erinnerungskulturen ist und interpretativ eingeholt werden sollte. Der Ort, von dem aus der Gegenstand historiographisch beschrieben wird, wird vielmehr selbst ein Teil des Interpretationszusammenhangs. *«Die Historizität der Erinnerung verweist immer und notwendigerweise auf den Umkehrschluss, nämlich auf die Reflexivität des Historischen und damit auf die Grundlagen des eigenen Fragens, Verstehens und des Umgangs mit den Quellen.»*[41]

Gerade in Bezug auf das Thema der vorliegenden Arbeit, in der ein historisches Ereignis sowohl als Gegenstand der Geschichtsschreibung als auch der Gedächtnisse erscheint, resultiert ein Spannungsverhältnis in der Erinnerungspraxis. Hier gilt es aus geschichtswissenschaftlicher Sicht die eigenen Denkvoraussetzungen mit zu reflektieren, zumal, wie der Historiker Jakob Tanner betont, sich die historische Wissenschaft *«nicht einfach vom kollektiv Unbewussten befreien kann, das vom kulturellen Gedächtnis in all seinen Formen mittransportiert wird».*[42] Vielmehr gilt es den *«Superioritätsanspruch»* gegenüber einem *«mythischen kollektiven Gedächtnis»* zu thematisieren und interpretativ einzuholen.[43]

*Kommunikative Vergegenwärtigung von Vergangenheit*

Statische und antithetische Vorstellungen von Gedächtnis und Erinnerung einerseits sowie Geschichte andererseits sollen vor diesem Hintergrund ersetzt werden durch eine dynamisch gedachte Konzeption von Erinnerungskulturen. Um

---

40    Sandl, Marcus: Historizität der Erinnerung, S. 98.
41    Vgl. ebd. S. 99. Vgl. zu dieser Thematik auch Bergenthum, Hartmut: Geschichtswissenschaft und Erinnerungskulturen, 146ff.
42    Tanner, Jakob: Die Krise der Gedächtnisorte und die Havarie der Erinnerungspolitik. Zur Diskussion um das kollektive Gedächtnis und die Rolle der Schweiz während des Zweiten Weltkrieges, in: Traverse 1999/1, S. 32; Tanner, Jakob: Die Historikerkommission zwischen Forschungsauftrag und politischen Erwartungen, in: Ders.; Weigel, Sigrid (Hg.): Gedächtnis, Geld und Gesetz: Vom Umgang mit der Vergangenheit des Zweiten Weltkrieges, Zürich 2002.
43    Ebd.

unterschiedliche Perspektiven der thematischen, methodischen und theoretischen Zurichtung zu eröffnen, wurde von Günter Lottes im Rahmen seines historischen Sonderforschungsprojekts zu Erinnerungskulturen ein Orientierungsraster entwickelt, auf das wir uns im Folgenden beziehen.[44] Mit den *Rahmenbedingungen des Erinnerns*, der *Ausformung spezifischer Erinnerungskulturen* sowie dem *konkreten Erinnerungsgeschehen* unterscheidet das Modell drei unterschiedliche Untersuchungsebenen, die, wiewohl sie gesonderte Forschungsbereiche darstellen können, nicht monadisch konzipiert, sondern durchlässig und aufeinander bezogen angelegt sind.

Mit Blick auf die kommunikative Vergegenwärtigung der Rolle der Schweiz während Nationalsozialismus und Weltkrieg liegt der Kern unserer Untersuchung auf der dritten dieser Ebenen, dem *Geschehnischarakter von Erinnerung*. In den Fokus rücken dabei Fragen nach Prozessen des Erinnerns und Vergessens, nach Erinnerungskonkurrenzen und -interessen, nach Äußerungsformen und Inszenierungsweisen vergangenheitsbezogener Sinnbildung. Gedächtnisinhalte und deren Aktualisierung sind dabei nicht nur in Bezug auf Vergangenheitsvorstellungen und -bilder von Interesse, sondern auch hinsichtlich von Gegenwartsinterpretationen und Zukunftserwartungen. «*Was erinnert wird*», so hält Jörn Rüsen fest, «*indiziert wie ein Spiegel Interessenlagen und Einstellungen gegenüber der eigenen Zeit.*»[45]

Die Analyse der Äußerungsformen und Inszenierungsweisen im konkreten Erinnerungsgeschehen grenzt Gedächtnis und Erinnerung konzeptionell zunächst voneinander ab: Während das *Gedächtnis* als diskursive Formation zu verstehen ist, meint *Erinnerung* Abruf und Neukonstitution von Wissen über eine bestimmte Vergangenheit; *Erinnerung* reproduziert dabei nicht etwa Ordnungssysteme des Gedächtnisses, sondern konstituiert im Zuge ihres Zugriffs auf das Gedächtnis einen eigenen Bedeutungsraum.[46] Dabei umfasst Erinnerung gerade im Übergang zu absoluter Vergangenheit unterschiedliche, voneinander geschiedene Dimensionen von Wissen etwa über die Zeit des Zweiten Weltkrieges: individuell bzw. kollektiv erlebte Ereignisse und kognitiv angeeignete Vergangenheit *(«historische Erinnerung»* wie sie Jörn Rüsen nennt). Solche Differenzen gilt es hinsichtlich

---

44   Ein Modell zur Historisierung der Erinnerung und zur Beschreibung von kulturellen Erinnerungsprozessen wurde im Rahmen des Giessener SFB «Erinnerungskulturen» von Günter Lottes entwickelt. Vgl. dazu die ausführlichen Darstellungen bei Marcus Sandl: *Historizität der Erinnerung*. Die Ausrichtung der vorliegenden Arbeit orientiert sich am Vorschlag Günter Lottes.
45   Rüsen, Jörn: Historische Orientierung, S. 22.
46   Aleida Assmann hat in diesem Zusammenhang von Speicher und Funktionsgedächtnis gesprochen. Vgl. dazu Assmann, Aleida: Erinnerungsräume: Formen und Wandlungen des kulturellen Gedächtnisses, München 1999. 130-145.

der Analyse vergangenheitsbezogener Sinnbildungsprozesse zu bedenken – dies auch, wie wir nachfolgend noch ausführen werden, in der Arbeit mit intergenerationellen Gruppendiskussionen. Die theoretische Unterscheidung zwischen erlebter und nicht-erlebter Vergangenheit weist auf jeweils unterschiedliche Strategien der kulturellen Erinnerung hin, die mit den Assmann'schen Begriffen *kommunikatives* versus *kulturelles Gedächtnis* korreliert werden. Jan Assmann charakterisiert das *kommunikative Gedächtnis* durch *Nahhorizont, Lebenserfahrung* sowie *sozialen Sinn*, das kulturelle Gedächtnis hingegen durch *kulturellen Fernhorizont*, als *fundierendes Ereignis* sowie durch *kultur- oder nationenspezifischen Sinn*.[47] Legt man allerdings, wie Astrid Erll dies vorschlägt, diesen beiden Erinnerungsmodi als zentrales Differenzkriterium nicht die messbare Zeit, das heißt den zeitlichen Abstand des vergangenen Ereignisses zur Gegenwart, zugrunde, sondern die *Art und Weise* des Erinnerns, die Vorstellung von der Bedeutung des Erinnerten und von seiner Einbettung in zeitliche Prozesse, dann *«beruht die Unterscheidung beider Modi nicht in erster Linie auf der Zeitstruktur (eine universale, messbare Beobachterkategorie), sondern auf dem Zeitbewusstsein (ein kulturell und historisch variables Phänomen der mentalen Dimension der Kultur).»*[48] Damit hebt das Differenzkriterium «*Zeitbewusstsein*» die strikte Unterscheidung, die Assmann trifft, auf und der Fokus liegt auf der Art der Rezeption und Aktualisierung historischen Wissens. Erinnerung gemäß dem *kommunikativen Gedächtnis* kann so auch dann möglich sein, wenn Ereignisse schon etliche Jahrhunderte zurückliegen oder Gedächtnismedien etwa zu einem weit zurückreichenden Überlieferungszusammenhang gehören.[49] Art der Rezeption und Weise des Erinnerns geben Einblick in Relevanz, Konflikthaftigkeit und Identifizierungspotential eines vergangenen Ereignisses in der Gegenwart. Hinsichtlich der kommunikativen Vergegenwärtigung der Rolle der Schweiz im Zweiten Weltkrieg liegt, wie wir noch sehen werden, der Fokus auf der Gemengelage von biographischer Erinnerung, Geschichtswissenschaft und kulturellem Gedächtnis.

Die gegenwärtige Erinnerung in der schweizerischen Bevölkerung an den Nationalsozialismus, den Zweiten Weltkrieg und die Rolle der damaligen Schweiz darin soll außerdem nicht losgelöst, sondern im Kontext seiner Rahmenbedingungen analysiert und reflektiert werden. Die Rahmenbedingungen stellen dabei die Realitätsbedingungen für Aussagen über die Vergangenheit dar. «*Vergangenheits-*

---

47 Vgl. dazu Assmann, Jan: Das kulturelle Gedächtnis.
48 Erll, Astrid: Kollektives Gedächtnis und Erinnerungskulturen, S. 117.
49 *«Wer die Bibel oder die Odyssee nicht als fundierende Texte liest, sich nicht der religiösen, nationalen oder kulturellen Bedeutung dieser Gedächtnismedien bewusst ist, sondern das in ihnen Dargestellte als alltagsweltliche Repräsentation versteht und es an die eigene Lebenserfahrung anschließt, macht sie zu Medien des kommunikativen Gedächtnisses»*, meint Astrid Erll erläuternd dazu. Vgl. Erll, Astrid: Kollektives Gedächtnis und Erinnerungskulturen, S. 118.

*diskurse besitzen gesellschaftliche Voraussetzungen, auf deren Reproduktion sie verpflichtet sind, aber erst im Zuge ihrer Wahrnehmung erhalten diese Voraussetzungen ihren Sinn, und nur als sinnvolle können sie dann zu Faktoren der Veränderung oder auch Beharrung werden. [...] Die Historizität der Erinnerung entfaltet sich damit auf der Basis seiner Wechselbeziehungen: Sinn- und Bedeutungszusammenhänge werden im sozialen Vollzug hervorgebracht, wirken jedoch auf die jeweiligen sozialen Strukturzusammenhänge, in denen sie sich formen, zurück.»*[50] Zu diesen Rahmenbedingungen gehören Wissensordnungen und Herausforderungslagen sowie Krisen überkommener Deutungs- und Interpretationsmuster angesichts gesellschaftlicher Umbrüche. Die Krisenhaftigkeit hiesiger offizieller, auf den Zweiten Weltkrieg bezogener, bis zum Ende des Kalten Krieges weitgehend stabiler Geschichtsbilder und Interpretationen manifestiert sich seit Ende der 1980er Jahre etwa in den medial breit ausgetragenen Diskussionen um die Armeeabschaffungsinitiative und den so genannten Diamantfeierlichkeiten,[51] mit denen die offizielle Schweiz den fünfzigsten Jahrestag der Generalmobilmachung feierte.[52] In den Debatten um die sogenannten *Nachrichtenlosen Vermögen* war der Bezug zum Holocaust als fundierendem Ereignis mit seinen normativen und formativen Implikationen zentral.[53] Bezogen auf den vorliegenden Kontext wiederum stellt die auch von der Geschichtswissenschaft stark mitgeprägte Weltkriegsdebatte eine Herausforderung für das hiesige Geschichtsbewusstsein dar, das vor dem Hintergrund der erwähnten transnationalen erinnerungskonjunkturellen Transformationen in Schieflage geriet.

Das konkrete Erinnerungsgeschehen in der schweizerischen Bevölkerung stellen wir in den Kontext synchroner Ausformung verschiedener Vergangenheitsdiskurse und unterschiedlicher Erinnerungspraktiken. Gerade im Span-

---

50  Sandl, Marcus: Historizität der Erinnerung/Reflexivität des Historischen, S. 105.
51  Die so genannten *Diamantfeiern* von 1989, die der schweizerischen Mobilmachung im Zweiten Weltkrieg gedachten, dienten dazu, Kritik am traditionellen Geschichtsbild von der wehrhaften Widerstandsnation abzuwehren, und bekämpften zugleich die Volksinitiative zur Abschaffung der schweizerischen Armee, über die damals abgestimmt wurde.
52  Man hätte annehmen können, dass nach den Debatten um die Nachrichtenlosen Vermögen und die Rolle der Schweiz während des Zweiten Weltkrieges, im Rahmen derer das Bild von der dissuasiven Kraft der schweizerischen Armee nochmals befragt wurde, Neuauflagen von Kriegseintrittsfeierlichkeiten nicht mehr möglich seien. Indes wurde auch noch im Jahr 2009 mit Unterstützung des Vorstehers des Militärdepartementes mit verschiedenen Festivitäten der Beginn des Zweiten Weltkrieges gefeiert, u.a. durch ein Defilée des Panzergrenadierbataillons 28 der Schweizer Armee in der Basler Innenstadt.
53  Der Historiker Thomas Maissen hebt in seinem Werk *Verweigerte Erinnerung* den in den Debatten der 1990er Jahre stark normativen und instrumentalisierten Bezug zum Holocaust hervor. Diese Rahmenbedingungen des Erinnerns werden in einem eigenen Kapitel (Kapitel 2) erörtert. Vgl. Maissen, Thomas: Verweigerte Erinnerung: Nachrichtenlose Vermögen und die Schweizer Weltkriegsdebatte 1989-2004, Zürich 2005.

nungsfeld zwischen erfahrener, an die heute noch verbleibenden Zeitzeuginnen und Zeitzeugen geknüpfte Vergangenheit und der absoluten Vergangenheit gehen unterschiedliche Perspektiven auf die Zeit des Zweiten Weltkrieges einher. Je komplexer gesellschaftliche Verhältnisse sind, desto wahrscheinlicher ist denn auch die Konkurrenz um die richtige Interpretation der Vergangenheit. Diese Konkurrenz um Erinnerungsfoki und Erinnerungshoheiten hinsichtlich gegenwartsbezogener Herausforderungslagen stellt dabei die soziale Dimension in der Ausformung von Erinnerungskulturen dar und verweist auf Machtverhältnisse, aber auch auf Machtdurchsetzungsverhältnisse in den jeweiligen Gesellschaften: Erinnern und Vermitteln von Wertvorstellungen gehen gemeinsam einher; aus vermittelten Werten ergeben sich Identitätsprofile und Handlungsnormen.[54]

Die Erforschung des Geschehnischarakters der Erinnerung, verschränkt mit der Reflexion seiner Rahmenbedingungen und der Dynamik synchron unterschiedlicher Vergangenheitsdiskurse, steckt ein Feld ab, in dem Übergänge und Verschiebungen von Perspektiven und Themenfelder in der Auseinandersetzung mit Vergangenheit beschrieben werden können. Erfasst werden soll dabei nicht nur das Transitorische in der geschichtlichen Welt ihres Erinnert-Werdens, sondern, und das ist für diese interdisziplinär angelegte Studie besonders interessant, auch Übergänge und Verschiebungen zwischen den Theorien, Begriffen, Methoden einerseits, und ihrem Gegenstand andererseits.[55]

## 1.2 Intergenerationell zusammengesetzte Gruppendiskussionen

Mit Blick auf den Geschehnischarakter historischer Erinnerung rückt in der vorliegenden Arbeit *die kommunikative Vergegenwärtigung* der Vergangenheit in den Vordergrund.[56] Wir interessieren uns dabei für die gemeinsame Verständigung über die Zeit des zweiten Weltkrieges im Rahmen von sozialen, interaktionellen Prozessen. Der analytische Blick richtet sich auf das Wechselspiel von partikularen Vergangenheitskonstruktionen und gesellschaftlichen, politischen und historiographischen Großerzählungen.

---

54 Vgl. dazu Assmann, Aleida: Erinnerungsräume, S. 133. In unserem Sample lässt sich hierzu am Beispiel der Flüchtlingsthematik beobachten, dass in Bezug auf Aufnahmepraxis und Umgang mit Menschen in Bedrängnis während der Zeit des Nationalsozialismus Vergangenheitsinterpretationen und Forderungen an die gegenwärtige Flüchtlingspolitik korrelieren können.
55 Vgl. dazu auch Sandl, Marcus: Historizität der Erinnerung/Reflexivität des Historischen.
56 Siehe zur Terminologie auch Erll, Astrid: Kollektives Gedächtnis und Erinnerungskulturen, S. 27-31.

Methodisch knüpfen wir an Diskussionen an, wie sie in der Qualitativen Sozialforschung und auch der Oral History geführt werden. Ihnen gemeinsam ist das Interesse an subjektiven Wahrnehmungs- und Sichtweisen von Menschen in Geschichte und Gesellschaft, ihren Relevanzsetzungen, Handlungsstrategien und Deutungsweisen. In Abgrenzung bzw. in Ergänzung zu quantitativen sozialwissenschaftlichen Verfahren orientieren sich qualitative Methoden nicht an der numerischen Verallgemeinerbarkeit von Auftretenshäufigkeiten sozialer Phänomene. Vielmehr werden anhand der Analyse konkreter Einzelfälle Wirkungszusammenhänge und Sinngehalte rekonstruiert, um insbesondere wenig erforschte Wirklichkeitsbereiche zu erschließen. Damit rücken jene Verarbeitungs-, Konstruktions- und Sinnbildungsprozesse in den Blick, wie sie historische Subjekte in individueller oder kollektiver Auseinandersetzung mit Vergangenheit entwickeln.[57]

Qualitative Forschungsmethoden lassen sich darüber hinaus fruchtbar auch in jenen thematischen Feldern einsetzen, deren Popularität es mit sich bringt, gesellschaftliche Phänomene vorschnell unter bereits gefasste Inhalte oder Theorien zu subsumieren. Dies gerade betrifft die Thematik der vorliegenden Studie; denn dass unser Erkenntnisgegenstand zugleich unter- wie überbelichtet ist, macht, wie wir im Verlaufe des Forschungsprozesses feststellen konnten, eine seiner Besonderheiten aus: Wiewohl nämlich die Diskussionen um die Schweiz während des Zweiten Weltkrieges zeitweilig viel Staub aufgewirbelt haben, existiert bislang wenig Wissen über die Rezeption der geschichtspolitischen Debatten der 1990er Jahre in der schweizerischen Bevölkerung. Und gegenläufig dazu sind wir durch den Boom, den Gedächtnis und Erinnerung in den letzten Jahren im inner- wie außerakademischen Bereich erfahren haben, mit einer Fülle an Vorannahmen konfrontiert, etwa was den Wandel von Geschichtsbildern und Begriffe wie *Generation* oder *Familiengedächtnis* betrifft. Offene Erhebungs- und Analyseverfahren, wie sie Ansätze der Qualitativen Sozialforschung bereitstellen, liefern demgegenüber methodische Instrumentarien, um Raum zu schaffen auch für neue, überraschende Phänomene und Zusammenhänge, Ambivalenzen und Vielschichtigkeiten.

---

57 Gerade im Bestreben, die Konstruiertheit und soziale Bedingtheit des (historischen) Erinnerns stärker zu fokussieren, befruchten sich Oral History und Verfahren der Qualitativen Sozialforschung gegenseitig. Vgl. dazu Wierling, Dorothee: Oral History, in: Maurer, Michael (Hg.): Aufriss der Historischen Wissenschaften., Stuttgart 2003, S. 97ff. oder auch Dejung, Christof: Oral History und kollektives Gedächtnis. Für eine sozialhistorische Erweiterung der Erinnerungsgeschichte, in: Geschichte und Gesellschaft, 34, 2008, S. 114.

*Vergleichende Tradierungsforschung*

Methodisch orientiert sich die vorliegende Studie an den Arbeiten des Forschungszusammenhanges *Vergleichende Tradierungsforschung*, die sich mit der Erinnerung an den Nationalsozialismus, den Holocaust und den Zweiten Weltkrieg befassen.

Das Forschungsteam um den Sozialpsychologen Harald Welzer setzt sich seit Mitte der 1990er Jahre intensiv sowohl mit der theoretischen als auch der empirischen Erforschung des kommunikativen Gedächtnisses auseinander, zuerst in Deutschland, seit fast zehn Jahren nunmehr auch in andern europäischen Ländern. Fokussiert werden dabei intergenerationelle Tradierungsprozesse, das heißt die Weitergabe von Vergangenheitsvorstellungen zwischen den Generationen. Harald Welzer und sein Team stellen in ihren Forschungen fest, dass Erinnerungspraktiken und -inhalte der offiziellen Erinnerungs- und Gedenkkultur einerseits, private Erinnerungspraxis andererseits erheblich divergieren können. Aufgrund eben dieser Erkenntnis kritisieren sie, dass die Bedeutung der Weitergabe von Vergangenheitsvorstellungen mittels direkter Kommunikation gegenüber der Wirkung pädagogischer Geschichtsvermittlung bisher stark unterschätzt wurde.[58] In Anlehnung an gedächtnistheoretische Überlegungen des Soziologen Maurice Halbwachs zum sozialen und kollektiven Gedächtnis,[59] hebt Harald Welzer die Bedeutung des familiären Rahmens für die Tradierung von Vergangenheitsvorstellungen hervor und weist auf jene unterschiedliche Zeit- und Generationenerfahrungen synthetisierende Funktion des Familiengedächtnisses hin, die über die «*Fiktion eines gemeinsamen Erinnerungsinventars*» auf «*Kohärenz und Identität*» der Erinnerungsgemeinschaft Familie abzielt.[60] In Kapitel 3 werden wir ausführen, inwiefern der Welzer'sche Ansatz auch Kritik provoziert hat, insofern, als der starke Fokus auf die Herstellung von Kohärenz und Identität kritisiert und Welzer vorgeworfen wird, die Konflikthaftigkeit intergenerationeller Tradierungsprozesse zu wenig zu berücksichtigen.[61] Wie heterogen die Erinnerungsräume, als die wir die Gruppendiskussionen verstehen, sind, und wie diese

---

58 Welzer, Harald; Lenz, Claudia: Opa in Europa. Erste Befunde einer vergleichenden Tradierungsforschung, in: Ders. (Hg.): Der Krieg der Erinnerung: Holocaust, Kollaboration und Widerstand im europäischen Gedächtnis, Frankfurt a. M. 2007, S. 8.
59 Vgl. Halbwachs, Maurice: Das kollektive Gedächtnis, Frankfurt a. M. 1991.
60 Welzer, Harald et al.: Opa war kein Nazi, S. 20.
61 In seiner Dissertationsschrift führt Jan Lohl seine kritische Gegenposition zur Welzer'schen Konzeption aus. Vgl. Lohl, Jan: Gefühlserbschaft und Rechtsextremismus: Eine sozialpsychologische Studie zur Generationengeschichte des Nationalsozialismus, Giessen 2010.

vom Bemühen um Herstellung von Identität und Kohärenz ebenso geprägt sein können wie von Konflikten und Inkohärenzen, werden wir anhand von Beispielen aus den Gruppendiskussionen zeigen. Für unser Erkenntnisinteresse ist die Durchführung von Gruppendiskussionen mit Familien insofern fruchtbar, als die von Harald Welzer und Claudia Lenz vorgeschlagene Perspektivierung der Erinnerungsgemeinschaft *Familie* als *«Relais zwischen biographischem Erinnern auf der einen und öffentlicher Erinnerungskultur sowie offiziellen Geschichtsbildern auf der anderen Seite»*[62] eine Möglichkeit zur Erforschung synchron existierender Erinnerungskulturen in unserer Gesellschaft eröffnet. Die Durchführung von intergenerationell zusammengesetzten Gruppendiskussionen ermöglicht einen breiten Einblick in das kommunikative Erinnerungsgeschehen innerhalb der schweizerischen Bevölkerung: VertreterInnen unterschiedlicher Generationen mit ihren je eigenen historischen Erfahrungen und Wahrnehmungen treffen aufeinander und zugleich, wenn auch alle demselben Familienverbund angehören,[63] Personen mit unterschiedlichen sozialen Positionen, deren Perspektivierung der Vergangenheit mitgeprägt ist durch ihren Bildungshintergrund, ihre politische Orientierung und so fort. Insofern sind unsere InterviewpartnerInnen stets *«auch Zeugen für ihr jeweils aktuelles Umfeld, gemeinhin ‹Erinnerungskultur› genannt».*[64] Beobachtbar und wissenschaftlich analysierbar, darauf hat u.a. Astrid Erll hingewiesen, wird das *Kollektive Gedächtnis*, das ein wissenschaftliches Konstrukt darstellt, *«erst in seiner Aktualisierung durch einzelne kollektive Erinnerungsakte.»*[65] Mit den Familieninterviews wird nun ein Raum eröffnet, wo die Vergegenwärtigung des Vergangenen als interaktiv-kommunikativer Prozess unmittelbar stattfindet und wo sich beobachten lässt, wie Subjekte Vergangenheitsinterpretationen individuell und intersubjektiv aufgreifen, problematisieren, zurückweisen, (um-)gestalten und in Bezug zu Fragen und Problemlagen der Gegenwart setzen.

---

62 Welzer, Harald; Lenz, Claudia: Opa in Europa, S. 15.
63 Das Forschungsprojekten wie unserem oft vorgeworfene Problem der Tatsache, dass es das von uns beobachtete Erinnerungsgeschehen ohne Schaffung des dieses ermöglichenden Raumes konkret in genau dieser Form nicht gäbe, teilen wir streng genommen mit jedem Forschungsvorhaben, das eine wissenschaftliche Tatsache konstruiert.
64 Dejung, Christof: Oral History und kollektives Gedächtnis, S. 107. Vgl. dazu auch den ersten Teil dieses Kapitels.
65 Erll, Astrid: Kollektives Gedächtnis und Erinnerungskulturen. In: Nünning, Ansgar; Nünning, Vera (Hg.): Konzepte der Kulturwissenschaften. Theoretische Grundlagen – Ansätze – Perspektiven, Stuttgart 2003, S. 176.

*Die Gruppendiskussion als Verfahren der Qualitativen Sozialwissenschaft*

Das Verfahren der Gruppendiskussion, wie es im Rahmen der Familieninterviews zur Anwendung kommt, eignet sich hinsichtlich unserer Erkenntnisinteressen als Erhebungsmethode daher besonders, weil es die Analyse von Erinnerungsprozessen sowohl auf der thematisch-inhaltlichen als auch der interaktiv-gruppendynamischen Ebene ermöglicht. Nicht nur dem *Was*, sondern auch dem *Wie* kommunikativer Erinnerungsprozesse kommt damit analytische Aufmerksamkeit zu.

Die Gruppendiskussion ist innerhalb der Qualitativen Sozialforschung ein etabliertes Verfahren, das ab Ende der 1940er Jahre in den USA und Großbritannien als Erhebungsinstrument eingesetzt und seither in verschiedenen Forschungskontexten angewendet wurde, so etwa in der *Umfrageforschung*, der *Jugendforschung*, den *Cultural Studies* oder der Bildungs- und Medienforschung. Bezogen auf unser eigenes Erkenntnisinteresse ist die Anwendung und Weiterentwicklung des Gruppendiskussionsverfahrens durch die Forschungsgruppe des *Frankfurter Instituts für Sozialforschung* im Rahmen des so genannten *Gruppenexperiments*[66] von besonderer Relevanz, auch hinsichtlich des dabei verfolgten Forschungsanliegens. Beim *Gruppenexperiment* handelte es sich um eine der größten sozialwissenschaftlichen Studien der (europäischen) Nachkriegszeit. Mit dem Ziel, den Umgang der deutschen Nachkriegsgesellschaft mit der NS-Vergangenheit zu untersuchen, wurden unter der Leitung des deutschen Soziologen Friedrich Pollock Gruppengespräche mit Teilnehmenden aus der deutschen Bevölkerung durchgeführt. Die Forschungsgruppe zielte darauf ab, eine Methode auszubilden, *«jenen sonst nur sehr schwer greifbaren Sektor des gesellschaftlichen Bewusstseins»*[67] zu erforschen, den sie in Abgrenzung zu dem sich in Wahlen, Abstimmungen, öffentlichen Reden oder Zeitungsartikeln abspielenden Bereich der *«öffentlichen Meinung»* als *«nicht-öffentliche Meinung»* bezeichneten.[68] Der Forschungsgruppe, welche in Bezug auf Meinungsbildungsprozesse auf die Bedeutung gerade auch von Gesprächssituationen im Familien- und Bekanntenkreis hinwies,[69] ging es um den Entstehungszusammenhang von Einstellungen und Meinungen, die nicht isoliert wirkten, *«sondern in ständiger Wechselwirkung zwischen den Einzelnen und der unmittelbar auf sie einwirkenden Gesellschaft»*.[70] Im Unterschied zu quantita-

---

66 Siehe u.a. Theodor W. Adorno, der später, basierend auf der Studie, den bekannten Aufsatz *Schuld und Abwehr* schrieb. Adorno, Theodor W.: Schuld und Abwehr, in: Ders., Gesammelte Schriften Bd. 9.2., Darmstadt 1998.
67 Pollock, Friedrich: Gruppenexperiment: Ein Studienbericht, Frankfurt a. M. 1955. S. 479.
68 Ebd. S. XIV.
69 Ebd. S. XVI.
70 Im Rahmen des Gruppenexperiments wurde ein sogenannter *«Grundreiz»* eingesetzt – ein heute geläufiges Verfahren, bei dem die Teilnehmenden mittels Darbietung etwa von Zeitungsausschnitten, Bildern oder Filmsequenzen zur gemeinsamen Diskussion angeregt werden sollen.

tiven Datenerhebungen sollten Einstellungen, Meinungen und Verhaltensweisen nicht als isolierte Phänomene analysiert werden, sondern sozusagen im Prozess ihrer Entstehung. Wichtige Weiterentwicklungen des Gruppendiskussionsverfahrens erfolgten u.a. Anfang der 1960er Jahre durch Werner Mangolds Konzept der *Informellen Gruppenmeinungen* zur Erforschung kollektiv verankerter Orientierungen[71], ab den 1970er Jahren durch am Symbolischen Interaktionismus orientierte AutorInnen wie Manfred Niessen und die psychoanalytisch orientierte Forschungsgruppe um Birgit Volmerg, Ute Volmerg und Thomas Leithäuser[72] und ab Ende der 1980er Jahre durch die grundlagentheoretisch fundierten Arbeiten von Ralf Bohnsack, dem die Integration von Struktur- und Prozessperspektive ein wichtiges Anliegen war.[73]

Der Fokus unseres Erkenntnisinteresses liegt, wie in den theoretischen Überlegungen ausgeführt, auf dem Geschehnischarakter von Erinnerungsprozessen.[74] Uns interessiert zum einen, wie sich die Auseinandersetzung mit der Vergangenheit spezifisch im – durch uns mit konstituierten – Interaktionsgeschehen jeder einzelnen Gruppendiskussion gestaltet, zum anderen, wie sich darin aber auch ein Erinnerungsgeschehen abspielt, das auf breitere gesellschaftliche erinnerungskulturelle Phänomene verweist. Die Durchführung von Gruppendiskussionen eröffnet einen Beobachtungsraum, in dem mehrere verschiedene

---

Vgl. Pollock, Friedrich: Gruppenexperiment, S. 32. Wir haben im Rahmen unserer Erhebung mit Buchtiteln als Diskussionsimpuls gearbeitet.

71 Mangold, Werner: Gegenstand und Methode des Gruppendiskussionsverfahrens. Frankfurt a. M. 1960.

72 Niessen, Manfred: Gruppendiskussion. Interpretative Methodologie, Methodenbegründung, Anwendung. München 1977; Volmerg, Ute: Kritik und Perspektiven des Gruppendiskussionsverfahrens in der Forschungspraxis. In: Leithäuser, Thomas; Volmerg, Birgit; Salje, Gunther; Volmerg, Ute; Wutka, Bernhard: Entwurf zu einer Praxis des Alltagsbewusstseins, Frankfurt a. M. S. 184-216; Volmerg, Birgit; Senghaas-Knobloch, Eva; Leithäuser, Thomas: Betriebliche Lebenswelt: Eine Sozialpsychologie industrieller Lebensverhältnisse, Opladen 1986.

73 Vgl. Bohnsack, Ralf: Rekonstruktive Sozialforschung, Opladen 1995; Loos, Peter; Schäffer Burkard: Das Gruppendiskussionsverfahren, Opladen 2001. Während am Symbolischen Interaktionismus orientierte Ansätze auf die jeweils situativ spezifische Herausbildung von Meinungen und Einstellungen innerhalb des Gruppendiskussionskontextes fokussieren, baut Bohnsack in Anknüpfung an die Wissenssoziologie von Karl Mannheim auf die Dokumentation von kollektiven, auf gemeinsamen (kollektiv-)biographischen Erfahrungen basierenden Orientierungsmustern im Rahmen von Gruppendiskussionen auf. Aufgrund der in diesem Kapitel ausgeführten methodologischen Überlegungen, insbesondere was den Geschehnischarakter von Erinnerung, die Bedeutung der Interaktionsdynamik und die Beteiligung der Forschenden am Konstitutionsprozess unserer Daten betrifft, orientierten wir uns bei der Analyse der Gruppendiskussionen nicht an der für die Interpretation von Gruppendiskussionen oft verwendeten, von Bohnsack entwickelten *Dokumentarischen Methode*, sondern entwickelten ein eigenes, mehrstufiges Analyseverfahren, bei dem wir uns an verschiedenen methodischen Ansätzen orientierten.

74 Vgl. dazu Abschnitt «Kommunikative Vergegenwärtigung von Vergangenheit» in diesem Band.

Akteure (uns als Interviewerinnen eingeschlossen) mit unterschiedlich geprägtem Erfahrungshintergrund aufeinander treffen und sich arrangieren müssen. Als Erhebungsinstrument ermöglicht das Gruppendiskussionsverfahren die Analyse, wie Subjekte individuell und in intersubjektiven Prozessen Geschichtsbilder und Vergangenheitsdeutungen aufgreifen, ausgestalten, akzentuieren, verändern, ignorieren, zurückweisen und in Bezug zueinander setzen. Wenn wir den Blick auf den kommunikativen Charakter von Erinnern richten, wird zudem auch rekonstruierbar, wie sich die Beteiligten im Prozess von Erinnern und Vergessen finden, wie sie aufeinander reagieren, welche Themen gemeinsam verhandelt werden, wo Einigung stattfindet, wo aber auch Konflikte entstehen, wo Gesprächsbeiträge etwa ignoriert oder abgewertet werden, wo divergierende und konkurrierende Umgangsweisen mit der Zeit des Zweiten Weltkrieges sichtbar werden.

*Involvierung: Zur Mitkonstitution der Quellen durch die Interviewerinnen*

Wie bereits angesprochen, sind wir als Interviewerinnen und Wissenschaftlerinnen in die von uns untersuchten Prozesse kommunikativen Erinnerns involviert: Wir initiieren die Gespräche und nehmen an selbigen aktiv teil, sind damit unmittelbar an dem von uns beobachteten Erinnerungsgeschehen – auch in seinen emotional-affektiven Dimensionen – beteiligt. Unsere Involvierung in den Forschungsgegenstand ist dabei eine doppelte: Wir gestalten unser Forschungsobjekt – die Interviews – mit, und zwar in unserer Rolle als Historikerin bzw. als Soziologin auch als Vertreterinnen einer spezifischen Zugangsweise zu Vergangenheit. Analytisch gilt es dem Rechnung zu tragen: Anknüpfend an entsprechende Diskussionen, wie sie im Bereich der Qualitativen Sozialforschung und der Oral History seit längerem geführt werden, begreifen wir unsere subjektive Involvierung in den Forschungsgegenstand als eine zu reflektierende, der gerade hinsichtlich der in der Gruppendiskussion sich durchkreuzenden unterschiedlichen vergangenheitsbezogenen Diskurse auch Erkenntnispotential innewohnt.[75]

Zwar unterscheiden sich unsere geschichtswissenschaftlichen Praktiken im Umgang mit Vergangenheit von nicht-wissenschaftlichen Praktiken. Der seit langem in der Theorie festgeschriebene Gegensatz zwischen Geschichte und Gedächtnis ist aber, wie bereits gezeigt, inzwischen dynamisiert. Historikerinnen und Historiker anerkennen, wie der Historiker Etienne François meint, *«heute im Gedächtnis eine grundlegende historische Wirklichkeit, in die sie eingebettet sind*

---

75  Vgl. dazu etwa Jureit, Ulrike: Erinnerungsmuster: Zur Methodik lebensgeschichtlicher Interviews mit Überlebenden der Konzentrations- und Vernichtungslager, Hamburg 1999.

*und an der sie in gleichem Masse als Akteure wie als Beobachter teilnehmen.»*[76] Nicht nur unsere InterviewpartnerInnen, sondern auch wir selbst partizipieren an einer spezifischen Erinnerungskultur, innerhalb derer wir gerade aufgrund unserer wissenschaftlichen Sozialisation eine bestimmte Rolle und Position einnehmen. So gesehen werden die Gruppendiskussionen, gleichsam in verdichteter Form, zu einem Ort gemeinsamer sozialer Praxis, in der es zu einer Begegnung unterschiedlicher vergangenheitsbezogener Wissen kommt, die Interviewerinnen und Interviewte gleichermaßen mitgestalten und formen. Der Kulturanthropologe und Psychoanalytiker Georges Devereux schlägt bezüglich dieses, streng genommen alle Forschenden betreffenden, Umstandes vor: *«Statt die Störung, die durch unsere Anwesenheit im Feld oder im Laboratorium entsteht, zu beklagen und die Objektivität der Verhaltensbeobachtung in Frage zu stellen, sollten wir das Problem konstruktiv zu lösen und herauszufinden suchen, welche positiven Erkenntnisse – die sich auf anderem Wege nicht erhalten lassen – wir von der Tatsache ableiten können, dass die Gegenwart eines Beobachters (der dieselbe Größenordnung hat, wie das, was er beobachtet) das beobachtbare Ereignis stört.»*[77] Die Analyse des Verhaltens der *Objekte* ist für Devereux deshalb nur der erste Schritt im Rahmen eines Analyseprozesses; ebenso gilt es ihm zufolge zweitens sowohl die Störungen, die durch die Anwesenheit der Forschenden hervorgerufen werden, als auch drittens das Verhalten der forschenden Person selbst zum Gegenstand der Analyse zu machen.[78] Die durch das Aufeinandertreffen aller am Interview beteiligten Akteure zum Ausdruck kommenden unterschiedlichen, mitunter konfligierenden und konkurrierenden Erinnerungsinteressen lassen sich aus dieser Forschungsperspektive ebenso wie die damit einhergehenden Projektionen, Zuschreibungen und Zuweisungen als integraler und heuristisch wertvoller Teil der Forschung selbst betrachten. Selbst wenn man in Rechnung stellt, dass Gruppendiskussionen, wie die Historikerin Ulrike Jureit hinsichtlich ihrer Erinnerungsinterviews mit Zeitzeugen in einem ähnlichen Kontext festhält, Alltagsgeschehen nicht primär abbilden, sondern immer auch etwas Neues entwerfen, vollzieht sich dieser Vorgang *«weder im luftleeren Raum noch ist er von dem realen historischen Geschehen losgelöst».*[79] Vielmehr verweist das im Interview sich konkret ereignende gemeinsame Erinnerungsgeschehen immer auch auf die

---

76 François, Etienne: Erinnerungsorte zwischen Geschichtsschreibung und Gedächtnis. Eine Forschungsinnovation und ihre Folgen, in: Schmid, Harald: Geschichtspolitik und kollektives Gedächtnis: Erinnerungskulturen in Theorie und Praxis, Göttingen 2009, S. 36. Vgl. hierzu auch Friedländer, Saul: Überlegungen zur Historisierung des Nationalsozialismus, S. 72f.
77 Devereux, Georges: Angst und Methode in den Verhaltenswissenschaften, Frankfurt a. M. 1998, S. 304.
78 Vgl. ebd., S. 20.
79 Jureit, Ulrike: Erinnerungsmuster, S. 110.

hierfür relevanten sozialen Bezugsrahmen und gesellschaftlichen Bedingungen des Erinnerns, d.h. auf gegenwartsbezogene Herausforderungslagen, Machtverhältnisse und überindividuell sich konstellierende Erinnerungsinteressen, zu denen das im Interview sich Abspielende in Bezug gesetzt werden muss.

### *1.2.1    Erhebungsverfahren*

*Sampling: Prozessorientierte Suche und Auswahl*

In den nachfolgenden Abschnitten erläutern wir das Auswahlverfahren der Teilnehmenden sowie das Erhebungsprozedere und geben zudem Einblick in die generationelle, soziale und politische Zusammensetzung unseres Samples.

Insgesamt erhoben wir zwanzig Gruppendiskussionen, an denen nebst uns zweiundsiebzig Personen beteiligt waren.[80] Die Zahl der Teilnehmenden variierte, da an manchen Gruppendiskussionen nur je eine Vertretung aus der Großeltern-, Kinder- und EnkelInnengeneration teilnahm, während in anderen mehrere VertreterInnen der jeweiligen Generation anwesend waren. Suche und Anwerbung geeigneter Familien sowie die Zusammenstellung des Samples gestalteten sich in praktischer Hinsicht (nicht ganz unerwartet) als schwierig und zeitaufwändig: Da, entsprechend unserem Forschungsdesign, aus drei Generationen jeweils mindestens ein Familienmitglied gewonnen werden musste, und die Durchführung der Interviews mitunter längere Reisen sowohl der verschiedenen, teils in unterschiedlichen Regionen der Schweiz lebenden Familienmitglieder als auch unsererseits nach sich zog, nahm diese Arbeit sehr viel Zeit in Anspruch.

Die Erhebung und Auswertung der Familiendiskussionen selbst wiederum konzipierten wir nicht als getrennte Arbeitsschritte. Vielmehr gingen wir prozessorientiert vor und richteten uns bei der Suche nach InterviewpartnerInnen sowie bei der Erhebung nachfolgender Interviews nach Erfahrungen, Erkenntnissen und neu aufgeworfenen Fragen aus, die wir bei der Durchführung vorangehender Interviews gewonnenen hatten. Wichtig war uns eine gewisse Heterogenität unseres Samples hinsichtlich Faktoren wie Alter, Geschlecht, sozialer und regionaler Herkunft. Entsprechend diesem Vorgehen erfolgten Suche und Anwerbung von Familien zunächst offen und breit, im weiteren Verlauf des Forschungsprozesses gezielter und fokussierter. So betraf die Suche Familien aus spezifischen Gegenden (etwa dem Wallis oder der nordostschweizerischen Grenzregion) oder wir suchten spezifisch nach einer Familie mit sozialdemokratischem Hintergrund,

---

80   Betreffend der Anzahl der Gruppendiskussionen richteten wir uns nach den im Rahmen des von Harald Welzer geleiteten Forschungszusammenhangs *Vergleichende Tradierungsforschung* durchgeführten Länderstudien. Vgl. Welzer, Harald (Hg.): Der Krieg der Erinnerung.

oder nach jüdischen Familien. Konkret suchten wir auf unterschiedlichen Wegen nach geeigneten Familien: Zusätzlich zu Aufrufen, die wir im Redaktionsteil des *Schweizerischen Beobachters* (Januar 2008) sowie in der *Coop-Zeitung* (April 2008) platzieren konnten, erfolgten Anfragen an interessierte Teilnehmende nach dem Schneeballprinzip über persönliche Netzwerke sowie über Institutionen und Vereine.

Mit den potentiellen Teilnehmenden nahmen wir per Telefon, per E-Mail oder per Brief Kontakt auf; beim ersten Kontakt informierten wir die interessierten Personen bez. Inhalt und Situierung unseres Forschungsprojektes. Kommunikation und Organisation liefen dann jeweils über jenes Familienmitglied, mit dem wir zuerst in Kontakt traten. Abgesehen von einer Ausnahme handelte es sich um VertreterInnen der Großeltern- bzw. der Kindergeneration.

Bis ein für alle beteiligten Personen geeigneter Interviewtermin zustande kommen konnte, waren für gewöhnlich mehrere Telefonate oder E-Mails erforderlich: zusätzliche Informationen wurden gewünscht, Termine verschoben, die Zusammensetzung des Settings verändert. Suche, Anwerbung und Erhebung dieser zwanzig Familieninterviews erstreckte sich über einen Zeitraum von beinahe zwei Jahren zwischen November 2007 und Oktober 2009.

*Steckbrief: Zusammensetzung des Samples*

*Wer* nun hat an intergenerationell zusammengesetzten Gruppendiskussionen über den Zweiten Weltkrieg, die Rolle der Schweiz und den Nationalsozialismus teilgenommen?

Hinsichtlich ihrer sozialen, ökonomischen und politischen Herkunft bilden diese zwanzig Familien eine heterogene Gruppe und decken damit ein breites Spektrum der deutschschweizerischen Bevölkerung ab. Auch für sich genommen lassen sich die einzelnen Familien nicht ohne weiteres auf einen gemeinsamen *inneren* Nenner bringen, vielmehr unterscheiden sich die Mitglieder einer Familie oftmals bezüglich sozialem Status, Bildungshintergrund und politischer Orientierung. Die folgende Beschreibung des Samples erfolgt daher nicht entlang der zwanzig Familien, sondern entlang der beteiligten Einzelpersonen; dies auch deshalb, weil wir die Gruppendiskussionen, wie in den vorhergehenden Unterkapiteln erläutert, als Schnittstelle unterschiedlichen vergangenheitsbezogenen Wissens und als Schauplatz konkurrierender Erinnerungsinteressen in den Blick nehmen.

Unsere Erhebung konzentrierte sich geographisch auf deutschsprachige Regionen der Schweiz.[81] Dabei konnten wir beobachten, dass im Prozess der kommunikativen Vergegenwärtigung jener geographische Raum, in dem die Interviews jeweils stattfanden, mitthematisiert, zum Schauplatz der Geschichte wurde, insbesondere dann, wenn sich dieser Raum durch Grenznähe, topographische Markierungen oder besondere Ereignisse auszeichnete. Von den zweiundsiebzig Interviewten lebten zum Zeitpunkt der Erhebung fünfundzwanzig im grenznahen Gebiet zu Deutschland, Österreich oder Italien. Fünfundzwanzig der zweiundsiebzig TeilnehmerInnen lebten in den Städten Basel, Bern, Schaffhausen, Zürich; die übrigen siebenundvierzig in städtischen Agglomerationen oder auf dem Land, in den Kantonen Aargau, Basel, Bern, Fribourg, Glarus, Graubünden, Schaffhausen, Solothurn, St. Gallen, Wallis, Tessin, Zug und Zürich.

Die intergenerationell angelegten Gruppendiskussionen setzten sich entsprechend unseres Forschungsdesigns zusammen aus je einer Vertretung der Großeltern-, Kinder- und Enkelgeneration. *Generation* fassten wir dabei nicht als eine Kohorte, sondern als familialen und zeitlichen Ordnungsbegriff auf.[82] Das Kriterium für die Großelterngeneration war zeitliche Nähe zum Ereignis, das heißt sie sollten den Zweiten Weltkrieg als junge Erwachsene, Jugendliche oder Kinder miterlebt haben. Die Geburtsjahrgänge dieser ältesten Generation erstrecken sich über die Jahre 1919 bis 1941 und umfassen damit gut eine Generationenspanne, was es mit sich bringt, dass die jüngsten VertreterInnen der Großelterngeneration mitunter gleichen Alters sind wie die ältesten VertreterInnen der nachfolgenden Kindergeneration. Dementsprechend variieren auch innerhalb der jüngsten Generation die Geburtsjahrgänge stark.[83] Überblickt man das Sample, zeigt sich in generationeller Hinsicht in etwa eine ausgewogene Beteiligung, die auch im Verhältnis der Geschlechter vorliegt: Mit achtunddreißig Vertreterinnen beteiligten sich nur vier Frauen mehr an den Diskussionen als Männer. Auch innerhalb der Großelterngeneration waren mit insgesamt fünfzehn Teilnehmerinnen gegenüber elf Teilnehmern Frauen etwas stärker vertreten als Männer: ein ähnliches Bild zeigt sich in der nächstfolgenden Generation. Einzig in der Enkelgeneration beteiligten sich zwei männliche Teilnehmende mehr als weibliche.

---

81 Eine Erweiterung der Studie auf französisch-, italienisch- und rätoromanischsprachige Regionen der Schweiz wäre wünschenswert, war aus Gründen fehlender Ressourcen aber im Rahmen dieses Dissertationsprojektes nicht umsetzbar.
82 Wie unterschiedlich der Begriff *Generation* verwendet werden kann, führt Ulrike Jureit in ihrer Darstellung zur Generationenforschung aus. Vgl. Jureit, Ulrike: Generationenforschung, Göttingen 2006.
83 Die ältesten Vertreter der Enkelgeneration trugen die Jahrgänge 1968, die jüngsten 1994.

Hinsichtlich ihrer Bildung zeigt sich innerhalb der Familien zuweilen eine gewisse Homogenität, insbesondere in Familien, wo bereits die Großeltern- und/ oder Kindergeneration über eine höhere Bildung verfügten. Mit vierzig Personen besuchten mehr als die Hälfte der Beteiligten nach der regulären Volksschule weiterführende Schulen. Bezüglich der Bereitschaft, sich mit bestimmten Formen vergangenheitsbezogenen Wissens auseinanderzusetzen, zeigte sich, dass Bildung als Einflussfaktor wirksam ist: Wie wir weiter unten noch zeigen werden, legten wir den Teilnehmenden im Verlauf des Interviews Buchtitel bzw. Bücher vor, die bei eher bildungsfernen Personen auf wenig Beachtung stießen. Auf inhaltliche Perspektivierungen dieser spezifischen Vergangenheit und auf das Geschichtsbild der entsprechenden Teilnehmenden lässt sich aus dem Bildungshintergrund nicht schließen. Während die Verteilung höherer Bildung bei Frauen und Männern ausgewogen ist, verfügen im Vergleich der drei Generationen, die VertreterInnen der mittleren und jüngeren über höhere Bildung oder sind dabei, eine solche zu erwerben. Insgesamt decken die zweiundsiebzig Teilnehmenden der Familieninterviews ein breites Spektrum von Berufsfeldern ab: AkademikerInnen in den entsprechenden Berufen (vom Ingenieur über die Kunsthistorikerin bis hin zum Informatiker und zur Ärztin) sind ebenso vertreten wie LandwirtInnen, auf verschiedenen Schulstufen tätige LehrerInnen, KV-Angestellte, UnternehmerInnen, SozialarbeiterInnen, HandwerkerInnen, Vertreter des Gastgewerbes oder Polizeibeamte. Die jüngeren Teilnehmenden waren teilweise noch in der Berufsausbildung oder besuchten das Gymnasium.

Anhand eines Fragebogens, den wir den Teilnehmenden im Anschluss an die Gruppendiskussion aushändigten, konnten folgende politische Präferenzen ermittelt werden: Von den zweiundsiebzig Interviewten beantworteten fünfzehn Personen die entsprechenden Fragen nicht, drei gaben explizit an, keine Präferenzen zu haben. Die übrigen Personen umschrieben mit *«links»*, *«Mitte»*, *«rechts»*, *«konservativ»* und *«unabhängig-neutral»* ihr politisches Feld oder benannten konkret eine Partei, wie die *Sozialdemokraten* (SP), die Grünen, die *Christliche Volkspartei* (CVP), die *Freisinnig Demokratische Partei* (FDP), die *Schweizerische Volkspartei* (SVP) und schließlich die *Schweizer Demokraten* (SD). Während insgesamt neunzehn Personen sich dem linken bzw. links-grünen Umfeld zurechneten, verorteten sich zweiundzwanzig im mittleren Lager. Die verbleibenden elf Personen positionierten sich rechts bzw. rechts-außen. Im Überblick über die Generationen zeigt sich das mittlere politische Feld am stärksten vertreten, in der Enkelgeneration dagegen lässt sich deutlich eine Polarisierung beobachten.

Die Motivation zur Teilnahme an den Gruppendiskussionen erwies sich als unterschiedlich stark ausgeprägt. So gab es InterviewpartnerInnen, die sich auf unseren Aufruf im *Beobachter* hin bei uns meldeten (der Aufruf in der *Coop-Zei-*

*tung* war weniger erfolgreich), andere wiederum fragten wir direkt an. Manche reagierten mit Interesse auf diese Anfragen, andere waren eher unschlüssig und zurückhaltend, dort benötigte es mehrere Anläufe unsererseits, sie für die Teilnahme zu gewinnen. In der konkreten Interviewsituation selbst war es zuweilen denn auch offensichtlich, dass manche Familienmitglieder nur widerwillig und nur dem Großvater oder der interessierten Tochter zuliebe teilnahmen. Hätten nur hochmotivierte Personen teilgenommen, hätten wir vielleicht ein anderes Bild vom Erinnerungsgeschehen in der Bevölkerung gewonnen; gerade bei differierendem und teilweise konfligierendem Interesse an der Thematik sahen wir zusätzliches Erkenntnispotential. Alle mit diesen Aspekten des Forschungsprozesses verknüpften Informationen wurden von uns gesammelt, dokumentiert und in die Auswertung integriert.

*Aufbau und Durchführung der Interviews*

Wie erwähnt, war die Durchführung der Interviews auch für uns begleitet von einer regen Reisetätigkeit: Im Verlaufe des Erhebungsprozesses reisten wir (per Bahn) mehrmals quer durch die deutschsprachige Schweiz sowie ins Wallis. Die Gruppendiskussionen erfolgten in der gewohnten Umgebung der Familien: überwiegend am Wohnort oder in den Büroräumlichkeiten eines der beteiligten Familienmitglieder. Zwei der Interviews führten wir in einer Gaststätte durch. Bis auf eine Ausnahme, wo uns die Angehörigen der Kinder- und Enkelgeneration misstrauisch und unfreundlich begegneten, waren sowohl wir als auch die Befragten um eine offene, entspannte Atmosphäre bemüht; zumeist wurden wir überaus gastlich empfangen, mit Kaffee, Kuchen und Keksen bewirtet, mitunter zum Essen eingeladen und anschließend an das Interview zurück zum Bahnhof chauffiert.

Für die Durchführung wählten wir ein teilstrukturiertes Verfahren und führten die Gruppendiskussionen in zwei Teilen durch.[84] Mit diesem Vorgehen versuchten wir, mögliche Überblendungen von Erinnerungsinteressen und Relevanzsetzungen der Interviewten durch unsere eigenen, von unserer wissenschaftlichen Sozialisation geprägten Perspektiven zumindest im ersten Teil des Interviews zu beschränken. Wir führten die Interviews entlang eines auf der Grundlage unserer Erkenntnisinteressen strukturierten aber flexibel gehandhabten Interviewleitfadens durch, der mittels möglichst offener Fragen erzählgenerierend ausgerichtet

---

84 Der Interviewleitfaden ist im Anhang dieser Arbeit abgebildet.

war.[85] Dabei organisierten wir die Interviews so, dass Raum geschaffen wurde, den die InterviewpartnerInnen so weit wie möglich – mit den Einschränkungen, die durch die Forschungssituation selbst gegeben ist – nach ihren eigenen Relevanzsetzungen gestalten konnten, aber auch Raum entstand, in dem die Auseinandersetzung mit unseren Perspektiven, die sich stark am gegenwärtigen historiographischen Diskurs orientierten, möglich wurde.

Die Gruppendiskussionen selbst dauerten im Durchschnitt etwa neunzig Minuten, es gab aber auch Interviews, die länger als zwei Stunden dauerten. Soweit möglich führten wir die Interviews gemeinsam durch, eine Vorgehensweise, die sich sehr bewährt hat, insofern, als wir uns in der Rolle der Beobachterin sowie der Fragenden wechselseitig ergänzen und unsere Wahrnehmungen vergleichen konnten. Im Anschluss an die Interviews ließen wir die Teilnehmenden zudem einen kurzen Fragebogen ausfüllen, in dem wir die Personalien erhoben und den Interviewpersonen verschiedene Fragen zu den Bezugsorten ihres historischen Wissens stellten, etwa Fragen nach gelesenen Büchern, gesehenen Filmen, besuchten Ausstellungen oder Gedenkorten. Wir selber fertigten nach dem Interviews Memos an, in denen wir unsere subjektiven Eindrücke festhielten.

Wir haben sämtliche Interviews digital aufgezeichnet und selber vollständig transkribiert, so generierten wir eine Datengrundlage im Umfang von über siebenhundert Transkriptseiten Interviewmaterial. Für die mit dem Forschungsprojekt einhergehenden Veröffentlichungen haben wir die Namen der Interviewpartnerinnen und -partner pseudonymisiert und gewisse Ortsangaben und biographischen Daten verändert.[86]

---

85 Im Unterschied zu den in quantitativen Umfragen verwendeten standardisierten Fragebogen dienen qualitative Interviewleitfaden primär als Gedächtnisstütze und Orientierungsrahmen, vgl. Kelle, Udo; Kluge, Susann: Vom Einzelfall zum Typus: Fallvergleich und Fallkontrastierung in der qualitativen Sozialforschung, Wiesbaden 2010, S. 63.

86 Die Gruppendiskussionen sind archiviert im *Archiv für Zeitgeschichte* der *ETH Zürich*. Für die Publikation haben wir uns bemüht, Interpretationen und Befunde anhand von Interviewsequenzen nachvollziehbar zu machen. Dabei sind wir uns bewusst, dass es sich bei der Präsentation der von uns erhobenen Interviews und Analysen, respektive deren Objektivation, immer auch um eine (Neu-) Konstruktion handelt, insbesondere da wir die in Schweizerdeutsch geführten Interviews in Schriftsprache übersetzt haben. Die zitierten Sequenzen haben wir dabei in Tempora, Kasus und Satzbau angepasst. Bessere Lesbarkeit sowie das Ansinnen, unsere InterviewpartnerInnen sprachlich nicht – was oft geschieht, wenn Interviewpassagen abgedruckt werden – auf irgendeine Weise unbeholfen erscheinen zu lassen, war dabei unser Anliegen. Die Transkriptionsregeln haben wir im Anhang der Studie abgedruckt. Weiter weisen wir darauf hin, dass wir im Rahmen der vorliegenden Arbeit nicht auf alle zwanzig Gruppendiskussion gleichermaßen eingehen werden. Obwohl sich viele der nachfolgend beschriebenen Phänomene in verschiedenen Gruppendiskussionen zeigen, gibt es Interviews, die sich für deren Darstellung und Erläuterung besser eignen als andere. Dies, weil sich im einen Interview auf wenigen Zeilen etwas verdichtet oder besonders prägnant zeigt, was sich in einem anderen über mehrere Transkriptseiten hinweg entwickelt und so nur beschränkt darstellbar ist. So wird es also Grup-

*Erster Teil der Interviews*

Da uns zunächst interessierte, welche Themen zum gegenwärtigen Zeitpunkt in der schweizerischen Bevölkerung im Hinblick auf die Zeit des Zweiten Weltkrieges überhaupt von Interesse sind, leiteten wir die Interviews ein mit einer offenen und allgemein gehaltenen Frage (*«Was kommt Ihnen in den Sinn, wenn Sie das hören: der Zweite Weltkrieg»*), um so den Teilnehmenden in einem ersten Teil des Interviews die Möglichkeit zu bieten, gemäß ihren eigenen Interessen thematische Schwerpunkte zu setzen. Dadurch konnten wir beobachten, *welche* Themen spontan eingebracht und welche Assoziationen ausgelöst werden, *wie* die Themen verhandelt bzw. welche Themen – die vielleicht aus unserer Perspektive zu erwarten gewesen wären – *nicht* angesprochen werden. In Kapitel 4 werden wir anhand von vier Eingangssequenzen zeigen, wie unterschiedlich unsere InterviewpartnerInnen im Anschluss an unsere Eingangsfrage in die Gruppendiskussionen einstiegen. Für diesen ersten Teil des Interviews, in dem wir uns möglichst mit Fragen zurückhielten, um ein Gespräch zwischen den Familienangehörigen entstehen zu lassen, beraumten wir zwischen zwanzig Minuten und einer halben Stunde Zeit ein (es gab allerdings auch Interviews, in denen dieser Teil länger dauerte). Falls die Teilnehmenden nicht von sich aus von ihren Vorstellungen über die Situation der damaligen schweizerischen Bevölkerung erzählten, fragten wir gegen Schluss dieses offenen Teils nach ihren diesbezüglichen Vorstellungen.

Es zeigte sich, dass sich dieser offenere, erste Teil in den verschiedenen Interviews teilweise sehr unterschiedlich gestaltete, sowohl was die Verteilung der Interaktionsrollen als auch die thematischen Inhalte betraf: In manchen Gruppendiskussionen standen jene Teilnehmenden, die den Zweiten Weltkrieg selber miterlebt hatten, mit Erzählungen von ihren Erlebnissen im Zentrum der Aufmerksamkeit; in einigen prägte die Betroffenheit über den Holocaust oder generell den Krieg den Verlauf des ersten Teils; andere InterviewpartnerInnen wiederum metathematisierten von Beginn an Möglichkeiten und Problemstellungen in der Auseinandersetzung mit der Vergangenheit. Im Hinblick auf unser Interesse am Besonderen jedes Einzelfalles und den unterschiedlichen von den Teilnehmenden selber vorgenommenen Relevanzsetzungen sollte sich die Analyse der Gestaltung dieses ersten Teils als besonders aufschlussreich erweisen.

---

pendiskussionen geben, auf die wir im Laufe der Arbeit immer wieder zurückkommen werden und die deshalb auch ausführlicher vorgestellt werden. Vgl. Matt, Eduard: Darstellung qualitativer Forschung, in: Flick, Uwe; von Kardorff, Uwe; Steinke, Ines (Hg.): Qualitative Forschung: Ein Handbuch, Reinbek bei Hamburg 2004, S. 579.

## Zweiter Teil der Interviews

Ziel des zweiten Interviewteiles war es genauer zu ermitteln, wie die Teilnehmenden mit jenen Themenschwerpunkten und Relevanzsetzungen umgehen, welche in den geschichtspolitischen Debatten der 1990er Jahre sowie der Arbeit der UEK zentral waren. Um Wissensbestände, Vorstellungen und Positionsbildungen zu Diskussionsgegenständen wie der Flüchtlingspolitik, der Frage der Neutralität, den wirtschaftlichen Verflechtungen der Schweiz mit NS-Deutschland, zu Themen wie Nazigold und Nachrichtenlosen Vermögen erfassen zu können, forderten wir die Teilnehmenden dazu auf, verschiedene Themenfelder betreffend die Rolle der Schweiz im Zweiten Weltkrieg zu diskutieren. Zudem fragten wir die Interviewteilnehmenden, sofern ihrerseits nicht bereits zur Sprache gebracht, nach Sinn, Zweck und Funktion der Auseinandersetzung mit Vergangenheit bzw. spezifisch der Aufarbeitung der Rolle der Schweiz im Zweiten Weltkrieg. Konfligierende Erinnerungsinteressen zwischen geschichtswissenschaftlichem Diskurs und kommunikativem Gedächtnis standen hier im Zentrum unseres Erkenntnisinteresses.

Eingeleitet wurde der zweite Teil des Interviews durch das Einbringen eines Diskussionsimpulses: Wir kündigten an, etwas mitgebracht zu haben und legten der Gruppe sechs Buchcover vor, teils illustriert, teils auch nur mit Titeln versehen. Allesamt stehen diese Bücher thematisch im Kontext Krieg, Nationalsozialismus und Aufarbeitung.[87]

Mit diesen Büchern brachten wir Objekte ein, die symbolisch für eine spezifische Form der Beschäftigung mit Vergangenheit stehen, handelt es sich doch bei den vorgelegten Titeln um historiographisch angelegte Werke. Damit gab diese Bücherauslage nicht nur aufgrund ihrer inhaltlichen und formalen Aufmachung Diskussionsimpulse, sondern auch weil sie das Spannungsfeld- bzw. Konfliktfeld von Geschichtswissenschaft und (kommunikativem) Gedächtnis sichtbar macht.

So sich in den Gruppen nicht ohnehin eine Diskussion über die ihnen vorliegenden Buchcovers entspann, forderten wir die Teilnehmenden dazu auf, ihre Gedanken zu den Buchtiteln zu äußern. Dieses Vorgehen ermöglichte uns wiederum, wenn auch durch die Wahl der Buchtitel etwas eingeschränkt, auf die

---

87 Folgende Bücher bzw. Cover haben wir den Diskussionsteilnehmenden als Diskussionsimpuls vorgelegt (vgl. Anhang): Jost, Hans Ulrich: Politik und Wirtschaft im Krieg: die Schweiz 1938-1948, Zürich 1998; Bornstein, Heini: Insel Schweiz. Hilfs- und Rettungsaktionen sozialistisch-zionistischer Jugendorganisationen 1939-1946, Zürich 2000; Dejung, Christof: Aktivdienst und Geschlechterordnung: Eine Kultur- und Alltagsgeschichte des Militärdienstes in der Schweiz 1939-1945, Zürich 2006; Eizenstat, Stuart: Imperfect Justice: Looted Assets, Slave Labor, and the Unfinished Business of World War II, New York 2003; Raggenbass, Otto: Trotz Stacheldraht: 1939-1945, Grenzland am Bodensee und Hochrhein in schwerer Zeit, Konstanz 1964.

thematischen Interessen der Teilnehmenden einzugehen. Erst im nächsten Schritt orientierten wir uns am Interviewleitfaden und damit an den von uns vorgesehenen Themen (beispielsweise: *«Ein Thema, das ja auch immer wieder zur Sprache kommt, ist die Flüchtlingspolitik. Kommt Ihnen hierzu etwas in den Sinn?»*). Die Diskussionsaufforderungen, die wir so einbrachten, bezogen sich auf folgende Themenkreise: Das Erleben der geschichtspolitischen Debatten der 1990er Jahre, Raubgold und nachrichtenlose Vermögen, wirtschaftliche Verflechtungen, Flüchtlingspolitik, Neutralität/Stellung der Schweiz in Europa. In einem letzten Teil wollten wir von den Teilnehmenden wissen, was ihrer Meinung nach der Nutzen der Auseinandersetzung mit der Vergangenheit sei und fragten auch, falls von ihnen noch nicht selber thematisiert, was sie von Geschichtsaufarbeitung wie derjenigen der staatlich eingesetzten Historikerkommission UEK hielten.

Ähnlich wie in der Einstiegsphase variierten auch im zweiten Teil die Umgangsweisen von Interview zu Interview, was die Reaktionen sowohl auf die von uns mitgebrachten Bücher als auch auf unsere Fragen betraf. Als eine ursprünglich nicht beabsichtigte, aber sich als aufschlussreich erweisende Wirkung dieser Form des Gesprächsanreizes zeigte sich darin, dass der Umgang mit den von uns mitgebrachten Gegenständen sehr unterschiedlich ausfiel: Während die Bücher in einigen der Interviews fast gänzlich unbeachtet auf dem Tisch liegen blieben, wurden sie in anderen aktiv und je nachdem in anerkennender, kritischer oder abwertender Weise in die Diskussion einbezogen. Natürlich kam dabei auch der unterschiedliche Bildungshintergrund der Teilnehmenden, bzw. das unterschiedliche Wissen um den Umgang mit Büchern zum Ausdruck. Während einige auf den Schlussbericht der UEK Bezug nahmen und ihn kommentierten, konnten andere damit gar nichts anfangen; manche erkannten auch keinen Zusammenhang mit den gestellten Fragen, bis wir sie konkret darauf ansprachen, zuweilen auch dann nicht. Umgekehrt brachten immer wieder Teilnehmende bereits zu Gesprächsbeginn oder als Reaktion auf die von uns ausgebreiteten Bücher eigene Objekte ein und stellten sie im Gespräch je nach dem ergänzend oder abgrenzend dem in den Büchern symbolisch verdichteten historiographischen Wissen gegenüber: Zwei Teilnehmer übergaben uns im Selbstverlag herausgegebene Memoiren mit Lebensgeschichten, andere zeigten uns Briefe, Alben oder Fotografien.

Auch was die von uns eingebrachten Themen und Fragen betrifft, die den zweiten Teil der Gruppendiskussion strukturierten, reagierten unsere InterviewpartnerInnen unterschiedlich. Brachten wir etwa das Thema *Flüchtlingspolitik* ein, verwiesen manche kritisch auf die damalige Flüchtlingspolitik, andere wiederum sprachen über das Thema Flüchtlinge im Generellen oder reagierten auf die Frage mit Ausführungen zu damals erbrachten Hilfeleistungen. An diese unterschiedlichen Umgangsweisen konnten wir im Rahmen der Interviewanalyse dann später auch anknüpfen.

*Fragebogen*

Da wir wissen wollten, woher heute autobiographisches, kulturelles und historiographisches Wissen über den Zweiten Weltkrieg und die Zeit des Nationalsozialismus bezogen wird, händigten wir unseren InterviewpartnerInnen im Anschluss an die Interviews einen kurzen Fragebogen aus. Wir baten die Beteiligten, uns Medien, bzw. Referenzen historischen Wissens anzugeben, die ihnen selber im Rahmen ihrer Auseinandersetzung mit dem Thema Zweiter Weltkrieg als relevant erschienen. Wir erkundigten uns also nach jenen Quellen, aus denen die Teilnehmenden der Gruppengespräche ihr Wissen über diese spezifische Vergangenheit beziehen, und nach jenen sozialen Räumen, in welchen diese Vergangenheit Thema oder Diskussionsgegenstand ist und eine Auseinandersetzung damit stattfindet. Wir fragten konkret nach Print- und audiovisuellen Medien (Buch, Film, TV-Sendung, Zeitschrift bzw. Zeitung), nach Gesprächen mit Expertinnen und Experten unterschiedlichster Provenienz (ZeitzeugInnen, PolitikerInnen, HistorikerInnen etc.) sowie der Auseinandersetzung mit dem Thema in Schule, Museem oder Gedenkstätten).

Die Fragebogen wurden unterschiedlich ausführlich ausgefüllt, manche InterviewpartnerInnen gaben bei den entsprechenden Fragen eine Fülle an Film- und TV-Produktionen, Büchern, Museen, etc. an, verwiesen auf Gespräche im Familien- und Bekanntenkreis, bei anderen beschränkten sich die Angaben auf einige wenige Stichworte. Insofern gaben die Fragebogen nicht nur Einblick in den Referenzhorizont geschichtlichen Wissens, sie widerspiegeln auch das thematische Interesse an dieser Vergangenheit. Impliziert sind daher auch Fragen betreffend die Relevanz dieser Thematik in der Gesamtheit der heutigen Erinnerungskultur, wo der Zweite Weltkrieg, Nationalsozialismus und der Holocaust nur eine neben anderen historischen Ereignissen und Epochen darstellen.[88] Dabei ging es uns nicht um eine statistische Auflistung, sondern vielmehr darum, einen Eindruck zu erhalten von jenen gegenwärtig relevanten (medialen) Schauplätzen und Referenzen vergangenheitsbezogenen Wissens, die von den Diskussionsteil-

---

88 Die Frage nach der Relevanz der Thematik und der Auseinandersetzung mit Geschichte überhaupt wurde auch in den Gruppengesprächen diskutiert, darauf werden wir in Kapitel 6 eingehen. Im Fragebogen ging es vorerst um die Frage, welches die Bezugsquellen historischen Wissens unserer InterviewpartnerInnen sind.

nehmenden frequentiert wurden (und werden). Einen Überblick über die von den Interviewteilnehmenden angegebenen Bezugsquellen werden wir in Kapitel 3 geben.

### 1.2.2 Analyseverfahren

Für die Analyse und Interpretation der transkribierten Gruppendiskussionen orientierten wir uns an verschiedenen Ansätzen der Qualitativen Sozialforschung. Grundsätzlich unterscheiden wir dabei zwei Ebenen: auf der Ebene des Einzelfalls wurden die Gruppendiskussionen entsprechend dem Prinzip der Offenheit in ihrer Einzigartigkeit und Dynamik betrachtet und ihre jeweiligen Besonderheiten herausgearbeitet. Wenn wir hingegen Inhalte und Strategien des Erinnerns verglichen, setzten wir auf einer breiteren interviewübergreifenden Ebene die Gruppendiskussionen zueinander in Beziehung und stellten auch Bezüge her zu wissenschaftlichen, politischen und gesellschaftlichen Diskursen, Bildern, Mythen und Vergangenheitsvorstellungen.

In der Auswertung und Analyse der transkribierten Gruppendiskussionen erfuhr unsere Partizipation als Interviewerinnen ebenso Beachtung wie die Beiträge der einzelnen Mitglieder der jeweiligen Familie.[89] Die intergenerationell zusammengesetzten Gruppendiskussionen verstehen wir denn auch als von mehreren sprechenden Personen gemeinsam angefertigte Dokumente, die darüber Auskunft geben, wie in einem bestimmten Zeitrahmen (Winter 2007 bis Herbst 2009) und einer definierten sozialen Situation, nämlich der von uns Forscherinnen initiierten und mitgestalteten Interviewsituation, über den Nationalsozialismus, den Zweiten Weltkrieg und die damalige Rolle der Schweiz gesprochen wird.

*Einzelfallanalysen*

Die Einzelfallanalysen führten wir entlang eines dreistufigen Verfahrens durch. Dabei orientierten wir uns an rekonstruktiv vorgehenden Interpretationsverfahren der Qualitativen Sozialforschung, die sich dadurch auszeichnen, dass soziale Phänomene *«nicht als statische Gebilde und als Exemplare bestimmter Kategorien gefasst, sondern im Prozess ihrer interaktiven (Wieder-)Herstellung rekonstruiert»* werden.[90] Während im ersten Analyseschritt das Interview als dynamisch-interaktionelles Geschehen von Interesse war, standen anschließend im zweiten

---

89 Vgl. etwa Welzer, Harald: Das gemeinsame Verfertigen von Vergangenheit im Gespräch, in: Ders.: Das soziale Gedächtnis, Frankfurt a. M. 2007, S. 170.
90 Rosenthal, Gabriele: Interpretative Sozialforschung. Eine Einführung, Weinheim 2008, S. 58.

Schritt die thematische Abfolge und die von den Teilnehmenden vorgenommenen Relevanzsetzungen im Interview im Zentrum des Interesses; zuletzt erfolgten in einem dritten Schritt detaillierte Sequenzanalysen ausgewählter Interviewpassagen. Diese drei Analyseschritte führten wir aufeinander bezogen durch, indem wir fortlaufend Hypothesen generierten, um sie in den darauf folgenden Analyseschritten zu überprüfen und einer vergleichenden Interpretation zu unterziehen.

Die drei Analyseschritte wurden von uns im Rahmen von jeweils ca. fünfzehn- bis zwanzigseitigen Einzelfallberichten dokumentiert und die gewonnenen Erkenntnisse darin festgehalten. Diese Berichte bilden die Basis der vorliegenden Arbeit.

*Die Interviewsituation: Erster Analyseschritt*

Die interaktive Dimension des von uns sowohl geschaffenen als auch untersuchten Erinnerungsgeschehens war also Gegenstand des ersten Analyseschrittes. Darunter fallen unsere eigene Rolle wie auch innerfamiliäre Konflikte, Rivalitäten und Loyalitäten.

Methodisch orientierten wir uns am Konzept des *Szenischen Verstehens*, das im Kontext der psychoanalytisch orientierten Kulturanalyse vom Sozialpsychologen Alfred Lorenzer aus der psychoanalytischen Praxis auf das Feld der *Kulturanalyse* übertragen und adaptiert worden ist.[91] Kern dieses Vorgehens ist Lorenzers Pointierung der Psychoanalyse als Interaktionstheorie: *Szenisches Verstehen* zielt nach ihm nicht nur ab auf das Erfassen des real Gesprochenen, sondern auch auf das, was sich *szenisch* in der Interaktion zwischen den Beteiligten abspielt und sich einer inhaltsanalytischen Betrachtungsweise oft entzieht.

Lorenzer übernimmt dabei das psychoanalytische Konzept von Übertragung und Gegenübertragung, in welchem die unmittelbare Anteilnahme der Analytikerin oder des Analytikers Verstehen ermöglicht. Sie beobachten nicht nur, sondern werden selbst zum Teilnehmer, zur Teilnehmerin, *steigen ein* in die sich entfaltende Szene, lassen sich involvieren und versuchen über die Wahrnehmung der eigenen emotionalen Reaktion und des eigenen Verhaltens zu analysieren, was sich in der Gesprächssituation ereignet. Im *Szenischen Verstehen* nach Alfred Lorenzer wird also *nicht* primär das jeweilige Gegenüber, sondern die gemeinsame

---

91 Lorenzer, Alfred: Psychoanalyse als kritisch-hermeneutisches Verfahren, in: Ders., Sprachspiel und Interaktionsformen: Vorträge und Aufsätze zu Psychoanalyse, Sprache und Praxis, Frankfurt a. M. 1977; Lorenzer, Alfred: Tiefenhermeneutische Kulturanalyse, in: König, Hans-Dieter et al. (Hg.): Kultur-Analysen, Frankfurt a. M. 1988; König, Hans-Dieter: Tiefenhermeneutik, in: Hitzler, Ronald; Honer, Anne (Hg.): Sozialwissenschaftliche Hermeneutik. Eine Einführung, Opladen, S. 213-244.

Interaktion, das *Spiel* aus Übertragung und Gegenübertragung, das sich zwischen den Beteiligten entfaltet, analysiert. Relevant werden dabei Fragen wie: Wo, in welchen Passagen ist die Diskussion engagiert? Wo ist sie emotional? Aber auch: Wo wird es langweilig, wo anstrengend, wo zieht sich jemand zurück? Wo gibt es Konflikte zwischen den Beteiligten? Welche Position wird wem zugewiesen, welche Zuschreibungen finden dabei statt und wie sind und werden wir als Interviewerinnen auch selbst involviert in das Interaktionsgeschehen?

Die Historikerin Ulrike Jureit, die im Rahmen von lebensgeschichtlichen Interviews mit Holocaustüberlebenden u.a. mit dieser Methode gearbeitet hatte, konnte aufzeigen, wie sich mit diesem Ansatz die Interviewsituation in die Auswertung integrieren lässt.[92] Sie beschreibt, wie sie in den von ihr geführten Interviews in verschiedene Rollen gerät: etwa jene der Richterin, der Ärztin oder der Psychiaterin.[93] Auch in unserer eigenen Forschung zeigte sich sehr bald, welche Bedeutung spezifischen Zuschreibungs- und Zuweisungsprozessen und damit verknüpften wechselseitigen Projektionen in den sich zwischen den Interviewerinnen und Interviewten abspielenden Szenen zukam: Einmal wurden wir zu *besseren* Historikerinnen, die – der Aufforderung einer Teilnehmerin entsprechend – einen «*besseren Bergierbericht*» schreiben sollten, ein andermal wurden wir selber zu Repräsentantinnen der UEK und gerieten als solche unter Beschuss (vgl. Kapitel 3.4). Doch auch wir traten vice versa mit Erwartungen und Zuschreibungen an die Interviewten heran. Wir wollten Geschichten und Erzählungen hören, sahen uns demgegenüber aber immer wieder konfrontiert mit metathematischen Diskussionen etwa über Bedingungen und Konjunkturen gesellschaftlichen Erinnerns oder wir begegneten Interviewteilnehmenden, die die Beschränkung der eigenen Wahrnehmung bzw. den Wandel der eigenen Erinnerungen thematisierten. Auf ein weiteres Beispiel, in dem sich prägnant zeigt, wie wir als Forscherinnen Teil dessen sind, was wir untersuchen, werden wir weiter unten noch zurückkommen. *Szenisches Verstehen* ermöglicht es nicht nur, sich über Dynamiken in der Interviewsituation, in die wir als Forscherinnen involviert sind, bewusst zu werden und diese analytisch fassbar zu machen. Es schärft zugleich auch den Blick für das Interview als eine Gemengelage vergesellschafteter Rollen, wo, hinausweisend über das Interview als Einzelfall, Kämpfe um Anerkennung und Erinnerungshoheit im Prozess kommunikativen Erinnerns ausgefochten sowie Interessen und Strategien verfolgt werden. In der Herausarbeitung solcher Dynamiken des Forschungsprozesses war insbesondere die Interpretationsarbeit und deren Reflexion im Team – wir führten alle Interpretationen gemeinsam durch

---

92  Jureit, Ulrike: Flucht und Ergreifung. Übertragung und Gegenübertragung in einem lebensgeschichtlichen Interview, in: BIOS, 1998/2, S. 229f.
93  Ebd. S. 236-240.

– sowie die Unterstützung durch eine größere, interdisziplinär und international zusammengesetzte Interpretationsgruppe, mit der wir uns regelmäßig trafen, ein Gewinn. Die Interpretation in Teams und Gruppen als eine diskursive Form der Herstellung von Reflexivität, Intersubjektivität und Nachvollziehbarkeit als zentralen Gütekriterien qualitativer Forschung wird oft empfohlen,[94] wird aufgrund der dafür notwendigen Ressourcen aber nur selten realisiert; in unserem Fall erwies sich ein solches, zeitaufwändiges Vorgehen auch mit Blick auf den interdisziplinären und transnationalen Charakter unseres Erkenntnisgegenstandes als gewinnbringend.

In diesem ersten Analyseschritt begegneten wir nun den Interviewtexten offen, das heißt, ohne bestimmten Fokus. Während wir im Rahmen der nachfolgenden Analyseschritte die transkribierten Interviewtexte entlang inhalts- und sequenzanalytischer Verfahren Schritt für Schritt interpretierten, nahmen wir in diesem ersten Analyseschritt die Interviewsituation als Ganzes ins Blickfeld. Wir folgten den in uns mittels stiller wie auch inszenierter Relektüre des Interviews hervorgerufenen Affekten, Assoziationen, Irritationen und Phantasien, hielten diese schriftlich fest und richteten unsere Aufmerksamkeit auf jene Szenen im Interview, die uns auf einer emotionalen Ebene besonders ansprachen. Als Grundlage für diesen ersten Auswertungsschritt dienten uns sowohl der transkribierte Interviewtext als auch unsere subjektiv gehaltenen Memos und unsere in der Interviewsituation, bei der Transkription und der Lektüre entstandenen spontanen Eindrücke. In uns hervorgerufene affektive Irritationen wie Langeweile, Ärger, Unbehagen, Ungeduld, Misstrauen oder Freude boten Anlass zu vertiefenden Fragen: Warum macht uns diese Großmutter so ärgerlich? Warum verbünden wir uns mit jenem Enkel? Warum reagieren wir innerlich empört auf Voten? Weshalb haken wir bei einem bestimmten Punkt nicht nach? Dabei richteten wir unseren Blick auch möglichst auf unser eigenes Verhalten in der Interview- sowie der Auswertungssituation, auf die Art und Weise, wie wir das Interview führten und wie wir den InterviewpartnerInnen begegneten.[95]

---

94  Vgl. Steinke, Ines: Gütekriterien qualitativer Forschung, in: Flick, Uwe; von Kardorff, Ernst; Steinke, Ines (Hg.): Qualitative Forschung, S. 326; Nutt Williams, Elizabeth; Morrow, Susan L.: Achieving Trustworthiness in Qualitative Research: A Pan-Paradigmatic Perspective, in: Psychotherapy Research, 19, 2009/4, S. 579.

95  Dass gerade im Rahmen einer solchen Form der Interpretation Faktoren wie der eigene biographische, familiäre und soziale Hintergrund, unsere politische Position, unsere wissenschaftliche Sozialisation sowie unbewusste persönliche Motivierungen reflektiert werden müssen, versteht sich von selbst. Ausschalten lassen sich diese nicht, aber das lassen sie sich auch bei anderen, als objektiver geltenden Methoden nicht. Gerade die kontinuierliche Arbeit im Team ermöglichte es uns, solche Einflussfaktoren bewusst zu machen, dank differierenden Lesarten interpretatorische Fallstricke zu erkennen und gezogene Schlüsse neu zu reflektieren.

Gerade die gemeinsame Interpretation in der Gruppe zeigte, wie sehr wir als WissenschaftlerInnen zuweilen selber Teil dessen sind, was wir untersuchen. So löste etwa die Auseinandersetzung mit dem Interview mit Familie Z., auf das wir im Rahmen dieser Arbeit immer wieder zurückkommen werden, weil dort moralisch-ethische Fragen des Erinnerns verhandelt werden, in der zwanzigköpfigen Interpretationsgruppe selber eine heftige und sehr emotional verlaufende Diskussion aus. Bei einigen Teilnehmenden der Interpretationsgruppe kam ein eifriges Bemühen auf, die InterviewpartnerInnen sozusagen einer *falschen* Form der Auseinandersetzung mit der NS-Vergangenheit zu überführen. Andere wiederum kritisierten, dass wir als Interviewerinnen an gewissen Stellen, in denen die InterviewpartnerInnen aus ihrer Sicht problematische Bemerkungen machten, nicht stärker ins Interview eingegriffen hätten.[96] Als wir unseren eigenen Gruppenprozess bzw. das szenische Geschehen in der Interpretationsgruppe reflektierten, ließ sich sehr gut herausarbeiten, wie gerade diejenigen normativen Implikationen und moralischen Kategorien, welche das von uns untersuchte gegenwärtige erinnerungskulturelle Geschehen charakterisieren, auch in die wissenschaftliche Analyse einfließen und die Haltung von uns WissenschaftlerInnen, unsere Reaktionen auf das Interviewmaterial und somit auch unsere Interpretationen prägen. Hiermit wären wir wieder bei den Überlegungen von de Certeau zur gesellschaftlichen Bedingtheit der historiographischen Praxis. Letztlich zeigt sich aber gerade hierin umso deutlicher, welch hohen Stellenwert moralische Kategorien im gegenwärtigen Erinnerungsdiskurs haben und wie in diesem Beispiel deutlich sichtbar, von uns Forscherinnen und Forschern rezipiert und mitgestaltet werden.

*Inhaltlicher Verlauf und Relevanzsetzungen: Zweiter Analyseschritt*

Ziel des zweiten Analyseschrittes war es, den thematischen Verlauf des Interviews zu erfassen bzw. einen Überblick über die im Interview verhandelten Themen in ihrer zeitlichen Abfolge zu erhalten, um Aussagen darüber machen zu können, wann und wo welche thematischen Relevanzsetzungen erfolgen. Für jedes Interview erstellten wir ein detailliertes Inhaltsverzeichnis, in dem wir die von unseren InterviewpartnerInnen und uns eingebrachten Themen (etwa *Ernährungssituation* oder *Flüchtlingsthematik*) in ihrer zeitlichen Abfolge auflisteten, dabei Aspekte wie Themen- und SprecherInnenwechsel, thematische Verknüpfungen, Wiederholungen, Textsorten, Bilder und Metaphern vermerkten sowie kurz beschrieben,

---

96   Hier ist anzumerken, dass die Mehrheit der in der Schweiz, Österreich und Deutschland Teilnehmenden der Interpretationsgruppe wissenschaftlich und politisch engagiert ist im Bereich der politischen Bildungsarbeit und einer Auseinandersetzung mit der NS-Vergangenheit, die primär moralisch argumentiert, kritisch gegenübersteht.

wie die einzelnen TeilnehmerInnen sich mit Themen wie *Ernährungssituation* oder *Flüchtlingsthematik* auseinandersetzten. Besonderes Augenmerk legten wir auf die von den Teilnehmenden vorgenommenen Schwerpunktsetzungen im offenen Teil, auf ihren Umgang mit den von uns vorgelegten Büchern sowie die Reaktionen auf unsere Fragen. Die Tendenz der Teilnehmenden in verschiedenen Interviews, dem von uns mit einer Frage eingebrachten Thema *Flüchtlingspolitik* mit Ausführungen über humanitäre Leistungen zu begegnen, wurde so im Inhaltsverzeichnis unmittelbar sichtbar, ebenso konnte genau rekonstruiert werden, in welchen thematischen Kontexten etwa antisemitische Äußerungen fielen.

Dieses Vorgehen ermöglichte es zum einen, die inhaltlichen und thematischen Besonderheiten jedes einzelnen Interviews herauszuarbeiten (etwa besondere thematische Schwerpunkte) und wie bei Analyseschritt 1 Sequenzen für die im Analyseschritt 3 erfolgende feinanalytische Auswertung zu bestimmen, zum anderen dienten uns die Inhaltsverzeichnisse als Grundlage für den an die Einzelfallanalysen anschließenden Vergleich der verschiedenen Interviews im Rahmen der interviewübergreifenden Analyse.

*Feinanalyse ausgewählter Sequenzen: Dritter Analyseschritt*

Ausgehend davon, dass Form und temporale Abfolge der in einem Text zum Ausdruck kommenden Inhalte zentral für ein Verstehen des damit verknüpften Sinngehaltes sind, ging es in einem dritten Analyseschritt darum, anhand ausgewählter Sequenzen in kleinen Schritten den Prozess der Gestaltung und Sinnkonstruktion einer Interaktion zu rekonstruieren. Dabei analysierten wir die Interaktion der Gesprächsteilnehmenden nicht nur hinsichtlich dessen, *was* und *wie* etwas dargestellt wird. Von Interesse war auch, *was nicht* und *auf welche Weise* ein Thema *nicht* zur Sprache kommt. Das Prozesshafte des kommunikativen Erinnerns rückte so mit der Absicht, vergangenheitsbezogene Sinnbildung zu rekonstruieren, ins Zentrum. Relevant erschien uns dabei nicht nur, wie und mit welchen inhaltlich-sprachlichen Mitteln in der intergenerationellen Kommunikation Vergangenheiten (re-) konstruiert werden und welche Differenzen oder Widersprüchlichkeiten sich dabei abzeichnen; relevant ist auch, wie bestimmte Themen *vergessen gemacht* werden.

Auf der Basis der ersten beiden Analyseschritte wählten wir pro Gruppendiskussion drei bis sechs Sequenzen aus, deren Verlauf wir daraufhin detailliert rekonstruierten.

Folgende Aspekte nahmen wir dabei genauer in den Blick:

- Kontext der Sequenz innerhalb des Diskussionsverlaufs
- Den Inhalt der Sequenz im Prozess ihres sequentiellen Verlaufs
- Die Partizipation der unterschiedlichen Teilnehmenden und die daraus hervorgehende Interaktion zwischen den Beteiligten im sequentiellen Verlauf
- Sprachliche Merkmale der Sequenz
- Allfällige Bezüge zu weiteren Interviewstellen
- Allfällige Bezüge zu gesellschaftlichen Diskursen und erinnerungskulturellen Phänomenen, die über das Interview hinausweisen, Umgangsweise der Gruppendiskussionsteilnehmenden mit diesen

Auf der Basis dieser Sequenzanalysen entwickelten wir Thesen, arbeiteten Umgangsweisen mit den in den Interviews diskutierten Themenbereichen heraus, rekonstruierten unterschiedliche Erinnerungsstrategien, entwickelten Begriffe und Erklärungsansätze für die rekonstruierten Phänomene und verwarfen diese allenfalls auch wieder.

Die zwanzig Fallberichte, in denen wir die Erkenntnisse aus den drei Analyseschritten festhielten, schlossen wir jeweils mit einem Essay ab, in dem wir die wichtigsten Befunde der jeweiligen Einzelfallrekonstruktion auf den Punkt zu bringen versuchten.

*Vergleichende Perspektive*

Die oben geschilderten Einzelfallanalysen bildeten schließlich die Grundlage für eine vergleichende Perspektive. Während anlässlich der vorangehenden Arbeitsschritte der Fokus zunächst auf der Heterogenität des Erinnerns, auf Varianz und Besonderheiten der einzelnen Gruppendiskussionen lag, waren daran anknüpfend Ähnlichkeiten, Überschneidungen und dergleichen von Interesse. So analysierten wir etwa, um ein Beispiel herauszugreifen, Unterschiede und Gemeinsamkeiten in der Auseinandersetzung mit dem Thema *Flüchtlinge* und *Flüchtlingspolitik* heraus, wie sie in den verschiedenen Gruppendiskussionen und von unterschiedlichen Teilnehmenden erfolgte (vgl. Kapitel 5.3). Im Rahmen dieser vergleichenden Perspektive anhand des gesamten Interviewmaterials erfolgte denn auch die Herausarbeitung jener zentralen *Erinnerungsstrategien*, die sich vor dem Hintergrund der geschichtspolitischen Debatten der 1990er Jahre und in Auseinandersetzung mit dem damals revidierten offiziellen Geschichtsbild im kommunikativen Gedächtnis etabliert haben.

Die zentralen Erinnerungsstrategien eruierten wir mittels vergleichender und kontrastierender Verfahren; dabei orientierten wir uns an sozialwissenschaftlichen Verfahren der Typisierung. Bei einer Typisierung handelt es sich um einen Gruppierungsprozess, der das Wiederkehrende, das Beständige betont.[97] Dieser Prozess bezieht sich auf empirisch beobachtbare einzelne Phänomene, geht jedoch durch Zusammenfassung und Bündelung von gemeinsamen Eigenschaften selbiger über Einzelphänomene hinaus, um ein *«Modell sozialer Wirklichkeit»* zu theoretisieren.[98] So haben wir in unserem Interviewmaterial *drei zentrale Modi des Vergangenheitsbezugs* herausarbeiten können, denen gemeinsam ist, dass sie sich allesamt auf die geschichtspolitischen Kontroversen der 1990er Jahre beziehen, dies aber auf unterschiedliche Weise: Einen *konkurrierenden* (4.2.1), einen *komplementären* (4.2.2) und einen *reflexiven* (4.2.3) Modus des Vergangenheitsbezugs.

Bevor wir nun auf die mittels der hier beschriebenen Vorgehensweise erzielten Befunde eingehen, erfolgt eine ausführliche Situierung unserer eigenen Arbeit im Kontext der erinnerungskulturellen Entwicklungen in der Schweiz seit Mitte der 1940er Jahre.

---

97  Vgl. zum Verfahren der Typenbildung etwa Kelle, Udo, Kluge, Susann: Vom Einzelfall zum Typus.
98  Ebd. S. 85.

## 2 Erinnerungskulturelle Konjunkturen in der Schweiz seit Mitte der 1940er Jahre

*«Also eigentlich, ja überhaupt, was man eigentlich alles schon gewusst hat, und dann eine Zeitlang eigentlich so getan hat, als wisse man das nicht. Als das dann war mit den Nachrichtenlosen Vermögen, – ich kann mich nicht erinnern, dass ich dort etwas Neues erfahren hätte, wirklich nicht. Alles ist längst schon als Gerücht herum gereicht worden. Das weiß man doch, ich habe solches Zeugs einfach schon gehört gehabt von euch.»*[99]

Philipp L. (Jg. 1950)

*«Die kritischen Fragen, die in jüngster Zeit zum Verhalten von Behörden und Wirtschaft während des Zweiten Weltkrieges gegenüber Juden, dem Dritten Reich und den mit ihm verbündeten Ländern geäußert worden sind, haben in unserem Land eine Stimmung geschaffen, die man auch schon als ‹Identitätskrise› bezeichnet hat und die das Bild zu verdunkeln droht, das sich Schweizerinnen und Schweizer von sich selbst und von ihrer Geschichte machen.»*[100]

Schweizerische Nationalbibliothek, 1997/98

Im Dokument aus der Schweizerischen Nationalbibliothek wird von einer *«Identitätskrise»* gesprochen und von einem Bild der Schweiz, das Schaden genommen habe. Von dieser *«Identitätskrise»* scheint der Jurist Philipp L. (Jg. 1950) nicht betroffen zu sein. Gemeinsam mit seiner Ehefrau, seinem Vater und dessen Frau sowie seinem Sohn hat er an einem unserer Gruppendiskussionen teilgenommen. Er ist eher der Meinung, man habe bereits vor den Debatten um *Nachrichtenlose Vermögen* die Tatsachen zur Rolle der Schweiz während des Zweiten Weltkrieges gekannt und fügt an, dass er durch seine Eltern bereits früh davon gehört habe.

---

99 GD L. Z148-154.
100 Vgl. http://www.nb.admin.ch/dokumentation/publikationen/00753/01128/index.html?lang=de [Stand 01.10. 2011]. 1997/98 hat die Schweizerische Landesbibliothek eine ausführliche Bibliographie zur Schweiz von 1933 bis 1945 mit Monographien, Quellensammlungen, Ausstellungen und Biographien zusammengestellt. Die Liste enthält über 1000 Titel, die seit Mitte/Ende der 1930er bis Mitte der 1990er Jahre entstanden sind und soll dem interessierten Publikum dazu dienen, sich selbst ein Bild der Lage der Schweiz bzw. der schweizerischen Gesellschaft während des Nationalsozialismus, des Zweiten Weltkrieges und der Nachkriegszeit machen. Zuletzt wurde die Seite 2006 aktualisiert.

Aus dem Vergleich der beiden Zitate lässt sich auf unterschiedliche Gedächtnisse schließen. Während der Begleittext der Dienstleistung der Schweizerischen Landesbibliothek, im Kollektiv-Singular gehalten, annimmt, dieses Kollektiv drohe seiner nationalen Gewissheiten verlustig zu gehen, hebt Philipp L. eine divergierende Erinnerung hervor: Wenn man hätte wissen wollen, hätte man wissen können, lautet paraphrasiert ebenso einfach wie prägnant seine Aussage. Sie verweist darauf, dass kommunikative und offiziell propagierte, aber auch mediale und geschichtswissenschaftliche Gedächtnisse nicht zwangsläufig konvergieren.

Wenn wir anschließend die vorliegende Arbeit erinnerungskulturell situieren und die geschichtswissenschaftlichen Auseinandersetzungen mit dem Themenfeld Schweiz – Zweiter Weltkrieg – Nationalsozialismus darlegen, so möchten wir das im Wissen um konfligierende Erinnerungskulturen und im Kontext staatlich forcierter Erinnerungspraxis tun. Nach einem kurzen Gang durch die Phasen der Auseinandersetzung mit diesen Epochen über die Nachkriegsjahrzehnte, der auch die schweizerischen Entwicklungen hin zu den geschichtspolitischen Debatten der 1990er Jahre beinhaltet, erfolgt eine ausführlichere Kontextualisierung unseres Projektes innerhalb der erinnerungskulturellen Entwicklungen seit Mitte der 1990er Jahre. Anhand exemplarischer Beispiele wird zudem veranschaulicht, welche für unser eigenes Forschungsvorhaben relevanten Forschungsfelder und -perspektiven entwickelt wurden, bzw. im Verlauf der letzten Jahre zunehmend Bedeutung erfuhren.

## 2.1 Erinnerungskulturen während und nach Ende des Kalten Krieges

Am 13. Dezember 1996 beschloss die Bundesversammlung die Einsetzung einer Kommission zur Untersuchung der Rolle der Schweiz in der Zeit der nationalsozialistischen Herrschaft. Kurz darauf, am 19. Dezember, wählte der Bundesrat deren Mitglieder;[101] die Kommission, unter der Leitung von Jean-François Bergier, wurde damit beauftragt, das Mandat in ein Forschungsprogramm umzusetzen und, ausgestattet mit einem umfangreichen Archivprivileg und einem stattlichem Budget, die historisch-rechtliche Untersuchung der Rolle der Schweiz im Zweiten Weltkrieg durchzuführen. Die Arbeit der *Unabhängigen Expertenkommission Schweiz – Zweiter Weltkrieg* (UEK) ist die umfassendste, jedoch nicht die erste staatlich in Auftrag gegebene Expertise zur Rolle der Schweiz während der Jahre 1933-45. Forciert wurde eine offizielle Auseinandersetzung mit der Geschichte

---

101 Die Mitglieder der Kommission setzten sich zusammen aus Wladislaw Bartoszewski, Saul Friedländer, Harold James, Georg Kreis, Sybil Milton, Jacques Picard, Jakob Tanner und Joseph Voyame. Unter der Leitung von Jean-François Bergier setzten die Mitglieder das Mandat in ein Forschungsprojekt um und führten die historisch-rechtliche Untersuchung durch.

der Schweiz in der nationalsozialistischen Epoche immer wieder. In den Jahren 1956-1957 erfolgten die beiden vom Bund in Auftrag gegebenen Untersuchungen des Juristen Carl Ludwig zur schweizerischen Flüchtlingspolitik seit 1933 und in den Jahren 1965-1970 das sechsbändige Werk zur Geschichte der schweizerischen Neutralität des Historikers Edgar Bonjour zur Neutralitätspolitik. Beide Aufträge erfolgten nach im Ausland bekannt gewordenen Dokumenten zur schweizerischen Zeitgeschichte, die das amtliche Geschichtsbild jeweils in Bedrängnis brachten.[102]

In den Jahren nach dem Zweiten Weltkrieg, vor dem Hintergrund des sich rasch abzeichnenden Kalten Krieges, konstruierte die amtliche Geschichtsschreibung rückblickend auf die jüngstvergangene Periode eine Vergangenheitsversion, die konflikthafte Aspekte aus Gesellschaft, Politik, Wirtschaft eliminierte und das Bild einer integren Abwehrgemeinschaft skizzierte.[103] Die Erfahrung des Zweiten Weltkrieges, die Bedrohungslage durch die Achsenmächte, die Sozialpartnerschaft und die als erfolgreich bestandene Bewährungsprobe interpretierte *Kriegsverschonung* stellten den Ausgangspunkt dieses staatlich vorangetriebenen und in den ersten Nachkriegsjahrzehnten sorgsam gehüteten Bildes des schweizerischen Sonderfall dar.[104] Kern dieser Darstellung bildete eine mythologisierte Konzeption von Neutralität und Abwehrbereitschaft, die zentral war für die ideologische Integration und die nationale Identitätsbildung in der Schweiz.

Dieses amtlich konstruierte und distribuierte Bild vom integren, humanitären Sonderfall wurde in den Nachkriegsjahrzehnten durchaus auch skeptisch betrachtet, die proper dargestellte Weltkriegsvergangenheit der Schweiz thematisiert und verschiedentlich hinterfragt. Diesbezüglich kritische Impulse und Anstoß zum Wandel im Geschichtsbewusstsein gingen weniger von akademisch situierten Historikern aus, als vielmehr von der gesellschaftspolitisch motivierten Historiographie: von Schriftstellern, Publizistinnen und Journalisten. Erst in deren Gefolge, wie der Historiker Georg Kreis selbstkritisch bemerkt, *«besorgte und besorgt die Schar der akademischen Historiographie, einem Aufräumkommando gleich, die Relativierung, Situierung und Fundierung.»*[105]

---

102  Kreis, Georg: Vier Debatten und wenig Dissens, in: Schweizerische Zeitschrift für Geschichte 47, 1997, S. 451-476; Kunz, Matthias; Morandi, Pietro: Die Schweiz und der Zweite Weltkrieg: zur Resonanz und Dynamik eines Geschichtsbildes anhand einer Analyse politischer Leitmedien zwischen 1970 und 1996, Bern 2000.
103  Vgl. Kunz, Matthias; Morandi, Pietro: Die Schweiz und der Zweite Weltkrieg, S. 38ff.
104  Vgl. Zala, Sacha: Das amtliche Malaise mit der Historie: Vom Weissbuch zum Bonjour-Bericht, in: Schweizerische Zeitschrift für Geschichte. Sonderdruck, 47, 1997, S. 760.
105  Kreis, Georg: Vier Debatten und wenig Dissens, S. 464.

Geschichtsbildskeptische Anfragen richteten sich an die thematischen Komplexe Widerstand/Anpassung, Armee, Flüchtlingspolitik.[106] International geführte Debatten und erinnerungskulturelle Konjunkturen bildeten mitunter den diskursiven Hintergrund, der Fokus jedoch war jahrzehntelang ein helvetozentrischer und blieb beschränkt auf den Untersuchungszeitraum 1939-1945. Der geschichtspolitische Topos der Bewährung blieb ebenso lange erhalten und wurde erst ab den späten 1980er Jahren zunehmend abgelöst durch den nunmehr transatlantisch etablierten Topos des *Schuldens* und *Mitverschuldens*, der zum Kern der Erinnerung an die Zeit des Nationalsozialismus den Holocaust hat.

## 2.2 Alles unter Kontrolle? – die 1950er Jahre

Während gegen Ende des Krieges und in den ersten Kriegsjahren zunächst, mitunter auf Betreiben der alliierten Mächte,[107] auch da und dort einige grundsätzliche Kritik an der Flüchtlingspolitik sich bemerkbar machte,[108] der Bundesrat im Winter 1945/46 mit einer Sondergesetzgebung betreffend in der Schweiz liegender Vermögenswerte von Opfern des Nationalsozialismus aus aussenpolitischem Kalkül auf das Drängen der Alliierten reagierte,[109] oder die Amtsführung des Generals hinterfragt wurden, gerieten solche und ähnliche Aspekte sehr bald schon in amtliche Vergessenheit. Das erste Nachkriegsjahrzehnt war auf der Ebene des (innen)politischen, medialen und gesellschaftlichen Diskurses noch gekennzeichnet von den Folgen und Nachwirkungen des Zweiten Weltkrieges in Europa, der

---

106 Vgl. ebd.
107 Gegen Ende des Krieges sass die Schweiz als Nutzniesserin des Krieges isoliert auf der Anklagebank. Im Kontext des sich abzeichnenden Kalten Krieges gelang es der Schweiz, ideologisch geeint im Antikommunismus, internationale Akzeptanz in ihrer traditionellen Vermittlerrolle wieder zu erlangen.
108 Der Schweizerische Beobachter unterzog die Flüchtlingspolitik bereits im März 1945 einer gründlichen Kontrolle; auch in Leopold Lindtbergs Film *Die letzte Chance* (1944/45) findet man eine erste Auseinandersetzung.
109 Vgl. dazu auch Bonhage, Barbara: Gesetzgebung und Historiographie. Schweizerische Perspektiven auf die Opfer des Holocaust (1945-2009), in: Traverse 2004/1, oder auch Hug, Peter: Die nachrichtenlosen Guthaben von Nazi-Opfern in der Schweiz. Was man wusste und was man noch wissen sollte, in: Schweizerische Zeitschrift für Geschichte. Sonderdruck, 47, 1997.

Konfrontation der Großmächte und den antikolonialen Befreiungsbewegungen in Afrika und Asien[110] und gleichzeitig von der Verfestigung eines spezifischen Geschichtsbildes.[111]

Auch von akademischer Seite bestand in diesen Jahren geringes Aufklärungsinteresse. Die historische Erinnerung an Nationalsozialismus und Krieg war bereits Ende der 1940er Jahre, unter dem Eindruck des sich verschärfenden Ost-West-Konfliktes, von jener dominierenden Deutung bestimmt, die in den kommenden Jahrzehnten diskursprägend bleiben sollte. Wie Georg Kreis dargelegt hatte, markierten die Ausgangslage des politisch instrumentalisierten und weiterentwickelten Geschichtsbildes zwei von Journalisten verfasste Schriften, die *Bewährung* und *Widerstandswillen* als Topoi historischer Erinnerung installierten.[112] Aus der Perspektive eines Zeitzeugen schrieb der nachmalige Chefredaktor der *Basler Nachrichten*, Peter Dürrenmatt, die Tradierung vor: Er sprach damals von *Bewährung* und – für ähnliche Konstellationen in der Zukunft – von einem Beleg dafür, dass der föderalistische Alpenzwerg dem nördlichen «*Giganten*» und dem von ihm angezettelten Geschehen habe widerstehen können.[113] Die zweite Schrift mit dem häufig zitierten und in den 1960er Jahren in linken, geschichtsbildkritischen Kreisen zum Mauvais-Mot gewordenen Titel *Le balcon sur l'Europe* datiert aus dem Jahr 1951. Pierre Béguin, Chefredaktor der *Gazette de Lausanne*, verfasste im Kontext des Korea-Krieges eine Publikation mit der Absicht, in einer globalpolitischen Situation, wo schon bald ähnliche Probleme wie während der Kriegszeit auf das Land zukommen könnten, sowohl Schwächen wie auch Gründe für die Bewährung aufzuzeigen. *«Mit dem Titel ‹Le balcon sur l'Europe› nahm er die ambivalente Einschätzung der schweizerischen Sonderposition auf. Er räumte ein, dass die Schweiz auch Glück gehabt habe, dass sie ihr Unversehrtbleiben aber in erster Linie dem Widerstandswillen verdanke und dieser auch für die Zukunft eine Quelle der Inspiration bleiben sollte.»*[114]

---

110 Insbesondere in der sozialdemokratischen Tageszeitung *Volksrecht* etwa waren zentrale Themen die Dekolonisierungsbewegungen in Afrika und Asien sowie die Besatzung Deutschlands durch die Siegermächte.
111 Wie gegenwärtig die Erfahrungen der vergangenen Kriegszeit in der schweizerischen Gesellschaft der 1950er Jahre angesichts jedoch auch des verschärften Kalten Krieges noch war, zeigt sich etwa in einem Gesetzesentwurf des Bundesrates zur wirtschaftlichen Kriegsvorsorge, über den im *Volksrecht* vom 7. Mai 1955 berichtet wurde. *«Der Bund trifft die in dem Gesetz vorgesehenen, vorsorglichen Massnahmen für Kriegszeiten, soweit sie zur Beschaffung und Sicherstellung der für Volk und Armee lebenswichtigen Güter sowie zum Schutz der schweizerischen Vermögenswerte notwendig sind.»*
112 Kreis, Georg: Vier Debatten und wenig Dissens, S. 452.
113 Peter Dürrenmatt zitiert in Kreis, ebd. S. 452.
114 Ebd.

Diese im Banne des Kalten Krieges ins Militärische gewendete Formel von Widerstand und Bewährung dominierte in den fünfziger Jahren die offizielle Darstellung der Geschichte der Schweiz und wurde ohne öffentlichen Aktenzugang durch amtliche Berichte zur Legitimation des politischen Kurses weiter konstruiert. Stilisierung und Mythisierung der Reduitkonzeption setzten früh ein, die Entwicklung der historiographischen Darstellung der militärischen Landesverteidigung begann bereits gegen Ende des Krieges. Hans Rudolf Kurz, Mitarbeiter des damaligen *Eidgenössischen Militär Departements* (EMD), befasste sich bereits in den 1940er und frühen 1950er Jahren mit der *militärischen Bedrohung der Schweiz* und lieferte ab 1957 eine Reihe affirmativer Beiträge zur Schweiz während des Zweiten Weltkrieges. Seine 1959 anlässlich des zwanzigsten Jahrestages der Generalmobilmachung, das heißt des Kriegsbeginns herausgegebene Schrift *Die Schweiz im Zweiten Weltkrieg. Das große Erinnerungswerk an die Aktivdienstzeit*[115] erwähnt klar, wessen gedacht und was tradiert werden soll. Wiewohl Alfred Rassers komödiantische, sich in den 1950er Jahren großer Beliebtheit erfreuende Figur *HD-Soldat Läppli* die Grandezza der schweizerischen Armee hart touchierte,[116] lag die offizielle Erinnerung, deren popularisierte Seite Gedenkveranstaltungen, Veteranenanlässe und eine große Zahl an Erinnerungsliteratur der Truppeneinheiten waren, auch thematisch fest in militärischer Hand.[117] Dennoch kam es verschiedentlich zu Harmonietrübungen, indem Themen öffentlich zur Sprache gebracht wurden, die im öffentlichen Gedenken keinen Platz gefunden hatten.

Dissens erfolgte indes weniger seitens der akademischen Geschichtsschreibung, die behindert durch Zugangsbeschränkungen der Archive, zuweilen auch von höchster Stelle sabotiert, weitgehend in *amtlichen Bahnen* verlief.[118] Erste (spektakuläre) geschichtsbildkritische Impulse gingen von journalistischer Seite aus. Der *Schweizerische Beobachter*, ein helvetisches Ratgeber-Magazin, kam in den Besitz von die Schweiz belastenden Dokumenten aus deutschen Archi-

---

115 Kurz, Hans Rudolf: Die Schweiz im Zweiten Weltkrieg: Das große Erinnerungswerk an die Aktivdienstzeit 1939-45, Thun 1959. Als *Aktivdienst* wird in der Schweiz jene Zeit bezeichnet, in der die schweizerische Armee mobilisiert war. Im 20. Jahrhundert war das anlässlich des Ersten und des Zweiten Weltkriegs der Fall. Wird heute von *Aktivdienst* oder *Aktivdienstgeneration* gesprochen, ist damit vorrangig die Zeit des Zweiten Weltkriegs gemeint.
116 Die in Anlehnung an Jaroslav Haseks Schwejk zunächst für das Theater geschaffene und später verfilmte Figur HD-Soldat Läppli hatte der Schauspieler Alfred Rasser großen Erfolg. Der freundliche, gutmütige und aufrecht patriotisch gesinnte Hilfsdienstsoldat Läppli nimmt mit seiner in der Tat läppischen Art, die jeden Befehl seiner Vorgesetzten in einen Lacher verwandelt, die Auswüchse des Militärdienstes auf die Schippe.
117 Jaun, Rudolf: Die militärische Landesverteidigung 1939-1945, in: Schweizerische Zeitschrift für Geschichte. Sonderdruck, 47, 1997.
118 Vgl. dazu Zala, Sacha: Gebändigte Geschichte: Amtliche Historiographie und ihr Malaise mit der Geschichte der Neutralität 1945-1961, Bern 1998.

ven, die zeigen, dass der J-Stempel von schweizerischer Seite her initiiert worden war.[119] Mit seiner Enthüllung löste der *Schweizerische Beobachter* im März 1954 einen großen öffentlichen Skandal aus in der Schweiz, der den Bundesrat bereits im Juli desselben Jahres dazu veranlasste, den Juristen Carl Ludwig zu beauftragen, einen umfassenden Bericht zur schweizerischen Flüchtlingspolitik zu verfassen. Zwar 1955 bereits fertig gestellt, konnte der Bericht erst zwei Jahre später publiziert werden: Die Hauptverantwortlichen der damaligen Flüchtlingspolitik, BGB-Bundesrat und Vorsteher des EJPD Eduard von Steiger sowie Heinrich Rothmund, Chef der Eidgenössischen Fremdenpolizei, erhielten Einspracherecht zur Arbeit des Juristen. Um kritische Offenlegung der restriktiven Haltung der Behörden bemüht, beurteilt Carl Ludwig das Verhalten der damaligen Akteure noch unter dem Topos der Staatsräson. Moralische Aspekte, Schuld und Mitverantwortung, sind Themen erst späterer Jahrzehnte. Die Publikation des Berichtes wurde medial kaum rezipiert, erst zehn Jahre später, in einem stark veränderten gesellschaftlichen Klima, fanden die Erkenntnisse seiner Arbeit in der publizistischen Aufbereitung von Alfred A. Häsler breite Resonanz.

Weit größere Gefahr drohte dem amtlichen Bild von Sonderfall und Neutralität indes durch die *Akten zur deutschen auswärtigen Politik von 1918-1945* Aus diesen Dokumenten geht hervor, dass es 1939/40 zwischen der Schweiz und Frankreich geheime militärische Kooperationsgespräche für den Fall des Einmarsches deutscher Truppen in die Schweiz gegeben hatte. Die Dokumente diskreditierten damit nicht nur den bereits in der Kriegszeit zum Mythos erhobenen General Henri Guisan, sondern stellten auch die immerwährende Neutralität grundsätzlich in Frage. Mit Erlaubnis der Alliierten erhielt die Schweiz erstmals 1952 Einblick in die kompromittierenden Unterlagen und verzögerte so prompt wie erfolgreich um Jahre die von alliierter Seite geplante Publikation dieser Akten.[120]

## 2.3 Sand im Getriebe und geschichtsbildskeptische Gegenerinnerungen – die 1960er Jahre

Der Übergang von den 1950er zu den 1960er Jahren zeichnete sich außenpolitisch aus durch eine vorübergehende Entspannung der internationalen Beziehungen. Der Ost-West-Konflikt pausierte und der europäische Integrationsprozess schritt voran. Die schweizerische Gesellschaft ihrerseits war charakterisiert durch

---

119 Kreis, Georg: Die Rückkehr des J-Stempels. Zur Geschichte einer schwierigen Vergangenheitsbewältigung, Zürich 2000.
120 Siehe dazu Zala, Sacha: Das amtliche Malaise mit der Historie, S. 769ff.

zuvor kaum gekannte Prosperität, die aus dem konjunkturellen Aufschwung erwachsenen strukturellen und sozialen Problemstellungen waren virulent, die Kluft zwischen sozialem Wandel und traditionellen Werthaltungen schien unüberbrückbar.[121] Vor diesem Hintergrund büßten die Rhetorik der geistigen Landesverteidigung und die Rede vom Sonderfall stark an Überzeugungskraft ein. Vermehrt kam gegen Ende der 1950er Jahre öffentlicher Widerspruch auf und hob vorerst noch vor allem im mittelständischen Milieu an, als sogenannt nonkonformistische bürgerliche und linke Intellektuelle die schweizerische Gesellschaft und Politik öffentlich in Frage stellten. Im weiteren Verlauf der 1960er Jahre trugen sie wesentlich zur Kritik und Befragung des Sonderfall-Denkens bei. Parallel zum deutschen Nachkriegsdiskurs wurden vor dem Hintergrund des Vietnamkrieges, beeinflusst auch von der deutschen Neuen Linken, vermehrt Fragen erhoben nach dem Verhalten der SchweizerInnen während des Zweiten Weltkrieges.[122] In diesem Klima verstärkt öffentlich vernehmbaren Dissenses erfolgte auch eine Wiedererwägung des Bildes von der Schweiz während des Zweiten Weltkrieges; der Blick der 1960er-Jahre auf die Weltkriegsgeschichte war denn auch situiert im Spannungsfeld zwischen Pflege des politischen Selbstbildes und Vergangenheitsaufarbeitung. Zentrale Anregungen zur Auseinandersetzung mit der jüngsten Vergangenheit des Landes gingen auch in den 1960er Jahren nicht von der institutionalisierten Geschichtswissenschaft aus, vielmehr war es die nonkonformistische und gesellschaftspolitisch motivierte Geschichtsschreibung, die staatliche Erinnerung und tradierte Bilder kritisierte. Namentlich Schriftsteller und Publizisten forcierten mit ihren Interventionen die Diversifizierung des Geschichtsbildes und brachen bislang Weggewischtem im staatlichen Gedenken die Bahn. Es waren SkeptikerInnen wie etwa Max Frisch, Jon Kimche, Rolf Hochhuth, Walter Matthias Diggelmann, Alice Meyer, Alfred A. Häsler (und andere), die im Übergang ins bewegte Jahrzehnt das hiesige historische Gedächtnis kräftig aufmischten.

Die Frage, wer mit den Achsenmächten kooperierte und sympathisierte, wer sich angepasst und wer Widerstand geleistet hat, beschäftigte damals nahezu alle europäischen Staaten, die von deutschen Truppen besetzt worden waren.[123] Unter dem Aspekt der Bewährung wurde dieser Diskurs auch in der Schweiz geführt, provoziert durch zwei Ereignisse: Eine wichtige Voraussetzung dieses erinnerungskulturellen Aufbruchs war die Öffnung von Archiven in den USA und Deutschland, die mit der Publikation der bereits erwähnten *Akten zur deutschen*

---

121 Vgl. König, Mario: Rasanter Stillstand und zähe Bewegung. Schweizerische Innenpolitik im Kalten Krieg - und darüber hinaus, in: Leimgruber, Walter (Hg.): Goldene Jahre. Zur Geschichte der Schweiz seit 1945, Zürich 1999, S. 157ff.
122 Vgl. Peter, Nicole: Die Dritte Welt der schweizerischen Linken: Genese eines heterotopischen Ortes 1964-1968, Unveröffentlichte Lizentiatsarbeit, Zürich 2006, S. 74.
123 Kunz, Matthias; Morandi, Pietro: Die Schweiz und der Zweite Weltkrieg, S. 11.

*auswärtigen Politik* eine Erforschung der politischen Rolle der Schweiz während des Zweiten Weltkriegs ermöglichte. Als diese Dokumente infolge der Verzögerungstaktik der schweizerischen Regierung erst mit fünfjähriger Verspätung von amerikanischen, britischen und französischen Historikern veröffentlicht werden konnten, setzte die Landesregierung viel daran, das neutralitätswidrige und eigenmächtig geschlossene militärische Bündnis des Weltkriegenerals als eine Affäre um den ohnehin bereits in Ungnade gefallenen Ulrich Wille darzustellen: Die Sammlung dokumentierte nebst den militärischen Kooperationsgesprächen zwischen General Guisan und den französischen Befehlshabern auch eine an den deutschen Gesandten in der Schweiz gerichtete Einsprache von Korpskommandant Ulrich Wille, die ihn in den Verdacht des Hochverrats brachte. Kurz vor der Publikation der Dokumente gelang es der Landesregierung die befürchtete Demontage des Weltkriegenerals zu transformieren in eine Affäre um den Korpskommandanten Ulrich Wille und dessen Kontakte zu Nazideutschland.[124] Mit diesem Bauernopfer konnte vorläufig noch die befürchtete Infragestellung von General und immerwährender Neutralität verhindert werden. Zum Skandal kam es dann schließlich doch. 1962 wurde das Buch von Jon Kimche, *General Guisans Zweifrontenkrieg: Die Schweiz zwischen 1939 und 1945,*[125] in deutscher Sprache publiziert und sorgte weit herum für Aufsehen. Jon Kimche hatte den Spieß gewissermaßen umgedreht: Nicht wie von staatlicher Seite befürchtet, stand der General in der Kritik, sondern der damalige Bundesrat. Jon Kimches Buch und die *Akten zur deutschen auswärtigen Politik* veranlassten den Bundesrat schließlich den in Sachen Neutralitätsforschung etablierten Historiker Edgar Bonjour durch Beschluss vom 6. Juli zu beauftragen, die Außenpolitik der Schweiz während des Zweiten Weltkrieges aufzuarbeiten. Mit der Trias Widerstand – Anpassung – Verrat war damit ein diskursprägender Topos geschaffen, der in vielen Variationen bis in die 1980er Jahre durchdekliniert wurde.

Edgar Bonjours Arbeit sollte in Sachen Neutralität Aufschluss geben über das Verhalten der Schweiz sowohl den Alliierten als auch, seit der Niederlage Frankreichs 1940, den Achsenmächten gegenüber. Bis diese Studie erscheinen konnte, sollten noch einige Jahre vergehen. Zwischenzeitlich wurde vor dem Hintergrund transnationaler Erinnerungsdiskurse eine Debatte geführt, die stark personalisiert in besagten Registern von Anpassung und Widerstand verlief und in der Öffentlichkeit auf großen Widerhall stieß. Der Journalist Jon Kimche[126] und

---

124 Vgl. Zala, Sacha: Das amtliche Malaise mit der Historie, S. 777.
125 Kimche, Jon: General Guisans Zweifrontenkrieg: die Schweiz zwischen 1939 und 1945, Berlin 1962.
126 Vgl. ebd., S.78.

die Juristin Alice Meyer[127] etwa vertraten in diesen Debatten mit ihren populär gehaltenen Arbeiten die Auffassung, der Bundesrat, namentlich der Vorsteher des Außendepartements Marcel Pilet-Golaz, habe mit Anpassung auf Druck der Achsenmächte reagiert, während die Armee unter General Guisan und unter dessen Führung das Schweizer Volk erbitterten Widerstand geleistet hätten. Die Kontrahenten, die in Willy Bretscher, dem Chefredaktor der *Neuen Zürcher Zeitung* (NZZ), einen einflussreichen Wortführer hatten, sahen im Dualismus von Anpassung und Widerstand keinen Unterschied der Gesinnung, sondern eine taktische Einstellung mit dem Ziel, die Schweiz zu retten, wenn dazu unter dem Siegel der Staatsräson auch verwerfliche Mittel zum Einsatz kämen. Die moralische Integrität oder Verwerflichkeit einer Gesinnung entschied sich, womit sich wiederum eine helvetozentrische Perspektive manifestiert, im Verhältnis zur eignen Nation, nicht im Verhalten gegenüber den Alliierten, den Achsenmächten oder den Opfern der nationalsozialistischen Verfolgungs- und Vernichtungspolitik. Aus ähnlicher Perspektive wuchs Ende der 1960er Jahre mit Fokus auf die *Nationale Frontenbewegung* auch von akademischer Seite her das Interesse an faschistischen und nationalsozialistischen Bewegungen in der Schweiz, was sich auch im nachfolgenden Jahrzehnt fortsetzte.[128] Eine ähnliche, von der offiziellen Geschichtsschreibung bislang verschwiegene Thematik griff in den 1970er Jahren dann der Schriftsteller Hans Rudolf Lehmann in einer Radiodokumentation über die Schweizer Freiwilligen der Waffen-SS auf.[129]

Mit ihrer Analyse und Interpretation machten AutorInnen wie Jon Kimche und Alice Meyer in den 1960er Jahren erstmals aufmerksam auf problematische außenpolitische Aspekte der Schweiz in ihrem Verhältnis zum nationalsozialistischen Deutschland – eine Perspektive, die mitunter auch von der aufstrebenden Neuen Linken vertreten wurde, deren breitere Verankerung im historischen Gedächtnis jedoch noch etliche Jahre auf sich warten ließ.[130]

---

127 Meyer, Alice: Anpassung oder Widerstand: die Schweiz zur Zeit des deutschen Nationalsozialismus, Frauenfeld 1965.
128 Vgl. dazu beispielsweise die Dissertationen von Glaus, Beat: Die nationale Front. Eine Schweizer Faschistische Bewegung 1930-1940, Zürich 1969; oder Wolf, Walter: Faschismus in der Schweiz. Die Geschichte der Frontenbewegungen in der deutschen Schweiz 1930-1945, Zürich 1969.
129 Die Radiosendung wurde im Mai 1977 ausgestrahlt. Vgl. dazu auch Kreis, Georg: Die Schweiz der Jahre 1918-1948, in: Schneider, Boris; Phython, Francis (Hg.): Geschichtsforschung in der Schweiz, Bilanz und Perspektiven, Basel 1992.
130 Vgl. Kunz, Matthias; Morandi, Pietro: Die Schweiz und der Zweite Weltkrieg, S. 11f.

Der Eichmannprozess sowie die Frankfurter Auschwitzprozesse in den 1960er Jahren, die auch in der Schweiz medial breit rezipiert wurden,[131] rückten die schweizerische Flüchtlingspolitik und mitunter da und dort auch den hiesigen Antisemitismus ins öffentliche Bewusstsein. Ausgangspunkt kritischer literarischer und publizistischer Auseinandersetzung mit der schweizerischen Flüchtlingspolitik war jedoch der 1955 fertig gestellte aber erst 1957 publizierte Ludwig-Bericht.

Die nonkonformistischen bzw. linken Schriftsteller und Publizisten Max Frisch, Walter Matthias Diggelmann und Alfred A. Häsler vermochten mit ihren Werken in den 1960er Jahren denn auch zu provozieren. Die Uraufführung von Max Frischs (grundlegend überarbeiteter Fassung seines Stücks) *Andorra* erfolgte aufgrund sehr großen Publikumsinteresses gleich an drei aufeinander folgenden Tagen im November 1961 im Zürcherischen Schauspielhaus. Das Drama rief nicht nur in der Schweiz, sondern auch in Deutschland und anderswo breites Echo hervor und gilt stets noch als eines der wichtigsten Theaterstücke der Nachkriegszeit. In Form einer Parabel thematisiert Max Frisch den Antisemitismus in der Bevölkerung des pyrenäischen Kleinstaates Andorra. Während es in einer der ersten, bereits kurz nach dem Krieg entstandenen Version noch um den «*andorranischen Juden*» ging,[132] stand in der Version von 1961 der Kleinstaat Andorra und dessen antisemitische Bevölkerungsmehrheit im Zentrum. Die Reaktionen auf das Stück fielen überaus kontrovers aus. Während die einen im Drama ein Stück gelungene Vergangenheitsaufarbeitung sahen, erhoben andere den Vorwurf, Max Frisch habe nicht nur ein verharmlosendes Bewältigungsstück geschrieben, sondern auch ein von antisemitischen Klischees durchsetztes Stück auf die Bühne gebracht.[133] Max Frisch selbst hat Assoziationen zum Ort Andorra gleich selbst ausgeräumt: «*Das Andorra dieses Stücks hat nichts zu tun mit dem wirklichen Kleinstaat dieses Namens, gemeint ist auch nicht ein andrer wirklicher Kleinstaat; Andorra ist der Name für ein Modell.*»[134] Hinsichtlich der hiesigen Rezeption, wo *Andorra* als Modell für die Schweiz aufgefasst wurde, stellte Frisch den Bezug zur Schweiz nicht in Abrede: «*Andorra hat das schweizerische Publikum*

---

131 Altermatt, Urs: Verspätete Thematisierung des Holocaust in der Schweiz, in: Kreis, Georg (Hg.), Erinnern und Verarbeiten. Zur Schweiz in den Jahren 1933-1945, Basel 2004.
132 Vgl. Frisch, Max: Tagebücher 1946-1949, Frankfurt a. M. 2007, S. 31ff.
133 Horst, Karl August: Andorra mit andern Augen, in: Schmitz, Walter; Wendt, Ernst (Hg.): Frischs Andorra, Frankfurt a. M. 1993, S. 108-110.
134 Frisch, Max: Anmerkungen zu «Andorra», in: Schmitz, Walter; Wendt, Ernst (Hg.): Frischs Andorra, S. 41.

*getroffen [...] – und dies nicht unbeabsichtigt, eine Attacke gegen das pharisäerhafte Verhalten gegenüber der deutschen Schuld: der tendenzielle Antisemitismus in der Schweiz.»*[135]

Antisemitismus als Kontinuum in der Geschichte der Schweiz ist explizit auch Thema in Walter Matthias Diggelmanns 1965 erschienenem Roman *Die Hinterlassenschaft*.[136] Sein Buch thematisiert den schweizerischen Antisemitismus der 1930er und 1940er Jahre und die restriktive Flüchtlingspolitik im Kontext des Kalten Krieges. Über seine Hauptfigur verknüpft er die jüdische Opferperspektive und die antikommunistische Hetze gegen den marxistischen Kunsthistoriker Konrad Farner, die sich als Reaktion auf den sowjetischen Einmarsch in Ungarn von 1956 anbahnte und pogromartige Szenarien zeitigte. *Die Hinterlassenschaft* rief heftige Reaktionen hervor, weil Walter Matthias Diggelmann die heute durchaus modern anmutende These aufstellte, dass zwischen dem zeitgenössischen Antikommunismus und dem schweizerischen Antisemitismus der Vor- und Kriegszeit eine Kontinuität bestünde. Bei Erscheinen des Buches im Jahr 1965 sorgte seine These für große Empörung.

1967 folgte Alfred A. Häslers berühmtes Werk *Das Boot ist voll*. Zehn Jahre nach dem Ludwig-Bericht brachte Alfred A. Häsler mit seinem Buch die Flüchtlingsthematik breit ins Gespräch. Indem Häsler Einzelschicksale ins Zentrum rückte, zeigte er auf, wie die humanitäre Schweiz mit ihrer restriktiven Flüchtlingspolitik der nationalsozialistischen Vernichtungspolitik in die Hände arbeitete. Diggelmanns und Häslers Werke wurden zwar breit rezipiert, vermochten aber keine Kontroversen zur grundlegenden Revision des offiziellen Geschichtsbildes auszulösen. Dagegen setzte 1968 eine Diskussion um die Rehabilitierung des St. Galler Polizeihauptmannes Paul Grüninger ein, der sich in den Monaten nach dem so genannten Anschluss Österreichs an das nationalsozialistische Deutsche Reich über das bundesrätliche Gebot hinwegsetzte und Juden zur Flucht in die

---

135 Aus einem Brief vom 5.5.1976 an Ernst Wendt. Abgedruckt in: Frisch, Max: Antworten auf Fragen von Ernst Wendt, in: Schmitz, Walter; Wendt, Ernst (Hg.), Frischs Andorra, S. 19.

136 Walter Matthias Diggelmann wurde am 5.7.1927 in Zürich geboren und gilt als einer der engagiertesten Schweizer Autoren. Sein Ruf gründet auf seinen Zeitungs-Kolumnen und auf seinen Romanen, die er oft aus politischen Anlässen entwickelte: Zu nennen sind unter anderem *Das Verhör des Harry Wind* (1962), das Mechanismen der Werbung und zugleich die Schweizer Armee kritisch darstellt, oder *Ich heisse Thomy* (1973), ein Roman, der den Generationenkonflikt aus der Sicht der gesellschaftskritischen 68er Jugend schildert, und vor allem eben die *Die Hinterlassenschaft* (1965). Insgesamt umfasst sein Werk Romane, Jugendbücher, mehrere Erzählbände, zahlreiche Hörspiele, Filmszenarien, Theaterstücke und Fernsehspiele, Reportagen, Tagebücher und Gedichte sowie unzählige Kolumnen. Am 29. November 1979 starb Walter Matthias Diggelmann in Zürich.

Schweiz verhalf.[137] Paul Grüninger wurde 1939 vom Dienst suspendiert und ein Jahr später verurteilt. Nicht nur die Diskussion um den *Fall Grüninger* zeigt seit den späten 1960er Jahren parallel existierende historische Erinnerungen auf. Neben der beschönigenden Erinnerung rückte nun auch die verweigerte Hilfe, das Mitverschulden am Leid jüdischer Flüchtlinge und der Antisemitismus ins Bewusstsein und es wurden Themen angesprochen, die im offiziellen Geschichtsbild noch Jahre tabuisiert blieben.[138]

Das Bekanntwerden des militärischen Abkommens mit Frankreich anfangs der 1960er Jahre hätte eine breite Kontroverse um die militärische und politische Neutralität der Schweiz während des Zweiten Weltkrieges erwarten lassen. Diese erfolgte aber ebenso wenig wie nach dem Erscheinen der Neutralitätsgeschichte der Schweiz von Edgar Bonjour in den 1960er und 1970er Jahren. Wichtiger als die militärischen, sollten wirtschaftliche und ideologische Aspekte der Neutralitätsthematik werden: Während etwa der Historiker Klaus Urner gegen Ende der 1960er Jahre die Wirtschaftsbeziehungen mit den Achsenmächten in den Blick nahm, stand seit Mitte der 1960er Jahre in der sich formierenden Neuen Linken die schweizerische Neutralität auf dem Prüfstand: geopolitischer Hintergrund war der eskalierende Vietnamkrieg, negativer Bezugspunkt die Handhabung der schweizerischen Neutralität während des Zweiten Weltkrieges. Verhandelt wurde die Frage nach dem Verständnis und der Funktion der schweizerischen Neutralität in der Weltgemeinschaft. Kritikpunkt war, dass keine der maßgebenden Kreise und Parteien im Namen von Humanität und Neutralität gegen den Völkermord in Vietnam protestierten. *«Viele unserer Jungen stellen zum Vietnamkrieg die Frage anders. Sie weisen uns Ältere darauf hin, dass wir auf die Frage, wann wir vom Genocid in den nationalsozialistischen Konzentrationslagern etwas erfahren hätten, meist betreten zu antworten pflegen. [...] Der Zweite Weltkrieg hat uns verdorben. Zu sehr machte dort jene Klugheit Schule, die es vorzog, um unse-*

---

137 Der St. Galler Polizeikommandant Paul Grüninger rettete 1938/39 mehreren hundert jüdischen und andern Flüchtlingen trotz Grenzschließung und unter Missachtung von Weisungen und Gesetzen das Leben. Paul Grüninger wurde aus dem Dienst entlassen, 1940 verurteilt. Während er in der Schweiz verarmt ein Schattendasein führte, holte ihn 1962 ein in Washington tagender Historischer Kongress aus der Vergessenheit und verhalf ihm im Ausland zu einigen Ehrungen. Dies weckte im eher linken Spektrum Interesse für seine Person. Während sich das St. Gallische Kantonsparlament 1971 vorläufig durchringen konnte, Grüninger moralisch korrektes Verhalten zu zugestehen, setzten sich in den folgenden Jahrzehnten Personen aus dem linken Milieu, wie etwa Paul Rechsteiner, für dessen Rehabilitierung ein. Seine vollständige Rehabilitierung und Ehrung erfolgte erst 1995, 23 Jahre nach Grüningers Tod. Stadelmann, Jürg: Umgang mit Fremden in bedrängter Zeit. Schweizerische Flüchtlingspolitik 1940-1945 und ihre Beurteilung bis heute, Zürich 1998.

138 Vgl. etwa Altermatt, Urs: Verspätete Thematisierung des Holocaust in der Schweiz, oder auch Bonhage, Barbara: Gesetzgebung und Historiographie, S. 87ff.

*rer Selbsterhaltung willen das Böse hinzunehmen oder gar zu schweigen.»*[139] Es artikuliert sich hier, gegenüber dem offiziellen Geschichtsbild, en passant eine Parallelerinnerung, deren Argumentation in den Registern von Schuld und Verantwortung verläuft: Neutralität ja, aber nicht um den Preis der Mitschuld und Mitverantwortung am Tod hilfesuchender Menschen. Die Frage der Jungen an die Alten nach ihrem Wissen vom *«Genocid»* korrespondiert auch mit einem Diskurs jener Jahre, der in Deutschland geführt wurde, wo im Kontext der 1968er-Bewegung die Frage nach der Mittäterschaft der eigenen Eltern und Großeltern thematisiert wurde. Auch hier zeigt sich die Adaptation internationaler Erinnerungsdiskurse und -konjunkturen auf den schweizerischen Kontext.

## 2.4 Ein verlorenes Jahrzehnt? – die 1970er Jahre

Unter dem Eindruck des gesellschaftlichen Aufbruchs der 1960er Jahre setzte sich in enger Auseinandersetzung mit drängenden Problemen der Gegenwart die kritische Sicht auf die jüngste Vergangenheit und die offizielle Erinnerungspraxis fort. Eine gegenläufig zur staatlich verordneten von nonkonformistischen und linken Kräften getragene Erinnerung war nunmehr fest installiert. Waren es in den 1960er Jahren mit dem Vietnamkrieg Ereignisse von weltpolitischem Rang, die seitens der Linken kritische, quer zum staatlichen Diskurs verlaufende Vergangenheitsinterpretationen auslösten und die Funktion der schweizerischen Neutralität in der Weltgemeinschaft in Frage stellten, rückten anfangs der 1970er Jahre innenpolitische Problemstellungen ins Visier. Aktuelle Themen wie Militärdienstverweigerung oder Fremdenfeindlichkeit gaben Anlass zu grundlegender Skepsis gegenüber tradierten Bildern und Selbstdarstellungen.[140] Der Bezug zur jüngsten schweizerischen Vergangenheit erfolgte auch in diesem Jahrzehnt explizit in politischen Registern. Forciert noch durch den weltwirtschaftlichen Konjunkturumbruch und erneutes Auflodern des Kalten Krieges wurde die jüngste nationale Vergangenheit zum Argument für Bewahrung beziehungsweise Wandel. Matthias Kunz und Pietro Morandi vertreten die Auffassung, in der helvetischen Geschichtsdiskussion seien die 1970er Jahre ein «verlorenes Jahrzehnt», weil im Streit zwischen dem bürgerlichen Lager und der kritischen Linken der Vergangenheitsdiskurs verwaist sei.[141] Verglichen mit den hegemonialen staatlichen Ansprüchen auf Erinnerung und Gedächtnis, zeigt sich indes so pessimis-

---

139 Zürcher Student Nr. 6, Dezember 1967: Opposition, S. 5.
140 Vgl. Peter, Nicole: Halbstarke, Kellerpoeten, Studentinnen und Lehrlinge – «1968» in der Schweiz, in: Linke, Angelika; Scharloth, Joachim (Hg.): Der Zürcher Sommer 1968: Zwischen Krawall, Utopie und Bürgersinn, Zürich 2008.
141 Kunz, Matthias; Morandi, Pietro: Die Schweiz und der Zweite Weltkrieg, S. 15-18.

tisch die Sachlage nicht, konnte sich doch aufgrund des Engagements linker und nonkonformistischer Intellektueller und aufgrund dieser konfligierenden Erinnerungsinteressen auch in einer breiteren Öffentlichkeit eine Differenzierung der Geschichtsbilder fortsetzen. Tradierte Narrative bröckelten allmählich.[142] Ein erinnerungskultureller Wandel, der sich zaghaft zwar, und oftmals begleitet von politischem Gegenwind, seit den 1970er Jahren etwa auch in den schweizerischen Geschichtslehrmitteln feststellen lässt, setzte ein.[143] Und schließlich trug auch die akademische Geschichtsschreibung ihr Scherflein bei zur Pluralisierung des Geschichtsbildes, dies vorerst noch unter erschwerten Bedingungen und behindert durch restriktive Archivzugänge. Erst mit der 1973 auf großen öffentlichen Druck hin erfolgten Revision des *Reglements für das Bundesarchiv* war endlich die Grundlage gegeben für eine unabhängige, auf breiter Quellengrundlage basierenden Erforschung der Rolle der Schweiz im Zweiten Weltkrieg.[144]

Blieb abgesehen von einem Schlagabtausch zwischen General und Bundesrat kurz nach Kriegsende (1946/47) im offiziellen Gedächtnis über zwei Jahrzehnte die schweizerische Armee unangetastete heilige Kuh staatlicher Souveränität und Unversehrtheit, wurde unter dem Eindruck der 68er- bzw. der Kriegsdienstgegner-Bewegung der 1970er Jahre dieser (politische) Konsens in Frage gestellt.[145] Schon 1970 zog der damals im Umfeld der nonkonformistischen Zeitschrift *neutralität*[146] tätige Schriftsteller und Dienstverweigerer Christoph Geiser mit seinem Beitrag *Der Anschluss fand statt* die behaupteten Verdienste der schweizerischen Armee in Zweifel.[147] Nicht nur bezeichnete er das Réduit salopp als «*Versteck*»,

---

142 Vgl. Furrer, Markus: Die Schweiz erzählen - Europa erzählen - die Welt erzählen ... Wandel und Funktion von Narrativen in Schweizer Geschichtslehrmittel, in: Schweizerische Zeitschrift für Geschichte, 59, 2009/1, S. 66.
143 Die im Zuge der Sozialen Bewegungen Ende der 1960er Jahre geforderten pädagogischen und demokratischen Reformen sowie die aufkommende sozialgeschichtliche Perspektive und jüngste Forschungsresultate fanden ganz allmählich auch Eingang in Unterrichtsmaterialien. Vgl. dazu etwa auch Haerle, Peter: Die Mythen sind am Verblassen. Aktuelle Geschichtsbücher für die Volksschule sind besser als ihr Ruf – doch die Verfehlungen in der Vergangenheit wirken noch bis heute nach, in: Tages-Anzeiger vom 16. Januar 1997, S. 3.
144 Zala, Sacha: Das amtliche Malaise mit der Historie, S. 760.
145 Eine grundsätzliche Armeekritik setzte bereits früher, in den 1960er Jahren, ein und erfuhr damals mitunter heftigen Gegenwind. Markus Imhoofs Film Ormenis 199 + 69, erschienen im Jahr 1969, beispielsweise wurde von den Behörden zensuriert, weil dieser angeblich den Wehrwillen zersetzen würde. Kalt, Monica: «Die Effektivität der Gewaltlosigkeit darf nicht unterschätzt werden» – die Internationale der Kriegsdienstgegner IdK, in: Hebeisen, Erika; Joris, Elisabeth; Zimmermann, Angela (Hg.): Zürich 68: Kollektive Aufbrüche ins Ungewisse, Baden 2008.
146 Herausgegeben von Paul Ignaz Vogel, handelt es sich im Rahmen der nonkonformistischen Liberalen und Linken um ein wichtiges Blatt, das bereits in den frühen 1960er Jahren mit seinem programmatischen Titel die schweizerische Gesellschaft in kritischen Blick nahm.
147 Vgl. dazu auch Kreis, Georg: Vier Debatten und wenig Dissens, S. 457.

sondern er ließ überdies noch verlauten, dass die Wehrmacht das Land gar nicht zu besetzen brauchte, zumal die schweizerische Industrie ohnehin für das Dritte Reich produzierte und für den Anschluss vorbereitet gewesen sei.[148] Seine ökonomische Kooperationsthese fand zwar Anklang bei Niklaus Meienberg, dem damals wohl provokantesten Geschichtsbildkritiker.[149] Doch erst in den 1980er Jahren sollten die wirtschaftlichen Kooperationen mit den Achsenmächten thematisch zentral werden und die schweizerische Armee sowie ihre dissuasive Wirkung radikal in Frage gestellt werden, und zwar sowohl von der politischen Linken als auch von der geschichtswissenschaftlichen Forschung.

Eine breitere Armee-Kontroverse löste hingegen Max Frisch mit seinem 1974 erschienenen *Dienstbüchlein* aus. Dort interpretiert er vor dem Hintergrund seiner aktuellen politischen Überzeugung seine Erfahrungen als Soldat im Aktivdienst neu. Im Vordergrund seiner Betrachtung standen die Kooperation mit dem nationalsozialistischen Deutschland, mangelnder Antifaschismus, Repression und undemokratischer Geist, er setzte sich aber auch, angeregt durch Niklaus Meienbergs Reportage *Die Erschiessung des Landesverräters Ernst S.*, mit dem Klassendenken in der Armee auseinander. Frischs persönliche Erinnerung an den Militärdienst lässt wenig Glanz und Ruhm übrig: *«Die hauptsächliche Erinnerung an Militär: Erinnerung an Leere. Das Gedächtnis sucht Vorkommnisse; man glaubt es sich ungern, dass man so leer sein konnte. So war es aber. Man sagte: Ich gehe jetzt scheißen. Man sagte: Ich muss jetzt saichen. Man sagte: Jetzt habe ich scheißen können. Das war es, was es mitzuteilen gab.»*[150] Auch sein Vertrauen in die schweizerische Armee war nicht groß: *«Es gab eine Angst, die ich nie ausgesprochen habe, auch nicht unter vier Augen: die Angst vor einem kläglichen Zusammenbruch dieser Armee. Sie war nicht von Anfang an vorhanden, diese heimliche Angst, nicht am 2.9.1939. Sie entstand aus einer Summe kleiner und wiederholter Erfahrungen, denen eine andere Erfahrung nicht entgegenzusetzen war – nur der blinde Glaube – und es war eine Angst um alle, die diese Angst (so wenigstens schien es) nicht einen Augenblick lang hatten.»*[151] Von Heldentum und Stolz bleibt in Max Frischs Rückblick auf seinen Aktivdienst nicht viel üb-

---

148 Geiser, Christoph: Der Anschluss fand statt, in: neutralität, Jg. 8, Januar 1970, S. 19ff. Diese Ausgabe der neutralität, die unter dem Titel *Feige Schweiz* lief, sorgte für Empörung und warf hohe Wellen nicht nur in der schweizerischen, sondern auch in der deutschen Presselandschaft. Selbst im deutschen Politmagazin Spiegel waren die Enthüllungen antisemitischen Gedankenguts, dem Bundesrat Ludwig von Moos als Herausgeber des Obwaldner Volksfreund von 1935-1942 freien Lauf ließ, einen Beitrag wert. Vgl. Der Spiegel, 12.01.1970.
149 Diese These verarbeitete Niklaus Meienberg auch in seinen Reportagen, wie in *Die Erschiessung des Landesverräters Ernst S.* (vgl. dazu gleich anschließend) oder in seiner im darauffolgenden Jahrzehnt erschienenen Reportage über den Wille-Clan *Die Welt als Wille und Wahn*.
150 Frisch, Max: Dienstbüchlein, Frankfurt a. M. 1974, S. 105
151 Ebd.

rig. Stattdessen prägen Leere, Langeweile und Zweifel an der Standhaftigkeit der eigenen Armee sein Bild. Wenig erstaunlich sind daher die gehässigen und kontroversen Reaktionen, die damals ihren Niederschlag in Rundfunkbesprechungen, Zeitschriften- und Zeitungsrezensionen sowie in zahlreichen Leserbriefen fanden.[152] Die Frage, was es gewesen sei, wenn nicht *«diese Armee»*, die staatliche Integrität und Unabhängigkeit garantiert hätte, wurde erst im darauffolgenden Jahrzehnt im akademischen Rahmen aufgeworfen.

Eingeleitet durch Jon Kimches Guisan-Buch sowie die *Documents on German Foreign Policy*, blieb auch in den 1980er Jahren die Neutralität ein Thema. Fokussiert wurden in diesbezüglichen Auseinandersetzungen die politischen Aspekte. Organisiert waren die Diskussionslinien wie im Jahrzehnt zuvor entlang der Begriffe *Widerstand, Anpassung* und *Verrat*. 1971 stellt Gerhart Waeger mit seinem Buch *Die Sündenböcke der Schweiz. Die Zweihundert im Urteil der geschichtlichen Dokumente 1940-1946* der Formel «*Anpassung oder Widerstand*»[153] die Formel «*Anpassung intendiert Widerstand*» entgegen.[154] Seine Arbeit über den Frontismus führte (im bekannten Register) thematisch die breite Auseinandersetzung mit der Vergangenheit des schweizerischen Rechtsextremismus weiter, die da und dort auch zu kleineren Debatten führten.[155] Weit heftigere Reaktion provozierte hingegen Niklaus Meienberg mit seiner Reportage *Landesverräter Ernst S.*, in der er nach der Korrelation von sozialer Herkunft und Verurteilung der so genannten Landesverräter fragte. Mit diesem Beitrag führte er in die Debatte um Anpassung und Widerstand eine soziale Dimension ein.[156] Während die moralischen Aspekte hinsichtlich der schweizerischen Neutralität, wie sie in der Neuen Linken vorgebracht wurden, keine nachhaltige Auseinandersetzung hervorriefen, fanden nach ersten Impulsen von Klaus Urner in den Arbeiten von Edgar Bonjour und Daniel Bourgeois[157] die Fragen um die wirtschaftlichen Aspekte der Neutralität ihre Fortsetzung. Verknüpft mit der kritischen Hinterfragung des idealisierten Bildes von der schweizerischen Armee bildeten der Blick auf wirtschaftliche Kooperationen mit dem Dritten Reich und erste Enthüllungen zur

---

152 Vgl. Sauter, Martin: Max Frisch und die Landesverteidigung. www.workshop.ch/max_frisch[13.02.2012].
153 Meyer, Alice: Anpassung oder Widerstand, Frauenfeld 1965.
154 Vgl. Waeger, Gerhart: Die Sündenböcke der Schweiz: Die Zweihundert im Urteil der geschichtlichen Dokumente 1940-1946, Olten 1971.
155 Vgl. Jost, Hans Ulrich: Interpretationsmuster zum Nationalsozialismus in der Geschichtsschreibung der Schweiz, in: Weigel, Sigrid; Erdle, Birgit: Fünfzig Jahre danach: zur Nachgeschichte des Nationalsozialismus, Zürich 1996, S. 338.
156 Vgl. Meienberg, Niklaus: Die Erschiessung des Landesverräters Ernst S., Darmstadt 1977.
157 Bourgeois, Daniel: Le Troisième Reich et la Suisse, 1933-1941, Neuchâtel 1974.

Verstrickung schweizerischer Firmen in die deutsche Arisierungspolitik den explosiven Stoff der 1980er Jahre. Vorerst aber blieb der Versorgungsaspekt noch bestimmender Hauptfokus.

Das Ende der 1960er Jahre veröffentlichte Buch von Alfred A. Häsler *Das Boot ist voll* sorgte dafür, dass sich mit der schweizerischen Flüchtlingspolitik ein weiterer Themenkomplex im neuen Jahrzehnt fortsetzte. Die Flüchtlingsthematik bildete überdies ein gut in der öffentlichen Erinnerung verankertes Thema. Die Flüchtlingspolitik ist zentral in den erwähnten Studien von Edgar Bonjour sowie in Werner Rings zwischen 1970 und 1972 entstandener Fernseh-Dokumentarserie *Die Schweiz im Krieg* (sowie der dazu gehörigen Publikation).[158] Diese Werke weisen ein durchaus kritisches Narrativ auf, zumal sie die problematischen Aspekte der schweizerischen Flüchtlingspolitik aufzeigen. Ihre Interpretation und Deutung dieser Politik jedoch war noch weitgehend verhaftet in den Registern von Staatsräson und Bewährungsprobe.[159]

Die drei in den 1970er Jahren zur Abstimmung gebrachten *Überfremdungsinitiativen* stellten einen medial wirksamen Bezugsrahmen in der öffentlichen Diskussion dar. *Überfremdung* – dieser Begriff richtete sich gegen die italienischen ArbeitmigrantInnen, stand indes in einer längeren Kontinuität von Überfremdungsdiskursen,[160] wie sie seit dem Ersten Weltkrieg geführt und bis in die 1950er Jahre antisemitisch ausgerichtet waren. Ab Ende der 1960er Jahre sollte die so genannte *Überfremdung* wesentlich und nachhaltig die politische Debatte bestimmen;[161] sie bot in den Leitmedien immer wieder Anlass, Rassismus und den Umgang mit Flüchtlingen zu thematisieren.[162] Dabei wurden vereinzelt auch Antisemitismus und antisemitische Kontinuitäten in Erinnerung gerufen. Max Schmid etwa stellte Ende der 1970er Jahre mit *Shalom! Wir werden euch*

---

158 Rings, Werner: Die Schweiz im Krieg, Zürich 1974.
159 Vgl. Kreis, Georg: Die schweizerische Flüchtlingspolitik der Jahre 1933-45.
160 Vgl. dazu etwa Kury, Patrick: Über Fremde reden: Überfremdungsdiskurs und Ausgrenzung in der Schweiz 1900-1945, Zürich 2003.
161 Am 7. Juni 1970 kam die Ende der 1960er Jahre von der *Nationalen Aktion* lancierte, heute als *Schwarzenbach-Initiative* bekannte Volksinitiative zur Abstimmung. Zwar wurde die Vorlage abgelehnt, ihr stimmten jedoch 46 Prozent der Stimmbevölkerung zu. Unter Federführung des Nationalrates James Schwarzenbach 1974 und 1977 folgten in diesem Jahrzehnt noch zwei weitere solcher xenophober Vorlagen zur Abstimmung. Alle diese Vorlagen erhielten die Zustimmung von Bundesrat und Stimmbevölkerung nicht, dennoch bestimmte der *Überfremdungsdiskurs* seit den 1960er Jahren die schweizerische Einwanderungspolitik bis in unsere Gegenwart. Eine Kontinuität von der Quotenregelung bzw. Kontingentierung von so genannten *Fremdarbeitern* in den 1970er Jahren über das in den 1990er Jahren praktizierte Drei-Kreise-Modell bis zum gegenwärtigen *dualen Zulassungssystem,* das Personen aus EFTA-Ländern und der EU gegenüber denjenigen anderer Länder bevorzugt, mit der so genannten EU-Osterweiterung sich, ausgetragen auf dem Buckel osteuropäischer Prostituierten am Zürcherischen Sihlquai, neue Diskriminierungslinien bemerkbar machen.
162 Vgl. dazu Jost, Hans Ulrich: Interpretationsmuster zum Nationalsozialismus.

*töten!* eine Text- und Quellensammlung bereit, die den Antisemitismus in der Schweiz seit den 1930er Jahren dokumentiert. Ungefähr zeitgleich hob ein Medienereignis an, das Antisemitismus und Holocaust sehr viel stärker noch ins Bewusstsein breiter Bevölkerungskreise rief und auch großes Medienecho zur Folge hatte: Die Fernsehserie *Holocaust*. Die 1978 erst in den USA, ein Jahr später dann in Deutschland und der Schweiz ausgestrahlte Serie stieß in der schweizerischen Bevölkerung auf großes Interesse. Eine Studie des *Instituts für Konsumenten- und Sozialanalysen,* in deren Rahmen 1947 Personen aus der deutsch- sowie französischsprachigen Schweiz befragt wurden, zeigte auf, dass etwa 2, 8 Millionen Frauen und Männer im Alter von über 15 Jahren mindestens eine Folge der Serie gesehen haben.[163] Es waren insbesondere jüngere Personen, die die Sendung verfolgten, jedoch meldeten sich nun auch vermehrt Fachleute öffentlich zu Wort, die Serie wurde in den schweizerischen Medien breit thematisiert und vor deren Hintergrund auch Bezüge hergestellt zwischen der Schweiz und den nationalsozialistischen Verbrechen: «Neben den Analysen und Kommentaren zum Film selber erschienen auch Hintergrundberichte zu Themen wie Holocaust-Überlebende in der Schweiz, über den Wissensstand von Schweizern über den Holocaust während des Zweiten Weltkriegs, die Flüchtlingspolitik sowie den Antisemitismus in der Schweiz.»[164]

## 2.5 Action – in den 1980er Jahren

Mit den *Diamantfeiern* von 1989,[165] die mit beträchtlichem Aufwand der fünfzigsten Wiederkehr der schweizerischen Mobilmachung vom 2. September 1939 gedachten und jene Männern und Frauen ehrten, die damals so genannten *Aktivdienst* geleistet hatten, zeigten sich am Ende des Jahrzehnts im staatlichen wie im transnationalen Diskurs die zugespitzt gegenläufigen Gedächtnisse und Erinnerungsinteressen: Während die offizielle Schweiz, voran das EMD, ein bislang letztes Mal noch den Kriegsausbruch als Anhub einer erfolgreich gemeisterten Bewährungsprobe feierte, stand die Armee als Garantin der schweizerischen Souveränität arg in Zweifel. Demgegenüber wurde in Ländern wie Deutschland und Österreich der Holocaust allmählich zu einem zentralen Ereignis im staatlichen Gedenken.[166] Die wissenschaftliche Erforschung und erinnerungskulturelle Auseinandersetzung mit der systematischen Verfolgung und Ermordung der europäi-

---

163 Altermatt, Urs: Verspätete Thematisierung des Holocaust in der Schweiz, S. 44f.
164 Ebd., S. 45.
165 Vgl. dazu Anmerkung 51.
166 Vgl. dazu Diner, Dan; Benhabib, Seyla (Hg.): Zivilisationsbruch. Denken nach Auschwitz, Frankfurt a. M. 1988.

schen Jüdinnen und Juden wurde dort stark intensiviert[167] und mit dem Ende des Kalten Krieges zeichnete sich Ende der 1980er Jahre der Holocaust zunehmend als universeller Bezugspunkt geschichtlichen und politischen Gedenkens ab.[168]
Parallel zur offiziellen Erinnerungspraxis bahnte sich im öffentlichen und medialen Vergangenheitsdiskurs auch in der Schweiz ein Perspektivenwechsel an. Während der Blick in den Jahrzehnten davor noch fokussiert war auf nationale Souveränität und Bewährung, rückte nunmehr die Frage nach dem *Wie* stärker ins Zentrum. Dass sie weder diesen Krieg verursacht noch aktiv daran teilgenommen hatte, entband die Schweiz nicht länger von der Verantwortung für ihr Handeln – selbst unter Drohung und Einwirkung der Achsenmächte. Es zeigte sich in den öffentlichen Debatten und Diskussionen, dass sich die an die Vergangenheit gelegten politischen und moralischen Bewertungsmaßstäbe grundlegend verändert hatten, rechtstaatliche, demokratische und antixenophobe Maximen rückten zusehends in den Mittelpunkt.[169] Im Ringen ums *richtige* Geschichtsbild machte sich überdies mit zunehmendem zeitlichem Abstand zum Ereignis verstärkt ein politischer Konflikt im generationellen Gewand bemerkbar. Während akademische und nicht-akademische GeschichtsbildkritikerInnen für sich in Anspruch nahmen, Vergangenheit aus ihrer Gegenwart heraus neu zu interpretieren, sah sich ein Teil jener Frauen und Männer, die zwischen 1939 und 1945 so genannten Aktivdienst geleistet hatten, durch die Kritik der nachrückenden Generationen an den Narrationen von standhafter Armee und Widerstandsnation falsch interpretiert. Von rechtspopulistischer Seite her wurde aber die ZeitzeugInnen, längst schon homogenisiert zur so genannten Aktivdienstgeneration, instrumentalisiert und ins Feld geführt gegen KritikerInnen tradierter Geschichtsbilder. – Ein Konflikt, der sich,

---

167 1986/87 ereignete sich in Deutschland in der Folge auch eines breiteren geschichtswissenschaftlichen Interesses am Holocaust die so genannte Historiker-Debatte. Kontrovers diskutiert wurde die Interpretation des Nationalsozialismus und ausgelöst wurde die Debatte durch Ernst Noltes folgende Äusserung: «*Aber gleichwohl muss die folgende Frage als zulässig, ja unvermeidbar erscheinen: Vollbrachten die Nationalsozialisten, vollbrachte Hitler eine ‹asiatische› Tat vielleicht nur deshalb, weil sie sich und ihresgleichen als potentielle oder wirkliche Opfer einer ‹asiatischen› Tat betrachteten? War nicht der ‹Archipel Gulag› ursprünglicher als ‹Auschwitz›? War nicht der ‹Klassenmord› der Bolschewiki das logische und faktische Prius des ‹Rassenmords› der Nationalsozialisten? Sind Hitlers geheimste Handlungen nicht gerade auch dadurch zu erklären, dass er den ‹Rattenkäfig› nicht vergessen hatte? Rührte Auschwitz vielleicht in seinen Ursprüngen aus einer Vergangenheit her, die nicht vergehen wollte?*» Vgl. Frankfurter Allgemeine Zeitung, 06.06.1986. In Österreich war es die so genannte Waldheim-Affaire, die die Abkehr von der *Opferthese* und die Auseinandersetzung mit der Vergangenheit erst ermöglichte.
168 Vgl. Levy, Daniel; Sznaider, Natan: Erinnerung im globalen Zeitalter, S. 14ff.
169 Kunz, Matthias; Morandi, Pietro: Die Schweiz und der Zweite Weltkrieg, S. 21.

von rechtspopulistischer Seite her politisch instrumentalisiert und forciert, Mitte der 1990er Jahre anlässlich der Debatten um Raubgold und Nachrichtenlose Vermögen in aller Schärfe erst zuspitzen sollte.

Bewegung in die Auseinandersetzung um Geschichtsbilder, Gedenken und Erinnern kam in den 1980er Jahren ähnlich wie in andern Ländern auch von kuratorischer Seite. Damals setzte mit einer ganzen Reihe von Ausstellungen/Expositionen, die Exil, Alltag oder auch den Spanischen Bürgerkrieg zum Thema hatten, eine Popularisierung (und Kommerzialisierung) dieser Geschichte ein. Solche Ausstellungen ermöglichten es allerdings, im offiziellen und öffentlichen Gedächtnis vergessenen oder verdrängten Aspekten der Vergangenheit Gehör zu verschaffen. Mit der Ausstellung *Juden in der Schweiz* etwa wurden erstmals jüdische Schweizerinnen und Schweizer mit einer eigenen Erinnerung und Darstellung der Geschichte öffentlich wahrgenommen: Die überaus erfolgreiche Wanderausstellung brachte die gegenüber staatlicher Hilfeleistungen enormen Eigenleistungen der kleinen schweizerischen jüdischen Gemeinde für die als Juden und Jüdinnen Verfolgten ins Bewusstsein einer breiteren Öffentlichkeit.[170]

Nebst den Biographien von großen Politikern und Militärs gelangten in diesen Jahren zunehmend auch die *kleinen Leute* in den historischen Blick – letztere vorab dank Pionierinnen der Frauen- und Alltagsgeschichte.[171] In Erinnerung an die Generalmobilmachung fünfzig Jahre zuvor, rief 1989 (einmal mehr) der *Schweizerische Beobachter* ZeitzeugInnen dazu auf, ihre Alltagserfahrungen und Erlebnisse schriftlich einzureichen. Eine Reihe der über 270 Einsendungen publizierte der *Beobachter* noch im Herbst 1989 in einer fünfteiligen Serie sowie im Sonderdruck *Die Schweiz im Zweiten Weltkrieg*; wenige Jahre später erfolgte schließlich die Publikation weiterer dieser Erfahrungsberichte in einem von der Historikerin Simone Chiquet herausgegebenen Band mit dem Titel *Es war halt Krieg. Erinnerungen an den Alltag in der Schweiz 1939-1945*.[172] Zum Motiv, sich den *kleinen Leuten* zuzuwenden, schreibt Urs Rauber, Redaktor des *Schweizerischen Beobachters*: «*In den letzten Jahren ist eine Reihe fundierter historischer Darstellungen über die inneren Verhältnisse und die Rolle der Schweiz während des Zweiten Weltkrieges veröffentlicht worden. Seither sind wir über das Wirken*

---

170 Vgl. dazu Stadelmann, Jürg: Umgang mit Fremden in bedrängter Zeit, S. 277f.
171 Arbeiten, die sich für die von der Geschichte und der Geschichtsschreibung übergangenen Frauen interessieren entstanden in diesen Jahren etwa von Joris, Elisabeth und Alt, Marianna: Frauengeschichte(n): Dokumente aus zwei Jahrhunderten zur Situation der Frauen in der Schweiz, 1986 im züricherischen Limmat Verlag erschienen. Enger fokussiert noch und aus Anlass zum 50. Jahrestag der Generalmobilmachung, verfassten etwa Barbey, Mary Anna (Hg.): 39-45: Les Femmes et la Mob, Genf 1989 oder auch Pavillon, Monique: Les immobilisées. Les femmes suisses en 39-45, Lausanne 1989 Beiträge zur Situation und Rolle der Frauen während der Kriegszeit.
172 Chiquet, Simone: «Es war halt Krieg», Zürich 1992.

*und Verhalten der führenden Behörden (Bundesrat, Armeespitze, Diplomaten), die Strategie und Bedeutung der militärischen Verteidigung, die Rolle von Wirtschaftsverbänden, Gewerkschaften und Parteien, die zwischen Anpassung und Widerstand schwankten, weitgehend im Bild. Relativ wenig wissen wir jedoch über den Alltag von Frauen und Männern, über ihre Gefühle und Stimmungen, über typische oder absonderliche Geschichten von ‹Opfern› und ‹Tätern›.*»[173] Gegenüber der Rede von der so genannten Aktivdienstgeneration, die sich bis über die Jahrtausendwende hinweg im politischen und wissenschaftlichen Diskurs halten konnte, zeigten die Berichte kein einhellig patriotisch verklärtes Bild. Fünfzig Jahre nach Kriegsende äußerten sich insbesondere ehemalige Dienstleistende kritisch zur damaligen Armee und zur politischen Elite.[174] Der Zweite Weltkrieg schien sich allmählich in Geschichte zu transformieren, parallel dazu stieß zunehmend die biographische Erinnerung der ZeitzeugInnen auf Gehör – ein (Forschungs-) Interesse, das sich seit Ende der 1980er Jahre bis in unsere Gegenwart erstreckt, sich großer Beliebtheit erfreut und sich letztlich auch in der vorliegenden Arbeit manifestiert.

Im Kontext dieses Perspektivenwechsels rückten Fragen um *Kriegsverschonung* und nationalstaatliche Souveränität mit den Achsenmächten verstärkt unter dem Aspekt ideologischer, wirtschaftlicher und politischer Zusammenarbeit in den Blick und die Flüchtlingsthematik gewann neue Brisanz. Der idealisierte und reduzierte helvetozentrische Blick auf die Kriegsjahre begann sich, ähnlich wie zuvor bereits schon während kurzer Zeit im Kontext der Neuen Linken der 1960er Jahre, in andern Erinnerungsmilieus transnational auszuweiten. Ein eigentlicher Paradigmenwechsel schien sich abzuzeichnen: in den Publikationen einer jüngeren Generation von HistorikerInnen zur Epoche 1933 bis 1945 wurde die Schweiz nunmehr in wirtschaftlicher, politischer und ideologischer Hinsicht enger als bisher in Bezug gesetzt zur nationalsozialistischen Gesellschaft.

Affinitäten zur faschistischen und/oder nationalsozialistischen Ideologie wurden spätestens Mitte der 1980er Jahre zum Mittelpunkt historiographischen und medialen Interesses. Anlässlich der Gedenkfeierlichkeiten zum Kriegsende vor vierzig Jahren hob 1985 eine Debatte darüber an, was General Henri Guisan nach der Niederlage Frankreichs beim so genannten *Rütlirapport* gesagt habe. Wiewohl die Sympathien des Generals für Mussolini und seine Interpretation des Faschismus als antikommunistisches Bollwerk bereits hinlänglich bekannt waren, verweisen solche Nachfragen doch auf eine mediale und historiographische Verschiebung des Fokus hin auf die politische Ideologie der Machtträger und

---

173 Rauber, Urs: Vorwort, in: Chiquet, Simone, «Es war halt Krieg», S. 7f.
174 Vgl. ebd. Ähnlich motiviert folgte dann (erst) knapp ein Jahrzehnt später das Oral-History-Projekt *Archimob – Erinnerung an den Zweiten Weltkrieg in der Schweiz.*

auch der Bevölkerung. Der Historiker Hans-Ulrich Jost bezeichnete in seinem Beitrag zur Zwischenkriegs- und Kriegszeit die Auslegung und Interpretation des am 30.08.1939 dem Bundesrat übertragenen extrakonstitutionellen Staatsnotrechts zur Aufrechterhaltung der Neutralität als «*helvetischen Totalitarismus*».[175] Er brachte damit das Vollmachtenregime in Verbindung mit politischen und ideologischen Entwicklungen und stieß damit in der Schweiz auf Resonanz und Interesse; faschistische Tendenzen und Ideologien wurden von historischer Seite nicht länger als ausschließlich *externes* Problem wahrgenommen.[176] Auch Publizisten richteten ihr Augenmerk auf antidemokratische, mit dem Faschismus und Nationalsozialismus sympathisierende Kreise in der Schweiz. In seinem 1987 erschienen Porträt über den Wille-Clan zeigte Niklaus Meienberg auf, wie Teile der schweizerischen Bourgeoisie mit dem Nationalsozialismus sympathisierten und in ihn verstrickt waren;[177] ein Thema, das Thomas Koerfer in seinem bereits 1983 in den Kinos laufenden Spielfilm *Glut*, der die fiktive Geschichte eines sowohl die Alliierten als auch das Dritte Reich beliefernden Waffenfabrikanten und Kunstsammlers aufrollt.[178] Der (neue) Blick auf die (anti-) faschistische Gesinnung richtete sich auch auf die *kleinen Leute*. Nebst dem dokumentarischen Film *Die unterbrochene Spur* von Mathias Knauer aus dem Jahr 1982, der die Flüchtlingspolitik unter dem Aspekt des antifaschistischen Kampfes erforschte,[179] machte sich die Fokussierung auf die Gesinnung bemerkbar in einer Reihe von historiographischen und journalistischen Arbeiten zum Spanischen Bürgerkrieg. Nach dem 1974 erschienenen, äußerst kontrovers aufgenommenen Dokumentarfilm *Schweizer im Spanischen Bürgerkrieg* von Richard Dindo,[180] der den schweizerischen AntifaschistInnen, die auf republikanischer Seite kämpften und erst 2009 rehabilitiert wurden, gewidmet war, entstand in den 1980er Jahren eine Reihe von Arbeiten, die sich nunmehr auch mit auf faschistischer Seite kämpfenden Schweizer BürgerInnen ins Visier nahm. Des 50. Jahrestags des Spanischen Bürgerkriegs gedachte 1986 schließlich eine große Plakatausstellung in der Zürcherischen Schule für Gestaltung.

---

175 Bereits etwa zehn Jahre zuvor hatte Werner Moeckli 1973 mit seiner Dissertation Schweizergeist – Landigeist? Das schweizerische Selbstverständnis beim Ausbruch des Zweiten Weltkrieges, Zürich 1973, im so genannten Landigeist faschistisches Gedankengut ausmachen können. Erst Hans Ulrich Josts Beitrag stiess dann auf Resonanz.
176 Vgl. dazu Jost, Hans Ulrich: Bedrohung und Enge, in: Mesmer, Beatrix (Hg.): Geschichte der Schweiz – und der Schweizer, Basel 1982-1983.
177 Vgl. dazu Meienberg, Niklaus: Die Welt als Wille & Wahn: Elemente zur Naturgeschichte eines Clans, Zürich 1987.
178 Vgl. Sauter, Martin: Der Zweite Weltkrieg im Schweizer Film, Unveröffentlichte Lizentiatsarbeit, Zürich 1998.
179 Ebd. S. 125ff.
180 Dindo, Richard: Schweizer im Spanischen Bürgerkrieg, 1974 (Dokumentarfilm).

In den 1980er Jahren stellte sich überdies das Thema der so genannten *Kriegsverschonung* nochmals neu; dies im engen Zusammenhang mit den schweizerischen Wirtschaftsbeziehungen zum Deutschen Reich, die nun eine Neubewertung erfuhren. Wichtige Impulse gingen wiederum von publizistischer Seite aus, wobei damals auch die akademische Geschichtsschreibung zentrale Beiträge zu diesen Fragen lieferte, und damit längerfristig die kritische Beurteilung und Bewertung der dissuasiven Rolle der schweizerischen Armee ins Geschichtsbewusstsein der Bevölkerung transformierte. Die Studie *Sicherheit ‹97›* der *Forschungsstelle für Sicherheitspolitik und Konfliktanalyse* der ETH Zürich stellte diesbezüglich gegenüber den 1980er Jahren einen deutlichen Wandel fest.[181] Die Diskussion um die Armee intensivierte sich 1989, als im selben Jahr die Armeeabschaffungsinitiative der *Gruppe Schweiz ohne Armee* (GSoA) zur Abstimmung kam und der Staat mit den so genannten *Diamantfeiern* der fünfzigsten Wiederkehr der Generalmobilmachung gedachte. Markus Heiniger, Historiker und Friedensaktivist, stellte in seinem thesenartigen Buch *Dreizehn Gründe. Warum die Schweiz im Zweiten Weltkrieg nicht erobert wurde* die innenpolitischen und wirtschaftlichen Entwicklungen der 1930er Jahre die Schweiz in einen europäischen Kontext: «*Die Flucht in Aufrüstung und Arbeitspflicht als Rezept gegen die wirtschaftliche und soziale Krise, der Hang zum Antisemitismus, das Wachstum antidemokratischer vaterländischer Bürgerwehr- und Rechtsaußengruppen aus der Zeit nach dem Generalstreik, das Aufblühen frontistischer Gruppen und korporatistischer Strömungen: Solche Entwicklungen zeigen, dass in der Eidgenossenschaft eher Durchschnittliches als Einmaliges vor sich geht.*»[182] Die Frage, warum die Schweiz nicht erobert wurde, beantwortet Markus Heiniger auf der Basis des aktuellsten Forschungsstandes zu den Jahren 1933 bis 1945 in dreizehn Thesen, in denen er wirtschaftliche gegenüber militärischen Gründen hervorhebt. Zwar lieferten seine *Dreizehn Gründe* den Armeegegnern Argumente und standen somit auch im Dienst dieser Debatte, deutlich wird aber in seinem auch einem breiten Publikum gut zugänglichen Buch vor allem die Verknüpfung verschiedener Diskurse unter transnationaler Perspektive, die, modifiziert und erweitert um Fragen nach Schuld und Verantwortung, in den 1990er Jahren bestimmend wurde. Auch die linke schweizerische *Wochenzeitung* (WoZ) durchkreuzte mit einzelnen übers Jahr verteilten Beiträgen und einer Artikelserie in den Monaten August und September die offiziellen Festivitäten zum Kriegsbeginn. Mehr oder weniger einschlägig bekannte Publizisten wie Niklaus Meienberg, Edzard Scha-

---

181 Haltiner, Karl W.: Sicherheit '97. Zürcher Beiträge zur Sicherheitspolitik und Konfliktforschung, Zürich 1997.
182 Heiniger, Markus: Dreizehn Gründe. Warum die Schweiz im Zweiten Weltkrieg nicht angegriffen wurde, Zürich 1989. S. 9.

de, Oskar Scheiben, Gian Trepp oder Hans Stutz thematisierten in kritischer Auseinandersetzung mit dem gefeierten Geschichtsbild das Verhalten der Schweiz während der Kriegszeit. Meist noch mit zeitlich eng begrenztem Fokus auf die Kriegsjahre setzten sie sich in ihren Beiträgen u. a. mit Geschichtsmythen, dem Alpenréduit oder der Pressezensur auseinander.[183] Nicht nur in der linken Presse, sondern auch mit einer eigenen Veranstaltungsagenda konterte die geschichtsbildkritische Linke mit einer Reihe von Veranstaltungen die staatliche Feier, darunter etwa das vom 1. bis zum 3. September 1989 im züricherischen alternativen Kulturzentrum *Rote Fabrik* durchgeführte dreitägige *Gesamtschweizerische Symposium*, wo auf der Basis aktuellster historischer Forschungen der *«Umgang mit der jüngsten Vergangenheit»* debattiert wurde.[184]

Den erwähnten, kontrovers rezipierten Thesen Markus Heinigers gingen Diskussionen und zahlreiche Arbeiten zur Wirtschaftspolitik und zu Wirtschafts- bzw. Finanzbeziehungen der Schweiz mit dem Deutschen Reich voraus. Dutzende Publikationen unterschiedlicher Couleur erschienen in den 1980er Jahren zu diesem Themenbereich.[185] Während der Historiker Jakob Tanner die Kooperation mit dem Dritten Reich hinsichtlich der Frage nach der Kriegsverschonung untersuchte und die Formel von der perfekten Synthese von militärischem Rückzug ins *Réduit* und intensiven wirtschaftlichen Beziehungen mit dem Dritten Reich prägte,[186] wurden in den 1980er Jahren verstärkt auch die Verstrickung in die nationalsozialistischen Raub- und Verbrechenspraxis thematisiert. Einen Anfang machte diesbezüglich im Jahr 1980 die Thematisierung der Goldkäufe, lanciert von Peter Utz durch einen Artikel in der Tagespresse, der etwas später von der

---

183 Siehe dazu u. a. Meienberg, Niklaus: Eidg. Judenhass (Fragmente), in: WoZ, 14. Juli 1989, S. 17f. (Im Lead wird Meienbergs Beitrag wie folgt eingeführt: *«Aus Anlass der gigantischen Verdrängungsfeierlichkeit ‹Diamant›, die wir diesen Herbst über uns ergehen lassen müssen, lieferte Meienberg weitere Materialien zum Thema ‚Grenzen und Möglichkeiten selektiven Gedächtnisverlusts' [...]»*); Schade, Edzard: «Diamant im Qualitätstest. Wirkungen und Nebenwirkungen der Kriegsmobilmachungsfeierlichkeiten», in WoZ, 4. August 1989, S. 3; Scheiben, Oskar: Lebenslüge einer Nation, in: WoZ, 18. August 1989; S. 1f.; Stutz, Hans: Presse auf ein Glied, Sammlung!, S. 26f. in: WoZ, 15. September 1989; Trepp, Gian: Sündenbock aus Staatsräson, in WoZ, 25. August 1989, S. 4f.
184 Weitere mehrtägige Veranstaltungen, die teils expliziter noch vor dem Hintergrund der Armeeabschaffungsinitiative angesiedelt sind fanden mit der KLUNKERwoche vom 28.8. bis 1.9.1989 bzw. mit der Veranstaltung Zwischenzeiten – Friedenszeiten vom 28.8. bis zum 9.9. 1989 in Bern statt.
185 Vgl. dazu die bereits erwähnte Publikationsliste der Schweizerischen Landesbibliothek, Anmerkung 99.
186 Wie etwa: Tanner, Jakob: Bundeshaushalt, Währung und Kriegswirtschaft: Eine finanzsoziologische Analyse der Schweiz zwischen 1938 und 1953, Zürich 1986, oder: Strehle, Res (Hg.): Die Bührle-Saga. Festschrift zum 65. Geburtstag des letzten aktiven Familiensprosses in einer weltberühmten Waffenschmiede, Zürich 1981, oder: Indermaur, Peter: Was andere können, können wir auch. Eine Geschichte der Alusuisse, Zürich 1989.

Historiographie aufgenommen wurde.[187] Durch Werner Rings Fernsehfilm und Publikation *Raubgold aus Deutschland. Die ‹Golddrehscheibe› Schweiz im Zweiten Weltkrieg* erfuhr die Thematik breite Resonanz.[188] Dass ein Teil des Handels nicht nur unter Zwang, sondern durchaus aus Gewinnstreben erfolgte, zeigte exemplarisch die am 23. März 1989 ausgestrahlte Radiosendung zur Villiger-Firmengeschichte. Es wurde darin deutlich gemacht, dass schweizerische Firmen Profit aus dem Leid jüdischer Opfer zogen. Diese Radiosendung zog eine Beschwerde bei der *Unabhängigen Beschwerde Instanz* (UBI) nach sich.[189]

Eine in der Rückschau befremdlich anmutende Diskrepanz zwischen der schweizerischen und der internationalen Erinnerungskultur zeigte sich, wie eingangs bereits erwähnt, am Ende der 1980er Jahre, als die offizielle Schweiz den 50. Jahrestag der Generalmobilmachung von Ende August 1939 gedachte. Dies während in benachbarten Staaten wie etwa Frankreich oder Österreich zunehmend über Mitverantwortung an der Verfolgung, Ausbeutung und Ermordung der europäischen Jüdinnen und Juden debattiert wurde.[190] Gegenüber der offiziellen Schweiz, die diesbezüglich in den 1980er Jahren indifferent blieb und noch nicht einschwenken mochte auf den transnational anhebenden Diskurs von Schuld und Verantwortung, nahmen in den 1980er Jahren einmal mehr Publizistik und Medien eine zentrale Rolle ein.[191]

Die Ausstrahlung der bereits erwähnten TV-Serie *Holocaust* ließ ein breites Publikum mit der Thematik vertraut werden und die Verfilmung des Buches *Das Boot ist voll* durch Markus Imhoof ließ vor diesem Hintergrund schweizerische Flüchtlingspolitik und antisemitische Einstellungen in der schweizerischen Bevölkerung in neuem Licht erscheinen. Verschiebungen in moralischen und politischen Bewertungsmaßstäben, die die Hochachtung von Menschenrechten in den Vordergrund stellten, führten allmählich zu einer kritischen Neueinschätzung der

---

187 Vgl. Kreis, Georg: Vier Debatten und wenig Dissens, S. 455.
188 Im Wissen um die moralische Problematik des Goldhandels der Schweizerischen Nationalbank (SNB)mit dem räuberischen Dritten Reich lieferte 1985 der damalige Archivar der Nationalbank eine frühe (und kurze) historiographische Auseinandersetzung mit dem Thema Raubgold. Sein Bericht wurde im hauseigenen Quartalsheft der Nationalbank nur in einer gekürzten Version abgedruckt. Vogler, Robert: Der Goldverkehr der Schweizerischen Nationalbank mit der Deutschen Reichsbank 1939-1945, in: Geld, Währung und Konjunktur. Quartalsheft Schweizerische Nationalbank I/1985 (Gekürzte Version). Eine ungekürzte Version findet sich in der online abrufbaren Bibliographie der Schweizerischen Nationalbibliothek unter www.snl.ch.
189 Die juristische Auseinandersetzung um diese Beschwerde ist gut dokumentiert und einsehbar unter http://www.vpb.admin.ch/deutsch/doc/56/56.13.html [Stand 23.11.2011].
190 Vgl. Altermatt, Urs: Verspätete Thematisierung des Holocaust in der Schweiz, S. 47f.
191 Kunz, Matthias; Morandi, Pietro: Die Schweiz und der Zweite Weltkrieg, S. 18ff.

Flüchtlingsthematik.[192] Wenn auch Flüchtlingspolitik, Antisemitismus und Holocaust in keinen systematischen Zusammenhang gestellt wurden, klingt in historiographischen Arbeiten seit den 1980er Jahren die Frage nach der Mitverantwortung der Schweiz am Tod unzähliger Menschen zunehmend stärker an.[193] Gerade etwa in der anfangs der 1980er Jahren erschienenen Arbeit von Ralph Weingarten zur *Konferenz von Evian* zeigt sich denn auch,[194] dass die Flüchtlingsthematik nunmehr in größeren, transnationalen Zusammenhang gestellt und in übergeordneten Dimensionen betrachtet wird. Wenn sich auch in diesen Jahren eine breitere Anerkennung moralischen Verschuldens abzeichnet, bleiben daraus resultierende Fragen nach Wiedergutmachung vergangenen Verschuldens weitgehend Themen der 1990er Jahre, die im Kontext der Debatten um Nachrichtenlose Vermögen und Raubgold entbrannten.[195]

Was die eingangs dieses Kapitels zitierte Stelle aus dem Interview mit Philipp L. aufzeigt, hat dieser Streifzug durch die Nachkriegsjahrzehnte bestätigt: Wer wollte, konnte vieles über die Zwischen- und die Kriegszeit wissen. Im Verlaufe der Jahrzehnte verschafften sich im Kontext gesellschaftlichen und (global-) politischen Wandels gegenüber dem amtlichen Bild divergierende Erinnerungen Gehör im Vergangenheitsdiskurs und trugen bei zur Diversifizierung des hiesigen

---

192 Vgl. Weingarten, Ralph: Die Hilfeleistung der westlichen Welt bei der Endlösung der deutschen Judenfrage: das «Intergovernmental Committee on Political Refugees» (IGC) 1938-1939, Bern: Lang 1981, S. 13 oder auch Kunz, Matthias; Morandi, Pietro, Die Schweiz und der Zweite Weltkrieg, S. 20ff.

193 Vgl. dazu Favez, Jean Claude: Das Internationale Rote Kreuz und das Dritte Reich. War der Holocaust aufzuhalten? Zürich 1989. Diese Studie entstand als Auftragsarbeit und auf Wunsch des IKRK, das seine Archive dem Genfer Historiker vollumfänglich öffnete. Bis heute ist dieses Buch ein Standardwerk über das Internationale Rote Kreuz, das bereits 1942 über den Holocaust Bescheid wusste, es aus politischen Gründen aber vorzog zu schweigen.

194 Vertretungen aus zweiunddreissig Nationen berieten nach erfolgter Annexion Österreichs durch Nazideutschland im Juli 1938 im französischen Evians-les-Bains über Möglichkeiten zur Auswanderung von Juden aus Deutschland und Österreich. Der schweizerischen Delegation gehörte u.a. Heinrich Rothmund an. Die Aufnahmebereitschaft der meisten Länder hielt sich in engen Grenzen, während die einen durch ihre Vertreter verlauten ließen, dass sie nur den Transit jüdischer Flüchtlinge zulassen würden, erklärten andere, sie seien grundsätzlich kein Einwanderungsland.

195 In ihrem Beitrag zur Frage der Wahrnehmung der der Opfer des Nationalsozialismus und der Massenvernichtung seitens der Gesetzgebung und der Historiographie in der Schweiz zwischen 1945 und 2003 resümiert Barbara Bonhage: «Erst historische Arbeiten der 1990er-Jahre integrierten die Vermögenswerte von Vertriebenen, Verfolgten und Ermordeten sowie die Schicksale dieser Personen selbst in ein umfassenderes Bild der Rolle der Schweiz während und nach der Zeit des Nationalsozialismus. Erst jetzt wurden rechtliche Schritte als ein Beitrag der Schweiz zum internationalen Wiedergutmachungsprozess anerkannt.», Bohnhage, Barbara: Gesetzgebung und Historiographie, S. 96.

Geschichtsbildes. Mit den 1990er Jahren und im Kontext transnationaler erinnerungskultureller Entwicklungen bekam die Diskussion um die Rolle der Schweiz während des Nationalsozialismus erneut Aufwind.

## 2.6 Erosion patriotischer Gedächtnisse und Holocaust-Erinnerung seit den 1990er Jahren

Bis in die 1980er Jahre war der Erinnerungsdiskurs ähnlich wie auch in andern europäischen Ländern national fokussiert und hierzulande vom Bild des widerständigen Sonderfalls geprägt. Folgen wir jedoch dem amerikanischen Historiker Elazar Barkan, Gründungsdirektor des *Institute for Historical Justice and Reconciliation* in Den Haag, dann ereignete sich am 5. März 1997, als der damalige schweizerische Bundespräsident Arnold Koller die Schaffung einer *Schweizerischen Stiftung für Solidarität* ankündige, Revolutionäres: «world morality – not to say, human nature – changed.» Der Schweiz weist Elazar Barkan in diesem grundlegenden Wandel einen prominenten Platz zu. Denn, «*[t]he reason was unexptected: In response to accusations of profiting from Jewish suffering during World War II, Switzerland announced its intention to sell sustantial amounts of its gold to create a humanitarian fund of five billion dollars. The fund is to be dispensed to Holocaust victims who lost their money in Swiss banks and, further, to amend historical injustice worldwide»*.[196] Und: «*Instead of the Swiss defending their traditional and continued national identity of neutrality, their solution seemed to place Switzerland on the verge of becoming a global moral leader»*.[197]

Die geschichtspolitischen Ereignisse der 1990er Jahre lassen sich, das geht aus Elazar Barkans Ausführungen hervor, auch auf andere Weise interpretieren denn als «Identitätskrise», von der das an den Anfang dieses Kapitels gesetzte Zitat aus Schriftstücken der Schweizerischen Nationalbibliothek spricht. Die Schweiz ist nicht mehr der europäische Sonderfall abseits des globalen Geschehens, als den sie sich noch 1989 zu Zeiten der Diamantfeiern inszeniert hat. Durch ihren neuen offiziellen Umgang mit der Geschichte des Zweiten Weltkrieg ist sie zur Nation mit moralischem Vorbildcharakter geworden und situiert sich als Teil einer Völkergemeinschaft mit dem Anspruch, ihre Weltkriegsvergangenheit selbstkritisch in Frage zu stellen und gemeinsam gegen weltweites Unrecht einzutreten. Anders als noch 1989 wurden, wenn auch infolge erheblichen Drucks aus dem Ausland, Mitte der 1990er Jahre die Zeichen der Zeit erkannt: In einer Welt, in der, wie Elazar Barkan es auf den Punkt brachte, «*appearing compassionate*

---
196 Barkan, Elazar: The Guilt of Nations, S. XV.
197 Ebd., S. XVI.

*and holding the moral high ground has become a good investment»*[198], war, wollte die Schweiz den internationalen Anschluss nicht verpassen, eine Neuorientierung in der schweizerischen Vergangenheitspolitik offenbar unumgänglich. Im Zuge der Debatten um die Nachrichtenlosen Vermögen waren der internationale Druck und die Sorge um das Image des Landes zu stark geworden, als dass offiziell am bisherigen Geschichtsbild vom widerständigen, humanitären Sonderfall hätte festgehalten werden können.

Am 7. Mai 1995 hatte sich Kaspar Villiger in seiner Rede zum Kriegsende vom 7. Mai 1995 als erster Bundesrat offiziell für die Einführung des J-Stempels durch die Schweiz entschuldigt und sich damit eingereiht in die im Verlauf der 1990er Jahre immer größer werdende Gruppe von Staatsmännern, die sich für in der Vergangenheit begangene Verbrechen ihrer Nation entschuldigten. Auch wenn sich die Entschuldigung Kaspar Villigers nicht auf die schweizerische Flüchtlingspolitik als Ganze bezog, sondern sich auf die Einführung des J-Stempels beschränkte,[199] setzte Bundesrat Villiger damit, wie der Historiker Jürg Stadelmann es auf den Punkt bringt, *«eine neue Orientierungsmarke in der langjährigen Diskussion um das korrekte Geschichtsbild der Schweiz».*[200] Das Bild der humanitären Schweiz, das trotz der in den Jahrzehnten nach dem Krieg immer wieder aufflackernden Kritik relativ lange unbeschadet portiert worden war, hatte damit an Überzeugungskraft verloren.

Der staatlich erteilte Auftrag an die Geschichtswissenschaft, die 1996 durch Regierung und Parlament beschlossene Einsetzung der Unabhängigen Expertenkommission Schweiz – Zweiter Weltkrieg (UEK) mit dem Ziel, die Rolle der Schweiz im Zweiten Weltkrieg zu untersuchen, zeugt davon, dass sich nun eine auch offizielle Revision des nationalen Geschichtsbildes durchsetzen konnte. Nachdem der Holocaust zum zentralen Referenzpunkt des internationalen Erinnerns geworden und das heroische Erinnern nationaler Vergangenheiten angesichts der damit verknüpften Verbrechen zunehmend in Misskredit geraten waren, verlor die schweizerische Sonderfallrhetorik an Überzeugungskraft. Auch in der Schweiz wurden die aktuellen erinnerungskulturellen Schlagworte *Aufarbeiten*, *Erinnern* und *Gedenken* zunehmend hoch bewertet und ein *Lernen aus der Geschichte* propagiert, das ethisch argumentiert und in Reden von RegierungsvertreterInnen auf der ganzen Welt ebenso breite Anwendung findet wie in wissenschaftlichen Publikationen und – wie wir in dieser Arbeit zeigen werden – den Diskussionsbeiträgen unserer zweiundsiebzig InterviewpartnerInnen.

---

198 Ebd., S. IX.
199 Vgl. Burgauer, Erica: Die Schweiz – die verfolgende Unschuld, in: Zeitschrift für Sozialgeschichte des 20. und 21. Jahrhunderts, 11, 1996/2, S. 111.
200 Vgl. Stadelmann, Jürg: Umgang mit Fremden in bedrängter Zeit, S. 289.

Dass es gerade die Auseinandersetzung mit dem Zweiten Weltkrieg ist, die als Anlass für die behauptete «Identitätskrise» und das Befragen von Geschichtsbildern gesehen wird, ist kein spezifisch schweizerisches Phänomen, scheint doch *«[...] die Neubewertung der Vergangenheit des Zweiten Weltkrieges, der Besatzungszeit, der Kollaboration und des Widerstands zu den zentralen Themen öffentlicher Diskurse in allen europäischen Gesellschaften»* zu gehören[201] So wurde in den Jahren 2004 und 2005 im Deutschen Historischen Museum in Berlin die Ausstellung *Mythen der Nationen. 1945 – Arena der Erinnerungen* gezeigt, die anlässlich des 60. Jahrestages des Kriegsendes mit dem Zweiten Weltkrieg zusammenhängende Erinnerungskulturen in achtundzwanzig europäischen Ländern sowie Israel und den USA zum Thema hatte. In der Ausstellung ebenso wie im dazu erschienen Begleitband[202] ging es u.a. um eine kritischere Rückschau auf mythisierende Darstellungen nationaler Geschichte und deren Bedeutung für die Konstruktion kollektiver Identität. Die Forschung zeigt, dass trotz aller länderspezifisch unterschiedlicher Kriegserfahrungen die Erinnerung an den Zweiten Weltkrieg in allen europäischen Ländern eine Schlüsselrolle innerhalb der jeweiligen Erinnerungskulturen einnimmt und nationale Identitätskonstruktionen verschiedenster Länder bis heute wesentlich auf der jeweils spezifischen Verarbeitung der Erfahrung des Zweiten Weltkrieges basieren.[203] Zudem ergeben sich länderübergreifend ähnliche Muster, was die Erinnerung an den Zweiten Weltkrieg betrifft. Gerade der Topos des Widerstandes durch die eigenen Soldaten und Widerstandskämpfer stand in den meisten europäischen Ländern im Mittelpunkt. Tradiert wurde die Einheit und Geschlossenheit der Nation gegenüber den Angreifern und Besatzern und der nationale Widerstand wurde mit Rekurs auf die Traditionen der *eigenen* Vergangenheit interpretiert.[204] Das nationale Gedächtnis verfestigte in erster Linie diejenigen Aspekte, welche die in vielen Ländern durch die Kriegserfahrung sowie die sozialen Konflikte in der Zwischenkriegszeit erschütterten Gesellschaften zu integrieren halfen und in eine bessere Zukunft wiesen. Wurde im Rahmen dieser traditionellen nationalen Narrative Leid thematisiert, dann primär dasjenige der nicht-jüdischen Bevölkerung, mit der sich die Mehrheit der Bevölkerung identifizieren konnte.[205] Für die Erinnerung an den Holocaust und seine Opfer war kaum Platz in diesen Narrativen. Wenn davon die Rede war, dann im Dienste der Hervorkehrung der eigenen bzw. nationalen

---

201 Welzer, Harald; Lenz, Claudia: Opa in Europa, S. 11f.
202 Flacke, Monika: Mythen der Nationen: 1945 - Arena der Erinnerungen, Mainz 2004.
203 François, Etienne: Meistererzählungen und Dammbrüche: Die Erinnerung an den Zweiten Weltkrieg zwischen Nationalisierung und Universalisierung, in: Flacke, Monika, Mythen der Nationen, S. 13.
204 Ebd. S. 16.
205 Eckel, Jan; Moisel, Claudia: Einleitung, in: Dies., Universalisierung des Holocaust, S. 12.

Verdienste.[206] Ähnlich wie in der Schweiz, hatte in den Jahrzehnten nach dem Krieg in verschiedenen Ländern ein zunehmender Prozess der Infragestellung der bestehenden nationalen Narrative eingesetzt, beginnend in den 1960er Jahren in der Bundesrepublik Deutschland und sich beschleunigend und intensivierend in den 1970er und 1980er Jahren, in Osteuropa etwas später, spätestens aber nach dem Zerfall des Ostblocks und der Sowjetunion und verknüpft mit der wachsenden Bedeutung des Holocausts als Paradigma für die Völkermorde des 20. Jahrhunderts. Der Historiker Etienne François spricht von einem Übergang von einer *«patriotischen Erinnerung»* zu einer *«Völkermord-Erinnerung»* in den europäischen Ländern.[207] In verschiedenen Ländern wurden emotional heftige und kontroverse Debatten über die Interpretation der nationalen Vergangenheit geführt, in Deutschland der bereits erwähnte Historikerstreit, die Walser-Bubis-Debatte, die Goldhagen-Debatte, in Österreich die Waldheim-Debatte, in Italien die Debatte über die *Resistenzia* und in Frankreich die Debatte zu *Vichy*. Die meisten Debatten wurden nicht in erster Linie von FachhistorikerInnen initiiert als vielmehr von Medienschaffenden, JuristInnen, PolikerInnen, Opferverbänden und ZeitzeugInnen; die Debatten fanden denn auch häufig eher in den Medien, in Gerichtssälen und im Parlament statt als an den Universitäten.[208]

Allerdings intensivierten FachhistorikerInnen gerade vor diesem Hintergrund ihre entsprechenden Forschungen; der Einfluss der an die Arbeiten der Historiker Eric Hobsbawm und Terence Ranger sowie Benedict Anderson anknüpfenden international breit etablierten Untersuchungen zur Konstruktion nationaler Identitäten ist dabei deutlich erkennbar. So entstanden in den vergangenen beiden Dekaden auch in der Schweiz verschiedene Arbeiten, welche sich mit der Konstruktion nationaler Identität in der Schweiz und den damit verknüpften Geschichtsbildern und Mythenbildungen beschäftigen[209] und dabei dem Zweiten Weltkrieg und dem Reduit-Mythos als einer – wie Jakob Tanner hervorhebt – *«durch emotionale Identifikation von unten gestärkte Staatsideologie»*[210] als Be-

---

206 Schmid, Harald: Geschichte, Erinnerung, Politik. Einführende Überlegungen, in: Ders., Geschichtspolitik und kollektives Gedächtnis: Erinnerungskulturen in Theorie und Praxis, Göttingen 2009, S. 18.
207 François, Etienne: Meistererzählungen und Dammbrüche, S. 18. Zu dieser These ließe sich allerdings kritisch einwenden, dass die «Völkermord-Erinnerung» nicht zwingend weniger patriotisch sein muss als die bisherige Erinnerung.
208 Ebd. S. 21.
209 Vgl. etwa Marchal, Guy P.; Mattioli, Aram (Hg.): Erfundene Schweiz. Konstruktionen nationaler Identität, Zürich 1992; Altermatt Urs; Bosshart-Pfluger, Catherine; Tanner, Albert (Hg.): Die Konstruktion einer Nation. Nation und Nationalisierung in der Schweiz, Zürich 1998. Die Erfindung der Schweiz 1848-1998. Bildentwürfe einer Nation; Sonderausstellung im Schweizerischen Landesmuseum, Zürich 1998; Marchal, Guy P.: Schweizer Gebrauchsgeschichte. Geschichtsbilder, Mythenbildung und nationale Identität, Basel 2006.
210 Tanner, Jakob: Die Krise der Gedächtnisorte, S. 29.

zugspunkt kollektiver Sinnstiftung eine konstitutive Rolle zuschreiben. Auf in der kulturwissenschaftlichen Gedächtnisforschung etablierte Konzepte wie dasjenige des Kollektiven Gedächtnisses (Maurice Halbwachs)[211] oder der Erinnerungsorte (Pierre Nora) wurde dabei auch in der schweizerischen Historiographie zunehmend Bezug genommen. Nachdem im Anschluss an die Forschung von Pierre Nora und seinem Team über die *Lieux de mémoire* Frankreichs in verschiedenen Ländern, u.a. in Italien, Deutschland, Luxemburg, den Niederlanden und Österreich, Erinnerungsorte erforscht worden ist,[212] teilweise auch in transnationaler Perspektive,[213] ist im Herbst 2010 der Band *Schweizer Erinnerungsorte* des Historikers Georg Kreis erschienen. Der Zweite Weltkrieg erweist sich bei den darin beschriebenen Erinnerungsorten als wiederkehrender Bezugspunkt, etwa beim Rütli, Bruder Klaus oder Henri Guisan, als der «*großen Vaterfigur der Kriegsjahre 1939-1945*» [214]

Zugleich ist der Einfluss internationaler Forschungsentwicklung dahingehend spürbar, dass auch von Schweizer HistorikerInnen zunehmend die Perspektivierung jener historischen Realitäten gefordert wird, die durch die bisherige Dominanz der Kategorie des Nationalen nur beschränkt in den Blick geraten sind. Während 2005 an der Universität Zürich das Fach Schweizer Geschichte als Hauptfach abgeschafft wurde und der Historiker Thomas Maissen in einer eigens dem *Problem Schweizergeschichte* gewidmeten Ausgabe der *Schweizerischen Zeitschrift für Geschichte* Anfang 2009 die Frage stellt, ob Nationalgeschichte im 21. Jahrhundert noch schreibbar sei,[215] ist ein zunehmendes Interesse an transnational ausgerichteten Perspektiven festzustellen. Forderungen nach verstärkt «*supranationaler*» Forschung – wie etwa im UEK-Schlussbericht –,[216] nach einer Geschichtsschreibung, welche die Geschichte der Schweiz in einer vergleichend

---

211 Vgl. etwa ebd. S. 16-38.
212 Vgl. François, Etienne: Erinnerungsorte zwischen Geschichtsschreibung und Gedächtnis. Eine Forschungsinnovation und ihre Folgen, in: Schmid, Harald: Geschichtspolitik und kollektives Gedächtnis: Erinnerungskulturen in Theorie und Praxis, Göttingen 2009, S. 29.
213 Vgl. u.a. Csáky, Moritz; Le Rider, Jacques; Sommer, Monika: Transnationale Gedächtnisorte in Zentraleuropa, Innsbruck 2002.
214 Kreis, Georg: Schweizer Erinnerungsorte: Aus dem Speicher der Swissness, Zürich 2010, S. 157.
215 Maissen, Thomas: Die ewige Eidgenossenschaft. (Wie) Ist im 21. Jahrhundert Nationalgeschichte noch schreibbar?, in: Schweizerische Zeitschrift für Geschichte, 59, 2009/1, S. 7. Das Fach Schweizer Geschichte war in den Jahren zuvor lediglich von einer Handvoll StudentInnen belegt worden. Ein Fach, das auf so wenig Interesse stösst, an einer Bologna-reformierten Universität zu erhalten, wurde als unmöglich erachtet. Dass die Abschaffung dieses Fachs in der Schweiz zu einem politisch diskutierten Fall wurde, hängt mit einer national-chauvinistischen Kampagne, die damals geführt wurde, zusammen.
216 Unabhängige Expertenkommission Schweiz - Zweiter Weltkrieg: Die Schweiz, der Nationalsozialismus und der Zweite Weltkrieg: Schlussbericht, Zürich 2002, S. 550.

europäischen Perspektive schreibt,[217] sind dabei ebenso Ausdruck dieses Trends wie der wachsende Einfluss von Perspektiven aus der Kultur- und Alltagsgeschichte, der *Geschlechterforschung* und den *Postcolonial Studies*. Dies erfolgt auch im Sinne einer die Interrelationen zwischen Europa und der außereuropäischen Welt in den Blick nehmenden *Entangled History*, welche moderne Geschichte als ein Ensemble von Verflechtungen, von Interdependenzen, Abhängigkeiten und Interferenzen auffasst[218] und nach einer Alternative zum die moderne Geschichtswissenschaft seit dem 19. Jahrhundert charakterisierenden nationalgeschichtlichen Paradigma sucht.[219] In Bezug auf die nationalsozialistische Epoche richtete die Geschichtswissenschaft dabei ihr Augenmerk zunehmend auf drei neue Dimensionen: Die Alltagsgeschichte der Kriegszeit, die zahlreichen Formen der Verstrickung der staatlichen Instanzen und Gesellschaften der verschiedenen Länder in den Holocaust sowie die gesellschaftlichen Erlebens- und Deutungsweisen der Vergangenheit über die Zeit hinweg,[220] – also länderübergreifend jene Themenschwerpunkte und Perspektivierungen, die, wie wir noch sehen werden, auch für die neuere historiographische Forschung in der Schweiz zentral waren.

Nachdem sich in der Schweiz wie in den meisten europäischen Ländern die Auseinandersetzung mit der Zeit des Zweiten Weltkrieges bis Anfang der 1980er Jahre stark im nationalen Rahmen abgespielt hatte und der Massenmord an den europäischen Jüdinnen und Juden dabei kaum Eingang ins Gedächtnis gefunden hatte, ist der Holocaust seit den 1990er Jahren auch in der Schweiz zunehmend zu einem zentralen Bezugspunkt wissenschaftlicher, politischer und öffentlicher Auseinandersetzung geworden. Wichtige Referenzen in der Beschreibung dieses Prozesses sind bis heute der US-amerikanische Historiker Peter Novick mit seinem 1999 erschienen Buch *The Holocaust in American Life*[221] sowie die Soziologen Daniel Levy und Natan Sznaider, welche in ihrem 2001 erschienen, viel beachtetem Buch *Erinnerung im globalen Zeitalter: Der Holocaust* den Begriff der *Kosmopolitisierung* der Holocaust-Erinnerung prägten. Indem Peter Novick mit Fokus auf die US-amerikanische Erinnerungskultur, Daniel Levy und Natan Sznaider stärker das erinnerungskulturelle Geschehen in Europa in den Blick nehmen, zeigen die Autoren auf, wie der Holocaust in den 1990er Jahren zunehmend zu einem moralischen Orientierungsrahmen und Referenzpunkt globaler

---

217 Maissen, Thomas: Die ewige Eidgenossenschaft, S. 7.
218 Conrad, Sebastian; Randeria, Shalini: Einleitung. Geteilte Geschichten – Europa in einer postkolonialen Welt, in: Dies. (Hg.): Jenseits des Eurozentrismus: postkoloniale Perspektiven in den Geschichts- und Kulturwissenschaften, Frankfurt a. M., 2002, S. 17f.
219 Ebd. S. 42.
220 François, Etienne: Meistererzählungen und Dammbrüche, S.21.
221 2001 ist das Buch auf Deutsch erschienen, vgl. Novick, Peter: Nach dem Holocaust: der Umgang mit dem Massenmord, Stuttgart 2001.

Erinnerungskultur wurde, als Sinnbild für humanitäre Verbrechen und für Opfererfahrung schlechthin, an dem fortan Verbrechen und Formen von Unterdrückung und Grausamkeit unterschiedlichster Art gemessen wurden. Wichtiger Bestandteil der Argumentation von Levy und Sznaider ist die bis heute oft reproduzierte These, dass im Zuge dieser Kosmopolitisierung Erinnerungen zunehmend aus ihren nationalen Containern treten und bislang heroische Narrative durch *«skeptische Erinnerungen»* an die Vergangenheit ersetzt würden, in der das Eigene nicht mehr beschönigt, sondern vielmehr eigenes Verschulden ins Blickfeld gerückt würden.[222] Der amerikanische Historiker Elazar Barkan spricht vom Phänomen einer zunehmenden *«Guilt of Nations»*, einer *«neuen internationalen Moral»*,[223] die nicht nur ein wachsendes Bewusstsein für die Verbrechen des Nationalsozialismus und anderer Völkermorde sowie für Fragen von Restitution und Wiedergutmachung umfasst, sondern auch für eine *«willingness of nations to embrace their own guilt»*[224]. Diese zeigt sich u.a. in der seit Ende des Kalten Krieges zunehmend beobachtbaren Praxis, dass öffentliche Repräsentanten von Nationen sich für die von früheren Generationen begangenen Verbrechen entschuldigen.[225]

Der Holocaust als transnationaler Bezugsrahmen in Kultur, Politik und Forschung etablierte sich in der Schweiz seit Beginn der 1990er Jahre und führte wie bereits angesprochen zu einer Pluralisierung der Forschungsperspektiven. So

---

222 Levy, Daniel; Sznaider, Natan: Erinnerung im globalen Zeitalter, S. 220.
223 Barkan, Elazar:The Guilt of Nations, S. IXf.
224 Ebd. S. XVII.
225 Ebd. S. 323. International existiert inzwischen eine breite, auch empirisch gestützte Auseinandersetzung mit diesen Phänomenen. Vgl. z. B. Eckel, Jan; Moisel, Claudia (Hg.): Universalisierung des Holocaust? Erinnerungskultur und Geschichtspolitik in internationaler Perspektive, Göttingen 2008. Karlsson, Klas-Göran; Zander, Ulf (Hg.): Echoes of the Holocaust: Historical Cultures in Contemporary Europe, Lund 2003. Dabei wird deutlich, dass nationale und regionale Erinnerungskulturen keineswegs an Bedeutung verloren haben und die «übernationalen Trends» auf national unterschiedliche Weise angeeignet werden, vgl. Eckel, Jan; Moisel Claudia: Einleitung, in: Dies., Universalisierung des Holocaust, S. 21. Kritisiert wird auch, dass sich mit Schlagworten wie Universalisierung oder Kosmopolitisierung lediglich Teilprozesse gesellschaftlicher Entwicklungen beschreiben lassen, z.B. Erinnerungsprozesse ausserhalb Europas und den USA nur beschränkt ins Blickfeld gerückt werden, hingegen westeuropäische vergangenheitspolitische Wertmassstäbe auf andere Regionen übertragen werden, ohne der Komplexität der jeweiligen Erinnerungskulturen gerecht zu werden, vgl. Fritz, Regina; Hansen, Imke: Zwischen nationalem Opfermythos und europäischen Standards, in: Eckel, Jan; Moisel, Claudia: Universalisierung des Holocaust, S. 82. Zudem stellt sich auch die Frage, welche politischen Interessen mit den jeweiligen Erinnerungspolitiken verknüpft sind, z.Bsp. im Rahmen der europäischen Integrations- und Erweiterungspolitik, vgl. Schmid, Harald: Europäisierung des Auschwitzgedenkens, in: Eckel, Jan; Moisel, Claudia: Universalisierung des Holocaust, S. 174ff. Kritische Überlegungen zur gegenwärtigen auf den Holocaust bezogenen Erinnerungskultur stellt auch Jureit an, die auf die «erinnerungspolitische Sackgasse» von moralisch aufgeladenen Erinnerungsritualen hinweist, vgl. Jureit, Ulrike: Opferidentifikation und Erlösungshoffnung, in: Dies.; Schneider, Christian: Gefühlte Opfer, Stuttgart 2010, S. 23. Vgl. Kapitel 6 in diesem Buch.

entstand eine ganze Anzahl historiographisch orientierter Arbeiten, welche die ökonomischen, politischen und ideologischen Verflechtungen der Schweiz mit NS-Deutschland stärker ins Zentrum rücken. Im Rahmen der UEK arbeiteten ForscherInnen zu Themen wie den Finanzbeziehungen Schweiz-Italien, den Bezügen zu *Arisierungen* in Österreich,[226] zur Flüchtlings- und Außenwirtschaftspolitik in der öffentlichen politischen Diskussion[227] oder den Verstrickungen schweizerischer Industrieunternehmen in Zwangsarbeit.[228] Ebenso thematisiert wurden ökonomische, politische und ideologische Verflechtungen etwa in Hans Ulrich Josts historiographischer Arbeit zu *Politik und Wirtschaft im Krieg*[229] oder in der Dissertation des Historikers Stefan Andreas Keller zur schweizerischen Buchzensur zwischen 1939 und 1945.[230] Ein wichtiger Forschungsschwerpunkt stellt die Flüchtlingsthematik dar, wobei die Auseinandersetzung mit dem für die schweizerische Flüchtlingspolitik eine zentrale Rolle spielenden Antisemitismus als einem europäischen Phänomens stärkere Aufmerksamkeit erhielt. Nicht zuletzt im Zuge der Debatten um das Antirassismusgesetz 1994, in deren Rahmen Antisemitismus als Thema auch der schweizerischen Geschichte zunehmend zu einem Gegenstand des Interesses wurde, sind verschiedene Veröffentlichungen zur Geschichte des Antisemitismus und der Fremdenfeindlichkeit in der Schweiz entstanden.[231] Nachdem es eine eigenständige Forschung zur Geschichte der Jüdinnen und Juden und des Antisemitismus in der Schweiz bis in die jüngere Zeit hinweg nicht gegeben hat,[232] sich, wie die Germanistin Birgit Erdle aufzeigt, vielmehr eine Tendenz des Verschweigens und der Neutralisierung des Antisemitis-

---

226 Spuhler, Gregor; Jud, Ursina; Melichar, Peter; Wildmann, Daniel: «Arisierungen» in Österreich und ihre Bezüge zur Schweiz, Zürich 2002.
227 Imhof, Kurt; Kreis, Georg; Boller, Boris; Ettinger, Patrik: Die Flüchtlings- und Außenwirtschaftspolitik der Schweiz im Kontext der öffentlichen politischen Kommunikation 1938-1950, Zürich 2001.
228 Ruch, Christian; Rais-Liechti, Myriam; Peter, Roland: Geschäfte und Zwangsarbeit: Schweizer Industrieunternehmen im «Dritten Reich», Zürich 2001.
229 Jost, Hans Ulrich: Politik und Wirtschaft im Krieg.
230 Keller, Stefan Andreas: Im Gebiet des Unneutralen: Schweizerische Buchzensur im Zweiten Weltkrieg zwischen Nationalsozialismus und geistiger Landesverteidigung, Zürich 2009.
231 Vgl. Picard, Jacques: Die Schweiz und die Juden: 1933-1945: Schweizerischer Antisemitismus, jüdische Abwehr und internationale Migrations- und Flüchtlingspolitik, Zürich 1997; Mattioli, Aram: Antisemitismus in der Schweiz 1848-1960, Zürich 1998; Kury, Patrick: Über Fremde reden; Haas, Gaston: «Wenn man gewusst hätte, was sich drüben im Reich abspielte...»: 1941-1943: Was man in der Schweiz von der Judenvernichtung wusste, Basel 1994; Gast, Uriel: Von der Kontrolle zur Abwehr: die eidgenössische Fremdenpolizei im Spannungsfeld von Politik und Wirtschaft 1915-1933, Zürich 1997; Altermatt, Urs: Katholizismus und Antisemitismus: Mentalitäten, Kontinuitäten, Ambivalenzen: Zur Kulturgeschichte der Schweiz 1918-1945, Frauenfeld 1999.
232 Altermatt, Urs: Katholizismus und Antisemitismus, S. 35.

mus im Diskurs feststellen ließ,[233] und bis heute noch größere Forschungslücken auszumachen sind,[234] unterstreichen verschiedene dieser Studien in Übereinstimmung mit der UEK die zentrale Bedeutung des Antisemitismus für die behördliche Flüchtlingspolitik während der Kriegsjahre. Zunehmend rückten nebst den transnational wirksamen ideologischen und politischen Verstrickungen auch die davon betroffenen Menschen stärker ins Zentrum. Im Band *Concentrationslager Büren an der Aare 1940 – 1946* etwa beleuchten der Historiker Jürg Stadelmann und die Historikerin Selina Krause die Geschichte des größten Flüchtlingslagers in der Schweiz. Sie integrieren eine alltagsgeschichtliche Perspektive und zeigt auf, was die Umsetzung der offiziellen Flüchtlingspolitik konkret bedeutete und wer die Menschen waren, die als Flüchtlinge in der Schweiz lebten.[235] Weitere historiographische Beispiele sind Heini Bornsteins Buch *Insel Schweiz* über die Hilfs- und Rettungsaktionen sozialistisch-zionistischer Jugendorganisationen zwischen 1939 und 1946[236] oder Simon Erlangers Arbeit zu Arbeitslagern und Internierungsheimen für Flüchtlinge und Emigranten zwischen 1940 und 1945 dar.[237] Auch die im Rahmen der Unabhängigen Expertenkommission Schweiz-Zweiter Weltkrieg in Auftrag gegebene Studie von Thomas Huonker und Regula Ludi, das den Umgang mit Roma, Sinti und Jenischen während des Zweiten Weltkrieges untersucht,[238] behandelt ein Thema, das in der Forschung zuvor wenig Aufmerksamkeit erhalten hat.

Neuere Projekte verweisen ebenfalls auf erweiterte Perspektiven neuerer Forschung, indem sie ein Licht auf die Vielzahl existierender, auch divergierender Erfahrungen, Wahrnehmungen und Handlungsmöglichkeiten unterschiedlicher Akteure werfen, widerständiges Verhalten aufzeigen oder auch den Umgang mit der Zeit des Zweiten Weltkrieges in den Jahrzehnten nach dem Krieg kritisch beleuchten. Beispiele sind Zsolt Kellers Arbeit zur jüdischen Gemeinschaft und Öffentlichkeit am Ende des Zweiten Weltkrieges, die u.a. zeigt, wie schwierig es für die jüdische Gemeinschaft in der Schweiz war, die in der Schweiz gängige

---

233 Erdle, Birgit R.: Das Gedächtnis der Geste. Kristallisationen kultureller Erinnerung und Tradierung nach der Shoa. In: Weigel, Sigrid und Erdle, Birgit (Hg.): Fünfzig Jahre danach, S. 267.
234 Späti, Christina: Kontinuität und Wandel des Antisemitismus und dessen Beurteilung in der Schweiz nach 1945, in: Schweizerische Zeitschrift für Geschichte, 55, 2005/4, S. 440, Picard, Jacques: «Antisemitismus» erforschen? Über Begriff und Funktion der Judenfeindschaft und die Problematik ihrer Erforschung, in: Schweizerische Zeitschrift für Geschichte, 47, 1997/4, S. 606.
235 Stadelmann, Jürg; Krause, Selina: «Concentrationslager» Büren an der Aare 1940-1946. Das grösste Flüchtlingslager der Schweiz im Zweiten Weltkrieg, Baden 1999.
236 Bornstein, Heini: Insel Schweiz, Zürich 2000.
237 Erlanger, Simon: «Nur ein Durchgangsland». Arbeitslager und Internierungsheime für Flüchtlinge und Emigranten in der Schweiz, 1940-1949, Zürich 2006.
238 Huonker, Thomas; Ludi, Regula: Roma, Sinti und Jenische. Schweizerische Zigeunerpolitik zur Zeit des Nationalsozialismus: Beitrag zur Forschung, Zürich 2001. (UEK Band 23).

Erfolgsgeschichte mit den in der jüdischen Gemeinschaft vorhandenen Erfahrungen und Geschichtsbildern zu integrieren,[239] ferner Beat Hodlers Untersuchung zum *Volkstheater als Medium der Kritik an der Flüchtlingspolitik*,[240] oder Susanne Busingers geschlechtergeschichtlich orientierte Dissertation zum Engagement von Frauen in der Flüchtlingshilfe im Kontext geschlechtsspezifischer Erinnerungsdebatten.[241] Nebst der Arbeit von Susanne Businger verweisen auch die 2010 im von der Historikerin Helena Kanyar Becker herausgegebenen Band *Vergessene Frauen – Humanitäre Kinderhilfe und offizielle Flüchtlingspolitik*[242] versammelten Beiträge zum Engagement von Frauen in der Flüchtlingshilfe auf die stärkere Präsenz geschlechtergeschichtlicher Fragestellungen mit Bezug zum Zweiten Weltkrieg.

Gerade diese Auseinandersetzungen werfen auch ein Licht auf Dynamiken von Erinnern und Vergessen im erinnerungskulturellen, auch die Historiographie selbst beinhaltenden Geschehen und der Tradierung von Geschichtsbildern. Interessant ist, dass – obwohl gerade feministische Stimmen bereits vor Mitte der 1990er Jahre, im Kontext der Kritik an den Diamant-Feierlichkeiten, eine wichtige Rolle gespielt hatten – diese Perspektive, wie die Historikerin Susanna Burghartz 1998 in einem Artikel in der Zeitschrift *Traverse* kritisierte,[243] in den geschichtspolitischen Debatten Mitte der 1990er Jahre weitgehend fehlte. Infolge der durch Burghartz' Kritik ausgelösten Diskussion um die Bedeutung der Kategorie Geschlecht für die Forschung über den Zweiten Weltkrieg[244] ging unter anderem eine von Regula Stämpfli und Christof Dejung im Februar 2001 orga-

---

239 Keller, Zsolt: Abwehr und Aufklärung. Antisemitismus in der Nachkriegszeit und der Schweizerische Israelitische Gemeindebund, Zürich 2010; Keller, Zsolt: Zwei Bilder, eine Realität oder: eine Realität in zwei Bildern. Jüdische Gemeinschaften und Öffentlichkeit in der Schweiz am Ende des Zweiten Weltkrieges, in: Ziegler, Béatrice; Schär, Bernhard C.; Gautschi, Peter; Schneider, Claudia (Hg.): Die Schweiz und die Shoa. Von Kontroversen zu neuen Fragen, Zürich 2012.
240 Hodler, Beat: Kritik an der schweizerischen Flüchtlingspolitik im Mundarttheater – eine Fallstudie, in: Ziegler, Béatrice; Schär, Bernhard C., Gautschi, Peter, Schneider, Claudia (Hg.): Die Schweiz und die Shoa, S. 103-128.
241 Businger, Susanne: «Unbesungene Heldinnen?» Hilfe für Verfolgte zur Zeit des Nationalsozialismus in der Schweiz und geschlechtsspezifische Erinnerungsdebatten nach 1945, in: Ziegler, Béatrice; Schär, Bernhard C., Gautschi, Peter, Schneider, Claudia (Hg.): Die Schweiz und die Shoah, S. 69-83.
242 Kanyar Becker, Helena (Hg.): Vergessene Frauen: Humanitäre Kinderhilfe und offizielle Flüchtlingspolitik 1917-1948, Basel 2010.
243 Burghartz, Susanna: Blinde Flecken. Geschlechtergeschichtliche Anmerkungen zur aktuellen Diskussion um die Rolle der Schweiz im Zweiten Weltkrieg, in: Traverse. Zeitschrift für Geschichte, 1998/2.
244 Vgl. etwa die Replik auf Burghartz Artikel: Tanner, Jakob: «Réduit national» und Geschlechterordnung im zweiten Weltkrieg. Kritische Anmerkungen zu einer Kritik», in: Traverse, 1999/1, S. 16-37, sowie Chiquet, Simone: Ein Blick auf eine Debatte, die noch nicht stattgefunden hat, in: Traverse, 1999/3, S. 160-171.

nisierte Tagung zur Militär- und Geschlechtergeschichte der Zwischenkriegszeit und des Zweiten Weltkrieges hervor, deren Resultate 2003 in dem von Dejung und Stämpfli herausgegebenen Band *Armee, Staat und Geschlecht – Die Schweiz im internationalen Vergleich 1918-1945* veröffentlicht wurden. Anknüpfend an die international inzwischen etablierten Forschungen zum Zusammenwirken von Gender und Nation,[245] die u.a. deutlich machen, wie nationale Narrative gerade auch im Kontext von Krieg und Konflikten *gendered* sind, zeigten Christof Dejung und Regula Stämpfli auch in weiteren, darauf folgenden Arbeiten,[246] wie sehr in der Schweiz die Politik der Kriegs- und Nachkriegsjahre auf einer spezifischen Geschlechterordnung und damit verknüpften Rollenzuschreibungen und Symboliken basierte. So enthält das während Jahrzehnten tradierte Narrativ der widerständigen Schweiz eine Fülle an geschlechtlich markierten und sexuell konnotierten Bildern und Symbolen, z.B. im Bild des Generals als väterlicher Figur, im männlich-potenten soldatischen Helden an der Grenze, der schutzbedürftigen Frau, der organischen Vision der Nation als erweiterter Familie, oder dem auch in der Schweiz tradierten Bild des unmännlichen Juden. Christof Dejung hat dargestellt, wie sich das im Rahmen dieses Narrativs zentrale Bild des Réduit als eine Idee erweist, *«die primär von Männern für Männer entworfen wurde und die heute noch in den Debatten um die Rolle der Schweiz im Zweiten Weltkrieg mehrheitlich von Männern für Männer durch alle Böden hindurch verteidigt wird»*,[247] – einer spezifischen Gruppe von Männern allerdings, von der gewisse Bevölkerungsgruppen, etwa jüdische oder militärdienstuntaugliche Männer, wiederum ausgeschlossen waren.

Gerade Arbeiten aus dem Bereich der *Oral History*, auf die im Folgenden noch näher eingegangen wird, haben sichtbar gemacht, wie groß die Differenzen zwischen persönlichen Erlebnis- und Erinnerungsweisen und dem offiziellen, von den männlichen Angehörigen der gesellschaftlichen Elite dominierten hegemonialen Geschichtsbild auch in der Schweiz waren und sind. Nebst der staatlich

---

245 Vgl. insbesondere Yuval-Davis, Nira: Gender and Nation, London, 1998. Dazu ist anzumerken, dass, während sich die Forschung zu Geschlecht und Nation international zu einem recht populären Forschungsfeld entwickelt hat, der Bedarf an Forschung zum Verhältnis von Geschlecht und Gedächtnis noch sehr groß ist, im deutschsprachigen Raum existierten zum Zeitpunkt der Durchführung dieses Projekts nur einige wenige Veröffentlichungen. Vgl. etwa Eschebach, Insa; Jacobeit, Sigrid; Wenk, Silke (Hg.): Gedächtnis und Geschlecht. Deutungsmuster in Darstellungen des nationalsozialistischen Genozids, Frankfurt a. M, New York 2002; Frietsch, Elke; Herkommer, Christina (Hg.): Nationalsozialismus und Geschlecht: Zur Politisierung und Ästhetisierung von Körper, «Rasse» und Sexualität im «Dritten Reich» und nach 1945, Bielefeld 2009.
246 Stämpfli, Regula: Mit der Schürze in die Landesverteidigung: Frauenemanzipation und Schweizer Militär 1914-1945, Zürich 2002; Dejung, Christof: Aktivdienst und Geschlechterordnung.
247 Dejung, Christof: Aktivdienst und Geschlechterordnung, S. 361.

forcierten dominanten Erinnerung existierten, darauf verweisen die unterschiedlichen, hier erwähnten Studien, immer auch eine Vielzahl an weiteren, oft gegenläufigen Erinnerungen und Gedächtnissen, die jedoch auch in der Historiographie lange Zeit wenig Resonanz fanden. Ein breiteres (Forschungs-) Interesse für gegenläufige Erfahrungen, Erinnerungen und Deutungsweisen von Einzelpersonen, aber auch spezifischen Bevölkerungsgruppen zeichnete sich hierzulande erst und allmählich seit den 1980er Jahren ab.[248] In Anknüpfung an Entwicklungen in der angloamerikanischen Historiographie ist im deutschsprachigen Raum ein zunehmendes Interesse an den Erfahrungen jener gesellschaftlicher Gruppen feststellbar, die sonst von der Geschichtswissenschaft ignoriert werden, insbesondere Frauen, ethnische Minderheiten und Angehörige der Arbeiterklasse.[249] Dies, wie der Historiker Gregor Spuhler festhält, verknüpft mit dem Anspruch *«auch verdrängte oder vergessene gesellschaftliche Erfahrungen aus dem ‹Keller der Geschichte› hervorzuholen und dem gesellschaftlichen Bewusstsein (wieder) zugänglich zu machen.»*[250] Inzwischen gibt es sowohl international als auch spezifisch für die Schweiz eine ganze Reihe an Studien, die auf geschlechtsspezifische Unterschiede bezüglich der Art und Weise, wie Männer und Frauen Geschichte und gerade Kriege erfahren und erinnern.[251] Bereits hingewiesen wurde auf die 1992 von der Historikerin Simone Chiquet unter dem Titel *Es war halt Krieg* herausgegebene Sammlung von Alltagserinnerungen von Frauen und Männern an den Zweiten Weltkrieg,[252] die auf die Pluralität an Erfahrungen aufmerksam macht, welche Frauen und Männer unterschiedlichen sozialen Milieus während des Zweiten Weltkrieges machten. Zu Oral History im weiteren Sinne erschien 1994 der von Gregor Spuhler u.a. herausgegebene Band *Vielstimmiges Gedächtnis – Beiträge zur Oral History*, der Beiträge verschiedener mit mündlichen Erzählungen arbeitenden ForscherInnen versammelt.

Dass auch in der Schweiz Überlebende des Holocaust leben, bleibt bis heute nur marginal erinnert, zwei Publikationen widmen sich ihren Erfahrungen: Unter dem Titel *Eine Welt, die ihre Wirklichkeit verloren hatte...* haben der Historiker Raphael Groß, die Literaturwissenschaftlerin Eva Lezzi und der Jurist Marc R.

---

248 Spuhler, Gregor: Oral History in der Schweiz, in: Ders.; Chiquet Simone; Trüeb, Kuno: Vielstimmiges Gedächtnis, S. 7-20.
249 Dabei wurde auf unterschiedliche Erfahrungs- und Erinnerungskonzepte zurückgegriffen, vgl. in diesem Zusammenhang etwa Thomson, Alistair: Eine Reise durch das Gedächtnis unserer Bewegung. Vier paradigmatische Revolutionen in der Oral History, in: BIOS, 20, 2007, S. 21-29.
250 Spuhler, Gregor: Oral History in der Schweiz, S. 10.
251 Leydesdorff, Selma; Passerini, Luisa; Thompson, Paul: Gender & Memory, New Brunswick N.J. 2005. Chiquet, Simone: «Es war halt Krieg», Zürich: Chronos 1992; Dejung, Christof, Aktivdienst und Geschlechterordnung, S. 392.
252 Chiquet, Simone: «Es war halt Krieg».

Richter 1999 ein Buch mit lebensgeschichtlichen Interviews mit jüdischen Überlebenden des Holocaust veröffentlicht, in dem diese von ihren Erinnerungen an Verfolgung und Vernichtung sowie ihren Erfahrungen danach in der Schweiz erzählen.[253] 2002 ist der von den Psychologinnen Revital Ludewig-Kedmi, Miriam Victory Spiegel und Silvie Tyrangiel herausgegebene Band *Das Trauma des Holocaust zwischen Psychologie und Geschichte* erschienen,[254] der noch stärker als anderswo die Schweiz in Beziehung setzt zu international schon seit längerem geführten Diskussionen um die intergenerationellen Nachwirkungen des Holocausts im Schnittfeld von Geschichte und Psychologie und des gegenwärtig sehr populären Trauma-Diskurses.[255] Die Beiträge basieren auf Erfahrungen aus der therapeutischen Arbeit mit in der Schweiz lebenden Holocaust-Überlebenden und deren Angehörigen sowie aus eigenen Erfahrungen der AutorInnen als Überlebende des Holocaust in der Schweiz bzw. als deren Angehörige. Einige der Autorinnen haben 1998 unter dem Namen *Tamach* eine Beratungsstelle für Holocaust-Überlebende und deren Angehörige in Zürich aufgebaut.

Auch als Reaktion auf die im Zuge der Debatten um die Rolle der Schweiz während des Zweiten Weltkrieges erhobene Kritik am fehlenden Interesse der HistorikerInnen an den Erfahrungen der Aktivdienstgeneration wurde unter dem Namen *Archimob* zwischen 1999 und 2001 in der Schweiz das bisher größte je durchgeführte Oral-History-Projekt durchgeführt. Rund vierzig Schweizer FilmemacherInnen und HistorikerInnen beteiligten sich daran. Geführt wurden 557 Interviews mit ZeitzeugInnen mit dem Ziel, die Erinnerungen der Kriegsgeneration aufzuzeichnen. Der auch im Zusammenhang der vorliegenden Studie interessante zentrale Hauptbefund des Oral-History-Projekts lag in der Einsicht, dass die *«vielbeschworene Aktivdienstgeneration, deren selbst ernannte Sprecher und Sprecherinnen sich während der Debatten so vehement und sehr oft einstimmig in den Leserbriefspalten zu Wort meldeten»* so nicht existierte.[256] Für die meisten der befragten ZeitzeugInnen waren zwar die Kriegsjahre prägend für ihr Leben, aber, so der Befund von *Archimob*, *«das öffentliche Bild einer homogenen Aktivdienstgeneration ist wohl in erster Linie ein Ergebnis der Geistigen Landesverteidigung und des Kalten Krieges»*[257] Differenzen in der Erinnerung zeigten sich zwischen ZeitzeugInnen unterschiedlicher sozialer Milieus und Geschlechtszugehörigkeit, und besonders Linke, Frauen und Jüdinnen und Juden – die Erinnerungen letz-

---

253 Groß, Raphael; Lezzi, Eva; Richter, Marc R. (Hg.): «Eine Welt, die ihre Wirklichkeit verloren hatte ...»: jüdische Überlebende des Holocaust in der Schweiz, Zürich 1999.
254 Ludewig-Kedmi, Revital; Spiegel, Mirjam Victory; Tyrangiel, Silvie (Hg.): Das Trauma des Holocaust zwischen Psychologie und Geschichte, Zürich 2002.
255 Kühner, Angela: Trauma und kollektives Gedächtnis, Giessen 2008.
256 Dejung, Christof; Gull, Thomas; Wirz, Tanja: Landigeist und Judenstempel, S. 13.
257 Ebd.

terer unterschieden sich am deutlichsten von jener der Mehrheit der älteren Generation – formulierten in den Interviews immer wieder eine mehr oder weniger deutliche Distanz zum offiziell tradierten Geschichtsbild der heroischen Widerstandsnation.[258]

Die genannten Projekte machen auf die *«Heterogenität und Widersprüchlichkeit von Erinnerungsdiskursen aufmerksam».*[259] Dies zieht wiederum Fragen nach sich, inwiefern der oft postulierte erinnerungskulturelle Wandel der letzten zwei Jahrzehnte, die damit einhergehende Veränderung des Blickwinkels auf nationale Vergangenheiten, die gestiegene Bedeutung des Holocaust und überhaupt der Erinnerungsthematik auch bei breiteren Bevölkerungsschichten Resonanz finden.[260] Nebst Oral History Studien oder der lange Zeit insbesondere von der Geschichtsdidaktik vorangetriebenen empirischen Erforschung von Geschichtsbewusstsein[261] sind es insbesondere auch die seit einigen Jahren vor allem in Deutschland, aber zunehmend auch in anderen Ländern durchgeführten Studien zu den Nachwirkungen der NS-Zeit in familiären Kontexten,[262] die Hinweise auf Vergangenheitsbilder und -vorstellungen auch außerhalb der öffentlich-politischen Diskussionen bieten. Verschiedene Studien zeigen, dass – bei allen länderspezifischen Unterschieden – auch im kommunikativen Erinnerungsgeschehen auf den in den öffentlichen Diskursen so zentralen Erinnerungsimperativ Bezug genommen wird.[263] Die Vorstellung, dass die Erinnerung an den Holocaust wichtig sei, man sich mit den so genannt *dunklen Seiten* der Vergangenheit auseinandersetzen sollte, aus dem Massenmord an den europäischen Juden und Jüdinnen Lehren zu ziehen seien, scheint auch im kommunikativen Erinnerungsgeschehen etabliert.[264] Wichtig sind dabei Fragen nach moralischer Integrität sowie Reflexi-

---

258 Dejung, Christof: Aktivdienst und Geschlechterordnung, S. 388.
259 Ders.: Oral History und kollektives Gedächtnis, S. 114.
260 Auch die Frage, inwiefern dem Zweiten Weltkrieg, wie in der historiographischen Forschung behauptet, dort tatsächlich eine solch zentrale Bedeutung für nationale Identitätskonstruktionen zukommt, wie sie in der historiographischen Forschung behauptet wird, ist unseres Erachtens nicht hinreichend geklärt. Der Historiker Markus Furrer hat unlängst kritisiert, wie umfangreich Forschung und Kenntnisstand über die Produktion von nationaler Identität im Vergleich zum vorhandenen Wissen über deren Konsumation ist und weist auf die Notwendigkeit hin, *«die kollektiven Erinnerungen der Menschen ernst zu nehmen und zu ergründen».* Furrer, Markus: Die Schweiz im Kopf, S. 180f.
261 Vgl. u.a. Rüsen, Jörn: Geschichtsbewusstsein: Psychologische Grundlagen, Entwicklungskonzepte, empirische Befunde, Köln 2001.
262 Vgl. u.a. Rosenthal, Gabriele: Der Holocaust im Leben von drei Generationen: Familien von Überlebenden der Shoa und von Nazi-Tätern, Giessen 1999; Bar-On, Dan: Die Last des Schweigens: Gespräche mit Kindern von NS-Tätern, Hamburg 2004; Reiter, Margit: Die Generation danach: der Nationalsozialismus im Familiengedächtnis, Innsbruck 2006.
263 Vgl. dazu Levy, Daniel; Heinlein, Michael; Breuer, Lars: Reflexive Particularism and Cosmopolitanization: the Reconfiguration of the National, in: Global Networks 11, 2011/2, S. 139-159.
264 Ebd.

onen über Toleranz und Menschenrechte.²⁶⁵ Die Abkehr von tradierten positiv gelagerten Geschichtsbildern und die Thematisierung von als problematisch erachteten Seiten der nationalen Vergangenheit heißt allerdings nicht zwingend, dass auch die damalige Haltung von Regierung und Gesellschaft verworfen würde.²⁶⁶ Ebenso wenig bedeutet diese Entwicklung, dass die Auseinandersetzung mit der Judenverfolgung als konkretes historisches Geschehen und die Verstrickungen der jeweiligen Länder in die nationalsozialistischen Verbrechen in den im Rahmen dieser Studien durchgeführten Gruppendiskussionen viel Platz einnehmen würden.²⁶⁷ Viel eher legen solche Beobachtungen nahe, genau zu untersuchen, *wie* und in welchen Kontexten die TeilnehmerInnen an den Familieninterviews und Gruppendiskussionen auf Stichworte wie *Erinnern, Aufarbeiten, dunkle Flecken* oder auch *Holocaust* Bezug nehmen. Vor allem aber zeigen die in den verschiedenen Ländern durchgeführten Studien zum Erinnerungsgeschehen in einer breiteren Bevölkerung deutlich auf, dass eine Kosmopolitisierung der Holocausterinnerung keineswegs das Nationale als obsolet abtun würde, sondern vielmehr länderspezifische Narrative in den verschiedenen Ländern weiterhin eine wichtige Rolle spielten.²⁶⁸ Daniel Levy, Michael Heinlein und Lars Breuer haben anhand einer die kommunikative Erinnerung in Polen, Österreich und Deutschland vergleichenden Studie gezeigt, dass wir es vielmehr mit einem Phänomen des *reflexiven* Partikularismus zu tun haben, der, herausgefordert durch europäische Diskurse, kosmopolitische Elemente wie den Erinnerungsimperativ oder den selbstkritischen Blick auf die Vergangenheit so integriert, dass er Teil des nationalen Rahmen wird.²⁶⁹ Nationale und europäische Perspektiven schließen sich also nicht aus, sondern bedingen und beeinflussen sich gegenseitig.

Ein zunehmendes Interesse daran, wie Nationalsozialismus und Weltkrieg heute auch in jenen Bevölkerungsgruppen wahrgenommen wird, welche diese Zeit selber nicht miterlebt haben, und inwiefern sich dort die Auswirkungen der seit den 1990er Jahren veränderten Rahmenbedingungen des Erinnerns zeigen, ist auch in der Schweiz feststellbar. 2000 ist eine GfS-Studie zu *Einstellungen*

---

265 Ebd., sowie Welzer, Harald; Lenz, Claudia: Opa in Europa, S. 33f.
266 Jensen, Olaf; Moller, Sabine: Streifzüge durch ein europäisches Generationengedächtnis. Gruppendiskussionen zum Thema Zweiter Weltkrieg im interkulturellen und intergenerationellen Vergleich, in: Welzer, Harald, Der Krieg der Erinnerung, S. 255.
267 Vgl. etwa zu Dänemark Mattauschek, Isabella; Breuer, Lars: «Seit 1945 ist ein guter Däne Demokrat». Die deutsche Besatzungszeit in der dänischen Familienerinnerung, in: Welzer, Harald, Der Krieg der Erinnerung, S. 247.
268 Welzer, Harald: Der Krieg der Erinnerung.
269 Levy, Daniel; Heinlein, Michael; Breuer, Lars: Reflexive Particularism and Cosmopolitanization.

*der SchweizerInnen gegenüber Jüdinnen und Juden und dem Holocaust*[270] erschienen, die – im beschränkten Rahmen solcher Befragungen – Hinweise auf die Rezeption der erinnerungspolitischen Debatten der 1990er Jahre ermöglicht. Nebst antisemitischen Einstellungen waren auch Zustimmung und Ablehnung zu verschiedenen, während den Diskussionen um die Rolle der Schweiz im Zweiten Weltkrieg debattierten Thesen in der Bevölkerung erfragt worden. Die Befunde weisen darauf hin, dass der Erinnerung an die Judenvernichtung von der Mehrheit der Befragten zwar große Wichtigkeit zugesprochen wird, die Meinung, das Thema müsse im Schulunterricht vermittelt werden, breit vertreten ist. Die Ergebnisse der UEK, etwa was die Abweisung von Flüchtlingen an den schweizerischen Grenzen betrifft, stoßen jedoch auf geteilte Ansichten.[271] Für die Beurteilung der Kritik an der Rolle der Schweiz im Kontext des Zweiten Weltkrieges durch Jugendliche hat sich der Bildungssoziologe Carsten Quesel im Rahmen einer 2003/2004 zur Entwicklung politischer Kognition durchgeführten Befragung von 500 Gymnasial- und BerufsschülerInnen der deutschsprachigen Schweiz interessiert.[272] Dabei zeigte sich, dass nur eine kleine Minderheit der Kritik an der Rolle der Schweiz mit einer deutlichen Abwehrhaltung begegnet, die Mehrheit der befragten Jugendlichen also bereit scheint, kritische Argumente in das eigene Geschichtsbild zu integrieren.[273]

Qualitativ orientierte Arbeiten sind für die Schweiz bisher, abgesehen von der bereits erwähnten Studie im Rahmen des Projektes *Vergleichende Tradierungsforschung*, primär im Kontext des Bereichs Schule und Unterricht entstan-

---

270 Longchamp, Claude; Dumont, Jeannine; Leuenberger, Petra: Einstellungen der SchweizerInnen gegenüber Jüdinnen und Juden und dem Holocaust. Eine Studie des GfS-Forschungsinstituts im Auftrag der Coordination intercommunautaire contre l'antisémitisme et la diffamation (CIDAD) und des American Jewish Committee (AJC), 2000.
271 Aus der Studie gingen Befunde hervor wie, dass siebenundfünfzig Prozent der Befragten sich einverstanden gaben mit der «Kernaussage des Bergier-Berichts», dass die Schweiz an Leib und Leben bedrohte Flüchtlinge abgewiesen hätte, dreiundvierzig Prozent der Meinung waren, dass die Schweiz das «rechte Mass» an jüdischen Flüchtlingen aufgenommen hätte. Fünfunddreissig Prozent waren der Ansicht, dass es «zu wenige» gewesen seien. Insgesamt war aber die Mehrheit der Befragten der Ansicht, die Schweiz habe sich richtig verhalten, um einen Überfall durch Nazi-Deutschland zu vermeiden. Der Wichtigkeit der Erinnerung an die Judenvernichtung pflichteten offenbar drei Viertel der Befragten bei, vier Fünftel waren der Meinung, das Thema müsse im Schulunterricht vermittelt werden.
272 Quesel, Carsten: Verfolgte Unschuld? Weltkrieg und Holocaust als Bezugspunkte der moralischen und politischen Sozialisation von Schweizer Jugendlichen, in: Ziegler, Béatrice; Schär, Bernhard C., Gautschi, Peter, Schneider, Claudia: Die Schweiz und die Shoa, S. 29-46; Quesel, Carsten: Geschichte und Gerechtigkeit. Urteile von Jugendlichen zur Rolle der Schweiz im Zweiten Weltkrieg, Zeitschrift für Didaktik und Geschichtswissenschaften, 1, 2011, S. 112-129.
273 Da viele Jugendliche zum Ankreuzen neutraler Antwortkategorien tendierten, bleibt bei den Befunden allerdings unklar, inwiefern die bei vielen Befragten festgestellte verhaltene Zustimmung eher auf Indifferenz zurückzuführen ist. Vgl. Quesel, Carsten: Geschichte und Gerechtigkeit, ebd. 124f.

den, dabei Fragen nach Rezeption und Vermittlung der im Zuge der Debatten um die Rolle der Schweiz diskutierten Themen aufgreifend. Bereits 1997 erschienen ist ein gemeinsam vom Basler Philosophen Hans Saner und dem Basler Theaterregisseur H.-Dieter Jendreyko unter dem Titel *Was gehen uns unsere Väter an? Jugendliche zu den Spuren des Holocaust in der Schweiz* herausgegebener Band mit Aufsätzen von Schülerinnen und Schülern der sechsten und siebten Gymnasialstufe. Im Anschluss an die Thematisierung des Zweiten Weltkrieges sowie der damaligen Rolle der Schweiz im Unterricht waren die SchülerInnen aufgefordert worden, das Verhalten der offiziellen Schweiz und der Bevölkerung während der Kriegszeit zu beurteilen. In den SchülerInnenaufsätzen erwies sich u.a. eine Thematik als zentral, die sich auch in unseren, zehn Jahre darauf durchgeführten Gruppendiskussionen als kontrovers verhandelter Diskussionsgegenstand erweisen sollte, die Frage nämlich nach Schuld, respektive Mitverantwortung der heutigen jungen Generation in Bezug auf das geschehene Unrecht, mit der sich die SchülerInnen, wie sich zeigte, eher schwer taten (vgl. hierzu Kapitel 6.4.2).[274] Mit der Frage, was bei PrimarschülerInnen von den Debatten um die Rolle der Schweiz während des Zweiten Weltkrieges hängen geblieben ist, beschäftigten sich im Rahmen einer Diplomarbeit 2007 auch die Pädagogen Stephan Srša, Matthias Zimmermann und Alfonso Tomazzoli[275] und kamen auf der Basis ihrer kleinen Studie zum Schluss, dass die befragten SchülerInnen zwar nichts über diese Debatten und die dort verhandelten Themen wussten, sich aber ein verändertes Geschichtsbild der Schweiz bei ihnen niedergeschlagen hat, insofern, als das Bild einer *«unfehlbaren, widerstandswilligen und unschuldigen Schweiz während des Zweiten Weltkrieges im kulturellen Gedächtnis der heutigen Generation zu verschwinden scheint.»*[276] Die geringe Auseinandersetzung mit Rezeption und Perzeption von nationaler Identität und Erinnerungsorten in der Bevölkerung kritisierend, hat auch der Historiker Markus Furrer mit Gruppendiskussionen gearbeitet.[277] Im Rahmen eines Pilotprojekts hat er anhand einer Gruppe 16-17

---

274 Saner, Hans; Jendreyko, H.-Dieter: Was gehen uns unsere Väter an? Jugendliche zu den Spuren des Holocaust in der Schweiz, Basel 1997, S. 5f.
275 Durchgeführt wurden drei mit Bildimpulsen sowie eines Filmdokuments eingeleitete Gruppendiskussionen mit insgesamt 15 PrimarschülerInnen der 6. Primarschulstufe aus dem Raum Solothurn. Die Autoren interessierten sich dafür, ob bei den SchülerInnen Wissen und Vorstellungen über die Judenverfolgung und Vernichtung vorhanden ist, ob ihnen die Debatten um die Rolle der Schweiz und damit verknüpfte Begriffe wie Reduit, Nazigold und Bergierbericht geläufig waren und ob sich bei ihnen ein verändertes Rollenbild von der Schweiz niedergeschlagen hat. Srša, Stephan; Zimmermann, Matthias; Tomazzoli Alfonso: Die Rolle der Schweiz im Zweiten Weltkrieg aus der Sicht von Kindern der sechsten Primarschulstufe, Diplomarbeit an der Fachhochschule Nordwestschweiz, Solothurn 1997.
276 Ebd. S. 78.
277 Furrer, Markus: Die Schweiz im Kopf, S. 169-193; Furrer, Markus, Die Schweiz erzählen, S. 56-77.

jähriger SchülerInnen des 9. Schuljahres, zum anderen mit zwei 20-jährigen Studentinnen der Pädagogischen Hochschule, untersucht, wie diese sich auf – von ihm als Bilder vorgelegte – nationale und transnationale Erinnerungsorte beziehen und wie dabei die Rolle der Schweiz während des Zweiten Weltkrieges diskutiert wird. Dabei kam Furrer zufolge eine Vermengung von Mythen und kritischer Reflexion zum Ausdruck, eine Dynamik, die sich auch im Zusammenhang mit unserer eigenen Forschung als wichtig herausstellen wird. Einen wichtigen Einblick in die Art und Weise, wie Jugendliche die Geschichte des Zweiten Weltkrieg anhand medial vermittelter Erinnerungen rezipieren, bietet die Studie der Historikerin Nadine Fink, die nach dem Besuch der auf dem Projekt Archimob basierenden Ausstellung *L'histoire c'est moi* Interviews mit Jugendlichen des 9. Schuljahres durchführte, um zu erfahren, wie diese mit den Erinnerungen von ZeitzeugInnen umgingen, welche Erzählungen sie aufnahmen und welche Bilder von der Schweiz im Zweiten Weltkrieg sie nach dem Ausstellungsbesuch zeichneten.[278] Fink stellte fest, dass die SchülerInnen, fragte man sie explizit nach dem Charakter der Zeitzeugenaussagen, die Vielfalt der in der Ausstellung gezeigten Erinnerungen der ZeitzeugInnen durchaus wahrnehmen und die situative und interpretative Gebundenheit der Erinnerungen und Diskurse erfassten, so gesehen den Intentionen der AusstellungsmacherInnen also nachkamen. Fragte Fink die SchülerInnen aber nach ihren Erinnerungen an die Ausstellung, zeigte sich, dass die SchülerInnen oft Generalisierungen einer Einzelerzählung vornahmen, Erzählungen aufnahmen, als wären es Gewissheiten in Bezug auf die Vergangenheit und in den gleichen Verallgemeinerungen wie die Zeitzeugen verhaftet blieben, etwa, indem sie die Erinnerung von Zeitzeugen, die gegen den Nazismus waren, als repräsentativ für die geistige Haltung einer Mehrheit der Bevölkerung behandelten. Themen wie die Angst vor einer Invasion der Deutschen wurden besonders aufgriffen, und, laut Fink besonders frappant, das Reduit National erwies sich für viele der SchülerInnen offenbar als valables Argument, um die Kriegsverschonung der Schweiz zu erklären. Insgesamt solidarisierten sich die SchülerInnen stark mit den ZeitzeugInnen, Fink spricht von einer *«sensibilité à une forme de lien intergénérationel et à un sentiment d'appartenance à la Suisse et à son passé».*[279] Wie wir noch ausführen werden, zeigt sich in unseren Gruppendiskus-

---

278 Vgl. Fink, Nadine: Erinnerung und historisches Denken in der Schule: Schüler und Schülerinnen im Angesichts von Zeitzeugen des Zweiten Weltkrieges in der Schweiz. In: Hodel, Jan; Ziegler, Béatrice (Hg.): Forschungswerkstatt Geschichte 07, Bern 2009, S. 141-151. Vgl. auch das Vortragsmanuskript von Nadine Fink anlässlich ihres Beitrages *Paroles de témoins – paroles d'élèves. L'apprentissage de l'histoire par la mémoire* am Panel *Kontroverse Aneignungen von Geschichte: Repräsentation des Zweiten Weltkrieges in Schule und Gesellschaft* an den Schweizerischen Geschichtstagen vom 4. Februar 2010.
279 Vgl. ebd.

sionen eine ähnliche Tendenz (vgl. Kapitel 5). Mit der Frage der Vermittlung haben sich auch die HistorikerInnen Vera Sperisen und Bernhard Schär auseinandergesetzt, indem sie, bezogen auf die Auseinandersetzung mit der Rolle der Schweiz während des Zweiten Weltkrieges, den Transformationsprozess zwischen Geschichtswissenschaft, Geschichtsdidaktik und Schulunterricht unter die Lupe genommen haben und dabei auch im Hinblick auf unsere eigene Arbeit wichtige Einblicke ins gegenwärtige Erinnerungsgeschehen in der Schweiz bieten. Schär und Sperisen analysierten zum einen, wie im 2006 erschienen, sich auf die Arbeit der UEK beziehenden Geschichtslehrmittel *Hinschauen und Nachfragen* die Befunde der Historikerkommission rezipiert und verarbeitet wurden, zum anderen – anhand von Interviews mit Lehrpersonen, die das Buch im Unterricht verwendeten sowie aufgezeichneten Videoanalysen von Geschichtslektionen –, wie die Rolle der Schweiz während des Zweiten Weltkrieges im Schulunterricht behandelt wurde.[280] Ihre Befunde deuten darauf hin, als wie politisch und normativ besetzt sich die Auseinandersetzung mit der Thematik, mehrere Jahre nach den geschichtspolitischen Debatten Mitte der 1990er Jahre, auf den verschiedenen Ebenen der Vermittlung erweist, respektive, wie sehr die damaligen Kontroversen die gegenwärtige Auseinandersetzung mit der Rolle der Schweiz während des Zweiten Weltkrieges prägen – ein Ergebnis, das sich auch in unserer eigenen Arbeit bestätigt (vgl. Kapitel 4). Die Befunde der UEK werden im Lehrmittel eher zurückhaltend als eine von verschiedenen möglichen Perspektiven auf die Schweiz dargestellt, was Schär und Sperisen mit der im Vorfeld des Projekts erfolgten starken Kritik von rechtspopulistischer Seite her in Verbindung bringen.[281] Der im Kontext der geschichtspolitischen Debatten so zentrale normative Impetus prägt das Lehrmittel, insofern als darin, so die These von Schär und Sperisen, *«gleichzeitig mit der Dekonstruktion des Mythos vom wehrhaften und unbeteiligten Kleinstaates»* der *«Weg zur nationalen Identität einer menschenrechtsbasierten Nation aufgezeigt»* werde. Bei den Lehrpersonen zeigte es sich, dass die einen diese zurückhaltende Haltung gegenüber den Ergebnissen der UEK übernahmen, andere sie aber auch kompensierten. Die Art und Weise, wie eine Geschichtslehrperson die Geschichte der Schweiz im Zweiten Weltkrieg vermittelte, erwies sich

---

280 Schär und Sperisens Arbeit basiert auf insgesamt 19 Interviews mit Lehrpersonen und 6 Videoanalysen von Geschichtslektionen. Vgl. Schär, Bernhard; Sperisen, Vera: Switzerland and the Holocaust: Teaching Contested History, in: Journal of Curriculum Studies 42, 2010/5, S. 649-669; Schär, Bernhard; Sperisen, Vera: Zum Eigensinn von Lehrpersonen im Umgang mit Lehrbüchern. Das Beispiel «Hinschauen und Nachfragen». In Hodel, Jan; Ziegler, Béatrice (Hg.): Forschungswerkstatt Geschichtsdidaktik 09, S. 124-134.

281 Von der UEK dezidiert dargestellte Aspekte wie die Rolle des Antisemitismus für die damalige behördliche Politik oder das Bewusstsein staatlicher und wirtschaftlicher Akteure über die Konsequenzen ihres Handelns etwa würden, so Sperisen und Schär, im Schulbuch eher am Rande thematisiert.

also als stark abhängig von ihrem Geschichtsverständnis. Ein wichtiger Befund sowohl der Schulbuchanalyse als auch der Analyse der Unterrichtsdaten besteht in der Feststellung der andauernden Wahrnehmung der Schweiz als Kollektivsubjekt, wobei allenfalls eine Differenzierung durch die Unterteilung *Staat, Wirtschaft* und *Bevölkerung* erfolgte, wobei letztere als homogenes, konfliktarmes Gebilde konzipiert würde, deren Handlungen aus moralisch-ethischer Sicht als weitgehend positiv dargestellt werden. Insofern, als das Lehrmittel *Hinschauen und Nachfragen* als Medium betrachtet werden kann, welches das neue transnationale Masternarrativ der Holocausterinnerung in die Schweizer Schulen bringt,[282] ist es interessant zu sehen, welche Bedeutung dem nationalgeschichtlichen Rahmen sowohl im Buch selbst als auch in seiner Verwendung im Unterricht weiterhin zukommt, was die schon mehrmals erwähnte Beobachtung, dass transnational und national orientierte Erinnerungspraxis keineswegs Gegensätze sind, erneut bestätigt.

## 2.7 Fazit

Im Überblick über die erinnerungskulturellen Konjunkturen der vergangenen sechs Jahrzehnte wurde deutlich, inwiefern Erinnerungskulturen mit gesellschaftlichen, politischen und wissenschaftlichen Entwicklungen interagieren und sich wechselseitig beeinflussen. Erinnerungskulturen stellen eine Gemengelage sehr unterschiedlich funktionierender Perspektivierungen der Vergangenheit dar, an dem unterschiedliche Akteure partizipieren und immer auch gegenläufige Momente enthalten sind. Auch in der Schweiz erweisen sich hegemoniale Deutungen und Perspektivierungen der Vergangenheit, die während Jahrzehnten im offiziell tradierten Narrativ der widerständigen Nation zum Ausdruck kamen, als abhängig von gesellschaftlichen Rahmenbedingungen und globalen Transformationsprozessen. Zugleich existierte aber, wie wir zu zeigen versuchten, Erinnerungskulturen auch im schweizerischen Kontext immer nur im Plural, gab es immer wieder Akteure und Bestrebungen, die das Anliegen verfolgten, dem staatsoffiziellen Vergangenheitsdiskurs alternative Deutungen und Perspektiven entgegenzuhalten. Hinzu kommt, dass hegemoniale Diskurse noch keine Rückschlüsse auf das Erinnerungsgeschehen etwa in breiteren Bevölkerungsschichten zulassen.

Die integre Abwehrgemeinschaft, die – Konflikthaftes in Gesellschaft, Politik und Wirtschaft ausblendend – von der akademischen Geschichtsschreibung in amtlichen Bahnen in den Jahren nach dem Krieg konstruiert wurde, gab es so tatsächlich wohl nie. Zentral für die Konstitution einer nationalen Identität

---

282 Vgl. Schär, Bernhard; Sperisen, Vera: Switzerland and the Holocaust, S. 649ff.

war diese Vorstellung gleichwohl. Bis in die späten 1980er Jahre dominierte eine helvetozentrische Perspektive, standen die Topoi der Bewährung, der Neutralität, des militärischen Widerstands und der Staatsräson im Vordergrund, auch wenn Fragen nach einer antisemitischen Flüchtlingspolitik, nach wirtschaftlichen Verflechtungen und ideologischen Sympathien mit dem Nationalsozialismus und einem idealisierenden Blick auf Armee und Aktivdienst von SchriftstellerInnen, Medienschaffenden, Linken und anderen geschichtsbildkritischen Akteuren in den Jahrzehnten nach dem Krieg immer wieder gestellt wurden. Zeitlich einhergehend mit der auch in der Schweiz stattfindenden breiten medialen Rezeption des Eichmannprozesses sowie der Frankfurter Auschwitzprozesse wurde das Theaterstück von *Andorra* von Max Frisch 1961 uraufgeführt, erschien 1967 Alfred Häslers Werk *Das Boot ist voll* und setzte 1968 die Diskussion um die Rehabilitierung des St. Galler Polizeihauptmanns Paul Grüninger ein. Schon damals waren Themen, die im offiziellen Geschichtsbild noch während Jahrzehnten tabuisiert wurden, wie Antisemitismus und Mitverantwortung am Leid jüdischer Flüchtlinge, Gegenstand der Auseinandersetzung. Somit war, was in den 1990er Jahren diskutiert wurde, tatsächlich nicht neu, wie unser eingangs zitierte Interviewpartner Herr L. bemerkte. Was hingegen neu war, ist die breite Durchsetzung eines neuen Bezugsrahmens, vor dessen Hintergrund in den 1990er Jahren in der Öffentlichkeit die geschichtspolitischen Kontroversen um die Rolle der Schweiz geführt wurden: Die transnational zunehmende Thematisierung des Holocaust seit dem Ende des Kalten Krieges und der damit einhergehenden Neubefragung nationaler Vergangenheiten, einer *neuen internationalen Moral*, die auch in der Schweiz Fragen nach Schuld und Verantwortung angesichts des nationalsozialistischen Völkermordes ins Zentrum rückten und entschädigungs- und restitutionspolitische Fragen neu aufwarf. In der geschichtswissenschaftlichen Forschung gewannen international wie national neue Forschungsperspektiven an Bedeutung, indem die Alltagsgeschichte der Kriegszeit vermehrt ins Blickfeld rückte, die staatlich-gesellschaftlichen Verstrickungen in den Holocaust erforscht und gesellschaftliche Erinnerungsprozesse selber Thema wurden. Auf institutioneller Ebene kam es zu einer Vielzahl an Initiativen im Bereich Gedenken, Aufarbeitung und Bildung, an denen sich auch die Schweiz beteiligte, etwa die 1998 initiierte *Task Force for International Cooperation on Holocaust Education, Remembrance and Research (ITF)*, das 2000 stattfindende *Stockholm International Forum on the Holocaust* oder die Einrichtung eines *Holocaustgedenktages* an schweizerischen Schulen.[283]

---

283 Vgl. hierzu auch Käser, Sophie: Der Schweizer Holocaust-Gedenktag am 27. Januar - Der Eintritt der Schweiz in die europäische Geschichtspolitik. Oder: Wie führt man einen «Erinnerungsort» ein?, in: Itinera 28, 2009.

# Fazit

Der eingangs zitierte Autor der Schweizerischen Nationalbibliothek geht mit Blick auf die Debatten der 1990er Jahre von einer «*Identitätskrise*» aus, einer «*Verdunkelung*» des Bildes, «*das sich Schweizerinnen und Schweizer von sich selbst und ihrer Geschichte machen*». So zutreffend diese Aussage mit Blick auf die Emotionalität und Heftigkeit der öffentlichen Kontroversen um die Rolle der Schweiz auf den ersten Blick sein mag, so unklar ist im Grunde das *Wer*, *Wie* und *Warum* der besagten «*Identitätskrise*», respektive, wer die «Schweizerinnen und Schweizer» sind, die von einem sich verdunkelnden Bild betroffen sind und was dies längerfristig bedeutet. Auf internationaler Ebene wird inzwischen die erinnerungskulturelle Entwicklung der letzten zwanzig Jahre selber Gegenstand kritischer Auseinandersetzung, insofern die Thesen von der Kosmopolitisierung und der Universalisierung der Holocausterinnerung auch hinterfragt und aktuelle geschichtspolitische Entwicklungen in ihren Auswirkungen problematisiert werden.[284]

Bestimmte gesellschaftlich-politische und wissenschaftliche Kontextbedingungen, das zeigt der Gang durch die erinnerungskulturellen Konjunkturen der vergangenen sechzig Jahre ebenso wie der Blick auf das aktuellste Erinnerungsgeschehen, bringen immer bestimmte Fragen an die Vergangenheit mit sich, während andere ausgeklammert werden, inklusive blinden Flecken, die damit verknüpft sind. Unsere eigene Studie mit ihren stark am Holocausterinnerungsrahmen orientierten Fragestellungen und Relevanzsetzungen ist unverkennbar ein Produkt des beginnenden 21. Jahrhunderts. Damit einher gehen Herausforderungen, die, während wir an dieser Arbeit schrieben, auch von AutorInnen wie etwa Ulrike Jureit thematisiert wurden, die Frage nach der *erinnerungspolitischen Sackgasse* etwa, die mit der Erinnerung an den Holocaust als einem globalen Imperativ verknüpft ist. Insbesondere in Kapitel 6 werden wir uns näher damit befassen. Oftmals waren es aber vor allem die Begegnungen mit unseren Interviewpartnerinnen und Interviewpartnern, die uns damit konfrontierten, wie sehr auch wir selber Teil des gegenwärtigen Erinnerungsgeschehens sind. Im nun folgenden Kapitel werden wir nun genauer auf die Erinnerungsräume, als die wir die von uns durchgeführten Gruppendiskussionen verstehen und die von uns Forscherinnen ebenso wie von unseren Interviewpartnerinnen und Interviewpartnern mitkonstituiert werden, eingehen.

---

284 Vgl. Anmerkung 225, sowie Kapitel 6 dieser Arbeit.

# 3 Intergenerationell zusammengesetzte Gruppendiskussionen als Erinnerungsräume

*«Zweiter Weltkrieg. Alles, was ich weiß, ist, was ich in der Schule gelernt habe. Also ich habe nie mit meinem Großvater speziell darüber geredet, was er erlebt hat und so. Diese Geschichte hör ich jetzt zum ersten Mal. Sehr interessant!»*[285]

Matthias G. Jg. (1988)

Matthias G. (Jg. 1988) aus dem Kanton Fribourg hört interessiert zu, als sein Großvater Walter G. (Jg. 1927) erzählt von nazifreundlichen Verwandten und innerfamiliären Konflikten, der Faszination, die der Krieg auf den damals jugendlichen, an der nordwestschweizerischen Grenze aufgewachsenen Großvater ausübte, von gewissen Entbehrungen, aber einer insgesamt doch recht guten Ernährungslage der eigenen Familie. Obwohl die beteiligten Familienmitglieder einen regen Austausch pflegen und oft auch über politische Themen diskutieren, sprechen Matthias G. zufolge Großvater und Enkel anlässlich dieses Interviews erstmals gemeinsam über die Zeit des Zweiten Weltkrieges. Zumindest für Matthias G. ist die Zeit des Zweiten Weltkrieges und des Nationalsozialismus kein Familienthema, eher eines, mit dem er sich im Schulunterricht und anhand von Filmen und TV-Produktionen beschäftigt hat.[286] Demgegenüber stellen der Zweite Weltkrieg und der Nationalsozialismus in anderen Familien durchaus ein Thema dar, das auch außerhalb des Interviewrahmens gemeinsam diskutiert wird, über das ein Austausch zwischen den Generationen stattfindet, worauf in Erzählungen und gemeinsamen Diskussionen Bezug genommen wird.

Sind die zwanzig Gruppengruppendiskussionen noch so unterschiedlich verlaufen, so ist ihnen gemeinsam, dass es sich dabei um durch uns Interviewerinnen initiierte Situationen handelt, in der es zu Prozessen der *«gemeinsamen Verfertigung von Vergangenheit im Gespräch»*[287] kommt. Intergenerationell zusammen-

---

285  GD G. Z129-132.
286  Vgl. hierzu auch den Fragebogen, den Matthias G. ausgefüllt hat.
287  Welzer, Harald: Das gemeinsame Verfertigen von Vergangenheit.

gesetzte Gruppendiskussionen, wie wir sie durchgeführt haben, verstehen wir daher als Erinnerungsräume, in denen unterschiedliche Perspektiven auf die Zeit des Nationalsozialismus und des Zweiten Weltkrieges aufeinandertreffen, verschiedene Wissensformationen interagieren oder auch in Konkurrenz zueinander treten und mitunter Konflikte zwischen den beteiligten AkteurInnen ausgetragen werden. Vergangenheitsvorstellungen und -interpretationen werden sichtbar, die sich im Spannungsfeld von biographischer Erinnerung, kulturellem Gedächtnis und Geschichtswissenschaft herausbilden.

Verschiedene Faktoren waren für die Bildung dieser Erinnerungsräume von besonderer Relevanz. So war für deren Entstehung zunächst konstitutiv, dass es sich bei den Teilnehmenden um Angehörige derselben Familie handelt. Zudem interagierten in den Gruppendiskussionen VertreterInnen unterschiedlicher Generationen. Weiter zu berücksichtigen gilt es, dass wir Interviewerinnen selbst am Entstehungsprozess der Interviews beteiligt und daher als Akteurinnen Teil der von uns untersuchten Erinnerungsräume waren. Und schließlich kommt hinzu, dass sich das in diesen Erinnerungsräumen generierte vergangenheitsbezogene Wissen aus unterschiedlichen Quellen speist, auf eine Vielfalt an Bezugsorten verwiesen wird, denen wiederum von den beteiligten Gruppendiskussionsteilnehmenden unterschiedliche Relevanz beigemessen wird.

Sowohl *Familie* als auch *Generation* sind, – gerade mit Bezug auf Nationalsozialismus und Zweiten Weltkrieg – Themen, zu denen in den letzten zwei Jahrzehnten eine Fülle an Literatur und Forschung entstanden ist und zu denen eine ganze Reihe an Vorannahmen existieren, etwa zur Wirkmächtigkeit des *Familiengedächtnisses* oder generationsspezifischen Erinnerungen. In Anknüpfung an die Arbeiten von Harald Welzer baut unsere eigene Forschung zwar auf diesen Diskussionen auf, auf der Basis der Gruppendiskussionen, die wir erhoben haben, können wir aber zeigen, dass im schweizerischen Kontext der Vorstellung eines für Tradierungsprozesse besonders einflussreichen *Familiengedächtnisses* sowie der *Generation* als Schlüsselkategorie im Erinnerungsprozess mit Zurückhaltung zu begegnen ist. Vielmehr haben wir es mit komplexen Phänomenen zu tun, bei denen gerade medialen Vermittlungsformen vergangenheitsbezogenen Wissens eine nicht zu unterschätzende Rolle im kommunikativen Erinnerungsgeschehen zukommt.[288]

Anhand verschiedener Beispiele aus unserem Material lässt sich zeigen, wie heterogen die Erinnerungsräume sind, mit denen wir es im Rahmen unserer Gruppendiskussionen zu tun haben. Als unterschiedlich relevant erweist sich dabei die Bedeutung des familiären Rahmens. Thematisieren werden wir daher, wo-

---

288 Vgl. Erll, Astrid: Kollektives Gedächtnis und Erinnerungskulturen, S. 123ff.

her die interviewten Personen ihr Wissen über den Zweiten Weltkrieg beziehen und welch zentrale Rolle verschiedenen Medien für die Auseinandersetzung mit der Vergangenheit zukommt. Weiter werden wir auf die Bedeutung der unterschiedlichen Generationenzugehörigkeit und das Phänomen von Generation als einer Fremd- und Selbstthematisierungsformel eingehen. Schließlich werden wir zeigen, wie in den Gruppendiskussionen auch wir Interviewerinnen ins Interaktionsgeschehen involviert werden, welche Zuschreibungen damit verknüpft sind und welches die wiederkehrenden Rollen sind, in die wir als Forscherinnen in den Interviews geraten.

## 3.1 Kommunikative Vergegenwärtigung von Vergangenheit in der Familie

Sich mit Blick auf die Familie mit dem Zweiten Weltkrieg und der Zeit des Nationalsozialismus zu beschäftigen, liegt im Trend. Der Politologe Helmut König behauptet in einem unter dem Titel *Europas Gedächtnis* von ihm mitherausgegebenen Buch, dass die Erinnerung an den Holocaust in den Ländern Europas «*zentraler Bestandteil so gut wie jeder Familiengeschichte*» sei.[289] Anknüpfend an Maurice Halbwachs' in den 1920er Jahren gemachten Überlegungen zum «*Kollektiven Gedächtnis*» der Familie, sind es vor allem die Arbeiten von Harald Welzer und seinem Forschungsteam zum «*Familiengedächtnis*», die seit etwa zehn Jahren die Forschungsdiskussion dominieren. Welzer et al. hatten auf der Grundlage von Familieninterviews mit deutschen Familien über den Zweiten Weltkrieg und die Zeit des Nationalsozialismus aufgezeigt, wie stark die offizielle Erinnerungs- und Gedenkkultur auf der einen und private Erinnerungspraxis auf der andern Seite auseinanderklaffen können.[290] Dabei stellten Welzer et al. die These auf, dass der familiäre Rahmen und die Weitergabe von Vergangenheitsvorstellungen und -bildern in der Familie in ihrer Bedeutung für die Perspektivierung der Vergangenheit bisher erheblich unterschätzt worden war.[291] Ein wesentlicher Faktor ist dabei Welzer et al. zufolge das Familiengedächtnis, verstanden als eine Funktion zur Sicherstellung der «*Fiktion einer gemeinsamer Erinnerung und Geschichte*» jenseits «*der individuellen Erinnerungen und Vergangenheits-*

---

[289] König, Helmut: Statt einer Einleitung: Europas Gedächtnis. Sondierungen in einem unübersichtlichen Gelände, in: Ders.; Schmidt, Julia; Sicking, Manfred (Hg.): Europas Gedächtnis: Das neue Europa zwischen nationalen Erinnerungen und gemeinsamer Identität, Bielefeld 2008, S. 25.
[290] Welzer, Harald; Lenz, Claudia: Opa in Europa, S. 8.
[291] Welzer, Harald; Moller, Sabine; Tschuggnall, Karoline: Opa war kein Nazi, S. 13.

*auffassungen einzelner Familienmitglieder».*[292] Familiäre Loyalitätsbeziehungen und Identitätsbedürfnisse, so die These, spielten in intergenerationellen Tradierungsprozessen eine zentrale Rolle. Auch wenn die einzelnen Familienmitglieder durchaus unterschiedliche Versionen der Familiengeschichte im Gedächtnis hätten und sich darin generationsspezifisch differierende Wahrnehmungen spiegeln könnten, gäbe es doch eine Tendenz des Familiengedächtnisses, divergierende Vergangenheitsauffassungen zu harmonisieren und unterschiedliche Zeit- und Generationserfahrungen zu synthetisieren.[293] Das Familiengedächtnis stelle *«den transgenerationellen und überhistorischen Zusammenhang der Wir-Gruppe her»,*[294] sichere *«Kohärenz und Identität der intimen Erinnerungsgemeinschaft Familie»*[295].

Vor diesem Hintergrund stellt sich die Frage, inwiefern sich diese Beobachtungen auch für die von uns interviewten Familien behaupten lassen. Gibt es einen familiären Rahmen, auf den sich die einzelnen Familienmitglieder beziehen? Lassen sich Tendenzen der Synthetisierung und Harmonisierung ebenfalls feststellen? Ist der Zweite Weltkrieg Bestandteil der Familiengeschichte? Und ist der Zweite Weltkrieg überhaupt ein Thema im familiären Austausch? Anhand von Einblicken in einige unserer Familieninterviews gehen wir diesen Fragen nach und zeigen, wie vielgestaltig der Erinnerungsraum, den ein Familieninterview darstellt, sein kann.

### 3.1.1 Der Zweite Weltkrieg – (k) ein Familienthema?

Die Frage stellt sich also zunächst, inwiefern der Zweite Weltkrieg überhaupt ein Thema im familiären Austausch ist. Im Vergleich der durchgeführten Gruppendiskussionen konnten wir feststellen, dass die Bezüge zum Zweiten Weltkrieg ausgesprochen heterogen sind. So beteiligten sich ehemalige so genannte Aktivdienstler, Personen, die die Kriegszeit in der Schweiz als Jugendliche oder Kinder erlebt haben, in Deutschland aufgewachsen waren oder sich damals aus beruflichen Gründen im nationalsozialistischen Deutschland aufhielten. Es beteiligten sich zudem auch TeilnehmerInnen mit jüdischem Familienhintergrund, deren Angehörige infolge der nationalsozialistischen Verfolgungs- und Vernichtungspolitik selbst hatten flüchten müssen oder die Familienangehörige und Be-

---

292 Ebd. S. 22.
293 Welzer, Harald: Das kommunikative Gedächtnis: Eine Theorie der Erinnerung, München: Beck 2002, S. 169.
294 Ebd. S. 169.
295 Ebd. S. 165.

kannte verloren hatten.²⁹⁶ Ein familiärer Bezug zum Zweiten Weltkrieg lässt sich in verschiedenen Interviews feststellen. Dies bedeutet jedoch nicht zwangsläufig, dass der Zweite Weltkrieg heute ein Familienthema ist. Vielmehr zeigt es sich, dass – welcher Art die von den älteren Teilnehmenden gemachten und erzählten Erfahrungen auch immer waren – die Thematisierung von familiären Bezügen im intergenerationellen Dialog sehr unterschiedlich ausfällt. Interesse an und Wissen der Nachkommen um die Erfahrungen und Erzählungen von Familienangehörigen variieren stark und reichen von ausgeprägtem, auch im Alltag gelebten Interesse und entsprechendem Austausch bis hin zu Abgrenzung oder auch zu deutlich artikuliertem Desinteresse gegenüber dem, was Großeltern bzw. Eltern erzählen.

Dennoch stellt die Familie jenes soziale Umfeld dar, in dem der Weltkrieg eher als am Arbeitsplatz oder im Bekanntenkreis Gesprächsthema ist. Zwar beantwortete nur etwa die Hälfte der Diskussionsteilnehmenden entsprechende Fragen nach sozialen Referenzorten historischen Wissens. Jene aber, die antworteten, machten deutlich, dass wenn diese historische Epoche überhaupt thematisch relevant sei, dann nicht unter ArbeitskollegInnen oder in der geselligen Runde mit Bekannten, sondern am ehesten im familiären Kreis. Von jenen sechsundvierzig Personen, die den familiären Bezugsrahmen als Referenz einbrachten, relativierten einige dies auch sogleich wieder: in ihren Familien sei der Zweite Weltkrieg entweder nicht thematisiert oder nur mehr «*selten*» bzw. «*kaum*». Dies korrespondiert auch mit den Antworten auf die von uns gestellten Fragen nach ihrer aktuellsten Auseinandersetzungen mit der Thematik: Das Gros der Befragten gab an, sich heute kaum mehr mit dem Zweiten Weltkrieg zu befassen. Wenn aber der familiäre Austausch stattfindet, kommt den ZeitzeugInnen eine bedeutende Rolle zu: Großeltern und ältere Anverwandte sind dort wichtige Referenzen, die Auskunft geben über ihre damaligen Erlebnisse, ihre Erfahrungen und ihren Alltag. Hinsichtlich der Frage nach der Relevanz des Zweiten Weltkriegs im sozialen Austausch mit Familie, ArbeitskollegInnen und FreundInnen, zeigt sich eine auffällige Differenz zwischen Personen mit jüdischem und solchem mit nicht-jüdischem Familienhintergrund. Die Mitglieder der drei Familien mit jüdischem Hintergrund betonten, die damaligen Ereignisse seien in Familie, unter Arbeitskollegen, in Vereinen und im Bekanntenkreis bis heute ein zentrales Thema. An diesem Beispiel zeigt sich, dass die Art und Weise, wie Auseinandersetzung mit Vergangenheit erfolgt, sowie thematische Akzentuierungen historischen Erinnerns sowohl von der sozialen Herkunft als auch vom spezifischen (familiären)

---

296 Die von uns interviewten Familien mit jüdischem Hintergrund unterscheiden sich voneinander sehr stark, während die einen dem orthodoxen Milieu nahe stehen, gehören andere dem liberalen bzw. säkularisierten an. Allen gemeinsam ist die Shoa Teil der Familienerfahrung.

Erfahrungshintergrund abhängig sein können. Darauf hat Maurice Halbwachs in seinen Überlegungen zum kollektiven Gedächtnis bereits in den 1920er Jahren hingewiesen.[297]

Es lässt sich feststellen, dass, mit wenigen Ausnahmen – u.a. die beteiligten Personen mit jüdischem Familienhintergrund – die Befragten der Familie, dem Arbeitsplatz, dem Freundeskreis oder dem Verein als Referenz- und Reproduktionsort zumindest explizit keine besondere Bedeutung zumessen in der Auseinandersetzung mit Nationalsozialismus, Krieg und Holocaust. Betreffend des intergenerationellen Wissenstransfers in Familien bzw. Familiengeschichten als Referenz historischen Wissens haben verschiedene AutorInnen darauf hingewiesen, dass mit der zeitlichen Distanz zum Ereignis und dem unaufhaltsamen Schwinden der Stimmen jener, die damals gelebt haben, print- und audiovisuelle Medien, Bildungseinrichtungen, Gedächtnisorte oder Museen an Bedeutung gewinnen. Insbesondere füllen Film und Fernsehen die Lücken, wo sich mit dem Ableben der letzten ZeitzeugInnen und dem Verlust *authentischer* Begegnungen Leerstellen bilden. Die Medien suggerieren, dem Publikumsgeschmack Tribut zollend, die Wiedererweckung vergangener Erfahrungen und Emotionen.

### 3.1.2 Familienbanden – Kontinuitäten, Divergenzen und Konflikte

Wie unterschiedlich die Bedeutung ist, die ein familiärer Bezugsrahmen für unterschiedliche Familienmitglieder haben kann, lässt sich gut am Beispiel der Winterthurer Familie Z. darlegen.

Motivation und thematisches Interesse unserer InterviewpartnerInnen, an den Gesprächen teilzunehmen, waren unterschiedlich ausgeprägt: Manchmal mussten wir die Familien mit einigen Anstrengungen überzeugen, an der Studie teilzunehmen, in anderen Fällen ging die Initiative stark von einzelnen Familienmitgliedern aus, die dann auch eine führende Rolle bei der Organisation des Interviews übernahmen.[298] Im Fall der Familie Z. war es die Innenarchitektin Irene Z. (Jg. 1966), die Vertreterin der mittleren Generation, welche die treibende Kraft für das Zustandekommen des Interviews war und die im Sommer 2009 trotz hoher eigener Arbeitsbelastung ein Treffen mit ihrer Mutter Sophia Z. (Jg. 1943, Sozialarbeiterin) und ihrem Sohn Roland Z. (Jg. 1990, Gymnasiast) in ihrer Wohnung organisierte. Dass Irene Z. die Auseinandersetzung mit dem Thema Zweiter Weltkrieg ein persönliches Anliegen ist, wurde im Interview rasch deut-

---

297  Vgl. dazu Halbwachs, Maurice: Das Gedächtnis und seine sozialen Bedingungen, Frankfurt a. M.: Suhrkamp, 2006.
298  Von einer Ausnahme (GD R.) bei der die Enkelin diese Rolle übernahm, abgesehen, handelte es sich dabei um Angehörige der Großeltern- und Kindergeneration.

lich, wiederkehrend brachte die engagierte Sozialdemokratin zum Ausdruck, wie sehr der Völkermord an den Jüdinnen und Juden, auch die von ihr als höchst problematisch wahrgenommene Rolle der Schweiz und wie Genozide überhaupt sie beschäftigten (vgl. hierzu auch Kapitel 4). Dabei stellte für sie die eigene Familie explizit einen wichtigen Bezugspunkt dar, sowohl sie als auch ihre Mutter Sophia nahmen wiederholt Bezug auf ihren Großvater bzw. Vater, einen Spanienkämpfer, der sich ihren Erzählungen zufolge schon früh kritisch gegenüber der Rolle der Schweiz im Zweiten Weltkrieg geäußert habe und deswegen als *«Spinner»* angesehen worden sei. Vor allem Irene Z. bemühte sich, auf eine familiäre Kontinuität an kritischem, politisch engagiertem Denken hinzuweisen. Wer in diesem Setting aus dem Rahmen fiel, war Roland Z. Wiewohl engagiert mitdiskutierend, gab er sich informiert und abgeklärt bezüglich des Themas Zweiter Weltkrieg und der Rolle der Schweiz und machte deutlich, dass ihn die Präsenz des Themas in Schule und Familie langweilte. Auch die Erzählungen über seinen Urgroßvater, der Spanienkämpfer war, schien ihn nicht besonders zu interessieren. Zuweilen aggressiv grenzte er sich – obwohl er sich selbst wie seine Großmutter und Mutter als *«links»* bezeichnete – von seiner Mutter ab, über die bzw. deren politische Position er sich sichtbar ärgerte. Der Konflikt zwischen ihm und seiner Mutter zog sich durch das ganze Interview, die Auseinandersetzung um die Relevanz des Zweiten Weltkrieges verschränkte sich dabei im Verlauf des Interviews mit einem immer wieder aufflammenden persönlichen Konflikt zwischen Mutter und Sohn, der ebenso von Meinungsverschiedenheiten in politischer Hinsicht wie von innerfamiliären Spannungen geprägt schien.[299]

Bei Irene Z. und ihrer Mutter Sophia Z. lässt sich möglicherweise ein unterschiedliche Zeit- und Generationserfahrungen synthetisierender familiärer Erinnerungsrahmen erkennen, der in Bezug auf den Zweiten Weltkrieg die Tendenz zur Konstruktion einer transgenerationell tradierten familiär kritischen Haltung gegenüber der Rolle der Schweiz zeigt. Ob dies auch für den Enkel gilt, ist allerdings fraglich, sein Urgroßvater, der Spanienkämpfer, schien für ihn im Unterschied zu Mutter und Großmutter weder eine Bedeutung als positive Referenzfigur zu haben noch besonders von Interesse zu sein. Dem Bemühen seiner Mutter, eine familiäre Kontinuität linker, engagierter Auseinandersetzung mit dem Zweiten Weltkrieg herzustellen, stellte sich Roland Z. im Interview entgegen. Dies bedeutet nicht zwangsläufig, dass dem familiären Bezugsrahmen keine Relevanz zukommt: Wenn der Enkel sich abzugrenzen bemüht, könnte das ein Hinweis darauf sein, dass er diese Traditionsbildung auf konflikthafte Art und Weise in

---

299 In verschiedenen Gruppendiskussionen gab es Konfliktsituationen zwischen Angehörigen der mittleren Generation und ihren Söhnen und Töchtern, die auf innerfamiliäre Auseinandersetzungen schließen lassen, so u.a. in GD S., GD K. und GD B.

Frage stellt. Auch in diesem Fall handelt es sich zwar um eine Bezugnahme. Was Welzer et al. allerdings als prinzipielle Anforderung an die Familienmitglieder beschrieben haben, nämlich *«Kohärenz sichern, Identität bewahren und Loyalitätsverpflichtungen nachkommen zu müssen»*,[300] scheint zumindest Roland Z. wenig zu kümmern.

Ähnlich divergente Interessen, wenn auch bezüglich der familiären Referenzfiguren anders gelagert, kommen im Interview mit der Appenzeller Familie K. zum Ausdruck. Im Fall der Familie K. sorgte die Großmutter Dora K. dafür, dass das Interview zustande kam.. Die 1931 geborene Hausfrau und Bäuerin hatte sich auf unseren Aufruf im *Beobachter* hin mit dem Wunsch, von ihren Erlebnissen zu erzählen, per Brief gemeldet. Von uns informiert über die gewünschte Zusammensetzung der InterviewpartnerInnen war sie zunächst skeptisch betreffend der Teilnahme ihrer Familienangehörigen, seien diese doch, wie sie erklärte, in Bezug auf den Zweiten Weltkrieg unwissend. Während Dora K. denn beim Interview auch sogleich das Zepter übernahm, von der Ankunft von Flüchtlingen an der Grenze und deren Aufnahme durch ihre sich aufopfernde Familie erzählte, zeigten die Tochter Gabriela K. (Jg. 1952) ebenfalls Bäuerin, und die Enkelin Petra K., (Jg. 1985), KV-Angestellte, kein Interesse, weder am Thema Zweiter Weltkrieg noch an den Erzählungen der Großmutter oder an dem von dieser ausführlich dargestellten humanitären Engagement der Großeltern bzw. der Urgroßeltern. Eher machten sie sich über die Großmutter lustig und drückten demonstrativ ihr Desinteresse aus. Die Enkelin etwa, indem sie während des Interviews in Illustrierten blätterte und ihrer Großmutter kaum zuhörte. Von einem gemeinsamen familiären Bezugsrahmen hinsichtlich des Zweiten Weltkrieges war wenig feststellbar und auch bei Familie K. scheinen bezüglich des Bemühens, Kohärenz zu sichern, Identität zu bewahren und Loyalitätsverpflichtungen nachzukommen zwischen den einzelnen Teilnehmerinnen divergente Interessen auf.

Die Welzerschen Thesen zum Familiengedächtnis, insbesondere die These von familiären Loyalitätsbeziehungen und der Bedeutung von Kohärenz und Identität, haben auch in der Forschungsdiskussion Entgegnungen provoziert. Die Historikerin Miriam Gebhardt problematisiert in ihrer Kritik an der gegenwärtigen Auseinandersetzung mit dem Familiengedächtnis insbesondere die Fokussierung auf dessen kontinuierliche Seiten: *«Vor allem Historikern und Soziologen, aber auch Sozialpsychologen will es in erster Linie als Identitätsgarantin und Medium der Transmission und Systemerhaltung erscheinen.»*[301] Diese tendenziell bereits bei Maurice Halbwachs feststellbare Konzeptionalisierung würde in ak-

---

300 Welzer, Harald; Moller, Sabine; Tschnuggnall, Karoline: Opa war kein Nazi, S. 20.
301 Gebhardt, Miriam: «Den Urgroßvater fressen die Pferde...» Von der Möglichkeit eines individuellen und konflikthaften Umgangs mit dem Familiengedächtnis», in: BIOS 19, 2006/1, S. 93.

tuellen Ansätzen zu familialem Erinnern weitertransportiert[302] und dabei Fragen nach der Legitimität des Vergessens, nach einem spielerischen Umgang mit der Familienvergangenheit und nach individuellen Ausbrüchen aus dem Bezugsfeld Familiengedächtnis ausgeblendet.[303] Miriam Gebhardt attestiert der gegenwärtigen Familiengedächtnisforschung *«einen deterministischen, ja geradezu tyrannischen Beigeschmack».* Sie verweist dabei auf die Welzersche Auffassung, nach der das Eingebundensein von individueller Erinnerung in den kollektiven Rahmen des Familiengedächtnisses etwas *«Unweigerliches»* habe und es unmöglich sei, ein historisches Ereignis, das in die eigene Familiengeschichte hineinrage, *nicht* vor dem Hintergrund der eigenen unlösbaren Bande zu den Vorfahren zu erinnern.[304] Durch einen dergestalt perspektivierenden theoretischen und methodischen Zugang würde der Blick auf diskontinuierliche Aspekte familialer Erinnerung und Individualisierungstendenzen, *«die potentiell eine Verortung der Erinnerung außerhalb des Familiengedächtnisses möglich machen»*, versperrt:[305] *«Die Weitergabe der Erinnerungen zwischen den Generationen wird nicht immer im Namen von Identität und Selbstkonstanz von einem ominösen Familiengeist gesteuert. Gerade an den Widerständen, Widersprüchlichkeiten, an den individuellen Aneignungs- und Ablehnungsweisen erweisen sich die Spielräume und Entwicklungsmöglichkeiten der historischen Subjekte.»*[306] Auch Alexander von Plato hat die Nicht-Berücksichtigung familiärer Konflikte und Ambivalenzen in Harald Welzers Studien kritisiert.[307] Er führt dies insbesondere auf die Auswahl der Familien zurück, während hingegen der psychoanalytisch argumentierende Sozialpsychologe Jan Lohl weniger die Auswahl der Familien als vielmehr das methodische Vorgehen an sich problematisiert: Dadurch, dass die Studie ausschließlich auf die verbale Kommunikation zwischen den Familienmitgliedern im Rahmen der kommunikativen Verfertigung des Familiengesprächs abziele, werde die Tiefenstruktur von Tradierungsprozessen zu wenig berücksichtigt. Die Wirkmächtigkeit nicht-erzählter Geschichten und bewusst nicht verfüg- und thematisierbarer Vergangenheitsvorstellungen bleibe so ausgeblendet. Lohl vermutet, dass das *«auffällige Fehlen der Thematisierung von familiären Konflikten im Umgang mit der NS-Vergangenheit»* vor diesem Hintergrund zu verstehen sei.[308] Jan Lohl

---

302 Ebd., S. 94.
303 Ebd., S. 93.
304 Ebd., S. 95.
305 Ebd., S. 95.
306 Ebd., S. 103.
307 Vgl. Von Plato, Alexander: Wo sind die ungläubigen Kinder geblieben? in: WerkstattGeschichte 30, 2001, S. 64-68.
308 Lohl, Jan: Gefühlserbschaft und Rechtsextremismus. Eine sozialpsychologische Studie zur Generationengeschichte des Nationalsozialismus. Giessen 2010, S. 320.

kritisiert die Welzersche Studie zudem dahingehend, dass für die behauptete Kluft zwischen vorhandenem historischem Wissen hinsichtlich der Verantwortlichkeit Deutschlands für die NS-Verbrechen und der Tendenz, von der eigenen Familie ein positives Bild aufrechtzuerhalten, insofern die empirische Grundlage fehle, als die Annahme eines umfassenden Wissens der EnkelInnengeneration mit Blick auf vorhandene Studien eher in Frage zu stellen sei.[309]

In den Interviews mit den Familien Z. und K. stehen, was die Interaktion zwischen den Teilnehmenden betrifft, weniger Synthese- und Harmonisierungsbestrebungen, als eher die von Miriam Gebhardt ins Zentrum gerückten individuellen Aneignungs- und Ablehnungsweisen, wie sie sich im Umgang mit familiär besetzten Thematiken zeigen können, im Vordergrund. Auch wenn dies durchaus situativ bedingt sein mag und Faktoren wie aktuelle familiäre Konflikte oder divergierende Interessen eine Rolle spielen können, so zeigt sich doch deutlich, wie problematisch es sein kann, über die Analyse einer konkreten Interviewsituation hinaus Entscheidungen zur Bedeutung allfälliger familiärer Erinnerungsrahmen treffen zu wollen.

### 3.1.3   *Familien – Heterogene Erinnerungsräume*

Die neueren, in den letzten zehn Jahren entstandenen Studien zu intergenerationellen Tradierungsprozessen in verschiedenen Ländern haben gezeigt, dass das sich in den untersuchten Familien abspielende kommunikative Erinnerungsgeschehen stark abhängig ist vom jeweiligen gesellschaftlich-historischen Kontext. Die theoretische Auseinandersetzung mit dem Familiengedächtnis von Welzer et al. war stark vor dem Hintergrund der Interviews mit deutschen Familien Mitte der 1990er Jahre erfolgt. Die an diese Forschung anknüpfenden Studien zu intergenerationellen Tradierungsprozessen in Ländern wie Norwegen, Dänemark, den Niederlanden oder Kroatien waren initiiert worden aus Interesse an der Frage, ob es sich beim beobachteten Auseinanderklaffen zwischen offizieller Erinnerungs- und Gedenkkultur und privater Erinnerungspraxis und dem dabei eine zentrale Rolle spielenden familiären Bezugsrahmen nur um ein Phänomen handelte, das sich vor allem in deutschen Familien feststellen lässt, oder ob sich ähnliche Dynamiken auch in anderen Ländern feststellen ließen. Was die Bedeutung des familiären Rahmens für die in den Interviews stattfindenden Tradierungsprozesse betrifft, sind die Befunde nicht eindeutig. So kommen die AutorInnen zwar zum Schluss, dass in Dänemark, Norwegen und den Niederlanden nach wie vor deutlich das Bedürfnis nach familiären Konsenserzählungen bestehe und Kinder und

---

309   Ebd. S. 315ff.

Enkel die Erzählungen der Kriegsgeneration in einer Weise deuteten, *«die ihnen Loyalität und Identifikation»* ermögliche.[310] Insgesamt zeige sich allerdings, dass die niederländischen, norwegischen und dänischen EnkelInnen im Vergleich mit den deutschen, serbischen und kroatischen EnkelInneninterviews ihre Vorstellungen von der Vergangenheit weniger aus Aspekten der in den Familien tradierten Geschichten zusammensetzen, sondern sich vielmehr auf mediale und offizielle Geschichtsdarstellungen beziehen.[311] Dieser Befund deckt sich, wie wir weiter unten noch detaillierter ausführen werden, mit unseren eigenen Beobachtungen. Harald Welzer und Claudia Lenz stellen in einem Fazit zu den verschiedenen Länderstudien denn auch die Frage, ob private Tradierung in Norwegen, Dänemark und den Niederlanden womöglich nicht die große Rolle spiele, die ihr in Deutschland zukomme und vermuten, dass es *«für die durch eine möglicherweise problematische Familienvergangenheit weniger gefährdeten skandinavischen Enkel gar keine Notwendigkeit gibt, den guten Opa mit der bösen Vergangenheit in eine friedliche Koexistenz zu bringen.»*[312] Hier zeigt sich, dass verallgemeinernden Thesen zu einem wie auch immer gestalteten Familiengedächtnis ohne Berücksichtigung des historisch-gesellschaftlich jeweils spezifischen Kontextes, in dem kommunikative Vergegenwärtigung von Vergangenheit stattfindet, mit Vorsicht zu begegnen ist.

In Interviews erfolgte die Auseinandersetzung mit der familiären Vergangenheit sehr unterschiedlich, dies selbst in jenen Gruppendiskussionen, in denen von Teilnehmenden direkt familiäre Bezüge nach Deutschland oder zur NS-Ideologie hergestellt werden, wo also, der oben angeführten These folgend, durchaus der Wunsch vorhanden sein könnte, die eigenen Verwandten von allfälligen ideologischen Verwicklungen zu entlasten. So gibt es Teilnehmende, die nicht erkennen lassen, dass sie sich diesbezüglich Fragen stellen; andere wiederum problematisieren die Sympathien, die ihre Vorfahren mit dem Nationalsozialismus teilten. In einer unserer Familien – der Familie D. – war der verstorbene Großvater ein wichtiges Mitglied der örtlichen Frontenbewegung, ein Umstand familiärer Vergangenheit, den vor allem die am Interview teilnehmende Tochter dieses Mannes, die 1937 geborene Lehrerin Rosmarie D., im Interview die Vertreterin der Großelterngeneration, sehr beschäftigte. Er war für sie offenkundig auch Veranlassung, sich auf unseren Aufruf im *Beobachter* hin zu melden und weitere Familienmitglieder für eine Teilnahme zu gewinnen. Es stellte sich heraus, dass bisher in der Familie Schweigen über die Frontenvergangenheit dieses Vaters geherrscht hatte und Rosmarie D. erst durch den Kontakt mit einer Studentin,

---

310 Welzer, Harald; Lenz, Claudia: Opa in Europa, S. 33.
311 Ebd., S. 34.
312 Ebd.

die sich im Rahmen einer wissenschaftlichen Arbeit mit der Frontenbewegung[313] auseinandergesetzt hatte, überhaupt angefangen hat, sich mit diesem Aspekt der familiären Vergangenheit zu beschäftigen. Für sie, das wird im Interview deutlich, ist die Frontenvergangenheit des Vaters ein Problem, dem sie sich stellen will. Im Interview tat sie dies, indem sie der wissenschaftlichen Arbeit, die sie uns auch aushändigte und in welcher ihr Vater klar als Anhänger der nationalsozialistischen Ideologie dargestellt wird, ihre eigene Sichtweise hinzufügte wohl mit dem Anliegen, ihn vom Verdacht, Antisemit gewesen zu sein, zu entlasten. Tochter und Enkelin hingegen schien die Frontenvergangenheit des Großvaters bzw. des Urgroßvaters weniger stark zu belasten, die Tochter nahm sie als *«peinliche»* Tatsache zur Kenntnis,[314] ließ aber einen gelasseneren Umgang diesbezüglich erkennen. Die Enkelin konnte sich keinen Begriff von der Frontenbewegung machen und schien wenig zu wissen über die Sympathien des Urgroßvaters für die nationalsozialistische Ideologie.

Auch im Fall derjenigen Familieninterviews, an denen Teilnehmende jüdischen Hintergrunds partizipierten, zeigten sich, was die Auseinandersetzung mit dem familiären Rahmen betrifft, große Unterschiede zwischen den verschiedenen Teilnehmenden. Während es einigen sichtlich ein großes Anliegen war, vor dem Hintergrund von Verfolgung, Vernichtung und Antisemitismus die Geschichte ihrer Familie weiterzuvermitteln, wehrten sich andere TeilnehmerInnen gegen die Vorstellung, als Angehörige einer jüdischen Familie müssten sie sich besonders mit Themen wie Nationalsozialismus und Antisemitismus auseinandersetzen. Es lassen sich also auch hier Abgrenzungsbewegungen gegenüber kollektivierenden Bezugsrahmen und Konflikte innerhalb der Familie feststellen.

Daniel H. (Jg. 1963) etwa, Vertreter der mittleren Generation einer in Basel lebenden Familie mit jüdischem Hintergrund, der sich intensiv auseinandergesetzt hat mit der Geschichte des Zweiten Weltkrieges, gab deutlich zu erkennen, dass er es leid sei, als Jude primär mit dem Zweiten Weltkrieg in Verbindung gebracht zu werden.[315] Seine Frau Esther H. (Jg. 1969), die erzählte, oft mit ihrer Großmutter über den Krieg gesprochen zu haben, der es, wie sie betont, aber wichtig gewesen sei, sich nicht nur über diese Vergangenheit zu identifizieren, sieht es ähnlich: *«Sich nur über das zu definieren, das ist Quatsch, dann ist man der Vergangen-*

---

313 *Frontenbewegung* oder auch *Frontismus* ist in der Geschichtsforschung ein Sammelbegriff für sehr heterogenen rechtsradikale, ideologisch am Faschismus und Nationalsozialismus ausgerichtete Gruppierungen und Fraktionen, die in den 1930er Jahren in der Schweiz entstanden und, um ihre Kampfbereitschaft zu signalisieren, in ihrem Parteinamen die Bezeichnung *Front* führten.
314 GD D. Z369.
315 GD H. Z1007-1017.

*heit verhaftet.»*[316] Im Interview mit der Familie L. war diese Auseinandersetzung ebenfalls konflikthaft. So wurde die spezifische Betroffenheit als Jüdinnen und Juden zwar wiederholt betont – etwa durch den Verweis auf Antisemitismus, der sowohl der Großvater, der Vater als auch der Enkel erlebt hat – es gibt aber immer wieder Abgrenzungsbestrebungen, etwa durch den Sohn, der sich distanzierte von *«Familienquerelen»,* die es in der Auseinandersetzung mit der Rolle der Schweiz im Zweiten Weltkrieg gegeben habe,[317] oder vom *«unreflektierten Hass»* auf die Deutschen in der Familie, der sich gegen ein aus Deutschland stammendes Familienmitglied richtete.[318]

Die durchgeführten Gruppendiskussionen machen deutlich: Familien sind keine homogenen, sondern komplexe und heterogene Erinnerungsräume, die von Loyalitätsbeziehungen und familiären Identitätsbedürfnissen ebenso geprägt sein können wie von Konflikten, Ambivalenzen und divergierenden Interessen der einzelnen Familienmitglieder. Was die gemeinsame kommunikative Vergegenwärtigung der Vergangenheit betrifft, gab es also nicht nur starke Unterschiede *zwischen* den von uns interviewten Familien. Auch innerhalb der Familien selbst fielen zwischen den an den Interviews beteiligten Familienmitgliedern teilweise große Differenzen auf bezüglich der Art und Weise, wie die Auseinandersetzung mit dem Zweiten Weltkrieg erfolgte. So bezeichneten einige Teilnehmende den Zweiten Weltkrieg als wichtiges Gesprächsthema in der Familie, während andere dem Thema im familiären Austausch keinen Stellenwert zuwiesen. Auch die von den Teilnehmenden ausgefüllten Fragebogen deuten darauf hin, dass der Familie als Bezugsort für Wissen über den Zweiten Weltkrieg zwar von verschiedenen Teilnehmenden durchaus noch Relevanz zugewiesen wird, andere Bezugsorte, allen voran die Medien, aber deutlich mehr Bedeutung zu haben scheinen. In den Interviews spielten familiäre Bezugspunkte eine unterschiedlich wichtige Rolle. So gab es Interviews, in denen sowohl die Kinder als auch die EnkelInnen starkes Interesse an den Erzählungen ihrer Eltern und Großeltern, die den Zweiten Weltkrieg – als Erwachsene, Jugendliche oder Kind – erlebt haben, zum Ausdruck brachten. In manchen Familien zeigte nur ein Teil der Teilnehmenden dieses Interesse, in einigen niemand. In manchen Familien wiesen auch diejenigen Interviewten, die den Krieg erlebt haben, diesem wenig biographische und/oder familiäre Relevanz zu und schienen nicht das Bedürfnis zu haben, ihren Kindern und Enkelkindern entsprechende Erfahrungen über Erzählungen weiterzugeben. Deutlich wird, dass das Thema Zweiter Weltkrieg in unterschiedlichen Familien und innerhalb der Familien bei den einzelnen Teilnehmenden auch mit Bezug

---

316  GD H. Z1018-1036.
317  GD L. Z565-590.
318  GD L. Z505-510.

auf einen familiären Bezugsrahmen unterschiedlich stark emotional besetzt ist. Während in vielen Familien die intergenerationelle Auseinandersetzung mit dem Thema Zweiter Weltkrieg für wenig Konfliktstoff zu sorgen schien, wurden in anderen interfamiliäre Konflikte sichtbar, die sich oft gerade an diesen unterschiedlichen Relevanzsetzungen entzündeten, indem beispielsweise Widerspruch erhoben wurde entweder gegen das Eintreten von anderen Familienmitgliedern für die Bedeutung des Themas oder umgekehrt gegenüber zum Ausdruck gebrachtem Desinteresse anderer am Gespräch Beteiligten. Konflikte zeigten sich u.a. auch darin, dass die Organisation des Interviews sich äußerst kompliziert gestaltete[319] oder daran, dass ein Teil der Interviewten ihrem Unmut über die Teilnahme an der Gesprächsrunde auch uns gegenüber Ausdruck verliehen, wobei familiäre Konflikte ebenso wie Desinteresse am Thema eine Rolle spielten.[320] Diese innerfamiliären Konflikte und Dynamiken hatten vermutlich mit dem Thema Zweiter Weltkrieg selber wenig zu tun, was für uns Interviewerinnen manchmal mehr, manchmal weniger klar erkennbar war.

Insgesamt lässt sich festhalten, dass der Zweite Weltkrieg in den meisten Interviews nicht per se ein Familienthema war oder per se als Thema keine Rolle spielte. In jenen Fällen, in denen der Zweite Weltkrieg ein wichtiges Thema war, schien das Interesse jeweils von einzelnen Teilnehmenden auszugehen, etwa von Irene Z., Dora K. oder Rosmarie D. Die eingangs zitierte Behauptung von Helmut König, in Europa sei die Erinnerung an den Holocaust bzw. an den Zweiten Weltkrieg so gut wie in jeder Familie Teil der Familiengeschichte, ist zu pauschal formuliert. Es hängt vielmehr von der Kombination verschiedener Faktoren ab, wie stark jemand die Familie als Bezugsrahmen der Erinnerung setzt. Neben der jeweiligen Familiengeschichte spielen die individuelle Positionen im familiären Gefüge, die innerfamiliären Konfliktdynamiken, die eigene politische Haltung sowie der individuelle Wissens- und Erfahrungshintergrund eine wesentliche Rolle.

## 3.2 Vielfältige Bezugsorte: Zur Bedeutung von Schule, Fernsehen, Buch und Co.

Die Familie stellt, wie wir gezeigt haben, nur einen von verschiedenen Bezugsorten vergangenheitsbezogenen Wissens dar. Sowohl in den Interviews als auch in den Fragebogen entsteht der Eindruck, dass die noch lebenden ZeitzeugInnen als Referenzen historischen Wissens gegenüber Institutionen wie Schulen, Museen, Gedenkstätten oder Film, Fernsehen und Printmedien ins Hintertreffen geraten.

---
319  Vgl. GD. D., GD K., GD. O., GD P. und GD B.
320  Vgl. GD S., GD K., GD B. und GD Z.

Skeptisch auch seiner eigenen Gedächtnisleistung gegenüber, problematisiert Manfred E. (Jg. 1932), pensionierter Kaufmann, als Großvater der Familie E. das anstehende Familieninterview einleitend, diesen Sachverhalt folgendermaßen: «*Die Informationen, die man heute aufnimmt, sind unter Umständen schon lange gefiltert. Sie bestehen aus Filmen und nicht aus Realität. Die unter Umständen auch wieder ein verzerrtes Bild geben von damals, auch was die eigene Erinnerung betrifft.*»[321] Manfred E. bringt mit seiner Bemerkung Fragen nach Bedingungen und Transformationen historischen und biographischen Erinnerns ins Spiel, er thematisiert Konstruktion und Distribution, Rezeption und Wirkungsweisen und stellt den *Wahrheitsgehalt* unterschiedlicher Vergangenheitsinterpretationen und -deutungen zur Diskussion. Nicht nur überlagerten sich, wie in Kapitel 2 ausführlich dargestellt, im Verlauf der Nachkriegsjahrzehnte verschiedene Interpretationen, auch synchron zeigt sich in der gegenwärtigen Erinnerungskultur an den Zweiten Weltkrieg sowie der damaligen schweizerischen Gesellschaft eine Gleichzeitigkeit miteinander konkurrierender Perspektivierungen und Interpretationen. In den untersuchten Erinnerungsräumen widerspiegeln bzw. manifestieren sich denn auch Konkurrenzen, Konflikte und Verständigungen hinsichtlich Interpretationen und Deutungen dieser Vergangenheit, die sich im Spannungsfeld von biographischer und familialer Erinnerung, kulturellem Gedächtnis und geschichtswissenschaftlichen Darstellungen zeigen. Zahlreiche und unterschiedlichste ExpertInnen sind gegenwärtig beteiligt an der Produktion von (historischer) Erinnerung, stehen miteinander direkt oder indirekt in Auseinandersetzung und Konkurrenz: So buhlen auch und gerade im fließenden Übergang von biographisch erlebter und diskursiv angeeigneter Vergangenheit unterschiedliche Akteure, nämlich ZeitzeugInnen, Institutionen, WissenschaftlerInnen, Staat, Familien, Film- und Kulturindustrie und auch die Politik um Deutung, Interpretation und Haltung gegenüber der Schweiz im Krieg, haben mehr oder weniger Durchsetzungsvermögen und sind mehr oder weniger breit akzeptiert.

Das vergangenheitsbezogene Wissen, das in den durchgeführten Familiengesprächen aktualisiert wird, speist sich weniger aus familial tradierten Erinnerungen, sondern aus diversen dieser Produktionsorte. Relevant wird hierin gerade die mediale Dimension vergangenheitsbezogenen Wissens. Konstitution und Zirkulation von Wissen einer (gemeinsamen) Vergangenheit in sozialen und kulturellen Zusammenhängen werden, wie die Kulturwissenschaftlerin Astrid Erll hervorhebt, «*durch Medien ermöglicht: durch Mündlichkeit und Schriftlichkeit als uralte Basismedien [...], durch Buchdruck, Radio, Fernsehen und Internet zur Transmission von Versionen gemeinschaftlicher Vergangenheit in weiten Kreisen*

---

321 GD E. Z33-37.

*der Gesellschaft, schließlich durch symbolträchtige Medien wie Denkmäler, als Anlässe des kollektiven, oft ritualisierten Erinnerns.*»[322] Medien vermitteln, was erinnert werden soll, und fungieren so wesentlich als Schaltstellen und Transformatoren zwischen der individuellen und kollektiven Dimension des Erinnerns. Am Beispiel von Zeit- bzw. AugenzeugInnen etwa zeigt es sich, dass deren Erfahrungen nur durch Veröffentlichung von Briefen, Tagebüchern, Interviews o. ä. zu einem Element im kollektivierten Gedächtnis werden können, umgekehrt aber *«erlangt das Individuum nur über Kommunikation und Medienrezeption Zugang zu soziokulturellen Wissensordnungen und Schemata.»*[323]

Der Großvater der Familie E. scheint sich darüber im Klaren zu sein, dass auch Vergangenheit, wie sie sich im kommunikativen Erinnern aktualisiert und konstituiert, medial vermittelt oder wie er bedauert, überformt wird. (ZeitzeugInnen-)Berichte und Gespräche, Bücher, Filme, Zeitungen, Radio, in den Schulen verwendete Unterrichtsmaterialien, Gedenkorte, stellen allesamt keine neutralen Träger von vorgängigen gedächtnis- und erinnerungsrelevanten Informationen dar. Während Tagebücher, autobiographische Zeitzeugnisse etc. subjektive Versionen des Geschehens festschreiben, erweckt die erzählende und dramatisierende Gestaltung fiktionaler Texte, die Fährte einiger weniger Figuren verfolgend, versunkene Welten. Sie bieten zugleich auch Möglichkeiten, die Bedeutung von Erinnerung, ihre Widersprüchlichkeit und Konstruktivität, zu reflektieren. Der Zeithistoriker Konrad H. Jarausch hält daher literarische Formen, wie Kurzgeschichten, Theaterstücke, Romane für eine *«wichtige Quelle gesellschaftlicher Geschichtsbilder, die eine eigenständige Rolle in der Erinnerungskultur spielen.»*[324]

Über weit größere Suggestivkraft verfügen massenmedial gefertigte Bilder der Vergangenheit. Mit ihren jeweiligen technologischen Möglichkeiten überwinden Radio, Fernsehen und Film scheinbar Grenzen von Raum und Zeit und erlauben es Nachgeborenen, in Ereignisse und Situationen einzutauchen, sie gleichsam nachzuerleben und quasi als *Sekundärerfahrung* sich anzueignen. Nebst unzähligen Verfilmungen zu Verfolgung, Krieg, Angst und Not suggerieren nunmehr auch Histotainment-Projekte wie etwa die Doku-Serie *Alpenfestung – Leben im Reduit*, produziert und ausgestrahlt vom Schweizer Fernsehen, authentische Teil-

---

322 Erll, Astrid: Kollektives Gedächtnis und Erinnerungskulturen, S. 123.
323 Ebd.
324 Jarausch, Konrad Hugo: Zeitgeschichte und Erinnerung. Deutungskonkurrenz oder Interdependenz?, in: Ders. (Hg.): Verletztes Gedächtnis: Erinnerungskultur und Zeitgeschichte im Konflikt, Frankfurt a. M. 2002, S. 9-37.

habe an Erfahrungen und Erlebnissen aus der Zeit des Zweiten Weltkrieges.[325] Der Historiker Frank Bösch etwa spricht in diesem Zusammenhang vom *Visual Turn* des sozialen Gedächtnisses.[326] Elektronische Medien sind heute zu einer zentralen Referenz historischer Information und Bewertung geworden, wiewohl oder gerade auch weil sie gegenüber etwa der wissenschaftlichen Auseinandersetzung Sachverhalte in ihrer Komplexität zu reduzieren und mit Personalisierung und Emotionalisierung arbeiten. Medien erzeugen damit oftmals erst, was sie lediglich zu transportieren scheinen: Vergangenheitsversionen, Wertvorstellungen, Normen, – die ihrerseits wiederum auch in den intergenerationellen Gesprächen über die Schweiz im Zweiten Weltkrieg aktualisiert, verhandelt und (neu) arrangiert werden. Aufgrund der zentralen Rolle, die Film- und Fernsehproduktionen, Bücher und auch Ausstellungen als Referenzen für vergangenheitsbezogenes Wissen in den von uns untersuchten Erinnerungsräumen zukommen, werden wir dies im Folgenden etwas eingehender beleuchten. Zunächst aber möchten wir kurz darauf eingehen, was die TeilnehmerInnen in den Fragebogen zu einem auch in den Gruppendiskussionen immer wieder erwähnten Bezugsort vergangenheitsbezogenen Wissens schreiben, nämlich Schule und Unterricht.

### 3.2.1  In der Schule gelernt

Schule und Unterricht als Bezugsort vergangenheitsbezogenen Wissens rückten, wie wir im vorangehenden Kapitel gesehen haben, in den vergangenen Jahren auch in der Schweiz zunehmend ins Blickfeld der Forschung. In unseren Gruppendiskussionen nehmen, wie im Verlauf der folgenden Kapitel deutlich wird, verschiedene Teilnehmende Bezug auf im Unterricht vermittelten Stoff, dort gelesene Bücher und gesehene Filme. In den von uns verteilten Fragebogen stellten wir den Teilnehmenden die Frage: *Haben Sie im Schulunterricht den Zweiten Weltkrieg behandelt? Können Sie sich noch erinnern, was Sie damals erfahren haben?* Was sich dabei zeigte, ist, dass die Angaben, welche die TeilnehmerInnen machten, sich nicht einfach auf einen Nenner bringen lassen, sondern vielmehr abhängig scheinen von Alter, besuchter Schule, Schwerpunktsetzungen und Engagement der zuständigen Lehrperson sowie eigenem Interesse an der Thematik. Mit *«Nein»* oder leeren Zeilen beantwortet wurde die Frage von den Teilnehmen-

---

325  Die Doku-Serie wurde im Sommer 2009 während dreier Wochen jeweils von Montag bis Freitag ausgestrahlt und im Frühling 2010 als Wiederholung gesendet mit dem Hinweis darauf, dass die Sendung besonders wertvoll sei für den schulischen Unterricht. Vgl. http://www.sf.tv/sendungen/myschool/detailinfo.php?docid=3599 [Stand 15.07.2012].
326  Bösch, Frank: Das Dritte Reich ferngesehen, in: Jarausch, Konrad Hugo: Verletztes Gedächtnis, S. 17.

den der ältesten Generation, die vor, während und kurz nach Ende des Zweiten Weltkrieges zur Schule gingen. Aber auch verschiedene der in den 1940er Jahren geborenen TeilnehmerInnen lernten den Zweiten Weltkrieg nicht als Schulstoff kennen: *«Geschichte hat mit dem Ende des 1.WK geendet»* schrieb etwa der 1944 geborene Teilnehmer David P. Die 1941 geborene Teilnehmerin Vreni A. wiederum gab im Fragebogen an, bereits in der Primarschule öfter über den Zweiten Weltkrieg gesprochen zu haben, so auch über die *«Judenverfolgung»* und *«Dachau»*. Die in den 1950er und 1960er Jahren geborenen TeilnehmerInnen, bei denen die Schulzeit weniger lange zurückliegt, gaben ausführlichere Antworten: Auch hier gibt es zwar Teilnehmende, die den Zweiten Weltkrieg in der Schule nicht oder nur sehr knapp besprochen zu haben scheinen,[327] verschiedene haben sich im Schulunterricht aber mit Themen wie *«Neutralität»*,[328] Kriegsverlauf[329], *«Hitler»*,[330] *«Judenverfolgung»*[331], *«KZ»*[332] beschäftigt. Manche der Interviewten kommentierten die Frage zusätzlich, etwa mit ironisch gefärbten Bemerkungen wie, dass sie in der *Schule «die tolle neutrale Schweiz [und den, d.A.] Aktivdienst»* durchgenommen hätten,[333] oder der kritischen Feststellung, dass in der Schule vor allem *«Facts»* gelehrt worden seien.[334] Dass ein Teilnehmer wie Koni G. (Jg. 1955) angibt, in der Schule gelernt zu haben, *«das Reduit [sei] nur für die Soldaten und nicht für die Bevölkerung»* gedacht gewesen, und dass sie sich im Unterricht außerdem mit dem Holocaust und dem *«Horror der Konzentrationslager»* auseinandergesetzt hätten, verweist aber auch auf die Existenz gegenläufiger Gedächtnisse in den Schulstuben der 1950er und 1960er Jahre.

Bei den jüngsten Teilnehmenden finden sich ebenfalls unterschiedliche Angaben, was den in der Schule vermittelten Lehrstoff zum Zweiten Weltkrieg betrifft. Die meisten scheinen die Thematik in irgendeiner Weise im Schulunterricht behandelt zu haben, wenn auch in unterschiedlicher Intensität und mit verschiedenen Schwerpunkten. Die Antwort von Melanie S. (Jg. 1991) auf unsere Frage lautet: *«Ja, Jahreszahlen, wie Hitler an die Macht kam, wer mit wem Krieg hatte»*. *«Politik und Hitlers Aufstieg, Kriegsverlauf, Rationierung, Bombenangriffe, Kriegsende und Sanktionen»* führt Pascal F. (Jg. 1984) auf, und Roland Z. (Jg. 1990) beantwortet unsere Frage folgendermaßen: *«Das Thema wurde von A-Z durchgearbeitet»*. Auch bei den jüngeren Teilnehmenden gab es Ausnahmen: So

---

327 Eliane D. Jg. 1967.
328 Emil A. Jg. 1966.
329 Emil A. Jg. 1966, Lisa W. Jg. 1962.
330 Gabriela K. Jg. 1952.
331 Emil A. Jg. 1966, Eliane D. Jg. 1967 oder Markus J. Jg. 1960.
332 Koni G. Jg. 1955, Yvonne A. Jg. 1966.
333 Irene Z. Jg. 1966.
334 Rita L. Jg. 1956.

ließ der 1979 geborene Hannes O. verlauten, dass sie nicht bis zum Thema Zweiter Weltkrieg gekommen seien und Thomas I. (Jg. 1976) merkt an, *«1 Lektion»* zum Zweiten Weltkrieg in der 6. Primarschulklasse gehabt zu haben, während sich der Lehrer in der Oberstufe geweigert habe, das Thema zu unterrichten.

Wie sich die Auseinandersetzung mit Zweitem Weltkrieg und Holocaust angesichts der Einführung des Holocaustgedenktages, des neuen, auf den Ergebnissen der UEK basierenden Lehrbuches *Hinschauen und Nachfragen* sowie verschiedenen weiteren Bemühungen, die Auseinandersetzung mit der Thematik an den Schulen zu fördern, in den kommenden Jahren entwickelt, ist noch nicht absehbar. Wie etwa die von Bernhard Schär und Vera Sperisen durchgeführte Studie zur Verwendung des besagten Lehrmittels zeigt, werden Inhalte und Vermittlungsweise des Stoffes vermutlich auch künftig stark von Engagement, Interesse und Perspektive der jeweiligen Lehrpersonen abhängig sein.[335]

### 3.2.2   Auf der Leinwand verfolgt

Audiovisuelle Medien, Film und Fernsehen gehören in der gegenwärtigen Erinnerungskultur an den Zweiten Weltkrieg, den NS und die Shoa zu den verankerten Referenzen historischen Wissens. Sie prägen, wie wir oftmals feststellen konnten, die Geschichtsbilder. Erzählungen und Vorstellungen, die uns die Interviewten anlässlich der Gruppendiskussionen mitteilten, stammen wesentlich aus den Medien. Während, wie oben geschildert, der Rücklauf von Antworten auf die Frage nach sozialen Bezugs- und Produktionsorten andeutet, dass sich das Wissen über diese spezifische Vergangenheit nicht vorrangig aus Quellen sozialen Austauschs speist, führen die befragten Personen demgegenüber eine Fülle von Film- und Fernsehproduktionen auf.

Dem bewegten Bild kommt in der Erinnerungskultur seit seiner Erfindung Ende des 19. Jahrhunderts eine doppelte Rolle zu, es ist ihr Produkt und Produzent zugleich.[336] Aus der Gegenwart drängende Fragestellungen holen ihre Antworten oft aus zeitlich weiter entfernt oder näher liegenden historischen Ereignissen. Deren Themen und Fakten werden zum Fundus filmischer Auseinandersetzung bzw. Interpretation. Der Film vermag, zwar nicht ohne kommerzielle Interessen, vergessene oder verdrängte (geschichtliche) Themen zu lancieren, ei-

---

335   Schär, Bernhard C.; Sperisen, Vera: Switzerland and the Holocaust, S. 649ff.; Schär, Bernhard C; Sperisen, Vera: Zum Eigensinn von Lehrpersonen im Umgang mit Lehrbüchern, S. 124ff.
336   Auf die wichtige Rolle des Films in der Erinnerung an Krieg und Nationalsozialismus weist auch Harald Welzer hin, vgl. Welzer, Harald: Das soziale Gedächtnis. Oder beispielsweise auch: Reichel, Peter: Schindlers Liste. Ein Gerechter unter den Tätern, in: Ders., Erfundene Erinnerung: Weltkrieg und Judenmord in Film und Theater, München: Hanser 2004, S. 301-320.

ner breiten Öffentlichkeit zugänglich zu machen und vice versa einzuwirken auf Geschichtsbilder und Geschichtsbewusstsein in der Gesellschaft. Exemplarisch zeigt sich dies etwa anhand der 1978 erschienenen und im deutschen Sprachraum anfangs 1979 erstmals ausgestrahlten Fernsehserie *Holocaust*. Erzählt wird, stellvertretend für die realen jüdischen Opfer des Nationalsozialismus, die fiktive Geschichte der Arztfamilie Weiß. In vier Etappen thematisiert die Serie die systematische Ausgrenzung und Verfolgung der 1930er Jahre, die sogenannte *Endlösung* und schließlich auch die Überlebenden des Holocaust. Diese Serie, die anfangs der 1980er Jahren heftige öffentliche Diskussionen auslöste, wird in der Auseinandersetzung mit nationalsozialistischen Verbrechen deshalb als *«medien- und erinnerungsgeschichtliche Zäsur»* betrachtet,[337] weil damals erstmals große Teile der Bevölkerung in Deutschland, Österreich und der Schweiz[338] freiwillig sahen, welches Leid unter nationalsozialistischer Herrschaft den europäischen Jüdinnen und Juden angetan worden war: Während in den vorangehenden Jahrzehnten der Krieg im Zentrum stand, brachte mit der Ausstrahlung von *Holocaust – Geschichte der Familie Weiß* die filmerische Produktion ein bis dahin weitgehend tabuisiertes Thema öffentlich zur Sprache und trug bei zum Durchbruch jenes inzwischen etablierten Narratives, das den industriellen Massenmord an den europäischen Juden und Jüdinnen als Zivilisationsbruch ins Zentrum der Erinnerungskultur rückte und so Eingang ins Geschichtsbewusstsein breiter Bevölkerungskreise fand.[339] Erst mit der Ausstrahlung dieser Serie etablierte sich überdies im deutschen Sprachraum mit der Bezeichnung *Holocaust* jener auch heute noch gebräuchliche Begriff für die von nationalsozialistischer Seite als *Endlösung* bezeichnete Ermordung und Vernichtung, die bis dahin zumeist als *Völkermord an den Juden* benannt wurde. Film und Fernsehen stellen also durchaus auch im positiven Sinne zentrale (Macht-) Faktoren in Erinnerungskulturen dar. Die Serie *Holocaust* nimmt jedoch auch die eng mit dem Medium und seinen Distributionsmöglichkeiten verknüpften Tendenzen zur Kommerzialisierung und Globalisierung der Thematik vorweg. *«Gerade ‹Holocaust› konnte auch als letzter Beweis dafür gelten, dass das Potenzial des Mediums weniger im Bereich der rationalen*

---

337 Bösch, Frank: Film, NS-Vergangenheit und Geschichtswissenschaft. In: Vierteljahrshefte für Zeitgeschichte 54, 2007, S. 2.
338 Eine Hochrechnung des *Instituts für Konsumenten- und Sozialanalyse (KONSO)* ergab, dass etwa 2,8 Millionen Menschen in der Schweiz mindestens eine Folge der vierteiligen Serie gesehen haben. Vgl. dazu Altermatt, Urs: Verspätete Thematisierung des Holocaust in der Schweiz, S. 45.
339 Vgl. dazu Classen, Christoph: Zum Themenschwerpunkt. In: Zeitgeschichte-online, Thema: Die Fernsehserie «Holocaust» – Rückblicke auf eine «betroffene Nation», hrsg. von Christoph Classen, März 2004/ Oktober 2005 URL: http://www.zeitgeschichte-online.de/md=FSHolocaust-Vorwort-Classen [Stand 25.01.2012].

*Aufklärung als emotional-unterhaltenden des Publikums liegt».*[340] Hierauf ließe sich entgegnen, dass gerade die Serie *Holocaust* zugleich ein breiteres Publikum für die während des Nationalsozialismus begangenen Verbrechen sensibilisierte.

In seinem Prolog, um nun wieder anzuknüpfen an unsere InterviewpartnerInnen, greift Manfred E. den Film, im Wissen um dessen Wirkungsmacht, und nicht etwa das Buch als zentrale Informationsquelle gegenwärtiger Erinnerungskultur heraus und stellt selbigen seinen Erfahrungen als Zeitzeugen gegenüber, die ihrerseits wiederum, wie er meint, unter dem Einfluss dieser *«verzerrten»* Bilder stünden. Audiovisuellen Quellen weist Manfred E. daher eine janusköpfige Rolle zu, sie berichteten nicht nur von vergangenen Ereignissen, sondern verzerrten ebendiese auch; Realität und Fiktion, wenn man so will, gehen ineinander über. Die hier angedeuteten Fragen nach historischer Wahrheit und Deutungshoheit über die Vergangenheit werden uns an späterer Stelle noch eingehender beschäftigen.

Die meisten unserer InterviewpartnerInnen haben unlängst oder auch weiter zurückliegend einen oder mehrere Fernseh-, Spiel- und Dokumentarsendungen zum Thema rezipiert, nur ganz wenige TeilnehmerInnen vermerkten explizit, dass sie kein Interesse daran hätten, sich *«solche Filme»* anzuschauen. Aus dem vorliegenden Material gehen allerdings deutliche Präferenzen hervor, gegenüber dokumentarischen Produktionen liegen fiktionale eindeutig im Trend: im Gesamt der aufgeführten audiovisuellen Produktionen haben Spielfilme den Vorrang.[341] Weshalb dem so ist, lässt sich aus den Fragebogen nicht eruieren. Anders als das dokumentarische Genre kommt aber vermutlich der Spielfilm mit seiner individualisierenden, emotionalisierenden Erzählweise dem Bedürfnis nach Identifikation entgegen. In den Gruppendiskussionen kritisierten VertreterInnen der mittleren und jüngeren Generation wiederholt, es handle sich – etwa im Fall des in den Interviews aufgelegten Schlussberichtes der UEK – um abstraktes Wissen, Gesichter und Geschichten, Menschen und ihre Schicksale kämen nicht zur Sprache. Im Gegensatz zu jenen Teilnehmenden, welche die Kriegszeit selber erlebt haben, verfügen die Nachgeborenen nicht über eigene Erfahrungen und emotionalisierungsfähige Anknüpfungen. Filmerische Erzählweisen und Bildsprachen füllen diese *Erfahrungslücke* und suggerieren mit ihren Inszenierungen Authentizität. Hierin liegt wohl eine Erklärung dafür, weshalb im generationellen Vergleich gegenüber den Großeltern die nachfolgenden beiden Generationen jeweils um das Doppelte auf mediale Referenzen historischen Wissens zurückgreifen.

---

340  Ebd., S. 2.
341  Das Genre Spielfilm ist in unseren Fragebogen gegenüber dem Dokumentarfilm gut fünffach in der Überzahl.

Mit Blick auf die thematische Ebene jener Spielfilme, die gemäß eigenen Angaben den erinnerungskulturellen Horizont der befragten Personen speisen, zeigen sich deutliche Interessensgebiete: Rezipiert werden zum einen Produktionen, die Krieg und Kriegsverlauf zum Gegenstand haben (knapp die Hälfte der Spielfilme), und zum andern solche, die Verfolgung, Flucht und Shoa thematisieren (gut ein Drittel der Spielfilme). Filmerische Auseinandersetzungen mit anderen Schwerpunkten, wie etwa faschistischer Ideologie oder antifaschistischem Widerstand, sind weniger von Interesse. Rezipiert werden überdies, dem cineastischen Mainstream folgend, hauptsächlich amerikanische Produktionen; filmerische Auseinandersetzungen, die den Fokus auf die Schweiz legen, sind kaum von Interesse. Eine seltene Ausnahme bildet *Das Boot ist voll*, ein 1980, also im selben Zeitraum wie die Ausstrahlung der Serie Holocaust, erschienener Film von Markus Imhoof, der auf dem gleichnamigen Buch des Journalisten Alfred A. Häsler basiert und die Ausweisung einer Gruppe jüdischer Flüchtlinge aus der Schweiz ins Deutsche Reich erzählt. Thematisiert werden im Film antisemitische Ressentiments in der schweizerischen Bevölkerung und die ebenso antisemitische wie restriktive schweizerische Flüchtlingspolitik zur Zeit des Zweiten Weltkrieges, die «*nur aus Rassegründen*» bedrängten Menschen Schutz verweigerte zu einem Zeitpunkt,[342] in dem die Verfolgung in die industriell organisierte Vernichtung überging.[343] Erinnerungskulturell innovativ stellt der Film die Perspektive der jüdischen Opfer der schweizerischen Flüchtlingspolitik ins Zentrum. Während die schweizerisch-österreichisch-westdeutsche Koproduktion seitens der schweizerischen Magistraten auf Ablehnung stieß, der damalige Bundesrat Hans Hürlimann meinte, dem Projekt fehle «*historische Distanz und Würdigung*» und wirke «*dramaturgisch veraltet*»,[344] rief der Film in der Presse breites Echo hervor, wurde gewürdigt und 1981 als bester fremdsprachiger Film für den Academy Award (Oscar) nominiert. *Das Boot ist voll*, wiewohl erinnerungspolitisch auf Kurs, ist heute ein Film der Großeltern- und der mittleren Generation, die Enkel setzen auf die Blockbuster. Im Ranking der von den Befragten am häufigsten zitierten Filme, welche Verfolgung und/oder die Shoa thematisieren, rangieren vor Markus Imhoofs Film George Stevens' *Das Tagebuch der Anne*

---

342 Vgl. Unabhängige Expertenkommission Schweiz – Zweiter Weltkrieg: Die Schweiz und die Flüchtlinge zur Zeit des Nationalsozialismus, Zürich 2001, S. 120.
343 Imhoof, Markus: Das Boot ist voll (Film), 1980-81.
344 Bundesrat Hans Hürlimann, Schreiben vom 9. Januar 1980, zitiert nach: http://www.markusimhoof.ch/filme/boot1/boot.htm. [Stand 25.06.2012].

*Frank* (1959; Originaltitel: *The Diary of Anne Frank*) und Roman Polanskis *Der Pianist* (2002; Originaltitel: *The Pianist*) sowie Steven Spielbergs bereits 1993 erschienener Film *Schindler's List*.[345]

Steven Spielbergs Romanverfilmung[346] *Schindler's List* erzählt die Geschichte von der Errettung 1100 jüdischer Zwangsarbeiter aus dem Krakauer Ghetto und dem Arbeitslager Plaszow durch den sudetendeutschen Industriellen Oskar Schindler, der diese *«begabten Juden»* mittels der berühmten Liste vor den Vernichtungslagern rettete.[347] Mit *Schindler's List* zeigt Steven Spielberg die Ausnahme von der Regel: das Überleben Weniger gegenüber den unzählbaren Toten. Während er beim Publikum sehr erfolgreich war,[348] provozierte dieser Film, Gruselgeschichte und Feelgood-Movie zugleich, eine heftige Debatte, an der sich PublizistInnen, HistorikerInnen und FilmkritikerInnen gleichermaßen beteiligten. Thematisiert wurden das *«Argument der Trivialisierung des Holocaust, der Vorwurf seiner perspektivischen Verkürzung auf die ‹Täter›, weiter der Vorwurf, am Beispiel eines Sonderfalls das Allgemeine des Gewaltverbrechens verfehlt zu haben und nicht zuletzt das in der Schärfe so nur von Claude Lanzmann formulierte Verdikt gegen jede Visualisierung des Völkermords.»*[349] Die Debatte zeigt Ähnlichkeiten mit jener über die fünfzehn Jahre zuvor erschiene TV-Serie *Holocaust*. Aufgezeigt wird die Ambivalenz des Films, die darin besteht, einerseits ein großes, ungeheuerliches Thema auf eine Anekdote zu reduzieren, andererseits aber mit seinem dokumentarischen Stil Zeugenschaft abzulegen und als eine erinnerungspolitische Intervention aufzutreten, die transnationale Anbindung schafft an den in den 1990er Jahren immer wichtiger werdenden Holocaust-Diskurs.

War sells: Der Kriegsfilm ist das Genre, das im Repertoire der Interviewteilnehmenden am häufigsten auftritt. Spielfilme, die kriegerische Ereignisse zum Gegenstand haben, machen mehr als die Hälfte der genannten Titel aus.[350] Die Palette dieser Filme reicht weit: der 2001 erschienene Film *Pearl Harbor* von Michael Bay; die 1962 erschienene britisch-amerikanisch-deutsche Koprodukti-

---

345 Über vierzig Prozent der genannten Filme im Bereich Verfolgung, Ausgrenzung, Shoa fallen auf diesen Film.
346 1982 entstand das Buch des Australiers Thomas Keneally, das dank seiner Verfilmung durch Steven Spielberg weltweite bekannt wurde. Keneally, Thomas: Schindlers list, London: Sceptre 1994.
347 Vgl. zu Film und Kritik Peter Reichel: Reichel, Peter: Schindlers Liste: Ein Gerechter unter den Täter, in: Ders. (Hg.): Erfundene Erinnerung: Weltkrieg und Judenmord in Film und Theater, München 2004, S. 301-320.
348 Siehe dazu: http://www.imdb.com/chart/top [Stand 25.06.2013]. Diese Movie Database, nimmt in ihre Liste der besten Filme jene auf, die vom Filmpublikum am besten platziert wurde. Schindlers Liste rangiert auf dieser Liste auch heute noch auf Platz 8 der 250 beliebtesten Filme.
349 Reichel, Peter: Schindlers Liste, S. 309.
350 Das Genre der Kriegsfilme erfreut sich großer Beliebtheit, gut die Hälfte der genannten Produktionen sind dem Bereich des Kriegsfilms zu zurechnen.

on *The Longest Day* sowie Steven Spielbergs 1998 erschienener *Saving Private Ryan* gehören zu den meist rezipierten Filmen. Während die VertreterInnen der ältesten Generation diesem Genre eher wenig abgewinnen können, sind es Angehörige der mittleren und der jüngeren Generation, die über ein breites Repertoire an (Anti-) Kriegsfilmen Bescheid weiß. Gut die Hälfte der erwähnten Filme wird von der jüngsten Generation erwähnt. Zudem handelt es sich bei den Kriegsfilmen um ein Genre, das in unserem Sample überwiegend bei männlichen Teilnehmern Anklang findet.

Der Luftangriff der japanischen Flotte auf die in Pearl Harbor vor Anker liegende amerikanische Pazifikflotte, der weithin als entscheidender Wendepunkt im Zweiten Weltkrieg gilt, wurde bereits mehrfach filmerisch inszeniert. Mit *Pearl Harbor* gelangte ein Film auf die Leinwand, der beim Publikum gut angekommen ist, während Filmkritiker und Historiker ihn formal und inhaltlich heftig kritisierten. Der Film verbindet den überraschenden japanischen Angriff auf Pearl Harbor mit einer Romanze, zeigt anfängliche Kriegsbegeisterung, das darauf folgende Entsetzen über die totale Zerstörung der amerikanischen Pazifikflotte und endet mit der Darstellung des heldenhaften Eintretens der Soldaten für ihr Land. Der japanische Angriff auf Pearl Harbor und die darauffolgende Ausweitung des Krieges zu einem weltweiten, liefert in diesem Film den Stoff für eine rührselige und patriotische Geschichte – ohne die verheerenden Atombombenabwürfe auf Hiroshima und Nagasaki 1945 auch nur zu erwähnen. Von fachwissenschaftlicher Seite heftig kritisiert, fand der Film gleichwohl auch in unserem Sample beachtlich breites Publikum. Es lässt sich daher fragen, inwieweit die Thematik nur mehr (der schillernde) Hintergrund ganz anderer Stories zu werden droht. In diese Richtung weist auch die Bemerkung einer jungen Diskussionsteilnehmerin, wonach es sich hierbei um «*Geschichten*», um nichts Ernstes halt, handle.[351] Die ebenfalls von den Teilnehmenden mehrfach genannten Produktionen *Der längste Tag* und *Saving Private Ryan* sind zwei jener Filme, die den 6. Juni 1944, den so genannten D-Day als Motiv haben. Dieser Tag bezeichnet den Beginn der alliierten Operation Overlord, deren Ziel es war, die deutsche Besatzung in Nordfrankreich zurück zu drängen. Während *Der Längste Tag* hauptsächlich von Teilnehmenden der mittleren Generation rezipiert wurde, ist Steven Spielbergs *Saving Private Ryan* ein Film der EnkelInnen. Anhand der beiden Filme lässt sich eine Verschiebung erinnerungskultureller Perspektive beobachten: *Der Längste Tag* hat die Schlacht zum Thema, versucht die Hintergründe und Strategien darzustellen und suggeriert so dem Publikum die Möglichkeit, als objektiver Betrachter an den Geschehnissen teilnehmen zu können. Demgegenüber fokussiert

---

351 Vgl. GD K. Z263-365.

*Saving Private Ryan,* der ebenfalls den Tag der Landung der Alliierten Truppen in der Normandie zum Ausgangspunkt nimmt, die Geschichte der fiktiven Figur James Francis Ryan und inszeniert so das Grauen des Krieges und das Leiden der Mütter. Beim Vergleich dieser beiden Antikriegsfilme zeigt sich eine erinnerungskulturelle Verschiebung der Perspektive weg von der großen Schlacht hin zu Einzelschicksalen und Familiengeschichten.

Zusammenfassend lässt sich festhalten, dass *Krieg* und *Holocaust* thematische Schwerpunkte der in den Fragebogen angegebenen filmischen Produktionen bilden. Die breite Rezeption audiovisueller Referenzen durch unsere Interviewpersonen verweist zudem deutlich auf deren zentrale Rolle in der hiesigen Erinnerungskultur, wo sich, wie eingangs Herr E. skeptisch bemerkt hat, die Grenzen von Fiktion und Realität verwischen und die historischen Ereignisse zuweilen lediglich Kulisse sind. Die Rezeption eines Repertoires, gerade auch an transatlantischen filmischen Inszenierungen der Epoche, zeigt, wie mit dem Medium Film bestimmte Ereignisse und deren Interpretation sich global (oder zumindest in der westlichen Welt) ausdehnen und auf lokales Erinnerungsgeschehen treffen. Wie es um das Verhältnis dieser globalen Erinnerungsperspektiven und lokaler, kommunikativer Erinnerungspraxis bestellt ist, wird uns etwa im Kapitel 5.4. beschäftigen, wo die Repräsentation des Holocaust im kommunikativen Gedächtnis thematisiert wird.

## *3.2.3    Vor Ort besucht*

Nebst audiovisuellen Medien sind auch geographisch lokalisierbare Stätten und Einrichtungen überraschend verbreitet: Weit mehr als die Hälfte der Interviewteilnehmenden gibt an, zum Thema Krieg oder Holocaust in Europa, Amerika oder Asien bereits mindestens ein Museum, eine Gedenkstätte, ein Mahnmal und/ oder ein Archiv besucht zu haben – entweder en passant im Rahmen einer Ferienreise oder ganz gezielt. Über alle Bildungs- und Berufssparten hinweg sind es vorab VertreterInnen der mittleren, gefolgt von der Großeltern- und Enkelgeneration sowie etwas mehr männliche als weibliche Befragte, die solche Reisen unternehmen.

Die Auswahl der besuchten Gedenkstätten, Museen und Erinnerungsorte ist breit und reicht weit: die Sauschwänzlibahn bei Schaffhausen, General Guisans Grab in Pully, die Festungen Hinterrhein, Full-Reuenthal und St. Maurice sind ebenso Ziel der Reise wie Soldatenfriedhöfe in Italien, Frankreich und Alaska, die Maginotlinie oder nordwestfranzösische Landungsorte der Alliierten. Jüdische Museen in ganz Europa und den USA, Gedenkstätten für die deportierten Juden in zahlreichen europäischen Ländern, Warschauer und Prager Ghetto, ehemalige Konzentrations- und Vernichtungslager werden ebenso besichtigt wie Stätten japanischer Kriegsverbrechen in Nanking und auch der Checkpoint Charlie, das Berliner Zeugnis aus dem Kalten Krieg. Die geographische Breite der besuchten Orte jedenfalls entspricht beinahe den geographischen Dimensionen der damaligen Verbrechen und des damaligen Kriegsverlaufs.

Thematisch lassen sich wiederum zwei Interessenschwerpunkte erkennen: Es sind Stätten, die einerseits vom Kriegsgeschehen in Europa wie auch in Übersee zeugen, andererseits von den lokalen Ereignissen der schweizerischen Generalmobilmachung. Die in Stein gehauenen Festungen wirken als Stätten der Erinnerung zwar durchaus attraktiv, werden aber, wie es das breite Spektrum der Museen, Gedenk- und Erinnerungsorte zeigt, konkurrenziert von internationalen Plätzen. Orte, die an Generalmobilmachung und Kriegsereignisse erinnern, werden vergleichsweise wenig besucht.

Das Gros der Besuche entfällt auf Gedächtnisstätten, die der verfolgten und ermordeten europäischen Jüdinnen und Juden gedenken und über den systematischen Massenmord informieren. Es sind rund Zweidrittel der vermerkten besuchten Museen und Gedenkorte, die mit der europäischen Judenverfolgung im Zusammenhang stehen. Sehr unterschiedliche und weit voneinander gelegene Orte wurden besucht: Gedenkstätten bei ehemaligen Todes- und Konzentrationslagern wie Auschwitz, Buchenwald, oder Ghettos wie jenes in Warschau; Archive wie das Yad Vashem in Jerusalem; Mahnmale, die in zahlreichen europäischen Städten an die Deportationen erinnern; Holocaust Memorial Zentren und Museen von Osteuropa bis nach Übersee. Mit Blick auf diese Referenzen zeigt sich erneut die zentrale thematische Position, die der Holocaust im kommunikativen Gedächtnis einnimmt. Zudem eröffnen in erinnerungskultureller Hinsicht solche Reisen zu den Schauplätzen und Gedenkorten im kommunikativen Gedächtnis weitere und mitunter neue, transnational bedeutsame Gedächtnisräume. Wenn der Film, wie oben diskutiert, mit seiner Reichweite als transatlantisches Gedächtnis figuriert, so stiften diese in zahlreiche europäische Länder eingeschriebenen Gedenkorte gewissermaßen ein transnationales Gedächtnis. Pierre Nora hat mit seinem Essay *Zwischen Geschichte und Gedächtnis* für das zwanzigste Jahrhundert nicht nur bedauernd eine Krise des Gedächtnisses festgestellt, das ehedem den Kitt der Nation bildete, sondern auch auf die zwischen Geschichte und Gedächtnis gelagerten Gedächtnisorte als Überreste nationaler Gedächtnisgeschichte hingewiesen, deren eingelagerte identitätsstiftende Sinnstrukturen es zu analysieren gelte.[352] Gegenüber nationalen Gedächtnisorten, wie sie etwa das Grab General Guisans

---

352 Vgl. Nora, Pierre: Zwischen Geschichte und Gedächtnis, Berlin 1990.

oder die Festung St. Maurice im Alpenréduit sind, gibt es auch Erinnerungsstätten, die sich als Elemente eines europäischen Gedächtnisses begreifen lassen, welches Europa befriedet und eint, eine Einigung, die sich ex negativo, nämlich aus der Erfahrung der nationalsozialistischen Verfolgung und Vernichtung des europäischen Judentums, ergibt.

Die von den Diskussionsteilnehmenden aufgelisteten Reisen an jene Orte, die Massenmord und Vernichtung repräsentieren, scheinen auf die breite Verankerung der Bedeutung hinzudeuten, die dem Holocaust in der gegenwärtigen Erinnerungskultur beigemessen wird. Umgekehrt ließen sich diese Besuche auch als Reisen in fernes, unbekanntes Gebiet interpretieren, was Distanz zu den Verbrechen markierte. Vor dem Hintergrund der damaligen schweizerischen Flüchtlingspolitik werden wir uns mit diesen Fragen in Kapitel 5 befassen.

### 3.2.4 In Büchern gelesen

Das Medium Buch nimmt in unserem Erhebungsverfahren insofern eine wichtige Rolle ein, als es als Diskussionsimpuls Gespräch initiierende Funktion hat und überleitet zum zweiten Interviewteil.[353] Es repräsentiert dort eine spezifische Form der Auseinandersetzung mit Vergangenheit, den geschichtswissenschaftlichen Blick, dem zuweilen mit Skepsis begegnet wird, inhaltlich, was die geschichtswissenschaftlichen Interpretationen betrifft, aber auch formal. Kritik wird von den Beteiligten sowohl an die Adresse der *Unabhängigen Expertenkommission Schweiz – Zweiter Weltkrieg,* als auch an FachhistorikerInnen allgemein gerichtet, ihre Produkte seien unlesbar, zu abstrakt, zu stark ausgerichtet auf ein kleines Fachpublikum.

Trotz solcher Kritik stellt das Medium Buch eine wichtige Quelle des vergangenheitsbezogenen Wissens unserer InterviewpartnerInnen dar: Weit mehr als die Hälfte der Diskussionsteilnehmenden geben an, zu Krieg, Holocaust, Vor- und Nachkriegszeit mindestens ein Buch gelesen zu haben. Insbesondere die Teilnehmenden der mittleren Generation erweisen sich dabei als belesen; sie verfügen über das breiteste Repertoire.

Die Genres der aufgelisteten Bücher reichen weit: Belletristik, Tagebücher, Memoiren und Biographien sowie auch Sachbücher gehören dazu. Während, wie bereits ausgeführt, hinsichtlich audiovisueller Medien thematisch die Akzentuierung Kriegsgeschehen und Shoa auffällt, zeigt sich demgegenüber bei den Büchern eine thematische Diversifizierung. Judenverfolgung und Holocaust sind im (Jugend-) Roman wie im Sachbuchbereich zentrale Themen, in der Liste der

---

353  Vgl. dazu Kapitel 1.2.1.

aufgezählten Bücher treten dem gegenüber kriegerische Ereignisse eher in den Hintergrund. Vielmehr sind es wie etwa in Erich Maria Remarques Zwischenkriegsroman *Der schwarze Obelisk* (1956) oder in Heinrich Bölls Erzählung *Das Brot der frühen Jahre* (1955) die Auswirkungen des Krieges auf Soldaten und Zivilbevölkerung, die interessieren. Um nationalsozialistische, aber auch sowjetische Kriegsgefangenschaft geht es in Rolf Hochhuts Roman *Eine Liebe in Deutschland* (1983) oder in Josef Martin Bauers *So weit die Füße tragen* (1955). Die Auswirkungen nationalsozialistischer Gewaltherrschaft und Ideologie sind weiter Thema etwa in Stefan Zweigs *Schachnovelle* (1942), Anna Seghers Roman *Das siebte Kreuz* (1942) oder in Todd Strassers (Künstlername Morton Rhue) 1984 in deutscher Übersetzung erschienenen Roman *Die Welle*. Widerstand als Thema kommt mit unterschiedlichen Perspektiven und Fokussierungen zur Sprache, so etwa in Leon Uris *Mila 18* (1961), wo es um den Warschauer Ghetto-Aufstand geht, oder in Christian Graf von Krockows populärer Biographie *Eine Frage der Ehre – Stauffenberg und das Hitler-Attentat vom 20. Juli 1944* (2002). Auch Flucht ist ein Stoff, der in unterschiedlichen Perspektivierungen auftritt: Während in *Das Boot ist voll* von Alfred A. Häsler mit kritischem Blick die unglückliche Geschichte jüdischer Flüchtlinge, die sich in die Schweiz retten wollen, erzählt wird, berichtet die Publizistin Marion Gräfin Dönhoff in ihrem Erinnerungsbuch *Namen, die keiner mehr nennt. Ostpreußen – Menschen und Geschichten* (1962/2009) über Kriegserlebnisse und die anfangs Januar 1945 erfolgte Flucht aus Ostpreußen in Richtung Westen.

Der Name *Anne Frank* fällt in diesem doch breiten, literarischen Spektrum besonders auf. Ihr Name, längst schon zum Begriff und Symbol verdichtet, taucht in den Fragebogen ebenso wie in den Interviews immer wieder auf. Viele unserer Interviewteilnehmenden haben eine der deutschen Übersetzungen ihrer Biographie gelesen, eine der Verfilmungen gesehen oder die Gedenkstätte an der Amsterdamer Prinsengracht 263 besichtigt: Mit andern Worten, *Das Tagebuch der Anne Frank* ist weltbekannt, seit Jahrzehnten Bestseller, Stoff mehrerer dramatischer und filmischer Auseinandersetzungen, und das Amsterdamer Hinterhaus, in welchem Anne Frank mit ihren Angehören und einer weiteren jüdischen Familie sich über zwei Jahre hinweg vor den Schergen der nationalsozialistischen Besatzer verborgen halten konnte, bis ihr Versteck schließlich verraten wurde, ein Besuchermagnet. Lange vor dem Wort Holocaust und auch noch vor dem Namen Auschwitz wurde *Anne Frank* für jenes Verbrechen zum Begriff, dem sie zum Opfer fiel.[354] Die Bearbeitungen für Bühne und Film wurden ähnlich

---

354 Vgl. Loewy, Hanno: Das gerettete Kind. Die Universalisierung der Anne Frank, in: Braese, Stephan; Gehle, Holger; Loewy, Hanno; Kiesel, Devon (Hg.): Deutsche Nachkriegsliteratur und der Holocaust, Frankfurt a.M. 1998, S. 19-43.

wie Jahre später die Serie *Holocaust*, als Trivialisierung und Kommerzialisierung kritisiert. Der Literatur- und Medienwissenschaftler Hanno Loewy erläutert: «*Zugleich wurde [...] gerade die Reduktion der Dimensionen des Grauens auf die persönliche, familiäre Erfahrungswelt enthusiastisch begrüßt, mit denen die Ermordete, aber nun wieder verlebendigte Anne Frank ihre Leser zur Identifikation einlud.*»[355] Bezogen auf den schweizerischen Kontext ließe sich darüber nachdenken, inwiefern *Anne Frank* als ein Symbol unter andern dazu gereicht, die Verfolgung und Ermordung als deutsche Angelegenheit auszuweisen und etwa Fragen nach einer Mitverantwortung der antisemitischen Flüchtlingspolitik am Tod jüdischer Flüchtlinge zu parieren.

Nebst Anne Frank fällt in dieser Liste jene (zwar nicht überdimensionierte) Reihe von Büchern und Autoren auf, die sich auseinandersetzen mit der schweizerischen Politik, Armee und Gesellschaft zur Zeit des Nationalsozialismus und des Zweiten Weltkrieges. Die Auswahl beinhaltet sowohl Belletristik als auch Sachbücher und umfasst thematisch eine breite Palette. Mit Jon Kimches *General Guisans Zweifronten Krieg* (1962) und Werner Rings Buch *Die Schweiz im Krieg* (1974) zur gleichnamigen, bereits anfangs der 1970er Jahre ausgestrahlten und überaus erfolgreichen Doku-Fernsehserie, sind zwei Klassiker populärer geschichtsjournalistischer Arbeiten aufgeführt, die schweizerische Landesverteidigung, Krieg und (äußere wie innere) Bedrohung thematisieren, Simone Chiquet nimmt mit ihrer auf Oral History basierenden Darstellung *Es war halt Krieg* (1992) alltagsweltliche Dimensionen in den Blick. Breiter angelegte Arbeiten zum Thema Antisemitismus bzw. Geschichte jüdischer Schweizer, die nicht nur diese Epoche thematisieren, wie etwa Jaques Picards geschichtswissenschaftliche Arbeit *Die Schweiz und die Juden 1933-1945, Schweizerischer Antisemitismus, jüdische Abwehr und internationale Migrationspolitik* (1994) und Charles Lewinskys jüdische Familiensaga *Melnitz* (2006) gehören ebenso zu dem in den Fragebogen erscheinenden Repertoire wie Niklaus Meienbergs Bericht über den Wille-Clan *Die Welt als Wille und Wahn* (1987), der die Affinitäten eines Teils der schweizerischen Bourgeoisie zum deutschen Nationalsozialismus zeigt. Stellvertretend für eine kritische Auseinandersetzung mit der schweizerischen Gesellschaft werden überdies die beiden Grandmessieurs der zeitgenössischen schweizerischen Literatur Max Frisch und Friedrich Dürrenmatt zitiert. Auch die Flüchtlingsthematik ist vertreten, zwei sehr unterschiedliche Titel finden Erwähnung: einerseits Alfred A. Häslers Buch *Das Boot ist voll* (1967) – über Imhoofs Film zum Buch haben wir bereits berichtet – sowie *Wir Schweizer Kinder*, Erlebnisberichte von ÖsterreicherInnen, die gegen Kriegsende von der schweizeri-

---

355  Ebd. S. 19f.

schen Kinderhilfe versorgt wurden. Zum Themenfeld Nachrichtenlose Vermögen und geschichtspolitischen Debatten der 1990er Jahre finden Paul E. Erdmanns *The Swiss Account* und sogar der Schlussbericht der Unabhängigen Expertenkommission Schweiz – Zweiter Weltkrieg *Die Schweiz, der Nationalsozialismus und der Zweite Weltkrieg* als Referenz Erwähnung.

Schweiz spezifische literarische Interessen scheinen allerdings in der Enkel- und der Großelterngeneration nicht bzw. kaum vorhanden zu sein, es sind vielmehr die VertreterInnen der mittleren Generation, Kinder der ZeitzeugInnen, die diesbezüglich das Repertoire der aufgelisteten Bücher erweitern. Insgesamt scheint die Auseinandersetzung mit Fragen nach der Rolle der Schweiz während des Zweiten Weltkrieges gewissermaßen en passant über Printmedien und Ausstrahlungen in Radio und Television zu erfolgen und von deren Thematisierungen abhängig zu sein.

Wie unsere Auslegeordnung zeigt, beziehen die befragten Interviewteilnehmenden ihr geschichtliches Wissen aus einem breiten Spektrum medialer Referenzen, welche informieren, Auskunft geben, aufklären, inszenieren und dessen gedenken, was Ereignis war in den dreißiger und vierziger Jahren des vergangenen Jahrhunderts. Wenn auch die mediale Palette und die Auskunftsbereitschaft der beteiligten Personen sich sehr heterogen zeigen, kristallisieren sich in dieser bunten Kartographie relevanter, vergangenheitsbezogener Referenzen doch erinnerungskulturelle Tendenzen im kommunikativen Gedächtnis heraus.

Television, Film, Gedenkstätte, Archiv, Buch, Museum sind diejenigen medialen Vermittler, die gegenüber Zeitzeugenschaft (notwendigerweise) sich ausdehnen; Großeltern sind zwar durchaus noch Referenzen, gerade wenn es um hiesige Ereignisse und Erfahrungen des damaligen Alltags geht, Massenmedien laufen ihnen jedoch den Rang ab. Es zeichnen sich dabei Trends ab. Die großen Schlachten des Zweiten Weltkriegs einerseits, sowie andererseits der Holocaust bilden thematische Interessenschwerpunkte. Es sind diese Ereignisse, die im kulturellen Gedächtnis für die Schrecken des Zweiten Weltkrieges stehen und gegenwärtig auch im kommunikativen Erinnern die breiten Pfade des Erinnerns festzulegen scheinen. Einzelschicksale sind dabei über alle mediale Sparten hinweg besonders populär. Demgegenüber treten andere mögliche Themenfelder, wie antifaschistischer Widerstand,[356] Auseinandersetzungen mit faschistischen und nationalsozialistischen Ideologien, Alltag der Menschen im Krieg eher in den

---

356 Im Januar 2009, also nach dem wir bereits Zweidrittel der Interviews erhoben hatten, lief im deutschsprachigen Raum Bryan Singers *Operation Walküre – Das Stauffenberg Attentat* mit Tom Cruise in der Hauptrolle an. Militärischer Widerstand, in der Rezeption oftmals verwechselt mit antinationalsozialistischem Widerstand, wurde hingegen in keiner jener sechs Gruppendiskussionen und keinem der Fragebogen, die wir in den darauf folgenden fünf Monaten erhoben, thematisiert.

Hintergrund. Worauf wir in Kapitel 2 im diachronen Überblick über die erinnerungskulturellen Transformationen der Nachkriegsjahrzehnte hingewiesen haben, wird auch hier deutlich: die Zeitgebundenheit historischen Erinnerns. Hinsichtlich der beachtlichen Rezeption transkontinentaler, audiovisueller Großproduktionen oder des Besuchs von Museen, Gedenkstätten, Archiven im In- und vor allem im Ausland zeigt sich die Partizipation an einer stark medial geprägten transnationalen Erinnerungskultur, die, wie wir in den nachfolgenden Kapiteln noch ausführlich diskutieren werden, in ein Spannungsverhältnis zur kommunikativen Erinnerungspraxis treten kann. Ein Spannungsverhältnis zwischen historischer Aufarbeitung und massenmedialem Konsum scheint sich auch hinsichtlich der Thematik als solcher zu zeigen, die mit zunehmender zeitlicher Distanz zum Ereignis, zum Stoff für Romanzen und unterhaltsame Stories wird.

### 3.3 Generation als Gedächtniskategorie

*Generation* gehört zu den zentralsten Begriffen im Diskurs über die Zeit des Nationalsozialismus und des Zweiten Weltkrieges. *Aktivdienstler, Zeitzeugen, Junghistoriker, Alte* und *Junge* sind wohl die bekannten Nennungen und Bezeichnungen, die herumgereicht wurden in den geschichtspolitischen Debatten der 1990er Jahre, anlässlich derer damals denn auch allenthalben von einem generationellen Konflikt die Rede war.[357] Im Ringen um historische Wahrheiten findet sich hierin eine Deutungsvariante, die medial inszeniert und portiert, durchaus auch seine Entsprechung findet im sozial- und geisteswissenschaftlichen Diskurs. Stelle doch, wie Ulrike Jureit meint, nebst *Nation* und *Klasse Generation* jene Identitätsgröße dar, die dann zum Zuge käme, wenn andere Ordnungsmuster nicht zur Verfügung stünden, ihre Ordnungskraft eingebüßt hätten oder als belastend gälten.[358] So interpretierten damalige HistorikerInnen den Widerspruch, welcher der Demontage tradierter Geschichtsbilder entwuchs, vorab als (wohl letztes) Aufbegehren jener, die die Epoche des Nationalsozialismus und des Zweiten Weltkrieges noch erlebt hatten. Historische Erinnerung erscheint damit primär generationell gelagert. In neueren Ansätzen der Generationenforschung, wie sie etwa in den Arbeiten von Harald Welzer oder Ulrike Jureit vorliegen, wird *Generation* denn auch aufgefasst als Gedächtniskategorie.[359] Politische und familiale

---

357 Vgl. dazu etwa auch Unabhängige Expertenkommission Schweiz – Zweiter Weltkrieg: Die Schweiz, der Nationalsozialismus und der Zweite Weltkrieg, S. 517. Oder etwa die Homepage der 1998 gegründeten *Arbeitskreis gelebte Geschichte (AGG)*: www.gelebte-geschichte.ch.
358 Jureit, Ulrike: Generationenforschung, S. 124.
359 Vgl. dazu etwa auch die theoretischen und methodischen Ausführungen in Kapitel 1 der vorliegenden Arbeit.

Generationenmodelle sind dabei insofern verknüpft, als gesellschaftliche und familiäre Sozialisations- und Identitätsprozesse als sich wechselseitig beeinflussende begriffen werden. *Generation* wird dabei weniger essentialistisch gefasst, als vielmehr der Fokus auf jene kommunikativen Bedingungen gelegt, unter denen generationelle (Selbst-) Verortungen vorgenommen werden, die auch für die vorliegende Arbeit von Interesse sind.[360]

*Generation* als Begriff scheint schon in die geschichtspolitische Auseinandersetzung der 1990er Jahre bereits vielfältig eingeschrieben gewesen zu sein und stellt auch im gegenwärtigen kommunikativen Erinnerungsgeschehen einen wichtigen Bezugspunkt dar. Inwiefern in den von uns untersuchten Erinnerungsräumen *Generation(en)* als Erinnerungsgemeinschaft(en) zum Tragen kommen, als solche eine allfällige gruppenspezifische Sicht auf die Schweiz während Nationalsozialismus und Krieg aufzeigen und selbige zustimmend, ergänzend oder konkurrierend zum herrschenden Diskurs formulieren, wird in den nachfolgenden Abschnitten und Kapiteln behandelt.

### *3.3.1   Generationell erinnern?*

In den vorhergehenden Kapiteln, in denen die Bedeutung der Familie im Prozess kommunikativen Erinnerns zur Diskussion standen, zeigten sich sowohl innerhalb der Familien als auch im Vergleich der Gruppendiskussionen untereinander betreffend des Interesses und der Relevanz, die der Thematik beigemessen wird, vielfältige Konfliktlinien. Dies rührt wohl daher, weil sich die gemeinsame Verfertigung von Geschichte im kommunikativen Prozess aus unterschiedlichsten Wissensbezügen und -formationen speist. Die Familie ist, wie wir gesehen haben, nicht der zentrale Ort, wo diese Vergangenheit gemeinsam verfertigt und reproduziert wird. Hat sich die Familie als keine homogene Erinnerungsgemeinschaft erwiesen, verhält es sich hinsichtlich der Generation als Erinnerungsgemeinschaft nicht minder komplex.

Im Vergleich der an den Gruppendiskussionen beteiligten ZeitzeugInnen-, Kinder- und EnkelInnengeneration lassen sich innerhalb der Generation durchaus Ähnlichkeiten und Parallelen ausmachen.[361] So stehen etwa im gemeinsamen Gespräch in vielen Interviews zunächst die biographischen Erinnerungen der Großeltern an ihre Kindheit, Jugend und jungen Erwachsenen-Jahre im Vorder-

---

360   Bei Harald Welzer etwa spielt die generationelle Lagerung dort eine Rolle, wo es um die von ihm und seinem Forschungsteam in der genealogischen Folge beobachtete kumulative Heroisierung geht. Freilich ist dies eng verwoben mit familialer Generation und familialer Tradierung.
361   Vgl. zum hier verwendeten Begriff Generation Kapitel 1.2.

grund, die älteren TeilnehmerInnen treten auf als ZeitzeugInnen, die von ihren Erfahrungen vorab aus der Kriegszeit berichten. Unterschiedliche Erzählungen über Kindheitserinnerungen, etwa an Rationierungsmarken, oder Erinnerungen an die Langeweile im Frauenhilfsdienst und soldatischen Alltag speisen die breite Palette ebenso wie Schilderungen von Fluchthilfeleistungen des damaligen schweizerischen jüdischen Jugendbunds oder der eigenen Flucht aus der Schweiz und aus Europa.[362] Auf die Heterogenität der Erfahrungen und Erinnerungen der so genannten Aktivdienst- bzw. Zeitzeugengeneration hat bereits das im Jahr 1998 vom Filmemacher Frédéric Gonseth gegründete Projekt *Archimob* (Archives de la Mobilisation), das Zeugnisse über die Zeit des Zweiten Weltkrieges in der Schweiz sammelt und archiviert, aufmerksam gemacht.[363] Auch verschiedene weitere auf Oral History basierende Arbeiten haben die Fiktion einer homogenen Aktivdienstgeneration, wie sie im Nachgang des Zweiten Weltkrieges beschworen wurde, demontiert.[364]

Sind es biographische Erinnerungen, die die Großeltern zunächst in den Vordergrund rücken, behandeln deren Kinder mit unterschiedlichen Foki und Gewichtungen das Thema Vergangenheitsaufarbeitung, die die jüngste Landesgeschichte und zuweilen auch den Holocaust betrifft, als Generationenthema. Dabei stehen das Verhalten der offiziellen Schweiz, mitunter auch die Gesinnung und Haltung der eigenen Eltern im Zentrum. Allgemein ethische und moralische Kategorien, die dabei zum Tragen kommen, lassen hingegen die Debatten der 1990er Jahre als historischen Bezugspunkt vermuten. Krieg und Nationalsozialismus ist den in der Nachkriegszeit Geborenen und Aufgewachsenen zwar nur aus zweiter Hand bekannt, aus Erzählungen der Eltern und Großeltern, aus Büchern und Medien. Emotional kommt jedoch dem Ereignis und der Auseinandersetzung damit oftmals noch eine zentrale Bedeutung zu, indem sie zu Loyalitäts- oder Abgrenzungsbekundungen innerhalb der Familie führen.[365] Etwa dann, wenn sich die Architektin Jolanda R. (Jg. 1950) nach den Beweggründen fragt, die ihre Mutter dazu veranlasst haben, als junge Frau während des Krieges im nationalsozialistischen Deutschland für eine internationale Firma tätig gewesen zu sein, oder wenn Philipp L. (Jg. 1950), Rechtsanwalt, hervorhebt, mit den Erzählungen über

---

362 Vgl. dazu etwa GD D. Z138ff, GD O. Z249ff, GD P. Z501ff und GD P. Z362ff.
363 Siehe dazu die Homepage des Projekts unter www.archimob.ch [Stand 28.03.2012].
364 Beispielsweise Dejung, Christof; Gull, Thomas; Wirz, Tanja: Landigeist und Judenstempel; oder auch: Dejung, Christof: Aktivdienst und Geschlechterordnung, Zürich 2006.
365 Den Begriff der «Familienbande» in Bezug auf die (politisierte) Auseinandersetzung mit der Weltkriegsvergangenheit diskutiert etwa Weigel, Sigrid: Familienbande, S. 108ff.

die Judenverfolgung aufgewachsen zu sein, oder wenn der KV-Angestellte Werner O. (Jg. 1949) sich empathisch in den beschwerlichen Alltag seiner Mutter versetzt und betont, worauf sie verzichtet und was sie geleistet habe für das Land.[366]

Zeigen sich bei der Kindergeneration Einfühlungsversuch und emotionale Involvierung, so lässt sich vorrangig die Frage nach der historischen und praktischen Relevanz der nunmehr weit über sechzig Jahre zurückliegenden Ereignisse Krieg und Holocaust erkennen. Entsprechend dem aktuellen Erinnerungsdiskurs sind Stimmen zu vernehmen, die Krieg und Holocaust für Geschichte und damit abgeschlossen halten oder aber Stimmen, die auf deren menschheitsgeschichtliche Bedeutung hinweisen und darum Erinnerung und Mahnung wach halten wollen.

Quer zu diesen im Sample durchaus erkennbaren generationellen Tendenzen spielen, wie in der Thematisierung der Schweiz während Nationalsozialismus und Krieg, ethische oder moralische Fragestellungen eine wichtige Rolle, wobei hier generationeller Zugehörigkeit keine besondere Rolle zuzukommen scheint: Weder lässt sich ein idealisierter Blick auf die Rolle der Schweiz der 1930er und 1940er Jahre den ZeitzeugInnen zuschreiben noch ein geschichtsbildkritischer den nachfolgenden Generationen. Vielmehr spielen bei den moralischen Urteilen politische und soziale Faktoren die entscheidende Rolle. Dass hingegen in der kommunikativen Vergegenwärtigung dieser Epoche die Kategorie *Generation* eine zentrale Bedeutung hat, zeigt sich deutlich.

### 3.3.2 *Generation als argumentative Selbst- und Fremdthematisierungsformel*

Generation bzw. generationell codierte Gegenüberstellungen als Selbst- bzw. Fremdthematisierungsformel zeigten sich in den von uns durchgeführten Gruppengesprächen geradezu als Standard in der Auseinandersetzung mit der Zeit des Nationalsozialismus und des Zweiten Weltkrieges. Wie eingangs gezeigt, war Generation im vergangenheitspolitischen Diskurs Mitte der 1990er Jahre eine in Anspruch genommene und medial auch stark präsente Strukurierungs- bzw. Deutungsformel, die die Auseinandersetzung mit der Vergangenheit zunächst als eine Frage der Loyalität und Dankbarkeit gegenüber den Vorvätern und -müttern erscheinen ließ.

So kommt der Begriff *Generation* denn auch weit verbreitet in den Gruppendiskussionen als Selbst- bzw. Fremdthematisierungsformel zum Zug und ist in der kommunikativen Vergegenwärtigung dieser Vergangenheit zu unterschiedli-

---

366  Vgl. dazu GD R. Z59ff, GD L. Z200 oder GD O. Z300-313.

chen Verwendungszwecken und in unterschiedlichen Argumentationszusammenhängen prominent vertreten. Während der Begriff *Generation* manchmal ganze Gruppendiskussionen strukturiert, kommt die Formel in andern Interviews nur punktuell vor. Konstant bleibt indes ihre primäre Funktion als Differenzkategorie in der Interviewdynamik selbst wie auch in der Beschreibung und Deutung von differierenden bzw. konfligierenden Perspektivierungen von Nationalsozialismus und Weltkrieg als historischem Ereignis.

Anhand ausgewählter Beispiele wollen wir nachfolgend *Generation* als Selbst- und Fremdthematisierungsformel beschreiben. Argumentative Verwendung findet sie zunächst dort, wo in den Gruppendiskussionen die heutige Relevanz der Auseinandersetzung mit Krieg und Nationalsozialismus diskutiert wird. Das zeigt sich etwa im bereits vorgestellten Interview mit der Appenzeller Familie K.: Vehement das ostentativ gezeigte Desinteresse ihrer Enkelin, der KV-Angestellten Petra K. (Jg. 1985), und zuweilen auch jenes ihrer Tochter Gabriela K., Bäuerin (Jg. 1952), zurückweisend, beklagt Dora K. (Jg. 1931) deren angebliche Ignoranz gegenüber historischen Ereignissen.

> Dora K. (Jg. 1931): Also die Jungen verdrängen das jetzt so wie sie [zeigt auf Petra K.]. Sie verdrängen das richtiggehend/
>
> Petra K. (Jg. 1985): Ich verdränge das nicht, Großmutter, das ist, das/
>
> Dora K. (Jg. 1931): Doch/
>
> Gabriela K. (Jg. 1952): Nein, die hat ja keine Ahnung, die hat keine Ahnung!
>
> Petra K. (Jg. 1985): Verdrängen und kein Interesse, das ist was anderes.
>
> Gabriela K. (Jg. 1952) Ja, das ist so. Da musst du in meinem Alter sein, damit du dich da zurecht findest.[367]

Schreibt Dora K., die die Zeit des Zweiten Weltkrieges als Jugendliche miterlebt hat, ihrer Enkelin Petra K. und mit ihr *«den Jungen»* insgesamt zu, sie würden, wie aus dem weiteren Kontext der Sequenz hervorgeht, diese Vergangenheit und die Erfahrungen und Erlebnisse ihrer Generation ausblenden, insistiert Petra K., unterstützt von ihrer Mutter: Nicht um *«Verdrängen»* gehe es, sondern vielmehr um *«kein Interesse»*. Möglicherweise schlichtend knüpft Gabriela K. hier an und gibt zu bedenken, dass es eines gewissen Alters bedarf, um *«sich da zu-*

---

367 GD K. Z1004-1027.

*recht»* zu finden, unterstützt damit auch wiederholte vorgängige Voten von Petra K., wonach diese Epoche, diese Geschichte, Vergangenheit bzw. abgeschlossen sei.[368] Die Bedeutung und Relevanz dieser Thematik für unsere Gegenwart (und Zukunft) scheint so in Frage gestellt zu sein.

Sieht Dora K. ihre (und ihresgleichen) Geschichte diskreditiert und wirft sie ein, dass *«was man selbst erlebt hat, nie los»* werde,[369] gibt der in Zürich wohnhafte Student Marc L. (Jg. 1982), der in seiner Auseinandersetzung mit der Zeit des Zweiten Weltkrieges den Fokus auf den Holocaust legt, weniger Desinteresse als vielmehr Überforderung sowohl aufgrund zeitlicher als auch emotionaler Distanz zum Ereignis zu bedenken. Er wendet sich dabei im Gespräch an seinen damals noch jugendlichen Großvater:

> Marc L (Jg. 1982): [...] Man kann es, eben wie du gesagt hast, du hast es damals noch ganz anders erlebt. Du hast es nicht richtig/ du hast es nicht fassen können, es hat emotional zu stark belastet, oder. Und das ist ja heute eigentlich genau das gleiche, wenn man sich wirklich damit befassen will.[370]

Marc L. bezieht sich an dieser Stelle auf den Holocaust; die Auseinandersetzung mit diesem Ereignis stellt er sich damals wie heute als belastend bzw. als eine Überforderung vor, was Marc L. als Grund bzw. Ursache einer *«Abwehrhaltung»*[371] sieht, die er, wie er im weiteren Verlauf der Sequenz bemerkt, bei seinen Altersgenossen festzustellen meint. Die Schule habe da einen Anteil dran, weil der Geschichtsunterricht faktenlastig und repetitiv sei, die SchülerInnen nicht fesseln könne. Damit meint er auch, sei eine Chance vertan, zumal nach Abschluss der Schule ohnehin kaum mehr jemand sich für diese Geschichte interessieren würde. Diesem Missstand hält Marc L. denn auch den Vorschlag entgegen, ein Buch zu lesen, *«das vielleicht aufwühlt»*, um dann darauf aufbauend den Unterricht zu gestalten.

> Marc L. (Jg. 1982): [...] Vielleicht wäre das die bessere Möglichkeit. Ich glaube, es ist/ wenn du die Schulzeit beendet hast und das Thema durchgenommen hast, dann ist es bei praktisch keiner Person so, dass sie weiter etwas darüber erfahren und sich damit beschäftigen will [...].[372]

Marc L. problematisiert Interesse und Relevanz der Thematik generationell gelagert: Heutige Jugendliche würden sich mit der Thematik nicht auseinandersetzen wollen. Emotionale Überforderung und gegenläufig dazu absente emotionale Anbindung seien die Ursache. Ähnlich wie Gabriela K. (Jg. 1952) sind hier zunächst generationelle Nähe zum Ereignis Bedingung für interessierte Aus-

---

368 Vgl. GD K. Z260.
369 GD K. Z1296.
370 GD L. Z1422-1425.
371 Vgl. GD L. Z1425ff.
372 GD L. Z1433-1438.

einandersetzung, indes nicht absolute, könnte doch, so die Argumentation, *«ein Buch, das vielleicht aufwühlt»*, die Distanz überbrücken. *Generation* ist in dieser Verwendung eine Differenzkategorie, die in den Gesprächen die Relevanz der Thematik begründen soll. *Generation* als argumentative eingesetzte Differenzkategorie findet sich in den Gruppendiskussionen indes nicht nur dort, wo diskutiert wird, wie relevant die Thematik und die Auseinandersetzung damit seien. Als Differenzkategorie tritt *Generation* auch dann auf, wenn es explizit um Möglichkeiten und Grenzen von Urteilskraft im Erörtern, Beurteilen und Bewerten dieser Vergangenheit geht. In einem zwar breiten Kontinuum finden sich im Sample denn auch jene Positionen häufig reproduziert und einander geradezu antagonistisch gegenüber gestellt, die in den geschichtspolitischen Debatten der 1990er Jahre zu polarisieren vermochten. Anhand einer Sequenz aus der Diskussion mit der bereits vorgestellten Familie Z. wollen wir dies betrachten.

Vor dem Hintergrund der Bücherauslage, die wir zu den Gruppendiskussionen jeweils mitbrachten, sind die ohnehin sehr engagiert am Gespräch beteiligten Sophia Z. (Jg. 1943), Irene Z. (Jg. 1966) und Roland Z. (Jg. 1990) vertieft in eine Diskussion darüber, wie die Auseinandersetzung mit der Vergangenheit idealerweise sein solle: nämlich differenziert.[373] Eine differenzierte Sichtweise auf die Vergangenheit wird Roland Z. zufolge nicht nur beeinträchtigt durch politische Ausrichtung, sondern auch durch die eigene biographische Nähe oder Distanz zum Ereignis:

> Roland Z. (Jg. 1990): [...] Ich kann mir vorstellen, dass in Sparta auch anders über alte spartanische Kriege geredet worden ist, als man heute darüber redet. Dass die auch viel/ also ich find, es ist ein logisches Phänomen, dass man über etwas, das einem quasi selber noch betrifft/ wie das euch beide sicher mehr betroffen hat als mich/ viel weniger differenziert reden kann, als wenn man viel später ist.[374]

Roland Z. gibt hier zu bedenken, dass im Wandel von Raum und Zeit die Perspektiven auf stattgefundene Ereignisse sich ohnehin verändern, und nimmt an, dass sich mit fortschreitender Distanz ein differenzierterer Blick auf die Vergangenheit einstellen würde, welchen er seiner Mitte der 1960er Jahre Mutter geborenen und seiner gegen Ende des Zweiten Weltkrieges geborenen Großmutter abspricht. Ein *«logisches Phänomen»* sei es, wie er sagt, dass man über etwas, wovon man selbst betroffen sei, *«viel weniger differenziert reden»* könne: *«Je weiter du von einem geschichtlichen Ereignis weg kommst, desto differenzierter wird es.»*[375] Hält Marc L. (Jg. 1982), wie wir weiter oben gesehen haben, emotionale Anbindung geradezu für eine Bedingung zur Auseinandersetzung mit einem

---

373  Vgl. dazu GD Z. Z583-822.
374  GD Z. Z782-788.
375  GD Z. Z754-755.

historischen Ereignis, wertet Roland Z. (Jg. 1990) Betroffenheit und emotionale Involvierung aufgrund zeitlicher Nähe zum Ereignis als negativ für die objektive Beurteilung. Jenen Generationen, die historisch bedeutsamen Begebenheiten beiwohnten (und auch den nächst Nachgeborenen), werden Urteilskraft und differenzierte Auseinandersetzung mit selbigen abgesprochen und Befangenheit zugeschrieben.

Lautet hierin salopp formuliert die Formel: je betroffener, desto weniger urteilsfähig, sind aus der Sicht anderer Teilnehmenden vice versa Erleben, Dabeigewesen-Sein und Gesehen-Haben geradezu Gradmesser historischer Wahrhaftigkeit und Authentizität. (Groß-)Eltern fungieren dann als Informationsquellen erster Hand und sind mit besonderer Autorität ausgestattet. In den Gruppendiskussionen werden sie und ihre Erzählungen funktionalisiert, dienen als vorbildhafte Beispiele und als Beleg dafür, wie es *wirklich* war. Dies ist etwa der Fall bei dem aus der Innerschweiz stammenden Werner O., für den seine Mutter eine wichtige Referenzfigur ist:

> Werner O. (Jg. 1949): Und ich erzähle [...] heute noch solche Sachen, die sie uns erzählt hat, um zu zeigen, dass das Leben in der Schweiz, in den 1930er und 1940er Jahren/ die Schweiz hatte keinen Wohlstand, (Irma O.: Also/) wie er jetzt ist. Die Schweiz hat auch/ die Schweizer Bevölkerung hat andere Zeiten erlebt. Und der Wohlstand/ ich sage immer der Wohlstand, den wir heute haben, ist erarbeitet. Und die Generation während des Krieges, die hat einen ganz wesentlichen Anteil an dem.[376]

In der Schweiz habe damals kein Wohlstand geherrscht, das weiß Werner O. von seiner Mutter, und jener Wohlstand, den wir heute kennen, sei jener *«Generation»* zu verdanken, die *«während des Krieges»* für die Schweiz eingestanden sei. Nicht bloß als neutrale Auskunftsstellen, die über vergangene Lebenswelten berichten, dienen in der obigen Sequenz die so genannten ZeitzeugInnen, sondern sie werden auch als Argument in Diskussionen um die damalige Rolle der Schweiz vereinnahmt. Verwiesen wird auf sie etwa dann, wenn es darum geht, historiographische Aufarbeitung in Frage zu stellen. Die *«Generation meiner Mutter»*, meinte Emil A. (Jg. 1966), Ingenieur im Zürcher Oberland, könne sich mit dem, was im Bergier-Bericht und in den Medien berichtet worden sei, *«nicht unbedingt anfreunden.»* Das vorwiegend positive Bild sei in sein Gegenteil verkehrt worden. Dies sei, wie Emil A. zu bedenken gab, daher *«riskant»* und problematisch, *«weil dann wirklich sehr einseitig berichtet wird».*[377] Im Vergleich der gegensätzlichen Positionen werden denn auch unterschiedliche Konzepte histori-

---

376  GD O. Z321-326.
377  GD A. Z1314ff.

scher Wahrheit oder Wahrheitsfindungen erkennbar. Auf die argumentative Funktionalisierung dieser Selbst- und Fremdzuschreibungen werden wir in Kapitel 5 nochmals zu sprechen kommen.

Zeigen sich im Vergleich der Interviews generationell unterstrichene Argumentationen, etwa wenn die Relevanz der Auseinandersetzung mit der Zeit bzw. der Schweiz während des Nationalsozialismus und Zweiten Weltkrieges oder Fragen historischer Wahrheitsfindung diskutiert werden, so gehört zum Sample generationeller Selbstthematisierungen und Zuschreibungen auch ein Aspekt, der Generation an einen (Selbst-) Auftrag koppelt. So konnten wir anlässlich der Gruppendiskussionen wiederholt (implizite und explizite) Generationenaufträge beobachten, wie etwa jenen, der im Kontext der etwa anfangs der 1990er Jahre einsetzenden erinnerungskulturellen Tendenz zu verorten ist und es sich zur Aufgabe macht, die Stimmen sowie Erinnerungen der ZeitzeugInnen des Zweiten Weltkrieges vor deren Ableben zu sammeln und zu konservieren. Wir haben bereits darauf hingewiesen, wie verschiedene der mittleren Generation angehörige Interviewteilnehmenden das Interesse bekundeten, die Erzählungen ihrer Eltern zu tradieren. Mitunter wurden von diesen auch persönliche Erinnerungen verschriftlicht und im Eigenverlag publiziert.[378] Am Beispiel von Werner O. haben wir bereits einen ersten Eindruck davon erhalten, wie solches Engagement oftmals im Kontext spezifischer Erinnerungsinteressen steht.

Ein weiterer selbstauferlegter Generationsauftrag, der nur mehr unterscheidet zwischen ZeitzeugInnen einerseits, und allen nachfolgenden Generationen andererseits, fokussiert auf das Ereignis Holocaust: Im Gespräch über Sinn und Zweck der Auseinandersetzung mit der Vergangenheit formuliert die Teilnehmerin Tanja P. (Jg. 1968), vor ihrem jüdischen Familienhintergrund, einen aus dem Holocaust resultierenden selbst auferlegten Generationenauftrag, den sie sich in Erwartung dessen, was da noch kommen könnte, sich selbst auferlegt und der als Memento wirken soll.

> Tanja P. (Jg. 1968): Also wir halten es auch so, die dritte Generation oder meine Kinder, die vierte Generation, dass wir das aktiv wach halten. Der Holocaust und was gewesen ist. [...] Und ich denke und glaube auch, dass es wichtig ist, alert zu bleiben, und wachsam zu sein/.[379]

Der Auftrag, den Tanja P. hier formuliert, fokussiert nicht bloß das Gedenken an ein historisches Ereignis, sondern richtet sich vor dessen Hintergrund auch auf Gegenwart und Zukunft. Der *«Holocaust und was gewesen ist»*, soll *«aktiv wach»* behalten werden nicht nur im Gedenken an die Ermordeten, sondern als

---

378 Vgl. dazu etwa Familie P., wo Catherine P. die Memoiren ihres Vaters in einem nicht veröffentlichten Buch festgehalten hat.
379 GD P. Z1366-1373.

Mahnung, Warnung und Handlungsanweisung für Künftiges tradiert. Zugleich begegnen wir hier einem generationellen und familialen Wir, das sich, wie wir noch sehen werden, grundlegend von andern unterscheidet.

Während die generationelle Selbstthematisierung von Tanja P., auch mit Blick auf den in den Debatten der 1990er Jahre vermehrt auftretenden Antisemitismus, Gefühle der Unsicherheit und Gefährdung ausdrückt, die nicht nur sie, sondern auch andere VertreterInnen jüdischer Familien der zweiten und dritten Generation formulieren,[380] beschreibt der im Kanton Fribourg lebende Student Matthias G. (Jg. 1988) seine Generation gegenüber jener seiner Großeltern gerade angesichts des Holocaust als mutiger: Anders als die Vorväter, würde sich, so behauptet er, die *«junge»* Generation in einer ähnlichen Situation offensiver verhalten.[381]

Lassen sich anhand der durchgeführten Gruppendiskussionen in der Folge Großeltern-Kinder-Enkel zwar ansatzweise generationell gelagerte Erinnerungsinteressen und -perspektiven ausmachen, so ist, wie wir anhand ausgewählter Beispiele gesehen haben, Generation als Selbst- und Fremdthematisierungsformel im Sample deutlich präsent als Differenzkategorie und wird in der Auseinandersetzung mit der Zeit des Nationalsozialismus, des Krieges und des Holocaust als Bezugskategorie verwendet. Dies etwa dann, wenn es um Diskussionen über die Relevanz der Thematik für unsere Gegenwart oder um die *wahre* bzw. *richtige* Interpretation vergangener Ereignisse geht.

Generation als den Vergangenheitsdiskurs (mit-)strukturierendes Moment prägte wesentlich die vergangenheitspolitischen Debatten der 1990er-Jahre und gab vor, die Konflikte um die Interpretation, Beurteilung und Bewertung der Rolle der Schweiz während des Zweiten Weltkrieges seien auf generationelle Unterschiede zurückzuführen, wobei differierende soziale oder politische Perspektiven als Faktoren in der Auseinandersetzung mit dieser Vergangenheit in den Hintergrund rückten. Insbesondere die politische Rechte der Schweiz vermochte damit emotional zu mobilisieren, indem jenseits sachlicher Auseinandersetzung moralisierende Kategorien wie etwa mangelnde Dankbarkeit gegenüber den Verdiensten der Vorväter und dergleichen ins Spiel gebracht wurden. Als Differenzkategorie in der konflikthaften Auseinandersetzung mit der jüngsten nationalen Vergangenheit fand indes *Generation* Eingang auch ins kommunikative Gedächtnis und strukturierte so, wie wir gesehen haben und auch noch sehen werden, zuweilen die Diskussion um die Schweiz während Nationalsozialismus und Krieg.

---

380   Vgl. dazu GD L., GD P., GD H.
381   GD G. Z961.

## 3.4 Gruppendiskussionen als gemeinsame soziale Praxis – die Rolle der Interviewerinnen

Als Interviewerinnen sind wir Teilnehmerinnen an den von uns initiierten Gruppendiskussionen und damit ebenfalls Teil der Forschungssituation, die wir untersuchen. Wie in den Ausführungen zu unserem methodischen Vorgehen bereits angesprochen, verstehen wir die Interviews als einen Ort gemeinsamer sozialer Praxis, den die Teilnehmenden der Gruppendiskussion und wir gemeinsam gestalten und in der auch wir von unseren InterviewpartnerInnen auf ganz spezifische Weise als Akteure wahrgenommen werden und Rollen zugewiesen bekommen. In den Szenen, die sich zwischen unseren InterviewpartnerInnen und uns entwickeln, zeigt sich dies besonders deutlich.

Als Akteurinnen, die selbst Teil gegenwärtiger Erinnerungskultur sind, werden wir nicht nur in den von uns verfolgten Erkenntnisinteressen, Fragestellungen und verfassten Texten, sondern auch in den Interviews unmittelbar sichtbar über die sich in unserem Leitfaden spiegelnden Themen, über die Art und Weise, wie wir in den Interviews Fragen stellen, wie wir auf unsere InterviewpartnerInnen und ihre Diskussionsbeiträge reagieren und wie wir selbst aktiv an den Gesprächen partizipieren. Es gibt immer wieder Situationen in den Interviews, in denen deutlich wird, wie wir als Interviewerinnen beteiligt sind an der Konstruktion von Bildern und Vorstellungen über die Zeit des Zweiten Weltkrieges, etwa indem wir gemeinsam mit unseren Teilnehmenden bemüht sind, die Geschichte der Anne Frank zu rekonstruieren (vgl. Kapitel 5.4). Es wird auch deutlich, dass wir selber mit unseren thematischen Schwerpunktsetzungen in einen spezifischen geschichtspolitisch-erinnerungskulturellen Kontext gehören, exemplarisch sichtbar an der thematischen Gewichtung der Fragen, die wir zum Thema Flüchtlingspolitik stellen. Bei der Nachfrage nach dem Wissen über den J-Stempel etwa zeigt es sich, dass wir uns unter *Flüchtlingen* in erster Linie jüdische Flüchtlinge vorstellen, während viele TeilnehmerInnen ein wesentlich breiteres Verständnis davon zu haben schienen, was Flüchtlinge sind (neben jüdischen Flüchtlingen beispielsweise auch vom Krieg betroffene AuslandschweizerInnen oder Kinder, die aus zerstörten deutschen und österreichischen Städten zur Erholung in die Schweiz kamen). So wurde uns bewusst, dass wir stark auf die Rolle des Antisemitismus in der damaligen behördlichen Flüchtlingspolitik fokussiert waren. In den Interviews wird erkennbar, dass wir vor dem Hintergrund der geschichtswissenschaftlichen Debatten der 1990er Jahre vorwiegend am Holocaust-Paradigma und der Arbeit der *Unabhängigen Expertenkommission Schweiz – Zweiter Weltkrieg* (UEK) orientiert sind. Gerade diese Orientierung an den Themensetzungen der geschichtspolitischen Debatten brachte es mit sich, dass sich in einigen Interviews eine Interaktionsdynamik entwickelte, in die wir als Interviewerinnen involviert wurden. Zentrale Konfliktlinien der geschichtspolitischen Kontroversen der 1990er Jahre reproduzierten sich. Dabei spielte aber nicht nur der Umstand mit, dass wir als Interviewerinnen aktiv die Erinnerungsräume, die wir untersuchten, mitgestalteten. Auch unsere InterviewpartnerInnen wiesen uns im Rahmen des sich dabei abspielenden Interaktionsgeschehens Rollen zu.

Zwei Positionen, die uns dabei wiederholt zugewiesen wurden, haben sich in unserem Material als besonders relevant erwiesen: In verschiedenen Interviews nahmen wir gewissermaßen die Rolle von *Treuhänderinnen gelebter Geschichte* ein, wurde uns – oftmals auch in Abgrenzung zu den HistorikerInnen der UEK, denen das Interesse für die Erfahrungen der Menschen abgesprochen wird – die Position von Zeuginnen der Erfahrungen der *kleinen Leute* zugewiesen, die, wie eine unserer InterviewpartnerInnen es sich erhoffte, *«einen besseren Bergierbericht»* schreiben sollten. In anderen Situationen – zuweilen in den gleichen Interviews – wurden wir eher als Repräsentantinnen der in den 1990er Jahren erhobenen Kritik an der Rolle der Schweiz bzw. der damit verknüpften Aufarbeitung wahrgenommen, gegen die sich in der Interaktion verschiedene unserer InterviewpartnerInnen in Position brachten.

### 3.4.1  *Treuhänderinnen gelebter Geschichte*

Einige unserer InterviewpartnerInnen sahen in uns (aufgrund unserer Projektanlage nachvollziehbar) VertreterInnen der Oral History, welche die Erfahrungen und Ereignisse der *kleinen Leute* dokumentieren wollten. Sie erzählten uns ausführlich von dem, was sie während des Krieges erlebt hatten. Gehörten sie jedoch der Kinder- oder EnkelInnengeneration an, wollten sie oftmals ihren Eltern oder Großeltern eine Plattform für das Erzählen deren Erfahrungen bieten. Manche übergaben uns zusätzlich Fotos, Dokumente oder gar im Eigenverlag veröffentlichte Erfahrungsberichte.

Da es sich um eines derjenigen Interviews handelt, auf die wir im Verlauf dieser Arbeit immer wieder eingehen werden und an dem sich zudem sehr gut zeigen lässt, wie uns in der Interaktion die Rolle von Treuhänderinnen zugewiesen wird, werden wir an dieser Stelle etwas ausführlicher auf das Interview mit der Familie C. eingehen. Eindrücklich war bereits die Eingangsszene. Als wir im Frühjahr 2008 im Haus der Familie C. in einer kleinen Agglomerationsgemeinde in der Nähe von Solothurn eintrafen, war alles schon bereit fürs Interview: Am Kopf des Tisches, die Szene als inthronisierter Zeitzeuge sozusagen dominierend, der Großvater, der in Deutschland geborene und im Kanton Schaffhausen aufgewachsene pensionierte Lehrer Fritz C. (Jg. 1943), mit einem beachtlichen Stapel an Dokumenten, Fotos, Briefen, Zeitungsartikeln vor sich. Schräg gegenüber sitzt seine Frau Elena C. (Jg. 1941), Hausfrau, und rund um den Tisch versammelt sind die anderen Familienmitglieder, als VertreterInnen der mittleren Generation der Unternehmer Theo C. (Jg. 1969) und Sandrine C. (Jg. 1970), kaufmännische Angestellte und Hausfrau, sowie die 8- und 9-jährigen Enkel Max und Daniel, schließlich wir mit unseren Aufnahmegeräten.[382] Fritz C. sprach von Beginn an viel in diesem Interview, sich beschreibend als jemand, der aufgrund seiner deutschen Herkunft – er war Sohn eines Deutschen und einer Schweizerin – *«direkt betroffen»* war und *«intensiv die Geschichte verfolgt»* und uns und dem Rest der Familie mit belehrendem Gestus erzählte, wie es damals war. Obwohl er uns mit Wertschätzung begegnete – was keineswegs in allen Interviews der Fall war, – wurden die Rollen, die er sich und uns zuwies, ziemlich deutlich. Er brachte uns – in Form von Dokumenten und Fotos – Material, vermittelte uns seine Erfahrungen und sein Wissen, wir nahmen es entgegen. Während in anderen Interviews nach unserem Wissen, nach Inhalten der von uns als Gesprächsanreiz auf den Tisch gelegten Bücher und/oder nach unserer Meinung gefragt wurde, schien solches hier nicht nötig. Der Experte für den Zweiten Weltkrieg war Fritz C., wir übernahmen die Rolle der Treuhänderinnen seines reichen Erfahrungs- und Wissensschatzes, den er uns von Beginn an, auch anhand der symbolisch vor ihm liegenden Dokumentationen präsentierte. Wie auch die ebenfalls am Interview beteiligten Frauen hatten wir wenig beizutragen. Fritz C. sprach uns als jüngeren Historikerinnen sozusagen die historische Urteilsfähigkeit ab. Betonend, dass er historischer Aufarbeitung grundsätzlich positiv gegenüber eingestellt sei, wisse er, da er sich selber mit Geschichte befasse, wie schwierig es für *«die Jungen»* sei, *«vom Schreibtisch her, aus der akademischen Studierstube etwas zu beurteilen»*[383]. Auch Ratschläge wurden uns erteilt, wie Informationen besser aufzubereiten seien, damit sie gelesen würden, wobei Fritz C. sich in abgrenzender Weise auf den von uns auf den Tisch gelegten Schlussbericht der UEK bezog. Schließlich gab er uns, den beiden Forscherinnen, einen Auftrag mit auf den Weg, indem er, mit deutlicher Anspie-

---

382 Sandrine C. hatte uns Ende 2007 auf unseren Aufruf im Beobachter hin kontaktiert, mit dem Hinweis, dass ihre Familie für unser Vorhaben von Interesse sein könnte, zumal sie vom Krieg direkt betroffen gewesen seien. Nach einigem Zögern, da die Enkel uns zu jung für das Interview schienen, aber durch die Beharrlichkeit, mit der schließlich auch Theo und Fritz C. uns per Mail und Telefon die *«Direktbetroffenheit»* ihrer Familie versicherten, neugierig geworden, hatten wir uns schließlich doch sozusagen *«überreden lassen»*, das Interview in der von der Familie vorgeschlagenen Besetzung durchzuführen.
383 GD C. Z951-952.

lung auf den Bergier-Bericht, betonte: *«Ihr habt eine große Aufgabe, um auch die Glaubwürdigkeit rüber zu bringen. Wenn das zu einseitige Berichte sind, dann dient das auch dem Irrwahn.»*[384]

Es waren unterschiedliche Teilnehmende, die mit der Vorstellung, respektive dem Auftrag an uns herantreten, dass wir sozusagen ein Korrektiv lieferten zu den HistorikerInnen der UEK, denen Einseitigkeit, Voreingenommenheit und fehlendes Einfühlungsvermögen vorgeworfen wurde. Die eingangs zitierte Aufforderung, *«einen besseren Bergierbericht»* zu schreiben, kam von der 1917 geborenen Nelly R., im Anschluss an das Interview mit ihr und ihrer Familie, als wir uns voneinander verabschiedeten. Ein Teilnehmer einer anderen Gruppendiskussion, der bereits zitierte 1949 geborene Werner O. zollt uns Anerkennung, indem er betonte*: «Das gefällt mir auch an eurer Projektidee, dass man jetzt mal hinunter geht zum einfachen Volk, oder, und mal dort ein bisschen schaut, wie es ihnen gegangen ist, oder, wie sie es erlebt haben.»*[385]

Natürlich haben diejenigen Interviewteilnehmenden, die uns eine solche Rolle zuschreiben, insofern natürlich nicht ganz unrecht, als es uns mit unserem Projekt tatsächlich explizit darum ging, Einblicke ins Erinnerungsgeschehen, wie es sich außerhalb öffentlicher Diskurse abspielt, zu gewinnen, wir, wie Werner O. sagen würde, zum *«einfachen Volk»* gingen. Interessant ist allerdings, wie stark diese Rollenzuweisung in verschiedenen Interviews in einer Gegenüberstellung von erfahrener versus angeeigneter Geschichte mündete und wie wir hierbei auch vereinnahmt wurden für eine Gegenposition zu jenen BerufskollegInnen, die, wie Fritz C. es ausdrücken würde, *«einseitige Berichte»* schrieben.

### 3.4.2    Repräsentantinnen der UEK

Eine weitere Rollenzuschreibung, die wir erfahren haben, war die als Repräsentantinnen der UEK. Die Bergier-Kommission, wie sie im Volksmund genannt und im öffentlichen Diskurs anlässlich der geschichtspolitischen Debatten der 1990er Jahre heftig unter Beschuss geriet, vermag auch heute noch zu provozieren.

Ein Beispiel, in der wir Interviewerinnen von den Teilnehmenden auf diese Weise angesprochen wurden, war das Interview mit der in einer größeren Aargauer Gemeinde lebenden Familie E., an der neben dem Großelternpaar Wilma (Jg. 1938), Kindergärtnerin, und dem bereits zitierten Manfred E. (Jg. 1932), Kaufmann, in Deutschland aufgewachsen, der Sohn Joseph E. (Jg. 1965), Physiker sowie der Enkel Manuel E., (Jg. 1994), Gymnasiast, teilnahmen. Es handelte sich

---

384   GD C.
385   GD O. Z689-692.

um eine Familie, die sehr engagiert und interessiert miteinander diskutierte, auf unsere Fragen ausführlich einging und immer wieder auch eine reflexive Perspektive einnahm. Manuel E., der Enkel warf bereits am Anfang des Interviews im freien Interviewteil und mit Blick auf die Judenverfolgung die Frage auf, *«ob die Schweiz nicht auch eine gewisse Schuld an dieser ganzen Geschichte trägt»*,[386] worauf er Zustimmung von seiner Großmutter erhielt, die in diesem Zusammenhang auf die Schließung der Schweizer Grenzen gegenüber den jüdischen Flüchtlingen hinwies (vgl. hierzu ausführlicher Kapitel 5.3). In den 1990er Jahren präsente Diskussionspunkte wie *Flüchtlingspolitik* und *Schuld* waren also Thema im Interview mit Familie E., noch bevor wir explizit danach fragten. Als wir überleitend in den zweiten Teil des Interviews die von uns mitgebrachten Bücher auf den Tisch legten, erkannte Joseph E., der Sohn, den Schlussbericht der UEK sofort als solchen. Er erzählte daraufhin von einem gemeinsamen Mittagessen mit HistorikerInnen der UEK und problematisierte, wie schwierig er es als Naturwissenschaftler fände, angesichts der Heterogenität an Quellenaussagen ein *«möglichst objektives Bild zusammenzubekommen»*.[387] Dabei wandte er sich explizit an uns: *«Und sie sind beide, hab ich verstanden, Historiker? Ich finde das noch eine schwierige Herausforderung. Denn als Naturwissenschafter versuche ich immer, eins und eins zwei, oder, diese Faktenthemen, wo man sagen kann, ja genau das habe ich bewiesen, da gibt's einen Satz dazu oder so.»* Angesichts der Unsicherheit, die sich in der Historie ergäbe, empfände er Fragen wie, *«inwiefern haben wir uns als Schweizer der Mittäterschaft schuldig gemacht»* als *«extrem anmaßend, wenn ich jetzt sage, ich hätte gewusst, wie ich hätte reagieren müssen, vor sechzig Jahren, oder.»*[388] Explizit angesprochen als Repräsentantinnen der UEK, wurden wir in einer Szene am Schluss des Interviews, in der wir die Teilnehmenden nach Wünschen, die sie in Bezug auf das Thema Zweiter Weltkrieg an die HistorikerInnen hätten, fragten. Joseph E. äußerte daraufhin den Wunsch, dass die HistorikerInnen *«Geschichte erlebbar machen»* sollten sowie *«versuchen, die objektiven Themen von diesen subjektiven möglichst zu trennen»*[389]. Da eher unklar blieb, was er mit *«objektiv»* und *«subjektiv»* meinte, fragte die Interviewerin deshalb an späterer Stelle nochmals nach, worauf Joseph E. erneut auf das bereits erwähnte gemeinsame Mittagessen mit Mitgliedern der UEK verwies:

N. B. (Jg. 1979): Was meinen Sie mit denn mit subjektiv?

---

386   GD E. Z385-386.
387   GD E. Z499-500.
388   GD E. Z570-575.
389   GD E. Z1179-1180.

Joseph E. (Jg. 1965): Ich habe das eben erlebt in der Diskussion mit diesen Historikern von der Bergierkommission, mit denen ich ein-, zweimal zu Mittag gegessen habe. Und ich hatte irgendwie ein wenig den Eindruck/ ich hatte auch vorhin bei Ihnen den Eindruck, als Sie die, und vielleicht ist es total ungerecht, die Frage Nazigold und Nachrichtenlose Vermögen, die haben Sie für mich so gestellt, das habe ich jetzt subjektiv so wahrgenommen, das beinhaltete so ein wenig das Mitschwingen von Vorwurf. Also, da hockt die genügsame, die komfortable Familie im schönen Wintergarten in den Stühlen und, und vor fünfzig, sechzig Jahren haben die Leute gelitten [N.B. lacht]. So jetzt, packt mal aus, oder.[390]

Joseph E. hat aus den von den Interviewerinnen gestellten Fragen nach den Assoziationen zum Thema Nazigold und Nachrichtenlose Vermögen eine direkt gegen sich und seine Familie gerichtete Kritik herausgehört. Das Mitschwingen von Vorwürfen wird unserer Art des Fragens zugeschrieben, eine moralische Verurteilung der «*komfortabel*» im Wintergarten sitzenden Familie angenommen. Was in dieser Szene zum Ausdruck kommt, ist, wie rasch die Diskussion über den Zweiten Weltkrieges – durch unsere Partizipation mitbedingt – offenbar in ein moralisches Fahrwasser gerät, in der Kritik, Vorwurf und Rechtfertigung eine Rolle spielen und die Interviewerinnen selber als Repräsentantinnen dieser Kritik angesprochen werden. Ob in der Art des Fragens, wie wir als Interviewerinnen sie in diesem und anderen Interviews praktiziert haben, nun tatsächlich Vorwürfe mitschwingen, oder ob es in erster Linie Zuschreibungen unserer InterviewpartnerInnen sind, bleibe dahingestellt. Auf jeden Fall zeigt sich deutlich, wie den von unseren InterviewpartnerInnen und uns Interviewerinnen gemeinsam verfertigten Gesprächen über den Zweiten Weltkrieg, den Holocaust und die Rolle der Schweiz offenbar immer wieder moralische Kategorien eingeschrieben werden und wie sich dies in der szenischen Interaktion zwischen uns konkret manifestierte.

Dass WissenschaftlerInnen mit Misstrauen begegnet wird, kommt in verschiedenen Interviews vor. So etwa im ebenfalls in einer Aargauer Gemeinde stattfindenden Interview mit der Familie M., an dem neben dem aus der Westschweiz stammenden Pierre M., (Jg. 1926), einem pensionierten KV-Angestellten und seiner in Österreich aufgewachsene Partnerin Veronica D. (Jg. 1929) die Tochter Regula M. (Jg. 1951), Informatikerin, sowie die Enkelin Selina M. (Jg. 1980), als Buchhändlerin tätig, teilnahmen. Bereits vor Beginn des Interviews kam es zu einer szenischen Interaktion zwischen Interviewerin und Interviewpartnerin: N.B., die das Interview alleine führte, wurde von Regula M. herzlich begrüßt. Während Regula M. und N.B. gemeinsam auf die anderen Familienmitglieder warteten, entspann sich zwischen den beiden ein Gespräch. Regula M., wiewohl freundlich zugewandt und interessiert, wollte noch einmal Genaueres über das Forschungsprojekt wissen. Mit misstrauischem Gestus fragte sie, wer

---

390  GD E. Z1230-1240.

denn hinter dem Projekt stecke. Sie betonte, sie finde es wichtig, dass wir forschten. Allerdings finde sie es problematisch, dass es immer nur um den Zweiten Weltkrieg gehe, es heute doch aktuellere Ungerechtigkeiten gäbe. Noch bevor das Interview richtig begonnen hatte, wurde die Interviewerin also angesprochen als Vertreterin einer Interessensgruppe, die schon wieder, nachdem es bereits das Forschungsprojekt der UEK gab, den Zweiten Weltkrieg aus der Vergangenheit hervorhole. Dies, obwohl es, wie unsere Interviewpartnerin mehrfach betonte, doch Dringenderes zu erforschen gäbe. Später im Interview nahm sie erneut auf diese Eingangsszene Bezug: «*Also ich frage mich, wer das wieder sponsert? Eben, gut, es ist Nationalfonds. Was ist das wieder für eine Aufarbeitung?*»[391] Kurz darauf erkundigte sie sich, mit Bezug auf den Familiennamen der Interviewerin N.B., ob sie, die Interviewerin, «*eigentlich irgendetwas Jüdisches*» sei, ein Zusammenhang zwischen Forschungsinteresse und einem möglicherweise jüdischen Hintergrund der Forscherin wird hergestellt.[392] Ausführlicher zurückkommen auf dieses Interview, auch die damit verknüpften antisemitischen Implikationen, werden wir im weiteren Verlauf dieser Arbeit. Wichtig scheint uns vorerst hervorzuheben, dass wir und unser Forschungsthema identifiziert werden mit der UEK der 1990er Jahre und damit als Vertreterinnen eines Erinnerungsdiskurses gelten, der den Holocaust zu seinem Kern- und Angelpunkt hat. Die Auseinandersetzung mit dem damit zusammenhängenden *Erinnerungsimperativ*, wie sie in verschiedenen Interviews stattfindet, wird in Kapitel 6 Thema sein.

## 3.5   Fazit

Als konstitutive Faktoren für die Bildung von Erinnerungsräumen, wie sie im Rahmen unserer Gruppendiskussionen entstanden sind, haben wir in diesem Kapitel die Bedeutung des familiären Bezugsrahmens, den Einfluss unterschiedlicher Informationsquellen, allen voran medialer Produktionen, die Frage nach dem (inter-)generationellen Aspekt sowie unsere eigene Rolle als Interviewerinnen beleuchtet.

Zusammengefasst halten wir fest, dass es sich bei den analysierten Gruppendiskussionen mit Familien um komplexe Erinnerungsräume handelt, in denen im Spannungsfeld von biographischer Erinnerung, kulturellem Gedächtnis und Geschichtswissenschaft verschiedene Perspektiven und Wissensformationen interagieren. Dies zeigt sich im Vergleich zwischen den verschiedenen Gruppendiskussionen, wie auch innerhalb der jeweiligen Gruppendiskussionen selbst, in

---

391   GD M. Z1579-1580.
392   GD M. Z1649.

denen Teilnehmende mit unterschiedlichen Erfahrungen, Anliegen und Interessen aufeinander treffen. Der Blick auf die Epoche des Nationalsozialismus und des Zweiten Weltkriegs kann sehr verschieden sein und einhergehen mit unterschiedlichen (thematischen) Prioritäten. Die Annahme, der Zweite Weltkrieg bzw., wie Helmut König behauptet, der Holocaust sei bedeutsamer Bestandteil einer jeden Familiengeschichte, hat sich nicht bestätigt. Auch die Harmonisierungstendenzen, die Harald Welzer et al. für intergenerationelle Tradierungsprozesse in Deutschland feststellten, konnten wir im vorliegenden Kontext nicht feststellen. Vielmehr divergieren innerhalb der Familien und in deren Vergleich die Bedeutung, die Art und Weise der Auseinandersetzung, sowie der Bezug zu dieser Epoche stark.

Auch der Faktor *Generation* zeigt in der Gestaltung von Erinnerungsräumen ein komplexes Bild. Weder lässt sich ein idealisierter Blick auf die Schweiz während der 1930er und 1940er Jahre den so genannten ZeitzeugInnen zuordnen noch umgekehrt ein geschichtsbildkritischer den nachfolgenden Generationen. Vielmehr erweisen sich soziale und politische Faktoren als zentral. Hingegen tritt *Generation* in den von uns durchgeführten Gruppendiskussionen als eine starke Selbst- und Fremdthematisierungsformel in funktionalem Verwendungszusammenhang auf. So haben wir etwa hingewiesen auf generationelle Vereinnahmung, wo ZeitzeugInnen von ihren Kindern oder EnkelInnen in Stellung gebracht werden gegen Bergier und Co. Oder *Generation* wird auch dort ins Spiel gebracht, wo emotionale Nähe oder Distanz als Kriterium für legitime historische Urteilskraft betrachtet wird. Verwendung findet *Generation* denn auch gewissermaßen als Differenzkategorie im Ringen um die *wahre* bzw. *richtige* Interpretation der Vergangenheit.

Auch wir selbst als Moderatorinnen der Gruppendiskussionen sind Teil des Erinnerungsraumes. Mit dem Interviewsetting, mit unseren Fragen, Bemerkungen, mit unserer Mimik, unseren Gesten prägen wir ihn wesentlich mit. Wir nehmen darin unterschiedliche Rollen ein, selbst gewählte ebenso wie zugeschriebene, und stellen zuweilen eigentliche Projektionsflächen dar. So ernennen uns manche zu Fürsprecherinnen der *kleinen Leute*, andere wiederum sehen in uns lediglich die Vertreterinnen jener Gilde, die mit ihren Nachforschungen die Schweiz in ein negatives Bild rücken.

# 4 Umkämpfte Erinnerung – Divergenzen und Konvergenzen im kommunikativen Erinnern

*«Diese Kritik ist mir zum Teil zu hart und es beleidigt mich ein bisschen, und zwar für die Generation meiner Eltern.»*

Werner O. (Jg. 1949)[393]

Werner O., kaufmännischer Angestellter aus der Innerschweiz, der gemeinsam mit seiner Mutter Irma O. (Jg. 1921) und seinem Sohn Hannes O. (Jg. 1979) an einer unserer Gruppendiskussionen teilnimmt, tut sich schwer mit der Kritik, die Mitte der 1990er Jahre an die Schweiz gerichtet wurde. *«Das Schlimmste»* seien für ihn *«diese Angriffe, die aus jüdischen Kreisen von Amerika kamen»*, gewesen. Die Schweizer Banken, so räumt er ein, hätten *«sich sicher auch nicht korrekt verhalten, aber das ging mir jetzt einfach zu weit.»* Er nimmt Bezug auf die auf dem Tisch liegenden Bücher: *«Auch was hier zum Teil geschrieben wird»* gehe ihm zu weit. Er habe *«diese Schlussberichte»* zwar nicht gelesen, die Diskussion aber durch die Presse mitbekommen und merkt an, dass ihm *«diese Kritik»* zu *«hart»* sei, ihn für *«die Generation»* seiner Eltern beleidigt habe, er sich also persönlich betroffen fühlt.[394]

Der auch von Werner O. angesprochene Paradigmenwechsel, der das bislang hegemoniale Erinnerungsnarrativ radikal in Frage stellte und eine Neuperspektivierung der Rolle der Schweiz während des Zweiten Weltkrieges breit vorantrieb, findet in den von uns durchgeführten Gruppendiskussionen nicht nur Widerhall, sondern bildet auch die eigentliche Folie gegenwärtiger kommunikativer Erinnerungspraxis: Sowohl der Holocaust als Bezugsrahmen der Erinnerung als auch daraus erwachsende alternative Erinnerungsnarrative und Deutungsangebote sind wesentlicher Bestandteil bzw. im gegenwärtigen kommunikativen Gedächtnis eigentliche Transistoren in der Diskussion über die Epoche des Nationalsozialismus und die Rolle der Schweiz in der Kriegs- und Nachkriegszeit. Dabei zeigen sich

---

393 GD O. Z481-483.
394 GD O. Z475-488.

in den Gruppendiskussionen thematisch zunächst unterschiedliche und mitunter divergierende Erinnerungsinteressen, Zustimmung ebenso wie offenkundige Ablehnung gegenüber diesem Erinnerungsparadigma.

Im Folgenden soll deshalb zunächst anhand von vier Familien veranschaulicht werden, wie unterschiedlich die Gruppendiskussionen von den verschiedenen Teilnehmenden gestaltet und strukturiert werden (4.1). Daran anschließend werden wir zeigen, wie sich trotz dieser Pluralität an Bezugnahmen auf den Zweiten Weltkrieg im Vergleich der Gruppendiskussionen sowohl wiederkehrende thematische Interessenlagen als auch wiederkehrende Erinnerungsstrategien und -rhetoriken zeigen, die konkurrierend, komplementär oder reflexiv dem neuen Erinnerungsparadigma gegenüberstehen (4.2).

## 4.1   Einblicke ins gegenwärtige Erinnerungsgeschehen

### 4.1.1   *Divergierende Erinnerungen in den Gruppendiskussionen*

Wie in den Erläuterungen zu unserem methodischen Vorgehen bereits beschrieben, leiteten wir die Gruppendiskussionen mit einer offen gehaltenen Einstiegsfrage ein, um den Teilnehmenden Raum zu eröffnen für selbst gewählte thematische Interessen. Im Folgenden zeigen wir, wie unterschiedlich die verschiedenen Gruppendiskussionen im Anschluss an diese Eingangsfrage verlaufen, wie sich verschiedene Relevanz- und Themenschwerpunktsetzungen ergeben und wie das von den Teilnehmenden auch emotional zum Ausdruck gebrachte Interesse an dieser spezifischen Vergangenheit mitunter erheblich divergieren kann.

*«Genozid. Never ever!»: Erinnern, um zu verhindern*

Die Gruppendiskussion mit der Familie Z., an der sich nebst uns Interviewerinnen die Sozialarbeiterin Sophia Y., ihre Tochter, die Innenarchitektin Irene Z. sowie der Enkel, der Gymnasiast Roland Z., sich alle als politisch links stehend beschreibend, haben wir im vorangehenden Kapitel bereits vorgestellt. Wir forderten unsere InterviewpartnerInnen dazu auf, zu äußern, woran sie beim Stichwort «Zweiter Weltkrieg» denken würden.

> N. B. (Jg. 1979): Als erstes würde es uns eigentlich interessieren, was Ihnen in den Sinn kommt, wenn Sie das hören, der Zweite Weltkrieg.
>
> Sophia Z. (Jg. 1943): Warschauer Ghetto. Die Judenverfolgung und die Hitler-Rede, die man nicht mehr hören kann. Und ähm, der Film von/ wie hat der geheißen [überlegt].

Roland Z. (Jg. 1990): Schindlers Liste wahrscheinlich.

Sophia Z. (Jg. 1943): Nein. Ich überlege noch.

Irene Z. (Jg. 1966): Mir kommt spontan in den Sinn: Genozid. Never ever! Das darf nie mehr passieren, diese traurige, dreckige Rolle der Schweiz eigentlich im Zweiten Weltkrieg. Ich finde es recht verlogen, Reduit und so. Ähm, Polen natürlich [schweigt einen Moment]. Ja. Also mich erschüttert es immer noch, auch wenn ich nicht nahe dran gewesen bin.

Roland Z. (Jg. 1990): Ein gewisses Massenphänomen in Deutschland, von dem man eigentlich genau weiß, wie es funktioniert und dass das auch schon früher funktioniert hat, zum Beispiel in Rom. Und wahrscheinlich leider auch in Zukunft funktionieren wird. Ähm, Krieg, viele Tote. Machtspiele. Übermut [überlegt].[395]

Auf diesen Einstieg hin folgt ein längerer Redebeitrag von Großmutter Sophia mit einem kurzen Verweis auf die Filme von Leni Riefenstahl, bevor sie ergänzt, was ihr ebenfalls in den Sinn komme, sei *«das mit dem Judengold»*, wie vor zehn Jahren *«aufgeflogen»* sei, dass *«die Schweiz auch die Finger mit im Spiel hatte»*. Sie erzählt dann, wie sie als Kind immer gehört habe, dass die Schweiz dank Armee, Gotthard und der Tüchtigkeit der Bevölkerung vom Krieg verschont geblieben sei, ihr Vater allerdings, ein Antifaschist und Spanienkämpfer, schon damals auf das *«Mitmischeln»* der Schweizer hingewiesen habe und für diese Aussagen stark angegriffen worden sei. Insofern sei das, was vor zehn Jahren Thema wurde, für sie *«nicht neu»* gewesen. Damit weist Sophia Z. auf schon in den Jahren nach dem Krieg in der Bevölkerung existierende und in der Familie tradierte Divergenzen zum staatsoffiziellen Geschichtsbild hin. Wie bereits in Kapitel 3 gezeigt, stellt der antifaschistische Vater, respektive Großvater, auch für ihre Tochter Irene Z. eine wichtige Referenzfigur dar.

Bereits zu Beginn des Gesprächs erfolgen verschiedene thematische Akzentuierungen, die auch für den weiteren Verlauf dieser Gruppendiskussion zentral bleiben sollten. Sophia Z. (Jg. 1943), die erste Wortmeldung übernehmend, setzt die Akzente beim Warschauer Ghetto, der Judenverfolgung und der Propaganda. Beim Stichwort *Film* indes fällt Roland Z (Jg. 1990): *«Schindlers Liste»* ein. Auch Irene Z. (Jg. 1966) greift dieses Thema auf: Ihr komme spontan *«Genozid»* in den Sinn, etwas, das *«nie wieder»* passieren dürfe, zu dem sie die damalige Schweiz hier selbstverständlich in Bezug setzt und dabei ihrer Entrüstung über *die «traurige, dreckige Rolle der Schweiz»* und der *«Verlogenheit»* des Reduit-Mythos Ausdruck verleiht. Dass sie selbst, wie sie sagt, *«nicht nahe dran gewesen»* sei, ist für sie kein Grund, nicht *«immer noch»* zutiefst *erschüttert»* zu sein.

---

395  GD Z. Z17-35.

Roland Z. gibt sich demgegenüber distanzierter, spricht einigermaßen abstrakt von *einem «gewissen Massenphänomen in Deutschland»*, das er als in ferner Vergangenheit *(«Rom»)* und Zukunft immer wiederkehrend sieht, über das man im Grunde Bescheid wisse und das dennoch weiterhin funktioniere. Deutlich zeigt sich in dieser Eingangssequenz, wie prägend die 1990er Jahre und damit einhergehend der Holocaustbezugsrahmen für die Auseinandersetzung mit dem Thema Zweiter Weltkrieg in dieser Gruppendiskussion sind. *«Schindlers Liste»*, *«Never Ever»*, die *«Rolle der Schweiz»* sind die Stichworte, die fallen. Sophie Z. und Irene Z. sind, besonders, wenn es um die Diskussionen um die Rolle der Schweiz geht, engagiert bei der Sache, thematisieren etwa – anders als andere unserer InterviewpartnerInnen – bereits zu Beginn der Gruppendiskussion die damalige Flüchtlingspolitik, die Erfindung des J-Stempels durch die Schweiz und die tödlichen Konsequenzen, welche die Schließung der Grenzen für die jüdischen Flüchtlinge hatte. Sie *«schäme»* sich noch immer für das Verhalten der Schweiz während des Zweiten Weltkrieges, erklärt Sophia Z. an einer späteren Stelle des Interviews. Der Holocaust wird bei ihr bereits in der ersten Wortmeldung zu einem moralischem Fixpunkt, einem eigentlichen, für die Gegenwart und Zukunft handlungsweisenden Imperativ *(«Never ever»)*, ähnlich wie dies im öffentlichen Diskurs verschiedener europäischer Länder heute der Fall ist.

Die Auseinandersetzung mit dem Holocaust, die Verstrickungen der damaligen Schweiz und die daraus zu ziehenden Lehren werden die Gruppendiskussion mit der Familie Z. auch in ihrem weiteren Verlauf charakterisieren, wiewohl die GesprächsteilnehmerInnen, wie wir in Kapitel 6 noch sehen werden, in der Auseinandersetzung mit diesen Themen durchaus unterschiedliche Positionen vertreten.

*«Heutzutage ist das kein Thema mehr»: Aufarbeiten um abzuschließen*

Auf der Suche nach einer Familie aus dem Kanton Graubünden kam ebenfalls durch Vermittlung Dritter das Interview mit der Familie B. zustande. Anders als bei Familie Z. hatte sich der Prozess bis zum Zustandekommen des Interviews eher langwierig gestaltet, die Motivation zur Teilnahme an einer Gruppendiskussion über den Zweiten Weltkrieg schien bei allen drei Teilnehmenden nicht besonders ausgeprägt. Trotzdem fand das Gespräch dann an einem Abend im Herbst 2008 im etwas außerhalb eines kleinen Dorfes gelegenen Anwesen, in dem die Familie B. mit dem Großvater lebte, statt. Nebst Lorenz B. (Jg. 1919), einem pensionierter Unternehmer, nahm sein Sohn Erich B. (Jg. 1964), der das Dienstleistungsunternehmen von seinem Vater übernommen hatte, sowie Erich B.s Tochter,

Corina B. (Jg. 1991), teil, die das Gymnasium besuchte. Sind Lorenz B. und Erich B. FDP-Wähler, orientiere sich Corina B., wie sie sagte, an der Schweizerischen Volkspartei.
Der Einstieg in die Gruppendiskussion mit der Familie B. gestaltete sich im Vergleich zur Gruppendiskussion mit Familie Z. zögerlich und kam nur erschwert in Gang.

> N. B (Jg. 1979): Als erstes würde es uns interessieren, was kommt Ihnen in den Sinn, wenn Sie das hören, der Zweite Weltkrieg.

> Erich B. (Jg. 1964): [an seinen Vater gewandt]. Du musst anfangen [alle lachen].

> Lorenz B. (Jg. 1919): Ja, gewisse Erinnerungen, was man so erlebt hat in dieser Zeit, nicht. Eigentlich erinnert man sich nachher eher an das Schöne oder Gesellschaftliche, daran erinnert man sich noch am ehesten. Was die ernsten Probleme waren, das hat uns eigentlich nicht so stark berührt, nicht. Weil es ja eigentlich, im Großen und Ganzen, nach unseren Verhältnissen ja friedlich verlaufen ist, nicht.

> Erich B. (Jg. 1964): Zweiter Weltkrieg, ja, das ist für mich einfach, was man so gehört hat, dieser Krieg, oder, das Deutsche Reich, Drittes Reich, Japaner, der Holocaust, das sind eigentlich auch schon die Wörter, die einem bleiben. Die man gehört hat, die man durchgenommen hat in der/ einfach von der Geschichte, was passiert ist.

> Corina B. (Jg. 1991): Zweiter Weltkrieg. Keine Ahnung. Ja, man hört halt in der Schule so von dem und halt ja vor allem, Judenverfolgung und so. Und von dem, was sich in Deutschland abgespielt hat.

> Erich B. (Jg. 1964): Ja [lacht].[396]

Erich B. überlässt, mit einer in den verschiedenen Gruppendiskussionen wiederkehrenden Geste, zunächst seinem Vater das Wort. Erich B. der vom Krieg, wie er explizit noch bemerkt, primär *gehört* habe, räumt seinem Vater, der den Krieg *erlebt* hat, den Vorrang ein. Dieser wiederum scheint, wie auch im weiteren Verlauf der Gruppendiskussion deutlich wird, kein besonders ausgeprägtes Erzählbedürfnis zu haben. Eher metathematisiert er Erinnern und Vergessen, seine eigene Wahrnehmung der Kriegsjahre, als eine *«friedliche»* Zeit, in der Raum für Schönes und Soziales war. Ob mit dem *«uns»* die Schweiz, seine Generation oder einfach er und sein persönliches Umfeld gemeint sind, bleibt offen. Die *«ernsten Probleme»*, was immer auch damit gemeint ist, hätten sie damals *«nicht so stark berührt»*. Er habe, wie Lorenz B. kurz darauf erzählen wird, einen großen Teil des

---

396   GD B. Z24-44.

Krieges gar «*nicht mehr miterlebt*», weil er die zweite Hälfte des Aktivdienstes aufgrund einer Erkrankung in den Bündner Bergen im Spital verbrachte, eine Erzählung, in der er im Grunde zum Ausdruck bringt, wie sehr das Erleben von Krieg in der Schweiz davon abhängig war, wo man sich örtlich befand oder inwiefern man am Aktivdienst partizipierte.

Erich B. seien, wie er sagt, vor allem «*Wörter*» geblieben, von dem, was er in der Schule gelernt habe. Er zählt einige auf, darunter «*Holocaust*». Corina B. meint dazu nur: «*keine Ahnung*», was auch im weiteren Verlauf des Gesprächs ihre übliche Antwort auf Fragen sein wird. Zwar sei gemäß Corina B. das Thema in der Schule Pflicht gewesen, auch Bücher habe sie gelesen. Sie weiß, wie sich im Gespräch zeigt, durchaus einiges über die Rolle der Schweiz während des Zweiten Weltkrieges, bringt aber ihr Desinteresse an der Diskussion unverhohlen zum Ausdruck.

Im Unterschied zum vorangehenden Beispiel scheint der Stellenwert der Thematik in diesem Familieninterview geringer zu sein. Und anders als vielleicht aufgrund des Engagements von VertreterInnen der Aktivdienstgeneration während der 1990er Jahre zu erwarten gewesen wäre, erscheint der Zweite Weltkrieg nicht einmal für Lorenz B. als eine emotional besonders stark besetzte Zeit. Nachdem kurz einige Themen wie *Rationierung, Frontisten*, der *Zweite Weltkrieg als Schulstoff* sowie das *Mitverfolgen des Kriegsverlaufes* angesprochen wurden, meint Erich B. denn auch:

Erich B. (Jg. 1964): Aber ich glaube, sonst heutzutage ist das kein Thema mehr, der Zweite Weltkrieg.

Lorenz B. (Jg. 1919): Nein, nein. Nein, nein. Es liegt jetzt auch viele Jahre zurück, nicht. Das ist ein Thema, oder, man spricht nur noch so darüber, die, die das am Rande noch erlebt haben. Und solche hat es eben auch nicht mehr viele.[397]

N. B. (Jg. 1979): Mhm.

Erich B. (Jg. 1964): Es war vielleicht noch ein Thema vor zehn Jahren, damals, als das Ganze war mit diesen Judengeldern und dem/ vor allem mit den USA, als das war, oder. Damals hat man wieder mal ein wenig über den Zweiten Weltkrieg geredet, oder. Das gibt es natürlich immer wieder, dass Themen aufgenommen werden und/ aber es wäre jetzt schon auch an der Zeit, dass das mal ein bisschen/ es ist vorbei, die fünfzig Jahre sind jetzt vorbei.

N. B. (Jg. 1979): Mhm. Wie meinen Sie das?

---

397 GD B. Z232-236.

Erich B. (Jg. 1964): Ja, eine Zeitlang hat man ja immer die ganzen Kriegsfilme und auch die Geschichte des Zweiten Weltkrieges gebracht, das ist immer wieder gekommen und gekommen und gekommen. Ich meine, eben, auch Deutschland, die leiden jetzt noch unter einem Trauma. Sie dürfen nichts sagen, oder. Und von den Nazis und alles. Und ich glaube, das sollte jetzt auch mal überwunden sein.

N. B. (Jg. 1979): Haben Sie das denn ein bisschen mitverfolgt? Wenn Sie jetzt diese Diskussionen von vor zehn Jahren erwähnen? Haben Sie das mitverfolgt?

Erich B. (Jg. 1964): Ja gut, das/ man kann ja nicht anders, oder. In den Medien sind ja [lacht], die Medien sind ja voll gewesen. Es war ja nur noch *das*Thema, oder!

[Da Erich B. daraufhin wegen eines dringenden geschäftlichen Telefonats den Raum verlässt, wendet sich die zweite Interviewerin (N.P.) an die Tochter:]

N. P. (Jg. 1973): Was denkst denn du dazu?

Corina B. (Jg. 1991): Zu was?

N. P. (Jg. 1973): Dein Vater hat gesagt, seit fünfzig Jahren sei das vorbei.

Corina B. (Jg. 1991): Ja, also, ja schon, ich meine, es interessiert schon, aber irgendwie ist es, die ganze Zeit nur von dem zu sch/ äh, zu hören und so ist eigentlich/ es gibt für uns im Moment auch Wichtigeres, als etwas, das fünfzig Jahre vorbei ist. Ja klar, ist es schon immer wichtig, ja, klar, man redet schon darüber und so, aber eben, irgendwann ist es einem genug.[398]

Die Botschaft an unsere Adresse lässt sich kaum überhören und bleibt denn auch der Tenor in dieser Gruppendiskussion: Der Zweite Weltkrieg *«an sich»* ist Geschichte, passé, Vergangenheit. Der explizite und implizite Bezugspunkt der Auseinandersetzung, zumindest bei Erich B. und Corinne B., sind in dieser Gruppendiskussion die geschichtspolitischen Debatten der 1990er Jahre und die von Erich B. als omnipräsent dargestellte Thematisierung des Zweiten Weltkrieges in den Medien – das Thema sei *«immer wieder gekommen und gekommen und gekommen»*.

Nimmt Lorenz B. dies mit Gelassenheit und meint, er könne sich nicht so *«ereifern»*,[399] zeigt sich Erich B. eher verärgert über die angebliche Omnipräsenz jener Thematik, die nach seinem Dafürhalten abgeschlossen werden sollte. In einer bemerkenswerten Wendung werden überdies en passant die Deutschen in ein traumatisiertes Kollektiv integriert, das unter der andauernden Thematisie-

---

398 GD B. Z232-278.
399 GD B. Z721.

rung des Zweiten Weltkriegs leiden würde. Problematisiert Erich B., zuweilen auch unterstützt durch seine Tochter Corinne B., das tradierte Geschichtsbild *als «mythisch», «verklärend», «heroisch»* und *«glorifizierend»* und bezeichnet er die schweizerische Flüchtlingspolitik *als «dunkles Kapitel der Schweizer Geschichte»*, so enerviert er sich zugleich *über «den jüdischen Nationalkongress»*, spricht von Erpressung und verweist mit erhobenem Mahnfinger auf Israel.[400] Deutlich jedenfalls bringt Erich B. zum Ausdruck, dass er der Thematisierung des Zweiten Weltkriegs und des Holocaust überdrüssig sei, *«es»* nicht mehr hören möge,[401] man nun *«auch wieder vorwärts schauen sollte»*.[402] Vor diesem antisemitisch gefärbten Hintergrund setzt der auch in weiteren Interviews erhobene Ruf, die Geschichte abzuschließen, die Vergangenheit ruhen zu lassen, einen deutlichen Akzent und wirft die Frage auf, welche Geschichte genau und zu welchem Zwecke abgeschlossen werden sollte. Darauf werden wir in den folgenden Kapiteln wiederholt zu sprechen kommen.

*«Sie wissen nur, was man falsch gemacht hat in der Kriegszeit!»: Bewährt damals wie heute*

Ganz anders als die Gruppendiskussionen mit den Familien Z. und B. wiederum gestaltete sich die Begegnung mit Familie J., die im Frühling 2008 in der geräumigen Küche von Ruedi J. (Jg. 1934) und Ruth J. (Jg. 1936) auf einem kleinen Bauernbetrieb in der Agglomeration Zürich stattfand. Der Hof, seit mehreren Generationen im Besitz der Familie J., wird heute von ihrem Sohn Markus J. (Jg. 1960) geführt, der ebenfalls an der Gruppendiskussion teilnahm. Als Vertreter der Enkelgeneration partizipierten seine beiden Söhne, der Sanitär-Installateur Roger J. (Jg. 1988), sowie der Maler Yves J. (Jg. 1990), die zum Zeitpunkt des Interviews ebenfalls noch auf dem Hof lebten. Politisch ordneten sich die Großeltern keiner Partei zu, Markus J. und Roger J. der Schweizerischen Volkspartei (SVP), Enkel Yves den Schweizer Demokraten (SD). Die Großmutter Ruth J. war eine der ersten gewesen, die sich auf unser Inserat im *Beobachter* hin gemeldet hatte. Entsprechend motiviert und gastfreundlich bewirtete sie die Interviewerin N.B. und die vier Männer, die zwar freundlich interessiert, aber wohl primär der Großmutter zuliebe an der Gruppendiskussion teilnahmen. Der Einstieg ins Interview gestaltete sich folgendermaßen:

---

400 Siehe dazu GD B. Z544-558, Z547ff sowie Z700ff. Auf Israel und den Nahostkonflikt als Argument in der Auseinandersetzung mit dieser Vergangenheit werden wir in Kapitel 5 noch zu sprechen kommen.
401 Vgl. GD B. Z1013.
402 Vgl. GD Z1021.

N. B. (Jg. 1979): Also mich würde es als Erstes interessieren, was Ihnen, was Euch so einfällt, wenn Sie das hören, der Zweite Weltkrieg.

Ruedi J. (Jg. 1934): Das erste, was mir in den Sinn kommt, ist, wie damals die Sirenen gegangen sind, wie wir nach draußen rannten, um zu schauen, woher diese Flieger kamen. Weil die landeten immer dort in Dübendorf, oder, und dann nahmen die Schweizer sie dort in Empfang. Das war das Größte, oder. Und dann hörten wir jeweils auch, wenn sie bombardiert haben, einmal in Schwamendingen. Das hat man dann gut gehört, wie das gerumpelt hat, Friedrichshafen hat man gehört, Schaffhausen. Das waren Sachen. Und dann kamen die Internierten von diesen Flugzeugen, oder, und die haben dann die ersten Kaugummis gebracht. Wenn man so einen Kaugummi ergattern konnte, hat natürlich alles [Lachen, unv.]. Einmal, da waren wir noch in der Schule, haben sie auch einen abgeschossen. Irgendwie hat der nicht/ der hatte vermutlich einen Motordefekt/ der hat, vermute ich, nicht die richtige Tour gemacht, so wie die Schweizer es wollten, und dann haben sie ihn abgeschossen. Wir haben gesehen, wie der anfing zu brennen und in den See stürzte.

Ruth J. (Jg. 1936): Ja und dann sind sie mit den Fallschirmen/

Ruedi J. (Jg. 1934): Mit den Fallschirmen sind sie dann raus gesprungen. Das war natürlich ein Erlebnis, für uns. Und dann vom Krieg, natürlich, was man noch erlebt hat, die Rationierung nachher, musste man für jedes Guetzli[403] einen (Ruth J.: Coupon haben) Coupon haben (Ruth J.: Mhm, ich weiß sogar noch, wie die ausgesehen haben). Wir hatten eine Menge Verwandte, aus Zürich. Um vier Uhr kamen die ein wenig helfen, damit sie etwas zum Abendessen hatten, einige Fleischmarken. Damals brauchte man weniger, weil wir Selbstversorger waren. Fleisch oder eine Flasche Milch konnten sie mitnehmen, das habe ich noch gut in Erinnerung.

Auf die Schilderung des offenbar abenteuerlichen Miterlebens der Kriegsereignisse folgen ausführliche Berichte des Großelternpaares zur Rationierung, der Selbstversorgung auf dem Hof und dem *«einfachen Leben»*, das man damals geführt habe. Der Großvater erzählt zudem gleich zu Beginn, wie sein Vater im Aktivdienst an der Grenze habe Leute zurückschicken müssen:

Ruedi J. (Jg. 1934): Ja, der Vater erzählte jeweils, er war natürlich immer im Aktivdienst, meistens in der Grenzwacht. Und dann musste er jeweils, wenn wieder mal einer rein kam, musste er die wieder über die Grenze schicken, oder. Damals hatten sie den Befehl.

Ruth J. (Jg. 1936): Ja, das war halt Befehl, oder. Haben sie wieder zurückschicken müssen, haben dann manchmal noch gehört, wenn sie erschossen worden sind. Oder, es war halt Krieg, sie mussten, sonst wären sie drangekommen.[404]

---

403 Schweizerdeutscher Ausdruck für «Keks».
404 GD J. Z63-73.

Was das für Menschen waren, die der Vater zurückgeschickt hatte, bleibt an dieser Stelle offen, an späterer Stelle des Interviews wird Ruth J. betonen, dass es keine Juden waren, die ihr Schwiegervater zurückgeschickt habe, sondern deutsche Deserteure.[405]

Nach diesem kurzen Exkurs zum Schwiegervater an der Grenze erzählt Ruth J., wie ihre Familie damals während des Krieges Ferienkinder aus Österreich und Deutschland aufgenommen hatte, *«fast jede Familie hatte ein solches Kind für drei Monate».*[406] Dann folgen wieder längere Passagen an Erzählungen über den damaligen harten Alltag und das einfache Leben der kleinen Leute. Dabei betonen beide Großeltern, dass die Erfahrung jener Entbehrungen heutigen *«Wohlstandsverwahrlosten»* auch gut täte.[407] Auch an andern Stellen des Interviews findet die Auseinandersetzung mit der damaligen Zeit in Bezug auf die Gegenwart statt. Die Interviewerin versucht nach einer Weile, Sohn und Enkel ins Gespräch einzubeziehen, indem sie fragt, was ihnen zu dem von den Großeltern Erzählten durch den Kopf gehe, diese zurückhaltend antworten, dass sie diese Zeit eher aus Filmen, von Erzählungen und der Schule kennen würden,[408] und die Großeltern kurz darauf weiter von ihrem Erleben des damaligen Alltages erzählen. Als die Interviewerin ein zweites Mal versucht, den Enkel Yves, der noch nichts gesagt hat, einzubeziehen, entspannt sich folgende Diskussion:

> N. B. (Jg. 1979): Mhm. Und was kommt dir/ du hast noch nichts gesagt/ in den Sinn, wenn du das hörst, der Zweite Weltkrieg?
>
> Yves J. (Jg. 1990): Ja eben, halt die Filme, die man so kennt, der Soldat James Ryan oder The Band of Brothers, man kennt es halt mehr von dort, man kennt die wirklichen Zeiten weniger, oder eben aus der Schule, aus der Geschichte. Aber sonst? Eben, man weiß eigentlich gar nicht, wie ernst das Ganze war. (N.B.: Mhm) Das erlebt man gar nicht mehr. Es wird viel gespottet darüber und/
>
> Ruth J. (Jg. 1936) [fällt ihm ins Wort]: Ja, das merkt man eben auch, dass die Leute gar nicht mehr wissen, wie das damals war.
>
> Ruedi J. (Jg. 1934): Oder sie wissen nur, was man falsch gemacht hat in der Kriegszeit/
>
> Ruth J. (Jg. 1936): Das macht mich jeweils sternsverrückt!⁴⁰⁹

---

405 Wie so in verschiedenen Gruppendiskussionen der Bezug zum Holocaust gekappt wird, werden wir uns in Kapitel 5 noch genauer anschauen.
406 GD J. Z82.
407 GD J. Z199.
408 GD J. Z147-151.
409 Schweizerdeutscher Ausdruck für «sehr wütend», «aufgebracht».

Ruedi J. (Jg. 1934): Das wissen viele, was man falsch gemacht habe. Man hat keine Ahnung, wie es damals war und in was für einer Situation wir waren. Ich meine, die Schweiz hatte auch Angst, es fehlte ja nicht viel (Ruth J.: Ja, ja!) und die Deutschen wären über die Schweiz gekommen und davor hatte man natürlich richtig Angst. Und was da alles lief, warum, das ist natürlich Geldsache und was weiß ich was, dass dann die Deutschen nicht gekommen sind. Weiß nicht, man kann jetzt schon sagen (Ruth J.: Jaja, genau), man hätte viel mehr aufnehmen sollen, aber man hatte in der Schweiz selber kein Essen übrig.

Ruth J. (Jg. 1936): Nein, das ist etwas, wo ich sehr empfindlich bin. Wenn ich jemanden höre, wenn man sagt, dieses und jenes hätte man anders/ und man hätte mehr Flüchtlinge aufnehmen und/ aber es ist eben schon, wie er es sagt, oder, wir konnten gar nicht. Und zuerst mussten wir einfach fürs eigene Volk schauen. Da hatte jeder sein Gärtchen. Überall wurde angepflanzt. Ich weiß nicht, ob Sie (wendet sich an die Interviewerin) es auch schon gehört haben, in Zürich auf dem Sechseläutenplatz, ja. Oder Getreide ist halt/

Ruedi J. (Jg. 1934): Ja, aus der Stadt kamen viele Leute, um Ähren zu sammeln (Ruth J.: Ja, genau), damit sie etwas an Körnern hatten, um etwas Mehl zu machen.

N. B. (Jg. 1979) [sich an Sohn und Enkel wendend]: Wie stellen Sie sich denn die Situation vor, damals in der Schweiz? Wie war das? Für die Schweizer?

Markus J. (Jg. 1960): Also mir scheint, es ist ein bisschen ähnlich wie/ jetzt gibt es ja dann diese Initiative, wegen den Ausländern, oder. Und man sagt jetzt auch, wir hätten allmählich genug. Und natürlich haben wir jetzt Friedenszeiten, aber wir haben wahnsinnig viele Probleme mit denen. Damals waren die Probleme einfach andere. Damals hatte man kein Essen und musste so schauen. Und heute haben wir einfach Probleme mit dieser Kriminalität. Und wahrscheinlich, wenn man die jetzt raus wirft oder die Initiative annimmt, heißt es dann in hundert Jahren: Das hättet ihr damals auch anders machen müssen. Das weiß man nicht.

Ruth J. (Jg. 1936): Nein, vor allem hätte man vor zehn, fünfzehn Jahren unbedingt einfach/

Markus J. (Jg. 1960): Ja, da hätte man eben bremsen sollen.

Ruth J. (Jg. 1936): Jetzt ist es zu spät, jetzt haben wir schon so viele reingelassen [...].[410]

Auch in dieser Gruppendiskussion bleiben die thematischen Setzungen, die wiederum zu Beginn des Gesprächs erfolgen, während der ganzen Gruppendiskussion bestimmend für die Auseinandersetzung. Während die Enkel sich sichtlich wenig für die Erzählungen der Großeltern interessieren, wird deren Interesse in dieser Sequenz ziemlich deutlich, der Bezug zu den geschichtspolitischen Debatten der 1990er Jahre erkennbar: Sie zeigen sich ausgesprochen verärgert über die damals geübte Kritik an der Rolle der Schweiz, fühlen sich offenbar persön-

---

410 GD J. Z218-307.

lich angegriffen und nehmen die Gruppendiskussion zum Anlass, dieser Kritik ihre eigene Sicht der damaligen Zeit entgegenzusetzen. Die Flüchtlingsthematik wird sehr bald im Interview zu einem der favorisierten Themen. Hier ist es der Sohn, der bisher ebenfalls weder für das Thema Zweiter Weltkrieg noch für die Erzählungen seiner Eltern großes Interesse gezeigt hat, der den Gegenwartsbezug zur aktuellen Asyl- und Migrationspolitik macht. Deutlich wird die politische, gegenwartsbezogene Funktion der Auseinandersetzung mit der Vergangenheit, wie sie die Gruppendiskussion mit Familie J. charakterisiert. Vergangenheit und Gegenwart gehen nahtlos ineinander über. Sowohl die Schilderung des einfachen, entbehrungsreichen Lebens der Bevölkerung als auch die Flüchtlingspolitik scheinen primär dazu zu dienen, Gegenwartskritik zu üben.

Lag im Gruppengespräch der Familie Z. der Fokus auf den *«dunklen»* Punkten der jüngsten Landesgeschichte und stand in der Diskussion der Familie B. das Ende dieser Geschichte thematisch im Vordergrund, erhält hier der Bezug zu aktuellen Diskussionen in der Tagespolitik besonderes Gewicht. Gegenwart und Vergangenheit gehen nahtlos in einander über, verdichtet in einem nationalkonservativen Weltbild. Eine Auseinandersetzung mit der kritisierten Rolle der Schweiz während des Zweiten Weltkrieges findet in dieser Gruppendiskussion denn auch nur insofern statt, als sie dezidiert abgeschmettert wird und zum Anlass gereicht, eine restriktivere Flüchtlingspolitik zu fordern, die im Vergleich zur Zeit des Zweiten Weltkrieges mangelnde Vaterlandsliebe der heutigen SchweizerInnen zu kritisieren[411] oder gegen den Eintritt in die EU einzutreten.[412] Jedenfalls nehmen die Teilnehmenden dieser Gruppendiskussion die in den Debatten der 1990er Jahre geäußerte Kritik an der Rolle der Schweiz im Zweiten Weltkrieg nur als Angriff auf die Schweiz wahr, erfolgt von Leuten, die gar nicht wüssten, wie es damals war. Im Bergierbericht sei es nur darum gegangen, *«möglichst viel Kohle von der Schweiz»* rauszuziehen, die *«Schweiz möglichst schlecht»* hinzustellen.[413]

*«Wir haben ja einige Verwandte verloren im Zweiten Weltkrieg»: Segregierte Erinnerung*

Eine noch einmal ganz andere Perspektive auf den Zweiten Weltkrieg kommt im Gruppengespräch mit der Familie P. zum Ausdruck, das im Herbst 2008 ebenfalls in Zürich stattfand und an dem der aus einer anderen Stadt angereiste pensionierte Unternehmer Robert P. (Jg. 1917), seine als Verwaltungsfachfrau tätige Tochter

---
411  Vgl. GD J. Z 841-851.
412  Vgl. GD J. Z 585-597, GD J. Z853-877.
413  GD J. Z930-936.

Catherine P. (Jg. 1944) mit ihrem Ehemann Daniel P. (Jg. 1944), Jurist, sowie deren gemeinsame Tochter Tanja P. (Jg. 1968), Ärztin, teilnahmen. Außer von Daniel P., der sich der FDP und der CVP zuordnete, haben wir von den InterviewteilnehmerInnen keine Angaben zu den politischen Präferenzen. Das Interview war ebenfalls durch die Vermittlung von Drittpersonen zustande gekommen, die Familienmitglieder hatten sich aber sogleich an einer Teilnahme sehr interessiert gezeigt, ließen sich ausführlich über das Projekt und unsere bisherigen Erkenntnisse informieren.

Auch in der Gruppendiskussion mit Familie P. ergriff zunächst der Großvater das Wort:

> N. P. (Jg. 1973): Gut, was uns interessiert, ist, was Ihnen in den Sinn kommt, Stichwort Zweiter Weltkrieg.

> Robert P. (Jg. 1917): Also an sich, wenn Sie das sagen, bin ich natürlich aufgefordert, weil ich das mitgemacht habe. Ich bin im Militärdienst gewesen, während des ganzen Krieges, natürlich immer wieder mit Ablösung, damit ich wieder nach Hause konnte. Ich habe eine Familie gegründet während des Krieges.[414]

Robert P. stellt sich hier vor als Aktivdienstleistender, der seine bürgerlichen Pflichten erfüllt, die gesamte Kriegszeit aktiv – *«mitgemacht»* – miterlebt und zugleich eine Familie gründete. Der Zweite Weltkrieg, das wird hier bereits deutlich und von ihm kurz darauf auch explizit nochmals bekräftigt, gehört zu den wichtigsten Abschnitten seines Lebens. Sowohl auf seine Rolle als damals junger Familienvater als auch auf den Militärdienst kommt er im Gespräch immer wieder zurück. Zunächst erzählt er allerdings von seiner Ausbildung als Lehrling in einer kleinen Firma:

> Robert P. (Jg. 1917): Und diese Firma, bei der ich gearbeitet habe, war eine deutsche Firma. Die sind aus Frankfurt geflüchtet, nach Basel. Dort war ich Lehrling und habe das miterlebt, was diese Familie erlebt hat. Da gab es solche, die geschlagen worden sind, in Frankfurt, von Nazis.[415]

Hier taucht zum ersten Mal auf, was auch für den weiteren Verlauf des Gesprächs immer wieder bestimmend sein wird. Das Thema Flucht, das in dieser Sequenz angesprochen ist, verknüpft mit der Erfahrung von Bedrohung, Ausgrenzung und Gewalt, wird auch im weiteren Verlauf dieser Gruppendiskussion immer wieder bestimmend sein. Robert P. ist – wie auch die übrigen der Gruppendiskussionsteilnehmenden – jüdisch, und dieser Umstand, das wird sich im weiteren Verlauf des Interviews zeigen, prägt die Erfahrungen während dem

---

414 GD P. Z20-28.
415 GD P. Z40ff.

Zweiten Weltkrieg und die Perspektivierung dieser Zeit, wie sie in dieser Gruppendiskussion erfolgt, ganz wesentlich. In allen Geschichten und Erlebnissen, die Robert P. im ersten Teil des Interviews zu seiner Jugend, dem Kennenlernen seiner Frau oder seiner Zeit im Aktivdienst erzählt, aber auch in den Beiträgen der übrigen Teilnehmenden sind Antisemitismus, Ausgrenzung, Verfolgung und Ermordung der jüdischen Bevölkerung in Europa ganz selbstverständlich Teil des Erinnerungsgeschehens. Es kommen also Themen zur Sprache, die in anderen Interviews ausgeklammert, nur am Rande erwähnt oder wenn überhaupt, dann erst im zweiten Teil der Gruppendiskussionen, auf unser Nachfragen hin behandelt werden. Anders als in anderen Interviews bleibt die nationalsozialistische Verfolgungs- und Vernichtungspolitik nicht abstrakt und fern, sondern zeigt sich in Erzählungen über eigene Erlebnisse und Erfahrungen.

So berichtet Robert P. ziemlich am Anfang des Interviews, wie er seine aus dem Elsass stammende, inzwischen verstorbene Frau Ende der 1930er Jahre kennen gelernt habe, schildert, wie deren Familie zu Beginn des Kriegs in den französischen Jura flüchten musste, wie er selber nach Frankreich fuhr, um seine Frau zu heiraten, und wie schwierig es angesichts des Antisemitismus in den Schweizer Konsulaten war, sie in die Schweiz zu holen. Verschiedene Interviewteilnehmende erzählen von Familienangehörigen und Bekannten, die flüchten mussten und Schwierigkeiten hatten, in die Schweiz zu gelangen, hier wenig freundlich empfangen wurden, aber auch von Menschen, die verschwunden sind, über deren Schicksal man nichts wusste oder die in Vernichtungslagern ermordet wurden. Der sichere Hafen, als den die Schweiz in anderen Gruppendiskussionen und auch im staatsoffiziellen Bild oft dargestellt wird, ist hier in Frage gestellt; vielmehr wird erzählt, dass sich auch Schweizer Jüdinnen und Juden in der Schweiz nicht sicher fühlten und das Land verließen. Die Eltern von Daniel P. etwa, sind, wie er erzählt, 1939 mit ihm nach Lateinamerika ausgewandert, zu prekär schätzten sie ihren Status als Juden in der Schweiz ein: *«Meine Erinnerung an den Krieg ist: Weg aus Europa»*[416] Erst 1950 sei seine Familie wieder zurück in die Schweiz gekommen.

Auch Robert P. hatte sich mit dem Gedanken getragen, nach Palästina auszuwandern, ließ es jedoch bleiben, gründete stattdessen eine Familie und leistete Militärdienst. Letzteres war für ihn eine überaus prägende Zeit, aus der er zahlreiche Anekdoten zu erzählen wusste.[417] Nach der Schilderung seines monatelangen Ausharrens an der Grenze bei Porrentruy ergänzt er:

---

416 Vgl. GD P. Z393.
417 Vgl. GD P. Z55.

> Robert P. (Jg. 1917): Das [lacht] sind Erlebnisse, die wir hatten, als Soldat. Nicht als jüdischer Soldat, sondern als Soldat!
>
> Daniel P. (Jg. 1944): Als Schweizer Soldat!
>
> Robert P. (Jg. 1917): Wie?
>
> Daniel P. (Jg. 1944): Als Schweizer Soldat!
>
> Robert P. (Jg. 1917): Als Schweizer Soldat in der, ja, als jü/ ja also jüdischer Mann (Daniel P.: Als Schweizer Soldat) als ein jüdischer Mann in der schweizerischen Armee, als Schweizer Soldat, ja. Wenn wir Feiertage hatten, dann mussten wir ein Gesuch einreichen, damit wir während der Feiertage nach Hause konnten.[418]

Zugehörigkeit ist keine Selbstverständlichkeit, das wird an dieser Stelle deutlich, sie muss – sowohl von Robert als auch von seinem Schwiegersohn Daniel – betont werden. Vieles von dem, was Robert P. erzählt, erinnert an Geschichten, wie sie viele männliche Aktivdienstleistende erzählen, wenn man nach ihrem Erleben der Kriegsjahre fragt. Stolz, Kameradschaft, Gemeinschaftsgefühl tauchen auf, aber auch Langeweile, Frust, Mühsal sind Thema. Als jüdischer Schweizer Soldat, das wird in seinen Erzählungen deutlich, war Robert P. aber auch immer wieder in einer besonderen, ambivalent-fragilen Position, werden auch Schikane, Ausgrenzung und Antisemitismus in seinem Alltag als Soldat sichtbar.

Schilderungen darüber, wie prekär vor dem Hintergrund der europaweiten Verfolgungs- und Vernichtungspolitik auch jüdische Existenz in der Schweiz gewesen sein musste, erfolgen auch von den übrigen Teilnehmenden. Und wie präsent der Holocaust für sie bereits in früher Kindheit war, wird in der Erzählung der 1944 geborenen Catherine P. deutlich, wo sie erzählt, wie schwierig es für ihre aus Frankreich immigrierte Mutter am Anfang in der Schweiz war, alleine zu sein, ohne ihren Mann, der im Aktivdienst war, ohne ihre Familie, von der sie nicht wusste, wo sie war und was mit ihr geschah, ob ihre Geschwister und ihre Mutter überhaupt überleben würden. Sie erzählt, wie ihre Mutter zeitlebens nie gerne Zug gefahren sei.

> Catherine P. (Jg. 1944): Sie mochte Bahnhöfe nie, sie fuhr nie gerne Zug. Und sie ging nie gerne, also der Zug/ nie gerne zum Bahnhof, weil ihr immer diese Transportzüge, die in die Konzentrationslager fuhren, in Erinnerung waren. Das hat sie mir jedesmal gesagt und irgendwie habe ich das auch übernommen/ also nicht, ich gehe schon, mir macht es nichts aus, aber wenn ich an diese Zeit denke, an den Zweiten Weltkrieg und was alles passiert ist, da kommt mir einfach in den Sinn, was meine Mutter zu mir sagte. Und sie konnte sich auch nie diese Holocaustsendungen anschauen und so weiter.

---

418  GD P. Z257-268.

Robert P. (Jg. 1917): Ich auch nicht.

Catherine P. (Jg. 1944): Und wir haben ja einige Verwandte verloren im Zweiten Weltkrieg und diese Geschichten bekam ich natürlich zuhause immer mit. Und der Sohn einer Schwester meiner Großmutter ging für seine Mutter ins KZ [...].[419]

Catherine erzählt hier von Erfahrungen und Erinnerungen, die sonst auch heute noch kaum, weder im öffentlichen, noch in dem von uns untersuchten kommunikativen Erinnerungsgeschehen, zur Sprache kommen. Dass Überlebende des Holocaust und ihre Nachkommen sowie Angehörige von Opfern des Nationalsozialismus in der Schweiz leben, wird nach wie vor kaum thematisiert.

Auch die Debatten der 1990er Jahre sind im Interview mit Familie P. auf andere Weise Bezugspunkt als in den anderen Interviews. Dass wie im Interview mit Familie Z. ein Imperativ im Sinne eines *Never Ever* erhoben würde, ist in der Gruppendiskussion mit Familie P. nicht erkennbar, und die Kritik, wie sie vor allem Großvater, aber auch Tochter und Schwiegersohn anbringen, deckt sich nicht mit der Kritik an der Rolle der Schweiz, wie sie etwa Ruedi, Ruth und Markus J. oder Erich B. vorbringen. Die Kritik der Familie P. gilt der trotz der geschichtspolitischen Debatten der 1990er Jahre weiter aufrecht erhaltenen Behauptung, wonach es die Schweiz gewesen sei, die während des Zweiten Weltkrieges Zehntausende von jüdischen Flüchtlingen aufgenommen habe. Tochter Catherine, aber auch Enkelin Tanja thematisieren zudem noch ein anderes Moment, das in ihrer Wahrnehmung der Debatten der 1990er Jahre wesentlich war, nämlich den Antisemitismus. Sie haben diese Jahre als eine Zeit erlebt, die für die jüdische Bevölkerung in der Schweiz nicht einfach war, weil Antisemitismus vermehrt spürbar wurde und die Angst, als Jüdin oder Jude in der Öffentlichkeit aufzufallen, plötzlich wieder da gewesen sei.

Die vier Gruppendiskussionen, wie wir sie präsentiert haben, geben nicht nur Einblick in die Pluralität gegenwärtigen Erinnerungsgeschehens. Es hat sich auch gezeigt, dass die den weiteren Verlauf der Gespräche bestimmenden thematischen Schwerpunkte bereits in den ersten Takten der Gruppendiskussionen festgelegt werden. Einschlägige Perspektiven und Erinnerungsinteressen lassen sich dabei erkennen, oftmals wird nur eine Auswahl vergangener Ereignisse und Begebenheiten, akzentuiert und damit tradiert, während andere außer Acht fallen. Selektivität und soziale Bedingtheit kommunikativer Erinnerungsprozesse zeigen sich damit bereits pointiert zu Beginn der Interviews. Auf die *«Cadres Sociaux»* des Erinnerns hat der Soziologe Maurice Halbwachs bereits Mitte der 1920er Jahre aufmerksam gemacht.[420] Auch unsere Interviews zeigen, wie die

---

419 GD P Z462-474.
420 Halbwachs, Maurice: Das Gedächtnis und seine sozialen Bedingungen, Frankfurt 2006.

Auseinandersetzung mit dieser Vergangenheit je nach politischer, religiöser, sozialer und familiärer Rahmung variiert. Die verschiedenen Bezugsrahmen treffen in den Gruppendiskussionen aufeinander und es wird ersichtlich, wie diese sich in der konkreten Erinnerungspraxis ergänzen oder wie sie konfligieren, zuweilen ergänzt durch Reflexion der unterschiedlichen Perspektiven auf Nationalsozialismus und Krieg.

### 4.1.2  Gemeinsamkeiten im kommunikativen Erinnern

Haben wir mit den Sequenzen aus den Gruppendiskussionen mit den Familien Z., B., J., und P. auf Vielfalt und plurale Erinnerungsinteressen hingewiesen, lassen sich aber auch Gemeinsamkeiten in der historischen Vergegenwärtigung der 1930er und 1940er Jahre erkennen.

Deutlich wird zunächst, dass das Thema Zweiter Weltkrieg in der schweizerischen Bevölkerung überaus kontrovers diskutiert wird. Vor dem Hintergrund der geschichtspolitischen Debatten der 1990er Jahre werden biographische und gesellschaftliche Erinnerung und Auseinandersetzung mit der Rolle der Schweiz während des Zweiten Weltkrieges und der Holocaust metathematisiert. In den meisten der Gruppendiskussionen kommen die Wandelbarkeit biographischen und gesellschaftlichen Erinnerns oder die Perspektivität historischen Erinnerns zur Sprache. Initiiert werden solche Reflexionen mit wenigen Ausnahmen von VertreterInnen der mittleren und ältesten Generation. Damit einhergehend werden nicht nur vergangene Handlungen einer kritischen Betrachtung und Beurteilung unterzogen, sondern gerade auch historische bzw. gesellschaftliche Erinnerungsprozesse und -konjunkturen selbst. Dieser metathematische Blick sowie die bewertende, beurteilende Haltung, die wir in Kapitel 2 als charakteristisch für die gegenwärtige gesellschaftliche Erinnerungskultur hinsichtlich der Zeit des Zweiten Weltkrieges mit dem Holocaust in ihrem Mittelpunkt beschrieben haben, spielt also auch in den Gruppendiskussionen eine große Rolle. Ein zentraler Aspekt scheint dabei die Tendenz zu sein, vergangenes Verhalten an moralischen Maßstäben zu messen.

Hierin hallt auch die Emotionalität der Debatten der 1990er Jahre nach. Wurde damals die Revision des gängigen helvetischen Geschichtsbildes durchaus von vielen willkommen geheißen und mehr oder weniger schuldbewusst auf die jüngste Vergangenheit des Landes geblickt, waren es nicht nur rechtskonservative Kreise sowie Teile der als Vertreter der so genannten Aktivdienstgeneration auftretenden Personen aus Politik und Gesellschaft, die die im In- und Ausland lauter werdende Kritik am bisherigen Narrativ von der widerständigen, neutralen und humanitären Nation als massiven Angriff gegen die Schweiz wahrnahmen. Ein gutes Jahrzehnt später reproduzieren sich zuweilen die damaligen Wogen und der Rückblick auf die Debatten fällt, wie wir es am Beispiel der vorgestellten Familien gesehen haben, in die eine oder in die andere Richtung stark emotional aus. Vom Aufdecken-Wollen *der «traurige[n], dreckige[n] Rolle der Schweiz»*[421] während dieses Krieges ist die Rede; als Aufklärung über mythisierte Geschichtsbilder, die, wie ein Gruppendiskussionsteilnehmer meint, *«bis heute in den Menschen, in den Köpfen noch drin sind und nach wie vor die Schweizer Politik beeinflussen»*[422] werden die Arbeiten der UEK für wichtig erachtet und begrüßt. Dagegen sehen andere in den historischen Aufarbeitungen *«Falschbeurteilungen»*, ist von *«Schießen auf die Schweiz»*, von *«Erpressung»* die Rede oder davon, dass man nun *«alles zertrampeln»* wolle.[423] Zugeschrieben werden derartige Nestbeschmutzungen nicht nur den HistorikerInnen der UEK, der so genannt *«jungen Generation»*[424], sondern ebenso den *«Amerikanern»* und zuweilen insbesondere den fremden *«Juden»*.[425]

*Thematische Schwerpunkte*

In den ausgeführten Beispielen wurde eine breite Palette an Themensetzungen ersichtlich: *«Grenzwacht»*, *«Judengold»*, *«Spanienkämpfer»*, *«Ferienkinder»*, *«Fröntler»*, *«Holocaust»*, *«Sechseläutenplatz»*, *«Israel»*, *«Soldat James Ryan»*, *«Japan»* waren etwa die Stichworte. Im Vergleich der Gruppendiskussionen zeichnen sich aber eigentliche Erinnerungsfavoriten ab: Die *Situation in der Schweiz während der Kriegszeit*, die *Flüchtlingsthematik* – zur Sprache gebracht je nach dem mit stolzem oder skeptischem Blick auf die so genannte humanitäre Tradition des Landes –, und schließlich *«der Holocaust»* sind die zentralen Themenfelder.

Während, anders als etwa die unmittelbare Nachkriegszeit, die Jahre seit dem nationalsozialistischen Machtantritt im benachbarten Deutschland kaum thematisiert werden, stellen die eigentlichen Kriegsjahre und die Umlagerung der Schweiz durch die Achsenmächte ein zentrales Thema dar, das in sämtlichen Gruppendiskussionen eingebracht und zumeist ausführlich diskutiert wird. Im Mittelpunkt stehen dabei zunächst jene Teilnehmenden, die als junge Erwachsene oder als Kinder diese Jahre selbst erlebt haben. Entweder thematisieren sie

---

421  GD Z. Z27f.
422  GD C. Z256.
423  GD O. Z476-490, GD O. Z708, GD C. Z243.
424  Vgl. dazu Kapitel 3.
425  Vgl. dazu etwa GD O., GD B. und GD C.

selbst oder aufgefordert durch jüngere Familienmitglieder ihre Erinnerungen über die gesellschaftliche Situation in der damaligen Schweiz. Wiewohl die ältesten Gesprächsteilnehmenden in ihren Erlebnisberichten facettenreiche Bilder abgeben, gesellschaftliche Widersprüche, Freud und Leid thematisieren, erfolgt im dialogischen Austausch zwischen den Generationen, wie wir dann ausführlicher in Kapitel 5 darstellen werden, oftmals eine selektive Pointierung einiger weniger, indes wiederkehrender Schlagworte durch die Nachgeborenen: *«Rationierung»*, *«Anbauschlacht»*, *«Verdunkelung»*, *«Grenzwacht»* und *«Aktivdienst»*. Das Narrativ vom Sonderfall Schweiz beleuchtet Aspekte einer heldenhaften Bewährungsprobe. Die erwähnten Begriffe können aber auch zu einem Bild der Not und Bedrohung transformiert und verdichtet werden. Indem die Sorge ums eigene Überleben und die *«Angst»* vor dem übermächtigen Feind zu Schlüsselbegriffen werden, scheint das Land in der Nacherzählung nicht dem Krieg enthoben,[426] sondern unmittelbar von ihm tangiert zu sein. Dabei zeichnet sich zweierlei ab: Zum einen erscheint im gegenwärtigen Erinnerungsdiskurs die in der einstigen nationalen Basiserzählung noch als widerständisch dargestellte Zeitzeugengeneration nun eher als eine den Wogen der Zeit ausgelieferte, verängstigte Bevölkerung. Zum anderen zeigt sich, dass die Haltung der Schweiz gegenüber bedrängten und verfolgten Menschen während Nationalsozialismus und Krieg, wie sie in den 1990er Jahren ebenso kontrovers wie emotional diskutiert wurde, auch gegenwärtig, ein gutes Jahrzehnt nach diesen Debatten, einen Zankapfel darstellt. Dies mit unterschiedlichen, weit über die damalige schweizerische Flüchtlingspolitik im engeren Sinne hinausreichenden Akzentuierungen. So kommt denn das Thema *Flüchtlinge* bis auf wenige Ausnahmen bereits in den Einstiegsphasen aller Gruppendiskussionen zur Sprache. Während die Gespräche über den damaligen (Kriegs-) Alltag in der Schweiz genealogisch geprägt sind, die Erinnerungen der ZeitzeugInnen und die Vorstellungen ihrer Kinder bzw. EnkelInnen über diese Jahre in zuweilen durchaus auch kontroversem Dialog stehen, stellt die Flüchtlingsthematik davon unabhängig ein Feld des Positionsbezugs und der gemeinsamen Stellungnahme dar. Hierin wird der Bezug zu den Debatten der 1990er Jahre deutlich: Es geht nicht nur um die Kritik an der damaligen Flüchtlingspolitik: Auf dem Spiel steht das humanitäre Gütesiegel der Schweiz und Fragen nach dem Mitverschulden und der Involvierung der Schweiz in die Verbrechen der Nazizeit werden laut. Die Flüchtlingsthematik ist darum eng gekoppelt an die Frage, ob der Schweiz ein moralisch integres Verhalten attestiert werden könne.

---

426 Siehe dazu etwa Hilberg, Raul: Täter, Opfer, Zuschauer.

Kontern die einen (vermutete, wiederkehrend uns zugeschriebene) Kritik an der damaligen Flüchtlingspolitik mit dem Verweis auf humanitäre Hilfeleistungen, wie etwa auf die temporäre Aufnahme kriegsgeschädigter Kinder aus dem benachbarten Ausland, gestehen andere mehr oder weniger beschämt die damalige Flüchtlingspolitik als *«dunkles Kapitel»*, *«als kein Ruhmesblatt»*, als *«Versagen»* ein. Kategorien wie Schuld und Versagen, moralische Beurteilung und Bewertung sind in beiden Lagern nicht nur präsent, sondern bilden den Kern der Auseinandersetzung. So steht heute in der kommunikativen Vergegenwärtigung der schweizerischen Flüchtlingspolitik während der 1930er und 1940er Jahre weniger der politische oder soziale, sondern vielmehr der moralische Aspekt im Vordergrund. Auf die Diskussion um Möglichkeiten und Grenzen moralisch integren Verhaltens in Zeiten realer oder vermeintlicher Bedrohung, die sich jeweils im Kontext der Auseinandersetzung mit der schweizerischen Flüchtlingspolitik entspann, kommen wir in Kapitel 5.3, in dem wir die in den Interviews erfolgende Auseinandersetzung mit der Thematik der humanitären Tradition der Schweiz näher beleuchten, noch ausführlicher zu sprechen.

Ein weiteres in den Gruppendiskussionen präsentes Thema stellt die Verfolgung und Ermordung von sechs Millionen jüdischer Frauen, Männer, Kinder dar. Obwohl der Holocaust aus der gegenwärtigen historischen Erinnerung nicht wegzudenken ist, divergiert die Auseinandersetzung damit stark: Viele der DiskussionsteilnehmerInnen werfen primär symbolträchtige Stichworte wie *«Dachau»*, *«Anne Frank»*, *«Eichmann»* in die Runde. Andere versuchen im gemeinsamen Gespräch mit jenen, die diese Zeit als Kinder oder junge Erwachsene erlebt haben, zu ergründen, was die Bevölkerung in Deutschland wie auch der Schweiz über die *«Judenpolitik»*, wie eine Teilnehmerin es ausdrückt,[427] habe wissen können. Vereinzelt wird dabei angesichts der systematischen Verfolgung und Ermordung der europäischen Jüdinnen und Juden die Legitimation der schweizerischen Neutralität in Frage gestellt.[428] Bezüge etwa zwischen Nachrichtenlosen Vermögen und den in den Vernichtungslagern ermordeten KontoinhaberInnen oder der Rückweisung von Flüchtlingen an den schweizerischen Grenzen, wie sie in den Debatten der 1990er Jahre im Gespräch waren, werden hingegen nur vereinzelt hergestellt, etwa in dem Sinne, es sei nicht *«korrekt»* gewesen, es habe bereinigt werden müssen, sei damit aber auch erledigt.[429] Ähnlich wie in den Debatten der

---

427  GD R. Z667.
428  Beispielsweise die Enkel im Interview mit den Familien G. und E. Mit dieser Frage wird jenes Argument entkräftet, das eingebracht wird, wenn es darum geht, Fragen nach der damaligen Flüchtlingspolitik mit dem Verweis auf die schweizerische Neutralität zu kontern.
429  Vgl. dazu etwa GD B. Z1017ff.

1990er Jahre zeigt sich eine Überlagerung moralischer und monetärer Argumentationen, mit der Rückgabe jüdischer Vermögen wird auch das moralische Problem als gelöst betrachtet.[430]

In jenen Gruppendiskussionen allerdings, an denen TeilnehmerInnen mit jüdischem Familienhintergrund partizipieren, nimmt die Verfolgung und Ermordung der europäischen Jüdinnen und Juden einen anderen Stellenwert ein. Dabei konzentriert sich die Auseinandersetzung nicht auf die Geschichte der eigenen Familien, die selbst betroffen oder, durch europaweite verwandtschaftliche Beziehungen vernetzt, über die nationalsozialistische Verfolgung informiert waren. Verfolgung und Ermordung von Verwandten und/oder Bekannten werden allerdings im halböffentlichen Rahmen der Gruppendiskussionen nur angedeutet. Gesprächsthema dagegen sind die eigene Angst und Ohnmacht angesichts der nationalsozialistischen Verfolgung, die antisemitische Flüchtlingspolitik der Schweiz, die Not jener, denen die Flucht in die Schweiz geglückt ist und die Finanzierung der Flüchtlingshilfe durch jüdische Institutionen und Privatpersonen in der Schweiz. Dass die kleine jüdische Gemeinde in der Schweiz damals eine große finanzielle Last zu tragen hatte, um die mit Arbeitsverbot belegten jüdischen Flüchtlinge zu versorgen, wird nur in den Gesprächen mit den drei jüdischen Familien erwähnt. Thematisiert werden in diesen drei Gruppendiskussionen außerdem die Folgen der geschichtspolitischen Debatten der 1990er Jahre, die nach der in diesen drei Gruppendiskussionen vertretenen Ansicht einen Wendepunkt in Sachen Antisemitismus in der Schweiz seit Kriegsende darstellen. Im Gefolge der Debatten um die Nachrichtenlosen Vermögen sei dieser wieder salonfähig geworden. Zum andern zeigt sich bei einigen dieser Teilnehmenden auch Verdruss darüber, dass sie als Jüdinnen und Juden auf die Geschichte des Holocaust reduziert würden.[431]

## 4.2 Die 1990er-Jahre-Debatten im Nacken: Aktuelle Modi des Vergangenheitsbezugs

Lassen sich, wie wir eben gesehen haben, im Vergleich der Gruppendiskussionen zentrale, wiederkehrende Themenfelder ausmachen, die bereits in den 1990er Jahren kontrovers diskutiert wurden, finden sich ebenso wiederkehrende rhetorische Verfahrensweisen und Strategien, welche die Kritik, die damals von verschiedenen Seiten zur Rolle der Schweiz geäußert wurde, zum Bezugspunkt ha-

---

430 Vgl. dazu auch Tanner, Jakob: Geschichtswissenschaft und moralische Ökonomie der Restitution: Die Schweiz im internationalen Kontext, in: Zeitgeschichte, 2003, Nr. 5, S. 268-280.
431 Vgl. die Ausführungen in Kapitel 3.

ben und den Verlauf der jeweiligen Gruppendiskussionen wesentlich bestimmen. Auf der Grundlage unseres Materials haben wir im Wesentlichen drei Arten der Auseinandersetzung mit der Rolle der Schweiz während des Zweiten Weltkrieges herausgearbeitet, die wir im Folgenden anhand ausgewählter Beispiele erläutern werden: den polarisierenden, den komplementären und den metathematisierenden Erinnerungsmodus. Wenn auch unterschiedliche Modi des Vergangenheitsbezugs sich überlagern, zuweilen Teilnehmende sich enthalten oder selbige konterkarieren, dominiert in den einzelnen Gruppendiskussionen zumeist doch einer dieser drei Modi, der den gesamten Gesprächsverlauf prägt und an dem die Beteiligten mehr oder weniger partizipieren bzw. ihn durch ihre Interventionen forcieren.

### 4.2.1 Linke und Rechte Erinnerung: Polarisierender Erinnerungsmodus

Fragen betreffend Nachrichtenlose Vermögen, Flüchtlingspolitik und grundsätzlich nach der Rolle der Schweiz im Krieg, die in den Debatten der 1990er Jahre in Zeitungen, Fernsehen und Diskussionsveranstaltungen aufgeworfen wurden, polarisierten stark. Oftmals weniger inhaltliche Bezugnahmen als vielmehr dezidierte Meinungsäußerungen prägten damals die Auseinandersetzungen um die *richtige* Interpretation dieser Vergangenheit, die als angeblicher Generationenkonflikt ins Feld geführt, sich entlang dem Links/Rechts-Schema als politischer Konflikt zeigte.[432]

Ähnliches hallt auch gut ein Jahrzehnt später in der kommunikativen Erinnerung nach. In knapp der Hälfte aller Gruppendiskussionen herrscht ein von solcher Erinnerungskonkurrenz geprägter, (politisch) polarisierender Erinnerungsmodus vor, der sich mehr oder weniger explizit an der UEK als dem Exempel jüngster vergangenheitspolitischer Aufarbeitung orientiert und der wertkonservativ wie auch links(liberal) ausgerichtet sein kann. In diesem polarisierenden Modus zeichnen sich unterschiedliche Strategien ab: Solche, die gegenüber der Vergangenheitsaufarbeitung der UEK *antagonistisch* verfahren oder solche, die selbige *verfechten*.

Am Interview mit Familie C. aus dem Berner Oberland beteiligten sich als VertreterInnen der Großelterngeneration der der SVP nahe stehende Lehrer Fritz C. (Jg. 1943) sowie seine Gattin Elena C. (Jg. 1941), als Vertreter der mittleren Generation deren politisch eher an der FDP orientierte Sohn Theo C. (Jg. 1969), Unternehmer, sowie die Schwiegertochter, Sandrine C. (Jg. 1970), kaufmännische Angestellte und Hausfrau. Fritz C. nahm von Beginn an das Zepter in die Hand, bootete uns Interviewerinnen geradezu aus und legitimierte seine führende

---

432 Vgl. Kunz, Matthias; Morandi, Pietro: Die Schweiz und der Zweite Weltkrieg, S. 24ff.

Rolle im einsetzenden Gruppengespräch ungeachtet seines zur Zeit der Naziherrschaft jungen Alters damit, dass er den Krieg direkt miterlebt habe. Seine Selbst-Inthronisation als Zeitzeuge, der *«emotionell»*[433] involviert war, ging einher mit einem Geltungsanspruch gegenüber HistorikerInnen, deren Aussagen schließlich, wie er hinzufügte, abhängig seien von der *«Aktenlage»*.[434] Gegenüber der UEK und auch gegenüber seinem Sohn und dessen Vergangenheitsinterpretation nahm Fritz C. in diesem Interview eine antagonistische Haltung ein, die auf der Gegenüberstellung biographischer bzw. erlebter versus angeeigneter Vergangenheit gründet und die Gruppendiskussion über weite Strecken dominierte. Anhand der nachfolgenden Auszüge aus einem Streitgespräch zwischen Fritz C. und seinem Sohn Theo C. wollen wir dies erläutern.

> Fritz C. (Jg. 1943): Was mich erstaunt, ist dass die Schweiz sich neutral halten konnte, als sie von diesen Achsenmächten umgeben war. Wir wären wohl irgendwann auch mal noch drangekommen, das hat Hitler ja angedroht. Es ist erstaunlich, dass die Schweiz durch die Neutralität und durch ihre relativ geschickte Politik (Elena C.: Ja das haben wir auch dem Guisan zu verdanken) eben, dass wir uns noch raushalten konnten. Und ich bin nicht ganz einverstanden mit dem Bergier-Bericht, der da laut vorgeworfen hat, dass die Schweiz viel mehr Leute hätte aufnehmen sollen. Ich bin in der Nähe der deutschen Grenze aufgewachsen, wo viele Flüchtlinge hineinkamen, noch in den letzten Tagen. Das war ein Stück weit dann ist auch begreiflich, die Leute hatten selbst nichts, nicht viel zu essen. [...] Und jetzt im Nachhinein stipuliert man Kommissionen und die machen sich da wichtig damit, weil man die Grenzen noch vielmehr hätte aufmachen müssen. Ich bin nicht der Meinung, dass man damals noch viel mehr hätte machen können. Es ist wirklich hart gewesen damals [...].

> Theo C. (Jg. 1969): [...] Was, so denke ich, erst heute auch hervorkommt, oder eine Zeitlang hervorkam, ist, dass sich viele aus der älteren Generation oder auch aus meiner Generation mit dem schwer taten, weil man sich auch irgend ein Bild machte, sich wohl fühlte auf irgendeine Weise. Und plötzlich merkt man, dass wahrscheinlich nicht alles so war, wie man es vielleicht gerne gehört hätte (Fritz C.: Ja aber das ist genau das Problem, genau das Problem) oder sich ausgemalt hat. (Fritz C.: Genau das Problem). [...] Das steckt natürlich bis heute in den Köpfen und beeinflusst nach wie vor die Schweizer Politik. Das sind irgendwo die Ausläufer, der Blocher mit seinen Leuten.

> Fritz C. (Jg. 1943): Ja aber, du hast gesagt die alte Generation/ Mythen/ wir haben das noch direkt miterlebt, als man noch auf dem Feld Kartoffeln zusammensammeln musste, weil man sonst nichts zu essen hatte. Also das kann man sich heute nicht mehr vorstellen. Und die junge Generation ist weiter weg und kommt deshalb natürlich auch zu Falschbeurteilungen. [...] Aber ich habe das erlebt und würde einfach warnen, wenn so Kommissionen fünfzig Jahre später Untersuchungen machen aus den Aktenlagen, die sich natürlich eisdicht haben überall, aber wenn man sagt, man hätte noch mehr Leute rein nehmen können/ Ich glaube nicht, dass viel mehr Platz gehabt haben. Weil die Leute selber schauen mussten, dass sie über die Runden kommen. Also wir/ ich habe das erlebt.[435]

---

433 GD C. Z276.
434 GD C. Z279.
435 GD D. Z188-282.

Fritz C. steigt, ohne die große Bedrohungslage unerwähnt zu lassen, in die Sequenz ein mit einigen Erklärungen dafür, weshalb die Schweiz während des Zweiten Weltkrieges sich hat unversehrt halten können, um dann zügig auf den Punkt zu kommen. Anhand jener Thematik, die während der Debatten der 1990er Jahre wohl am heftigsten und emotionalsten zugleich diskutiert wurde, – die schweizerische Flüchtlingspolitik zurzeit der nationalsozialistischen Verfolgung – bringt er sich in Position: Getreu der Wendung, dass das Fressen vor der Moral komme, zielt Fritz C. vorbei am Kern der Problematik und hält der UEK wie insgesamt den nach dem Zweiten Weltkrieg Geborenen seine *Lebenserfahrung* entgegen, die er notabene höher gewichtet als geschichtswissenschaftliche Arbeit, ihr gar unterstellt, die Sachlage falsch zu beurteilen. Die vom neuen Erinnerungsparadigma erfolgte Fokussierung auf die antisemitische Flüchtlingspolitik greift Fritz C. selektiv auf und verteidigt sie. *«Mehr Leute»* hätten aufgenommen werden sollen, viele Flüchtlinge seien jedoch auch in den letzten Tagen von Deutschland her noch gekommen. Ohne Belang bleibt, welche *«Leute»* keine Aufnahme gefunden haben und weshalb, sowie, was für Flüchtlinge gekommen sind. Argumentiert wird mit der angeblich unüberschaubaren Masse, deutlich wird die Sorge ums eigene Brot: Damalige Aufnahmekapazitäten seien ausgeschöpft gewesen, hätten doch auch hierzulande Mangel und Not geherrscht. Der UEK wie den Beiträgen seines Sohnes, die zwar nicht direkt anknüpfen an die Aussagen seines Vaters, sondern sich auf mythisierende und geschichtsrevisionistische Positionen in der schweizerischen Politik beziehen, hält er authentisches Erleben entgegen. Zeitliche Distanz und die Arbeit selbst mit *«eisdichten»* Akten würde zu Falschbeurteilungen führen und nie das Selbsterlebte aufwiegen.

Die Dichotomie *erlebte* gegenüber per Akten, Quellen, Literatur *angeeignete* Vergangenheit ist als rhetorischer Kniff in den Gruppendiskussionen häufig anzutreffen. Während im obigen Beispiel Fritz C. mit Jahrgang 1943 sich und sein Erleben als Zeitzeuge gegen die UEK bollwerkt, werden, wie wir in Kapitel 5 noch ausführlicher sehen, in ähnlich gelagerten Interviews anwesende ZeitzeugInnen zur Illustration, wie es damals *wirklich* war, von jüngeren Interviewteilnehmenden instrumentalisiert. Erfahrungsberichte werden dabei oftmals selektiv rezipiert und zum Argument gegen Geschichtsbild- und Kritiker der schweizerischen Flüchtlingspolitik während des Nationalsozialismus verwendet.[436]

Klingt in dieser wertenden Gegenüberstellung von erlebter versus angeeigneter Vergangenheit eine kritische Haltung hinsichtlich der geschichtsbildkritischen Thematisierung der Rolle der Schweiz während Nationalsozialismus und Krieg bereits deutlich an, wird selbige etwa dann explizit, wenn sich die beschrie-

---

436 Vgl. dazu die Gruppendiskussionen mit den Familien O., F. und J.

bene antagonistische Haltung gegenüber geschichtsbildkritischer Aufarbeitung der Vergangenheit radikalisiert in absolut verweigerter Auseinandersetzung: Das Interview mit der Appenzeller Familie K., an dem die 1931 geborene Dora K., SVP-Wählerin, wie Tochter Gabriela K. (Jg. 1952), Bäuerin und Enkelin Petra K. (Jg. 1985), KV-Angestellte, teilnahmen, haben wir in Kapitel 3 bereits eingeführt. Gabriela und Petra K. begegneten uns beide mit unverhohlenem Misstrauen und ostentativem Desinteresse am Interview wie auch am Thema. Immer wieder versuchten wir, die beiden ins Boot zu holen, etwa, indem wir sie nach ihren Vorstellungen über die Situation in der Schweiz während des Krieges fragten:

> N. B. (Jg. 1979): Ja, aber erzählen Sie doch, wie Sie sich das vorstellen. Weil uns interessiert wirklich auch, was junge Leute, die damals noch nicht gelebt haben, darüber denken.

> Petra K. (Jg. 1985): Also ich habe ehrlich gesagt noch nie darüber nachgedacht. Ja, es war sicher schlimm, aber das ist jetzt vorbei. Ich weiß auch nicht, warum man darüber jetzt noch reden sollte.

> Dora K. (Jg. 1931): Ich schaue mir natürlich auch im Fernsehen immer solche Filme an. Dann kommen mir die Erinnerungen hoch.

> Petra K. (Jg. 1985): Aber Großmutter, das sind nur Filme.

Kurz darauf wendet die Interviewerin sich an die Enkelin:

> N. B. (Jg. 1979): Und Sie?

> Petra K. (Jg. 1985): Ich schaue mir keine solchen Filme an. Das Interesse ist nicht da.

> N. B. (Jg. 1979): Warum nicht?

> Petra K. (Jg. 1985): Ja, also, ich sehe nicht so gerne solche Filme, ich sehe mir lieber eine Serie an, wenn ich fernsehe.

> Gabriela K. (Jg. 1952): Komödien schaust du dir an.

> Petra K. (Jg. 1985): Ja es bringt ja nichts, wenn man sich da solch blöde Filme anschaut.

> Dora K. (Jg. 1931): Ja blöd. Du, das war mal eine Tatsache!

Petra K. (Jg. 1985): Eben, es war mal! Was nützt es, wenn ich heute solche Sachen sehe.[437]

Klammert Dora K. im weiteren Verlauf des Interviews sämtliche Themen und Aspekte aus, die nicht sie oder ihre Familie tangieren, markiert Petra K. in dieser harzig verlaufenden Sequenz, unterstützt von Gabriela K., ihr Desinteresse an historischer Auseinandersetzung und stellt, weil sie nicht weiß, «*warum man darüber jetzt noch reden sollte*», die Notwendigkeit historischer Aufarbeitung grundsätzlich in Frage. Verweigerung nicht nur deshalb, weil «*es*» «*mal*» «*war*», also vorbei ist, sondern insbesondere deswegen, weil, wie später im Interview in Bezug auf die gegenwärtige Flüchtlingspolitik ausführlich thematisiert wird, die Leute von damals es schon gut gemacht hätten.[438] Ein Bezug zur Rolle der Schweiz während des Zweiten Weltkrieges erfolgt bestenfalls dann, wenn er in Einklang zu bringen ist mit ihren rassistischen, rechtskonservativen Gegenwartsdeutungen.[439]

Erinnerungsabwehr hinsichtlich der jüngsten Landesgeschichte, dezidiertes Festhalten an mythisierten Geschichtsbildern, verknüpft mit einem starken Gegenwartsbezug, wie wir sie in erschreckend radikaler Ausformulierung in der Gruppendiskussion mit der Familie K. angetroffen haben, ist ein Register gegenläufigen Erinnerungsgeschehens, das, nicht unerwarteterweise, gezogen wird in jenen Gruppendiskussionen, die stark bestimmt sind von Teilnehmenden mit rechter bzw. rechtsextremer politischer Orientierung. Im Sample der zwanzig Gruppendiskussionen sind sie indes eine kleine Minderheit.

In direkter Opposition zur oben dargestellten, dem geschichtsbildkritischen Erinnerungsparadigma gegenläufigen Erinnerungspraxis steht die explizit linkspolitisch motivierte Auseinandersetzung mit Geschichte: Die Familie Z. aus Winterthur, in der sowohl Großmutter Sophia Z. (Jg. 1943) als auch Tochter Irene Z. (Jg. 1966) auf den schon früh geschichtsbildkritischen Vater bzw. Großvater und Spanienkämpfer referieren, haben wir bereits vorgestellt. Dieses Interview war geprägt vom Engagement Irene Z.s, die sich im Interview explizit auch als aktives Mitglied der Sozialdemokratischen Partei beschrieb.

Die politische Dimension der Auseinandersetzung mit der jüngsten nationalen Vergangenheit wird in der nachfolgenden Sequenz deutlich, in der Irene und Sophia Z. die Schlacht gegen die heiligen Kühe schweizerischen Selbstverständnisses auch heute für noch nicht ausgestanden betrachten:

Irene Z. (Jg. 1966): Die Rolle der Schweiz ist schlecht, das ist es, was mich stört, was man auch heute noch immer wieder hört, so von diesen Männern, die damals eingezogen wurden, ist,

---
437 GD K. Z 257-329.
438 Vgl. GD K. Z699ff.
439 Vgl. GD K. Z714-734.

dass sie wirklich heute noch überzeugt sind davon, dass sie es waren, die verhinderten, dass die Schweiz von Hitler überlaufen worden ist.

Sophia Z. (Jg. 1943): Gut, das wurde auch fünfzig Jahre gepflegt.

Irene Z. (Jg. 1966): Aber das ist heute noch so, die meinen auch, unsere Armee bringe etwas.

Sophia Z. (Jg. 1943): Die Diamantfeier, kannst du dich noch erinnern, die Diamantfeier.

Irene Z. (Jg. 1966): Das ist traurig (Sophia Z.: Ja wenn du fünfzig Jahre dem Volk erzählst/). Was ich, was ich extrem vermisse, ist wirklich die Aufarbeitung der Geschichte, der Rolle der Schweiz im Zweiten Weltkrieg. Ich finde, es ist heute noch so, da wird etwas hochgehalten, das so nicht stimmt, oder. Gut es gibt Filme, oder, das «Boot ist voll» und Theater oder, vom/ das Reduit oder. Oder, wie hat es geheißen, «Schlachten wir die Heilige Kuh» oder wie hat es geheißen?

Sophia Z. (Jg. 1943): «Das Boot ist voll» ist jedenfalls eines.

Irene Z. (Jg. 1966): Und ich meine, eben Max Frisch, der, der/

Roland Z. (Jg. 1990): Nein, das weiß man schon, es interessiert einfach niemanden mehr, (Irene Z.: Das find ich/) das ganze Meili-Zeugs und so.[440]

Während Irene Z. beginnt, von einer Führung durch das Reduit zu erzählen, an der sie teilgenommen habe, betont ihr Sohn erneut:

Roland Z. (Jg. 1990): Mutter! Das stimmt überhaupt nicht, dass es niemand weiß. Es interessiert einfach niemanden mehr, wie es in der Vergangenheit war, von der jungen Generation. Das ganze Meili-Zeugs[441] und so, das ist ja alles schon publik mit der UBS und so.

Thema dieser Sequenz ist der Umgang mit der jüngsten Vergangenheit heute. Irene Z., unterstützt von ihrer Mutter Sophia Z., hat mangelndes Geschichtsbewusstsein und den Fortbestand mythisierter Geschichtsbilder im Blick – die, wie Sophia anmerkt, schließlich auch über fünfzig Jahre hinweg gepflegt worden seien. Armee und Reduit, hierin stets noch als zentraler Faktor nationalen Selbstver-

---

440 GD Z. Z192-235.
441 Christoph Meili, damals als Nachtwächter bei der Schweizerischen Bankgesellschaft (SBG) angestellt, übergab 1997, in der Annahme, es handle sich um zum Shreddern bestimmte Daten über Nachrichtenlose Vermögen, Dokumente an Vertreter jüdischer Organisationen. Meili löste damit einen Skandal aus, der sowohl die Bank als auch seine Person betraf und ist heute bekannt als der *Fall Meili*. In den Gruppendiskussionen oszilliert die Tat Meilis zwischen einer ebenso mutigen wie auch naiven. Meili tritt dort auf als Anti-Held.

ständnisses und Symbol der Vaterlandsverteidiger vorgestellt, sind die eigentliche Knacknuss. In der Kritik stehen dabei alte Männer und ein nicht spezifiziertes *«Du»*, mit dem staatliche Funktionsträger gemeint sein könnten, das *«dem Volk»* fünfzig Jahre Märchen erzählt habe. Ein staatlich getragenes, männlich geprägtes und generationell gelagertes Geschichtsbild dominiere heute noch. Dagegen erhebt Roland Z., an ähnliche Diskussionen vielleicht gewohnt, Widerspruch: Es stimme nicht, was Mutter und Großmutter behaupteten, dass die Fakten um das *«Meili-Zeugs»* und die *«UBS»* ja publik seien, Aufarbeitung demnach geleistet sei. Er sieht keinen generationellen oder politischen Konflikt, sondern unter Seinesgleichen lediglich Desinteresse. Roland Zs. Einwände insbesondere gegen die Voten seiner Mutter, Irene Z., forcieren die Dynamik dieser Gruppendiskussion.

Der polarisierende Modus des Vergangenheitsbezugs vor dem Hintergrund des revidierten Erinnerungsparadigmas, wie er in knapp der Hälfte aller von uns erhobenen Interviews vorkommt, ist geprägt von den politischen Konfliktlinien und ausgestattet mit den Argumenten der 1990er Jahre. In antagonistischen wie auch den Erinnerungsimperativ verfechtenden Strategien sind, wie wir gesehen haben, generationell gelagerte Argumente unterschiedlich konnotiert zwar, wichtig. Ähnlich wie in den Debatten der 1990er Jahre, anlässlich derer ZeitzeugInnen und insbesondere deren selbsternannten Fürsprecher die GeschichtsbildkritikerInnen als Junghistoriker und Nestbeschmutzer diskreditierend beschimpften und diese wiederum deren Geschichte(n) zerpflückten, führt auch heute die Auseinandersetzung mit der Rolle der Schweiz während des Zweiten Weltkrieges zu Kontroversen, die auf den ersten Blick Generationenkonflikte zu sein scheinen: Im antagonistischen Modus werden normativ die Erfahrungen der Alten ins Feld geführt gegen die Aktenstudien der Jungen, im verfechtenden dagegen die verklärte Sichtweise der Alten wider den aufklärerischen Geist der Nachgeborenen. Auf den zweiten Blick sind generationelle Inanspruchnahmen und Zuschreibungen stark entlang des Rechts-Links-Schemas geprägt, erweisen sich eher als politische denn als generationelle Differenzen, ein Aspekt, auf den wir in Kapitel 3 bereits hingewiesen haben. Die politische Dimension in diesem polarisierenden Modus kommt, hier gezeigt am Beispiel der Sequenz aus der Gruppendiskussion mit der Familie C., insbesondere im Bereich der Flüchtlingsthematik zum Tragen, wo das revidierte Erinnerungsparadigma und der entsprechende ethische Maßstab in Frage gestellt werden. Im Beispiel der Gruppendiskussion mit der Familie Z. steht außerdem der Sonderfall Schweiz mit dem Réduit National als seinem symbolischen Kern zur Debatte.

### 4.2.2 Um Ausgleich bedacht: Komplementärer Erinnerungsmodus

Im polarisierenden Modus haben wir hinsichtlich des revidierten nationalen Erinnerungsparadigmas kontrastierende Modi der Auseinandersetzung vorgestellt, die, zumeist expressis verbis, entlang parteipolitischer Dichotomien organisiert sind. Um einen vielleicht nicht weniger politischen, wohl aber integrativeren Ansatz kommunikativen Vergegenwärtigens geht es im komplementären Erinnerungsmodus. Vergangenheitsaufarbeitung, das Erinnerungsparadigma der 1990er Jahre mit der UEK als seiner Galionsfigur, findet hier große Anerkennung, zugleich wird aber betont, dass das dabei portierte Bild der Ergänzungen bedürfe.

Auch hier erweist sich der Begriff *Generation* wiederum als argumentatives, mitstrukturierendes Moment. Die im Verlaufe der Weltkriegsdebatte der 1990er Jahre von medialer, wissenschaftlicher und politischer Seite her getragene Interpretation der nationalgeschichtlichen Auseinandersetzung als eines Generationenkonflikts wird auch im komplementären Modus reproduziert. Es zeichnen sich hier vermittelnde, integrierende und ergänzende Register ab, die wir nun vorstellen und diskutieren wollen.

Emil A. (Jg. 1966), Ingenieur von Beruf und historisch sehr interessiert, meldete sich per Mail auf unsern Aufruf im *Schweizerischen Beobachter* mit dem Vermerk, er zusammen mit seiner Familie wolle unser Forschungsprojekt gerne unterstützen. In Unterschied zu vielen Personen, die sich mit dem Anliegen bei uns meldeten, als ZeitzeugInnen sich selbst oder älteren Familienmitgliedern Gehör zu verschaffen, wurde hier keine der Generationen besonders hervorgehoben. Emil A.s spezifisches Anliegen, das denn auch die Diskussion mit der Familie A. prägen sollte, lag darin, die Sache, wie er sagte, *«differenzierter»* zu sehen. Nebst Emil A. beteiligten sich aktiv an dieser Gruppendiskussion, die im Jahr 2008 an einem sonnigen Wintertag in einer Gemeinde im Zürcher Oberland stattfand, die Spielgruppenleiterin, Hausfrau und Mutter Yvonne A. (Jg. 1966), deren Schwiegermutter Vreni A. (Jg. 1941), Sozialpädagogin, sowie ihr Enkel, der Sekundarschüler Mario A. (Jg. 1993).

Der nachfolgenden Sequenz geht eine Diskussion über Nachrichtenlose Vermögen und Raubkunst voraus, im Rahmen derer die älteren Teilnehmenden dem interessierten und engagierten Enkel, der in den 1990er Jahren noch, wie er selbst bemerkt, altersentsprechend mit *«andern Sachen»* beschäftigt war, gemeinsam über die so genannte Meili-Affäre berichten. Yvonne A. und dezent auch ihre Schwiegermutter Vreni A. kommen im Verlauf der Diskussion überein, diese Geschichte endlich abzuschließen, graben bringe nichts.[442] In die drohende Bresche springt die Interviewerin, die nachhakend mit dem Stichwort *«Flüchtlingspolitik»*

---

442 GD A. Z762-813.

eines aufgreift, das zuvor bereits einmal gefallen ist, woraufhin sich der nachfolgende Wortwechsel entwickelt. Ähnlich wie überhaupt in dieser Runde sind es Emil A., Vreni A. und Mario A., die sich hauptsächlich an der Diskussion beteiligen.

> Emil A. (Jg. 1966): Deshalb waren die Schweizer auch weltweit bekannt, dafür, dass sie viele Flüchtlinge aufgenommen haben, oder. Was dann in den letzten Jahren wieder etwas relativiert wurde. Aber man weiß ja, es gab natürlich beides. Aber es sind schon/ eben im Dutti-Film[443] kam das auch vor, hat man beispielsweise Kinder, es waren ein paar, einfach deutsche Kinder, die hat man in die Ferien geholt, in die Schweiz. Die haben ja eine Weile hier bleiben können, waren ja viele unterernährt, waren schlecht beieinander. (Vreni A.: Viele Franzosenkinder) Und die scheinbar, das habe ich auch gesehen in einer Doku, die sind, die haben sich wieder dran erinnert, die gehören natürlich jetzt bereits zu deiner Generation, die Kinder damals, und das ist denen in so guter Erinnerung natürlich, dass die das auch weiter gegeben haben. Das ist schon etwas, das wichtig ist für die Schweiz, scheint mir. Und das ist eben schade, das ist das, was wahrscheinlich meine Mutter auch findet, oder. Dass man jetzt alles auf den Kopf stellt oder, (Vreni A.: Eben genau) weil man dann auch negative Beispiele nennt, die dann den Anschein erwecken, dass gerade das Gegenteil der Fall gewesen sei.

> Vreni A. (Jg. 1941): Man reitet jetzt auf dem herum, was man nicht gemacht hat, was man vielleicht nicht hat machen können, anstatt auf dem, was passiert ist. Das ist wirklich ein Unterschied. Ich meine, die Schweizer selber hatten ja auch keine Reichtümer, die meisten. (Mario A.: Ja!) Und haben dann trotzdem geschaut, dass man möglichst viele durchbringen konnte. Einfach war es sicher nicht.

> Mario A. (Jg. 1993): Großmutter, die Leute wollen eben das hören, was nicht wahr ist. Oder was?

> Emil A. (Jg. 1966): Nein, ich würde das anders sagen. Es ist so: Wenn man zu einseitig berichtet und nur das eine, nur das Gute hört, oder auch das Schlechte auf der anderen Seite, oder, dann passiert es irgendwann einmal, dass man das andere eben auch hört. Vielleicht sind das dann eben schon andere Generationen, und dann kehrt es plötzlich ins Gegenteil. Und damit das nicht passiert, sollte man eben versuchen, möglichst objektiv ein wenig von beiden Seiten zu berichten.[444]

Emil A., Tour Guide in dieser Gruppendiskussion, ergreift auf die Frage der Interviewerin nach der Schweizerischen Flüchtlingspolitik hin als erster das Wort. War die vorhergehende Diskussion über *Raubkunst* und *Nachrichtenlose Vermögen* bereits einigermaßen spannungsgeladen, da Vreni A. vehement reagiert auf ebensolche Nachschürfungen in der Schweizer Geschichte, ist ihr Sohn Emil

---

443 Emil A. bezieht sich hier auf die Verfilmung des Lebens Gottlieb Duttweiler, die unter dem Titel «Dutti der Riese 2007» in den schweizerischen Kinos und anschließend wiederholt auch im Schweizer Fernsehen gezeigt wurde. Gottlieb Duttweiler (1888-1962), Begründer des Detailhandelsunternehmen Migros (1925) und der politischen Partei Landesring der Unabhängigen LDU (1936-1999), ist heute eine Ikone der Swissness.
444 GD. Z843-870.

A. um Ausgleich bemüht. Das schwierige Thema Flüchtlingspolitik umschiffend, greift er dazu in der vorliegenden Sequenz den Topos von der humanitären Tradition der Schweiz auf und den darum wirbelnden Konflikt gleich dazu: Weltweit bekannt sei die Schweiz als Asylland, der Film über Gottfried Duttweiler,[445] in der Schweiz auch bekannt als «Dutti», der zum Zeitpunkt des Interviews in zahlreichen (deutsch-) schweizerischen Kinos lief, habe dies auch nochmals aufgezeigt. Ferienkinder, deutsche, und auch Franzosenkinder, wie Vreni A. ergänzt, seien temporär aufgenommen und aufgepäppelt worden. Humanitäre Hilfe zeichne die Schweiz also aus. Als Fürsprecher seiner Mutter und ihrer *«Generation»* erklärt Emil A. uns das Problem, wobei wir in dieser Gruppendiskussion für einmal direkt adressiert werden als Vertreterinnen der Historikerzunft: Nicht genauer benannte Negativbeispiele, vermutlich angesiedelt im Horizont der schweizerischen Flüchtlingspolitik, wie die nachfolgenden Ausführungen von Vreni A. vermuten lassen, würden überhand nehmen und ein tendenziöses Bild der damaligen Schweiz zeichnen. Der Anschein würde erweckt, nicht humanitäre Hilfe, sondern *«gerade das Gegenteil»* sei der Fall gewesen. *«Man reitet drauf rum, was man nicht gemacht hat»*, doppelt Vreni A. nach. Einseitiger Darstellung auf die eine wie auch auf die andere Weise hält Emil A. Objektivität und Ausgleich entgegen.

Auf weitere Ellipsen und Euphemismen im kommunikativen Erinnern der damaligen schweizerischen Flüchtlingspolitik, wie sie sich in dieser Sequenz zeigen, werden wir in Kapitel 5.2. noch zu sprechen kommen. Hier interessieren uns vorab die Rhetorik und die daran gekoppelte intermediäre Rolle von Emil A., die diese Gruppendiskussion prägen. Ähnlich wie in den Gruppendiskussionen mit den Familien S. oder I. oder W. wird hier eine moderate Sicht auf die Vergangenheit eingefordert und praktiziert. Unstimmigkeiten in Hinblick auf die nationale Vergangenheit werden ähnlich, wie wir es bereits im konkurrierenden Modus gesehen haben, als generationell gelagerter Konflikt interpretiert, in dem es zu vermitteln gilt. Den *«Alten»* bzw. *«Zeitzeugen»* wird nicht mehr ohne Weiteres erinnerungskulturelle Hoheit zugebilligt. Einvernehmlicher Anknüpfungspunkt sind angeblich traditionell schweizerische Werte wie etwa Humanität. Das eigentliche Thema bzw. der Ausgangspunkt der Sequenz, die damalige Flüchtlingspolitik eben, ist nur implizit vorhanden und kommt nicht zur Sprache. Verhandelt werden demgegenüber unterschiedliche Vergangenheitsdiskurse, die, so wird vermutet, generationell bedingt seien. Damit findet die Auseinandersetzung auf einer Metaebene statt, wobei die politische Dimension der Auseinandersetzung mit der Schweiz während des Zweiten Weltkriegs deutlich wird.

---

445 Vgl. Anmerkung 440.

Zeigen sich vor dem Hintergrund der geschichtspolitischen Auseinandersetzungen der 1990er Jahre exemplarisch am Beispiel der Familie A. auf Ausgleich der Generationen bedachte Erinnerungsstrategien, so zeigen sich in den nachfolgenden Beispielen stärker Aspekte im komplementären Erinnerungsmodus. Das Interview mit Familie M. fand in einer kleinen Aargauer Gemeinde statt. Daran nahmen nebst der Informatikerin Regula M. (Jg. 1951) und deren Tochter Selina M. (Jg. 1980), Buchhändlerin, Großvater Pierre M. (Jg. 1926) und seine Partnerin Veronica M. (Jg. 1929), beide vor ihrer Pensionierung als Kaufmännische Angestellte tätig, teil. Die vier beteiligten sich sehr rege und offen, bezogen sich mit ihren Gesprächsbeiträgen interessiert aufeinander und zeigten im Verlauf des Gesprächs auch immer wieder Interesse am Fachwissen der Interviewerin. Die Sequenz, anhand derer wir integrierende Erinnerungsmodi aufzeigen wollen, ist ein Auszug aus der Übergangsphase vom ersten in den zweiten Teil der Gruppendiskussion, in der wir den TeilnehmerInnen von uns mitgebrachte Bücher zur Thematik vorlegen.[446] Mit Neugierde und Interesse nahmen sich sie sich der von uns mitgebrachten Bücher an. Der nachfolgende Dialog entspann sich in der Trias Regula M. – Bücherauslage – Pierre M., inhaltlich erfolgte außerdem eine Überschneidung der Themen *Aufarbeitung* und *NS-Sympathisanten* in der Schweiz:

> Regula M. (Jg. 1951): Gut ich meine, sind das alles neuere Bücher oder sind das Bücher aus der damaligen Zeit?
>
> Pierre M. (Jg. 1926): Es war schon eine gewisse Sympathie da, aber nicht für die, nicht für die Nationalsozialisten, das waren die wenigsten.
>
> Regula M. (Jg. 1951): Siehst du? Das da ist von 2000. 1996. Mhm.
>
> Pierre M. (Jg. 1926): Experten.
>
> Regula M. (Jg. 1951): Gut, das ist natürlich alles Aufarbeitung.
>
> Pierre M. (Jg. 1926): Jaja. Was schreiben sie denn die Bücher, bezüglich der Anhänger, waren da wirklich Schweizer dabei? Effektiv weiß ich auch nicht, wie viele sympathisiert haben. (N.B.: schwierig zu sagen) Aber sind viele dabei, wissen sie das? Oder haben sie sie noch nicht gelesen?
>
> N. B. (Jg. 1979): Mhm, ich habe schon einen Teil gelesen, doch.

---

446 Vgl. Kapitel 1.2.

Pierre M. (Jg. 1926): Es ist lustig, ich hab keine Ahnung, wie viele mengenmässig damals sympathisiert haben.

Regula M. (Jg. 1951): Ja gut, weißt du, das kannst du ja gar nicht wissen.

Pierre M. (Jg. 1926): Also im Welschland hatten wir sowieso keine [lacht]. So viel wir wissen.

Regula M. (Jg. 1951). Da schreiben sie, Geheimarchive, siehst du, das ist vom 1964, das ist alles Aufarbeitung.

Pierre M. (Jg. 1926): Wir hatten nur einen, wir hatten einen Bundesrat, das war der Pilet-Golaz, der hat ein wenig sympathisiert für die.

Regula M. (Jg. 1951): Und dann ist er rausgeschmissen worden?

Pierre M. (Jg. 1926): Nein, nein, aber weißt du, vieles war noch ganz gut, so haben sie es vermittelt. Wir hatten Ruhe. Wir haben immer gezittert, das wäre kein Problem gewesen, hier einzumarschieren.

Regula M. (Jg. 1951): Jaja, die Schweiz, da, zu packen.

Pierre M. (Jg. 1926): Das haben wir buchstäblich erlebt, wenn man diese Bande an der Grenze erlebt hat, alle mit diesen Motorrädern, mit Helm und allem bewaffnet. Als Kind machte uns das schon ein bisschen Angst.

Regula M. (Jg. 1951): Ja das sind alles neuere Bücher, oder, 1998, nach dem Krieg dann. Ist Aufarbeitung. Aber es ist sicher interessant, weil vieles wohl wahrscheinlich erst durch die Bücher/

Pierre M. (Jg. 1926): Ja, für die Jungen jetzt schon.[447]

Obiger Sequenz geht die Auslegeordnung der themenbezogener Bücher voraus, die die Teilnehmenden dazu einlädt, weitere Aspekte dieser Vergangenheit zu diskutieren. Veronica M. (Jg. 1929), von Regula und Pierre M. nachfolgend wenig beachtet, greift, wohl angeregt durch den Titel *Aktivdienst und Geschlechterordnung* von Christof Dejung, Rollenverteilung und Arbeitsbelastung der Frauen auf. Darauf steigt Regula M. nicht ein, sondern spricht über ein Cover, das Stacheldraht zeigt. Pierre M., der an der schweizerisch-französischen Grenze aufgewachsen ist, setzt hier ein und schlägt den Bogen von der Situation an der

---

447  GD M. Z633-679.

Grenze hin zum Kontakt mit jüdischen Flüchtlingen und weiter zu einem nicht genauer benannten Zollbeamten, der unlängst rehabilitiert worden sei. Hier nun setzt die Sequenz ein, Regula M. lenkt den Blick weg von den Berichten ihres Vaters wieder auf die Bücher, die sie als *«Aufarbeitung»* klassifiziert. So greift sie ein vergangenheitspolitisches Schlagwort der 1990er Jahre auf, derweil Pierre M. seinen Faden zunächst noch weiterspinnt und über Nazisympathisanten in der Schweiz reflektiert, um schließlich mit dem Wort *«Experten»* sein Thema mit dem Input von Regula M. zu verknüpfen: Ihn interessiert, ob die Bücher *«punkto Anhänger»* in der Schweiz etwas wüssten, meint aber, in der Romandie hätte es so etwas nicht gegeben, bis ihm Bundesrat Pilet-Golaz, der *«sympathisiert»* habe, doch noch einfällt. Auf die Nachfrage seiner Tochter hin, ob selbiger gefeuert worden sei, meint Pierre M. pragmatisch, eine gewisse Annäherung sei vielleicht *«ganz gut»* gewesen, so hätte man *«vermitteln»* können, zumal diese *«Banden»* mit ihren Motorrädern Angst gemacht hätten. Regula M. richtet gleich anschließend den Blick wieder auf die Auslage der datierten kategorisierten Bücher; sie hält Bücher als Resultate von Aufarbeitung für interessant, weil vieles erst dadurch bekannt geworden sei. Pierre M. kann dem beipflichten, wissenschaftliche Vergangenheitsaufarbeitung sei insbesondere auch für die nachfolgenden Generationen interessant.

In dieser Sequenz zeigt sich szenisch im Gespräch zwischen Regula M. und ihrem Vater Pierre M. sowie im Umgang mit den Büchern, die einer andern Wissensformation als der des Großvaters angehören, eine dialogisch-integrierende Kommunikation über Vergangenheit, in deren Rahmen unterschiedliches Wissen von unterschiedlicher Herkunft ausgetauscht wird. Biographisches Wissen des Großvaters und Bücherwissen Nachgeborener ergänzen sich gegenseitig bzw. überlagern und verdichten sich, wie wir später anhand von Gruppendiskussionen, die von einem ähnlichen komplementären Erinnerungsmodus geprägt sind, noch sehen werden, zu einer altneuen Re-Interpretation der Schweiz während Nationalsozialismus und Krieg. Impulse dazu gingen aus von den geschichtspolitischen Debatten der 1990er Jahre.

Auf Ausgleich und Ergänzung bedacht sind auch die Gruppendiskussionen mit milieuspezifischem Erfahrungshintergrund, der abseits des hiesigen Mainstream liegt und vor dem gegenwärtigen Erinnerungsparadigma auf Rezeption im nationalen Gedächtnis drängt.

Das Interview mit Familie P., deren ältestes Familienmitglied, der 1917 geborene Robert P., während des Zweiten Weltkrieges als jüdischer Soldat, bzw., wie er betont, als *«Schweizersoldat»*,[448] Aktivdienst leistete, haben wir bereits zu

---

448 GD P. Z266.

Beginn dieses Kapitels vorgestellt. Der nachfolgende Dialog zwischen Catherine P., ihrem Gatten David P. sowie ihrem Vater Robert P. ist eingebettet in eine längere Gesprächsphase, in deren Rahmen die Teilnehmenden ihren Bezug zum Diskussionsthema erläutern und diskutieren. Vielfältige Erlebnisse und Erfahrungen kommen ebenso zur Sprache, wie historische Begebenheiten präzisiert und ergänzt werden.

Robert P. (Jg. 1917): [...] Dann gab es in Basel das Sommerkasino. Und dieses Sommerkasino war so baufällig. Dort hat man diese Flüchtlinge, die kamen, untergebracht. Erstens mal hat man sie gefüttert, und zweitens hat man sie angezogen. Wir Leute mussten spenden/

Catherine P. (Jg. 1944): Wir Leute, das heißt die jüdischen Leute!

Robert P. (Jg. 1917): Wir jüdischen Leute (Catherine P.: Musst du sagen) mussten spenden. Ich meine, wenn die Schweiz, und da mache ich ein bisschen einen Vorwurf, heute plagiert, dass während der Kriegszeit vierzigtausend jüdische Flüchtlinge (David P.: Zwanzig) in der Schweiz waren/

Catherine P. (Jg. 1944): Ich meinte dreißig?

Robert P. (Jg. 1917): Was? Wie viele?

David P. (Jg. 1944): Zwanzig.

Catherine P. (Jg. 1944): Zwanzig?

David P. (Jg. 1944): Die Zahlen, ich weiß nicht mehr, ich weiß nur, der Bergierbericht hat von zwanzig/

Catherine P. (Jg. 1944): Ich weiß nicht, wie viele genau es sind.

David P. (Jg. 1944): Aber ist ja egal.

Robert P. (Jg. 1917): Und die Schweiz plagiert, dass sie so viele Flüchtlinge, jüdische Flüchtlinge aufgenommen haben und sie auch entsprechend durchfüttern hätten müssen. *Wer* hat das gemacht? Nicht die Schweiz! Wir Juden mussten zahlen. Ich musste jedes Jahr so und so viele Hunderte von Franken zahlen, und ich verdiente nicht viel, an die Flüchtlingshilfe, damit man diese Flüchtlinge ernähren und bekleiden konnte. Wenn man Kleider hatte, die man nicht mehr brauchen konnte, brachte man sie zur Zentrale, damit diese Flüchtlinge etwas zum Anziehen hatten. *Das* war nicht die Schweiz, auch wenn die Schweiz heute plagiert, sie hätte sie während des Krieges ernährt. Es war also nicht die offizielle Schweiz, sondern die jüdische Bevölkerung, die das machen musste. Und wenn man heute sagt, man müsse das Geld zurück geben, müsste der Staat Tausende von Franken zurückzahlen, weil wir haben schon bezahlt. Und der Staat behauptet, er habe diese Flüchtlinge gefüttert [...].[449]

Gleich zu Beginn der Gruppendiskussion mit der Familie P. bemerkte Robert P., dass der *«Bergierbericht»* schon gut sei, er aber da noch einiges zu ergänzen habe. Dies tat er beispielsweise, in dem er zusammen mit seiner Tochter Catherine P. seine Erfahrungen und Erlebnisse als jüdischer Schweizer während der dreißiger und vierziger Jahre, aber auch der folgenden Jahrzehnte zu einem Buch zusammentrug. Ergänzt wird auch in dieser Sequenz: Robert P. greift einen Aspekt der Flüchtlingshilfe in der Schweiz auf, den er gegenüber *«der Schweiz»* und wie es sich im Vergleich der Gruppendiskussionen zeigt, wohl auch gegenüber dem gegenwärtigen kommunikativen Gedächtnis, unterstützt von Catherine und David P., inhaltlich präzisiert. Es geht dabei nicht primär um die Frage, ob und wie viele jüdische Flüchtlinge in der Schweiz Aufnahme gefunden haben, sondern wo sie untergebracht waren und wie sie versorgt wurden. *«Wir Leute haben spenden müssen»*, sagt Robert P., der sogleich von Catherine P. ergänzt wird mit dem Verweis darauf, dass Leute *«jüdische Leute»* meine. Die genaue Anzahl der mit Arbeitsverbot belegten und daher unterstützungsbedürftigen Flüchtlinge sind hier nicht von Belang. Von Belang ist demgegenüber, wer genau für deren Unterhalt aufgekommen ist: Nicht *«die Schweiz»*, sondern vielmehr eine spezifische Gruppe. Robert P. fungiert als Zeuge und Überlieferer dieser Richtigstellung.

Damit greifen Robert, Catherine und David P. ein Faktum auf, das in wissenschaftlichen Arbeiten verschiedentlich thematisiert wurde,[450] im kommunikativen Gedächtnis aber kaum verankert ist. In der Kritik steht damit auch das in vielen Gruppendiskussionen reproduzierte Bild der hilfsbereiten Nation, das in dieser Diskussion mittels der angebrachten Präzisierung bezweifelt wird. Die erinnerungskulturellen Verwerfungen der 1990er Jahre verschaffen sozialen Milieus, die zuvor marginalisiert waren, und ihren Erinnerungen im nationalen Kontext Gehör, und ermöglichen so eine Differenzierung nationalbezogener Vergangenheitsbilder.

Die Gruppendiskussionen, in denen ein komplementärer Erinnerungsmodus vorherrscht, sind nicht dominiert von Teilnehmenden, die der ZeitzeugInnengeneration alleinige Erinnerungshoheit zusprechen oder selbige favorisieren. Vielmehr zeigt sich gegenüber dem revidierten Erinnerungsparadigma diesbezüglich ein komplizierteres bzw. differenzierteres Verhältnis. Unterschiedliche Modi haben wir dabei aufgezeigt: Am Beispiel der Familie A. haben wir im kommunikativen Vergegenwärtigen der Schweiz im Zweiten Weltkrieg eine Strategie

---

449 GD P. Z566-606.
450 Vgl. Picard, Jacques: Die Schweiz und die Juden, Zürich 1997.

kennen gelernt, die danach drängt, die Sache differenziert zu sehen und zwischen den Generationen zu *vermitteln.* Historische Erinnerung wird dort als Konflikt zwischen Alt und Jung begriffen. Eine weitere Strategie kommunikativen Vergegenwärtigens setzt weniger pointiert auf den generationellen Dialog, sondern vielmehr auf die *Integration* unterschiedlicher Wissensformationen wie etwa des biographischen oder geschichtswissenschaftlichen Wissens. Gerade in Hinblick auf die Transformation von Vergangenheitsbildern und Erinnerungsnarrativen sind solcherlei Strategien historischen Erinnerns von besonderem Interesse. Als dritte Art des Erinnerns lässt sich schließlich noch eine ergänzende ausmachen, die milieuspezifische Erinnerungsinteressen einbringt, welche trotz des erinnerungskulturellen Aufbruchs in den 1990er Jahren nicht eingelöst sind.

Auch im komplementären Modus bildet *Generation* zwar ein den Erinnerungsdiskurs strukturierendes Moment, aber nicht ausschließlich. Wie wir anhand der Sequenzen aus den verschiedenen Interviews gesehen haben, erfährt *Generation* eine Differenzierung, die sich durchaus nicht beschränkt auf familiäre Generationen, sondern erweitert ist um eine gesellschaftshistorisch bedingte erinnerungskulturelle Dimension.

### 4.2.3    *Viel Lärm um wenig: Metathematisierender Erinnerungsmodus*

In einigen der Familieninterviews herrscht ein metathematisierender Erinnerungsmodus vor, der weniger inhaltliche Ergebnisse der Vergangenheitsaufarbeitung zum Thema hat, denn vielmehr die UEK als Ereignis und deren erinnerungskulturelle Situierung. Werden Funktion, Zweck und Auswirkungen der Vergangenheitsaufarbeitung in den meisten Interviews erst auf konkrete Nachfrage hin besprochen, sind sie in diesen Gesprächen zentrales Thema und ein skeptischer Blick auf die Debatten der 1990er Jahre ist vorherrschend.

Die Gruppendiskussion mit der Familie L., politisch links orientiert und mit jüdischem Familienhintergrund, fand an einem Sommerabend im Jahr 2008 in der Wohnung des Anwalts Philipp L. (Jg. 1950) und der Sozialarbeiterin Rita L. (Jg. 1956) statt. Jeweils sonntags treffen sich dort die in und um Zürich lebenden Familienmitglieder zum gemeinsamen Abendessen, auch Gäste scheinen stets willkommen zu sein. Nebst den GastgeberInnen beteiligten sich am Gespräch Hanna L. (Jg. 1926), ihr Ehemann Jacques L. (Jg. 1916), Lehrer in Pension, sowie der Enkel der Familie, Marc L. (Jg. 1982), Student.

Auch dieses Gespräch verlief überaus engagiert. In der ausgewählten Sequenz knüpft Philipp L., den wir bereits im Kapitel über den erinnerungskulturellen Wandel angetroffen haben, an die Erzählung seines Vaters Jacques L. (Jg. 1916) an, der sich an *«faschistoide»* Polizisten erinnern mag, die er damals ausgehorcht habe:

> Philipp L. (Jg. 1950): Also für mich war das auch immer eine Sache, was die Erwachsenen wussten über Leute, die dann bekannt wurden. Ja überhaupt, was man eigentlich alles schon wusste und dann eine Zeit lang eigentlich so tat, als wisse man das nicht. Als das war mit den Nachrichtenlosen Vermögen und so, also ich kann mich nicht erinnern, dass ich dort etwas Neues erfahren hätte. Wirklich nicht, also das ist alles als Gerücht oder Gerede oder einfach so, das weiß man doch so, hatte ich solches Zeugs einfach schon gehört, von euch. (Jacques L.: Jaja) Oder auch über die Leute, so politische Exponenten, dass der Blocher/ als der Blocher ein wenig bekannter wurde/ nicht nur du, sondern auch andere erzählten das. «Aber da hat es doch den Großvater gegeben, der da ständig antisemitische Hetzereien gemacht hat. Und äh der Vater ist doch schon wegen diesen Sachen unter Druck gekommen als Pfaffe irgendwo und so.» Also solches Zeugs habt ihr immer erzählt, oder. Und das fand ich schon noch spannend. Also halt, dass man *eigentlich* diese Sachen immer hätte wissen können. [...].[451]

Unerschüttert gibt sich Philipp L. in seinem Blick auf die geschichtspolitischen Debatten der 1990er Jahre, die (nicht nur) medial als Enthüllungen angeboten wurden. *«Nichts Neues»* habe er damals in den 1990er Jahren erfahren, als *«Wissen»*, *«Gerüchte·* und *«Gerede»* sei alles bekannt gewesen. Und er rekurriert dabei auf seinen Vater bzw. seine Eltern, von denen er als Kind *«solches Zeugs»* und wie er an anderer Stelle meint, *«Auschwitz»* als Gute-Nacht-Geschichte gehört habe, und macht darauf aufmerksam, dass man *«diese Sachen»* im Grunde immer hätte wissen können. Es stellt sich hier daher vielmehr die Frage, wer zu welchem Zeitpunkt und warum an Vergangenheitsaufarbeitung interessiert ist oder eben nicht. Indes äußert sich in diesem und ähnlich im reflexiven Modus gehaltenen Gruppendiskussionen auch Skepsis gegenüber dem vergangenheitspolitischen Effort der 1990er Jahre. Skepsis hinsichtlich des Anlasses und hinsichtlich der medialen Ausschlachtung, Skepsis aber auch hinsichtlich der gesellschaftlichen (Nicht-)Auswirkungen klingt hier wie auch in der nachfolgenden Sequenz an. Anknüpfend an die vorhergehende Diskussion erkundigt sich die Interviewerin danach, wie die Teilnehmenden das Gerede um die Schweiz und *die Juden* erlebt haben. Es kommt zu einer turbulenten und stark emotionalisierten Diskussion.

> Philipp L. (Jg. 1950): Als feindlich und als furchtbar simplifizierend und unangenehm, weil einfach irgendwo klar war, was rauskommt, nämlich das, dass es am Schluss einige Intellektuelle befriedigen wird, dass das jetzt aufgearbeitet wird. Aber also [lacht] ich habe nichts gelernt! Wirklich, kaum, kaum etwas!

---

451 GD L. Z147-161.

Jacques L. (Jg. 1916): Ich habe die Frage nicht verstanden, worum geht es?

Philipp L. (Jg. 1950): Ja weißt du, wegen den Nachrichtenlosen Vermögen. (Jacques L.: Ja) Vor zehn Jahren, da diese Diskussion.

Jacques L. (Jg. 1916): Ist es eine öffentliche Diskussion gewesen? An sich meinst du?

Marc L. (Jg. 1982): Das Ganze kam ja auf, als der Meili die Akten in die Israelitische Kultusgemeinde gebracht hat, welche die UBS hat vernichten wollte, über diese/

Philipp L. (Jg. 1950): Und der Delamuraz haarscharf an antisemitischen Äußerungen vorbeigeschrammt ist, oder/

Jacques L. (Jg. 1916): Der hat das/

Marc L. (Jg. 1982): Aber wie gesagt, das Einzige, das mich damals/

Jacques L. (Jg. 1916): Überhaupt wieder losgetreten.

Rita L. (Jg. 1956): Ja nicht alleine [lacht]!

Jacques L. (Jg. 1916): Fünfzig Jahre waren sie ganz still, (Rita L. [fragend]: Ja ganz still?) Und nach dem (Philipp L. [abwinkend]: Jaja, jaja)/ Ja musst es nur mal genau beobachten, seit damals/

Philipp L. (Jg. 1950): Darf man das, darf man das wieder.[452]

Ähnlich wie sie über weite Strecken der Gruppendiskussionen hinweg Vergangenheitsaufarbeitung immer wieder kritisch hinterfragen, reflektieren die Teilnehmenden, angeregt durch die Erkundigung der Interviewerin, Funktion und Folgen der Geschichtsdebatten. Diese Bilanz weist zwei zentrale Aspekte auf: die geringe Resonanz des millionenteuren Aufarbeitungsprojekts und der seither wieder öffentlich salonfähig gewordene Antisemitismus in der Schweiz.[453] Als

---

452 GD L. Z1330-1386.
453 Einige der Gruppendiskussionsteilnehmenden mit jüdischem Familienhintergrund berichten uns, dass sie seit den Debatten um Nachrichtenlose Vermögen vermehrt antisemitischen Vorurteilen ausgesetzt seien. Auch ein Bericht der Eidgenössischen Kommission gegen Rassismus verweist auf eine Zunahme antisemitischer Äusserungen in der Öffentlichkeit im Kontext dieser Debatten. Vgl. Eidgenössische Kommission gegen Rassismus (Hg.): Antisemitismus in der Schweiz. Ein Bericht zu historischen und aktuellen Erscheinungsformen mit Empfehlungen für

«*lächerliche Episode*»[454] bezeichnet Marc L. denn auch diese Debatten, die eigentlich einer Wirtschaftskrise geschuldet seien, und die damals installierte UEK höchstens, wie Philipp L. meint, einige Intellektuelle befriedigen würde, derweil «*die Schweizer*» nach einer kurz andauernden Aufregung sich auch wieder ihrem Alltag hätten zuwenden können. Wenn auch der heutzutage öffentlich manifeste Antisemitismus in weiteren ähnlich gelagerten Gruppengesprächen als Nebenwirkung der Diskussionen um Nachrichtenlose Vermögen registriert wird, stellt sich dort weniger eine abgeklärte Haltung ein, sondern vielmehr die Überlegung, wie die Ergebnisse etwa der UEK populärer präsentiert werden könnten.[455] Nicht nur zu revidierende Geschichtsbilder, sondern insbesondere die geschichtspolitischen Debatten der 1990er Jahre stehen hier im Zentrum. Mit Ernüchterung wird über die Ergebnisse und Auswirkungen dieser Debatten nachgedacht.

Eine weitere Strategie zeigt sich im metathematisierenden Modus, der auch die Debatten der 1990er Jahre als Bezugspunkt hat, dabei aber weniger ökonomische und politische Aspekte berücksichtigt, sondern viel mehr über deren wissenschaftliche und mnemotechnische Rahmenbedingungen reflektiert.

Die Gruppendiskussion mit der Familie E. haben wir bereits in Kapitel 3 kurz vorgestellt, es handelte sich um ein Interview, in dem die Teilnehmenden – nebst Wilma E. (Jg. 1938), Kindergärtnerin, die das Interview organisiert hatte, ihr im nationalsozialistischen Deutschland aufgewachsener Ehemann Manfred E. (Jg. 1932), Kaufmann, deren Sohn Joseph E. (Jg. 1965), Physiker von Beruf sowie der Enkel und Gymnasiast Manuel E. (Jg. 1994) – sehr angeregt diskutierten. Joseph E. verwies im Verlaufe des Interviews denn auch auf Diskussionsrunden, die häufig an diesem Tisch stattfinden würden.

Die nachfolgenden Auszüge stammen aus jener Sequenz, in der die Teilnehmer über die von uns vorgelegten Gesprächsimpulse diskutieren. Während Manfred E. das Titelbild zum Buch *Insel Schweiz* von Heini Bornstein anschaut und ungeachtet des Untertitels, der da lautet *Hilfs- und Rettungsaktionen sozialistisch-zionistischer Jugendorganisationen 1939-1946*, über Vor- und Nachteile einer jeder Insel nachdenkt, hebt Joseph E. den Schlussbericht der UEK hervor. Daraus entspannt sich eine längere Diskussion über Erinnern, Bewerten und Beurteilen der Vergangenheit, wobei Joseph E. erzählt, wie er mit Historikern der UEK über deren Arbeit reden konnte, und beschreibt, wie diese ihre Daten recherchierten und abspeicherten, um den Bericht zu schreiben:

---

  Gegenmassnahmen, Bern 1998. Vgl. zu einer Analyse des in diesem Zusammenhang aufgetretenen Antisemitismus auch Gisler, Andreas: «Die Juden sind unser Unglück»: Briefe an Sigi Feigel 1997-1998, Zürich 1999.
454 GD L. Z1386.
455 Vgl. GD H. Z 917-958.

> Joseph E. (Jg. 1965): Und also, der spannende Teil, die Schwierigkeit, fünfzig Jahre später wie wir jetzt, ein möglichst objektives Bild zusammenzubekommen, oder. Da hatte ich ein, zwei Gelegenheiten, mit Historikern zu reden, damals, und ihre Möglichkeiten, in die Quellen zu gehen, in die Archive. Die waren zum Teil offen für diese Arbeiten, damals. Und ((Dt.)) Diese eine Wahrheit ((Dt.)), das ist für mich ein wenig das, was immer wieder kommt. Das kann man auch aktuell anschauen. Ich meine, der letzte Irakkrieg, da haben wir uns an diesem Tisch schon ausgiebig gestritten, diskutiert darüber, was genau nun wirklich passiert ist. Wer hat nun recht und wo liegt das Recht und wer darf jetzt und wer darf nicht. Und Sie sind beide, so hab ich es verstanden, Historiker? Das erscheint mir noch als eine schwierige Herausforderung. Oder, weil als Naturwissenschaftler versuche ich immer, eins und eins ist zwei, oder, das sind so diese Faktenthemen, wo man sagen kann, ja genau, das habe ich bewiesen, da gibt's einen Satz dazu und so. Und Historie ist so immer mal/ die Hunderttausenden von Quellen, die es gibt und die Hunderttausenden von Zeitzeugen und heute natürlich zunehmend mehr, die auch geschrieben haben, die publiziert haben. Und mach dir mal ein Bild draus und sag dann, wie es gewesen ist. Also mit dieser Unsicherheit, ich habe das auch dort sehr oft gespürt, dass Historiker dann die eine These vertreten haben und die andern die andere. Und die konnten sich stundenlang, tagelang darüber streiten, was man jetzt in diesem Bericht schreibt, oder.[456]

Joseph E. nimmt den Schlussbericht der UEK zum Anlass, um, sich stützend auf eine persönliche Erfahrung, über das Handwerk der HistorikerInnen zu referieren. Wie bereits in Kapitel 3 gezeigt, wendet sich Joseph E. dabei direkt an die beiden Interviewerinnen und spricht sie als Historikerinnen an. Während Naturwissenschaftler, d. h. seinesgleichen, Fakten zu Formeln verdichten und damit angeblich absolute Wahrheiten generieren, verhalte es sich mit der Geschichtswissenschaft andersrum, Hunderttausende von Quellen ließen sich zu keiner Formel verdichten. Ausgespart bleibt dabei, dass es historische Fakten durchaus gibt: Die schweizerischen Landesgrenzen wurden 1942 auf Geheiss des Eidgenössischen Justiz- und Polizeidepartements für Flüchtlinge aus so genannten Rassegründen geschlossen, eine bezifferbare Anzahl von Flüchtlingen wurde aufgenommen bzw. abgewiesen. Angesprochen ist denn auch das weite Feld der Ethik, auf das Manfred E. auch gleich einlenkt: Historische Wahrheit ist das Stichwort, das der Großvater Manfred E. (Jg. 1932) aufgreift, weiterspinnt und auf den Punkt bringt.

> Manfred E. (Jg. 1932) [...] Ich glaube, unsere ganze Denkstruktur ist ausgerichtet in Pattern, immer wieder assoziieren. Und ich bin überzeugt, wenn ich im Kunstmuseum bin und auf ein Bild schaue, sehe ich etwas Anderes, sowohl von der Farbe als auch vom Inhalt als meine Frau oder als ihr. Das heißt also, wenn ich das Wort Wahrheit irgendwie vermeiden kann, vermeide ich das in diesem Zusammenhang.[457]

Historische Wahrheit sei daher unmöglich, weil sie auf individuell verarbeiteten Sinneseindrücken und damit individuellen Interpretationen basiere. Hier wiederum knüpft Manuel E. (Jg. 1994) an, der über Objektivität und zeitliche Distanz zum historischen Ereignis nachdenkt.

---

456 GD E. Z495-516.
457 GD E. Z522-526.

> Manuel E. (Jg. 1994): Das geht ja alles mit in die Sichtweise hinein. Wenn du über ein Thema objektiv berichten willst, dann musst du immer alle Sichtweisen haben. [...] Darum ist immer, du müsstest unterscheiden, was ist Wahrheit und was nicht, das ist genau das große Problem. Und so, je weiter du zurückgehst, nur schon bei fünfzig, sechzig Jahren, stellt sich die Frage, was ist nur Propaganda, was stimmt wirklich.[458]

Und gemeinsam stellen Joseph und Manfred E. ihre Auffassung von Wahrheit dar: Joseph E. erklärt daran anschließend in einem längeren Beitrag, dass es vielleicht *«einfach auch keine Wahrheit»* gäbe und resümiert: *«Alle diese Fragen, ich meine, das ist extrem anmaßend, wenn ich jetzt sage, ich hätte gewusst, wie ich hätte reagieren müssen vor sechzig Jahren.»*[459] Es geht um Schuld und Verantwortung, die Schwierigkeit zu urteilen. In diesem Sinne weiterfahrend bringt Manfred E. (Jg. 1932) die Diskussion schließlich zu ihrem vorläufigen Ende.

> Manfred E. (Jg. 1932): Und dass wir gar nicht wissen, dass wir mit dem heutigen Verständnis von Ethik, Moral Dinge beurteilen, die vor fünfzig, sechzig Jahren passiert sind. Das ist immer gefährlich, zusätzlich noch. Wenn man in einer Situation ist, die die eigene Existenz so tatkräftig attackiert oder in Frage stellt, dann stellen sich die Dinge immer anders dar. [...] Und das gilt eigentlich für alle anderen Gespräche, die man führt in diesem Zusammenhang, wo Moral, Ethik/ und so weiter. Über Dinge zu urteilen, die zurückliegen, und die im Moment passieren, mit Kriterien, die eigentlich aus der Zukunft kommen.[460]

Die Infragestellung der Wissenschaftlichkeit der Historiographie bildet letztlich den Ausgangspunkt einer Diskussion um die *Schuldfrage*. Hierin zeigt sich wiederum ein Aspekt, der vor dem Hintergrund des Holocaust zentral war in den Debatten der 1990er Jahre und deren wesentliches Residuum sich in der gegenwärtigen Auseinandersetzung mit Nationalsozialismus und Weltkrieg fortsetzt (vgl. dazu auch Kapitel 6). *«Wahrheit»* und *«Fakten»* sind der Maßstab, Fragen nach Mitverschulden und Mitverantwortung hinsichtlich des Menschheitsverbrechens lassen sich aber nur auf relativierende Art und Weise angehen. In diesem und ähnlich gelagerten Interviews stehen weniger historische Fakten als vielmehr Ethik und Moral auf dem Prüfstand und diese verlangen eine situationsbezogene Relativierung.

Im reflexiven Modus haben wir zwei weitere interviewprägende Strategien gegenüber den vergangenheitspolitischen Debatten der 1990er Jahre und der UEK kennengelernt. Dabei handelt es sich um zwei Strategien, die auf einer metathematischen Ebene angesiedelt sind und explizit die Auseinandersetzungen thematisieren. Während die eine Denkweise stärker auf die politische Dimension abzielt, spielen bei der anderen Reflexionen, die Werte in einen Kontext stellen und damit relativieren, eine wichtige Rolle.

---

458  GD E. Z 538-546.
459  GD E. Z572-575.
460  GD E. Z577-600.

## 4.3 Fazit

Gruppendiskussionen zum Thema Zweiter Weltkrieg verlaufen, wie wir gesehen haben, sehr unterschiedlich. Je nach Zusammensetzung der TeilnehmerInnen ergeben sich verschiedene Relevanz- und Themenschwerpunktsetzungen, kommen divergierende Sichtweisen zum Ausdruck. Zugleich zeigen sich interviewübergreifend Gemeinsamkeiten und thematische Schwerpunkte: So haben sich bereits im ersten, offenen Teil der Interviews die Thematisierung der Situation der Bevölkerung in der Schweiz, die Flüchtlingsthematik – wobei Fragen des Verschuldens und der Involvierung der Schweiz mit angesprochen werden – sowie der Holocaust interviewübergreifend als die zentralen inhaltlichen Schwerpunkte erwiesen. Als weitere Gemeinsamkeit zeigt sich die in den meisten Interviews feststellbare (Meta-) Thematisierung von Perspektivität und Wandelbarkeit biographischen und gesellschaftlichen Erinnerns sowie die Bedeutung, die den Debatten der 1990er Jahre im kommunikativen Erinnerungsgeschehen zukommt. Die Emotionalität, mit der jene Debatten geführt wurden, widerspiegelt sich in den Interviews und auch der Stellenwert moralischer Maßstäbe ist ebenso hoch wie in der damaligen Auseinandersetzung.

Mit dem polarisierenden, dem komplementären und dem metathematisierenden Erinnerungsmodus haben wir drei in den Gruppendiskussionen wiederkehrende Modi des Vergangenheitsbezugs herausgearbeitet, die sich in der Auseinandersetzung mit der in den 1990er Jahren staatlich geförderten Vergangenheitsaufarbeitung und dem revidierten nationalen Erinnerungsnarrativ als zentral erwiesen haben. Erfolgen im polarisierenden Erinnerungsmodus die Bewertung, Beurteilung und Auseinandersetzung mit der Vergangenheit entlang politischer Orientierung, wird im komplementären Modus der Ausgleich zwischen erfahrungsbezogenem und geschichtswissenschaftlichem Wissen bedacht. Im metathematisierenden Erinnerungsmodus wiederum stehen weniger inhaltliche Ergebnisse der Vergangenheitsaufarbeitung im Zentrum als vielmehr deren Funktion.

Wenn der Historiker Georg Kreis behauptet, dass die Geschichtswissenschaft ihr Rendezvous mit der Geschichte hatte,[461] die breite Bevölkerung jedoch nicht, so stimmt das nicht ganz. Es findet sehr wohl ein Rendezvous statt, wobei das neue, am Holocaust-Gedenken orientierte Erinnerungsparadigma zentraler, indes umstrittener Bezugspunkt ist. Vor allem im polarisierenden und komplementären Stil des Vergangenheitsbezugs findet *Generation* als Argumentationsmuster weite Verbreitung. Auch in den Interviews haftet den geschichtspolitischen Debatten

---

461  Vgl. dazu die Einleitung dieses Buches.

der 1990er Jahre das Timbre eines Generationenkonflikts an. *Generation* tritt als – auch politisch motivierte – Selbst- und Fremdthematisierungsformel auf und wird verwendet, um Divergenzen im Erinnerungsgeschehen zu interpretieren.

Was bei all diesen Erinnerungsmodi auffällt und das kommunikative Erinnerungsgeschehen, wie wir es in unseren Gruppendiskussionen untersuchten, zu charakterisieren scheint, ist, dass weniger anhand konkreter Fakten diskutiert wird, sondern vielmehr (politische) Meinungen und Positionen vertreten werden. Die Rolle der Schweiz während des Zweiten Weltkrieges, das wird in den Interviews deutlich, ist auch zehn Jahre nach diesen Debatten ein Thema, das kontrovers verhandelt wird und zu dem sich die meisten der Teilnehmenden in irgendeiner Weise veranlasst sehen, Stellung zu beziehen.

Haben wir in diesem Kapitel Divergenzen und Konvergenzen im kommunikativen Erinnern erörtert, werden wir uns im nachfolgenden Kapitel mit den Vorstellungen und Bildern zur Rolle der Schweiz während der nationalsozialistischen Herrschaft und des Zweiten Weltkrieges auseinandersetzen.

## 5 Mitten im Abseits – Bilder und Vorstellungen zur Schweiz während des Zweiten Weltkriegs

«*Wir haben den Deutschen teilweise auch geholfen.
Ich glaube, wir haben ihnen auch Waffen geliefert und solche Sachen.
Und von dem her sind wir schon nicht immer unschuldig und unbeteiligt gewesen.
Aber ich denke, solche Sachen hat man auch gemacht, ja, damit wir überlebt haben.*»[462]

Nadine W. (Jg. 1992)

Das Bild der Schweiz, das Nadine W. (Jg. 1992) schildert, ist keines, das die Schweiz in ein ruhmreiches Licht rückt. Für die Gymnasiastin, die mit ihrer Mutter Lisa W. in einer nordostschweizerischen Gemeinde nah der deutschen Grenze lebt, scheint vielmehr klar, «*dass wir auch nicht so eine weiße Weste haben, nicht immer die armen Unschuldigen waren, die in der Mitte gehockt sind. Und auch nicht immer neutral gehandelt haben.*»[463]

Waffenlieferungen, (Un-)Schuld, Neutralität sind hier die Themen; zur Sprache kommt, dass die «*weiße Weste*» doch nicht weiß war. Rekurrierend auf ein *Wir*, wird das Bild einer Schweiz gezeigt, die «*nicht unbeteiligt*», die also den Ereignissen im nationalsozialistisch dominierten Europa nicht enthoben war.

Es sind vielfältige Vorstellungen zur Schweiz und ihrer Rolle während des Zweiten Weltkrieges, die in den Gruppendiskussionen zum Ausdruck kommen. Je nach Gesprächskontext und -verlauf, generationellem, sozialem, politischem oder regionalem Hintergrund der TeilnehmerInnen rücken andere Aspekte in den Vordergrund, bestehen unterschiedliche Vorstellungen zur damaligen Schweiz nebeneinander, konfligieren oder gehen ineinander über. Immer wieder aber, wie bei Nadine W. gesehen, wird deutlich, wie stark die Debatten der 1990er Jahre impliziter Bezugspunkt sind (vgl. Kapitel 4). Allfällige Mitverantwortung und Neutralität stehen zur Diskussion, Befragen, Bewerten und Beurteilen und die Frage nach moralisch integrem Verhalten sind hoch im Kurs. Dabei, so zeigt es

---

462 GD W. Z631-634.
463 GD W. Z619-622.

sich in den Gruppendiskussionen, spielen verschiedene Aspekte und Themen eine zentrale Rolle: Wie bei Nadine W. kommt die Situation der Schweiz «*in der Mitte*» Europas zur Sprache, thematisiert werden aber auch Hilfeleistungen und Kriegsprofite, Flüchtlinge, Neutralität und wirtschaftliche Verflechtungen. Immer wieder geht es dabei ums Thema «*Überleben*».

In diesem Kapitel zeigen wir auf, *wie* diese Themen in den Gruppendiskussionen diskutiert werden. Es geht um die Frage, welche Vorstellungen über die damalige schweizerische Gesellschaft und deren Rolle während Nationalsozialismus und Krieg in der Gegenwart präsent sind. Dabei interessieren uns nicht nur die Inhalte, sondern auch Sinnbildungsprozesse, das heißt Fragen danach, wann und in welchen Kontexten was für Bilder und Vorstellungen zum Tragen kommen und welche Aspekte dabei auch außer Acht fallen, nicht integrierbar scheinen.

Nachfolgend thematisieren wir zunächst die in den Interviews geführte Auseinandersetzung mit der Situation der damaligen Bevölkerung in der Schweiz. Es interessiert, wie selbige sich im intergenerationellen Dialog gestaltet und dabei in unterschiedlichen Kontexten spezifische Akzentuierungen erfährt. Daran anknüpfend werden Interpretationen zur wirtschaftlichen und außenpolitischen Situation aufgezeigt, wie sie in den Interviews dargelegt wurden. Ein weiterer Akzent liegt auf der in den Gruppendiskussionen ebenfalls breit diskutierten Flüchtlingsthematik, wobei verschiedene Strategien des Umgangs mit dieser viele Gruppendiskussionsteilnehmende beschäftigenden Thematik aufzuzeigen sind. Und schließlich steht die Frage im Zentrum, wie der Holocaust als zentraler Bezugspunkt der geschichtspolitischen Debatten der 1990er Jahre in den Gruppendiskussionen repräsentiert ist und wie die Schweiz dazu in Bezug gesetzt wird.

## 5.1    Vorstellungen zur Situation der Bevölkerung im Krieg

Ein zentraler Bestandteil der Bilder, welche sich die TeilnehmerInnen von der Schweiz während des Zweiten Weltkrieges machen, sind Vorstellungen dazu, wie die Bevölkerung in der Schweiz ihren Alltag bewältigte, wie sie diese Zeit erlebte und überlebte. Besonders im ersten Teil der Gruppendiskussionen, in dem die TeilnehmerInnen nach ihren Assoziationen und Gedanken zum Thema Zweiter Weltkrieg gefragt wurden und ihnen somit Raum für eigene thematische Relevanz- und Schwerpunktsetzungen gegeben war, erwiesen sich Erzählungen und Überlegungen zum Alltag im Heim, auf dem Hof und im Aktivdienst, zu Ernährungslage und Lebensstandard und überhaupt zum Leben und Zusammenleben in Familie, Dorf und Stadt, in beinahe allen Interviews als zentral. Eine wichtige Rolle spielte dabei sicherlich der Umstand, dass viele der Interviewten unser

Forschungsprojekt als *Oral History Projekt* interpretierten und davon ausgingen, dass wir uns in erster Linie für die Erfahrungen und Sichtweisen jener interessierten, die während des Zweiten Weltkrieges gelebt hatten. Knapp ein Drittel der TeilnehmerInnen hatte die Kriegsjahre als Erwachsene, Jugendliche oder Kinder erlebt, für die meisten von ihnen ist der Krieg auch ein biographisch wichtiger Bezugspunkt. Während in den einen Gruppendiskussionen die älteren TeilnehmerInnen von sich aus das Wort ergreifen und von ihrem Erleben erzählen, sind es in anderen eher ihre Kinder und Enkel oder auch wir Interviewerinnen, die sie zum Erzählen auffordern. Bis auf einige wenige jüngere Teilnehmende aus dem rechtskonservativen Milieu, die sich wenig für die Erzählungen ihrer Eltern, bzw. Großeltern interessieren, zeigen die meisten TeilnehmerInnen aus der Kinder- und Enkelgeneration Interesse an Erleben und Erfahrungen der ZeitzeugInnen.

Die Auseinandersetzung mit Alltag und Situation der Bevölkerung in der Schweiz spielt so nicht nur in den biographisch orientierten Erzählungen der älteren TeilnehmerInnen eine wichtige Rolle, auch die der Kinder- und Enkelgeneration angehörigen InterviewpartnerInnen bringen Vorstellungen zur damaligen Lage in der Schweiz in die Diskussion ein. Dabei rücken im intergenerationellen Dialog je nach Gesprächskontext unterschiedliche Bilder zur damaligen Situation der Schweiz in den Vordergrund. Während in ihren Erzählungen über den damaligen Alltag die Großeltern ein facettenreiches Bild der Lage beschreiben, erfolgt in Gesprächssituationen, in denen die TeilnehmerInnen vermutete oder tatsächlich erfolgte Kritik kontern, eine selektive Wiedergabe: Obwohl die Situation in der Schweiz, die erlebte Bedrohungslage und gerade die in vielen Schilderungen ausführlich thematisierte Ernährungssituation gerade in biographisch geprägten Erzählungen unterschiedlich und oftmals wenig prekär dargestellt wird, ist es primär das Bild einer Schweiz in Bedrängnis und Not, das im Verlauf der Gruppendiskussionen besonders präsent ist und im intergenerationellen Dialog argumentativ Verwendung findet. Wie zu zeigen sein wird, ist dabei die Art und Weise, wie mit verschiedenen Bildern und Vorstellungen umgegangen wird, nicht von der generationellen Zugehörigkeit der Teilnehmenden, sondern vielmehr von inhaltlichen und interaktionsdynamischen Faktoren abhängig.

### 5.1.1   *Erfahrungen und Erzählungen*

Erzählungen und Überlegungen zu Alltag und Situation der Bevölkerung in der Schweiz während der Kriegsjahre sind während der Gruppendiskussionen nicht nur in den Gesprächsbeiträgen der älteren TeilnehmerInnen ein wichtiger thematischer Schwerpunkt. Dabei ist das offizielle Geschichtsbild, wie es bis in die 1990er Jahre den öffentlichen Diskurs dominierte, ein wichtiger Bezugspunkt. Besonders präsent sind Themen, die für das Bild der geeinten Nation im Widerstand zentral waren: der so genannte Aktivdienst, die Bedrohungslage, die Arbeitsteilung zwischen Männern und Frauen, die Rationierung und die humanitäre Rolle der Schweiz. Gerade dann, wenn ausführlichere Schilderungen des Erlebens der damaligen Situation im Vordergrund stehen – meist durch die älteren TeilnehmerInnen –, zeigt sich allerdings, dass dabei zum Ausdruck kommende Erfahrungen und Wahrnehmungsweisen nicht auf einen Nenner zu bringen sind und auch gegenläufige Momente immer wieder eine wichtige Rolle spielen.

Luise F. (Jg. 1925) hat die Kriegsjahre selber erlebt. Ermuntert durch ihren Sohn Andreas F. (Jg. 1953) sowie durch ihren Enkel Pascal F. (Jg. 1984), die alle im selben Dorf in der Ostschweiz leben, erzählt sie ausführlich vom dörflichen Leben im grenznahen Gebiet. Luise F. berichtet von ihrem Alltag, ihrer Heirat gegen Ende des Krieges, von *«einer Reihe Kinder»*, die sie – mangels Antibabypille und anderweitiger, kirchlich sanktionierter Verhütungsmethoden – zur Welt gebracht habe. Sie erzählt aber auch, dass die Ernährungs- und Versorgungslage gut war für sie und führt aus, wie sich das Leben nah der Grenze gestaltete:

> Luise F. (Jg. 1925): Mein Mann musste während des Krieges Wache stehen, draußen am Rhein. Er konnte dann allerdings tagsüber nach Hause, um zu mosten [alle lachen]. Und dann hat er denen einfach etwas Schnaps gebracht [erneut lachen alle], denjenigen, die für ihn gestanden sind. Sogar meine Schwiegermutter hat gemostet und hatte dann Hände wie ein Teddybär, schwarz vom Gerbstoff, vom Obst. Handschuhe hatte man damals nicht. Und dann ist sie mal mit diesen Händen zum Hauptmann und hat gesagt: Mein Bub steht da draußen Wache, das nützt womöglich nichts. Und ich muss hier so schuften! Und dann hat er das eben erlaubt [alle lachen].

> Andreas F. (Jg. 1953): Aber ihr hattet immer Angst, der Hitler komme über die Grenze, oder?

> Luise F. (Jg. 1925): Das hatten wir, ja. War auch mal eine sehr große Bedrohung. Ich glaube dreiundvierzig war das? Ich weiß es nicht mehr genau. Und da hat es geheißen, wir müssten alles Lebensnotwendige verpacken. Wir werden verlegt von hier [...], ins Toggenburg, man müsse alles einpacken, was man brauche. Und ich hier mit diesen Kindern und Zeugs und Sachen, habe mir das überhaupt nicht vorstellen können. Und dann, das sehe ich heute noch, sind wir/ stand so eine Gruppe im Dorf, mein Vater, meine Schwiegermutter, die Wirtin, und der Pfarrer und die haben großen Rat gehalten, darüber, wie man nun vorgehen sollte. Und dann sagte die Schwiegermutter, «wenn die kommen»/ man hat immer von, von Russen und Deutschen und «der Russe» und «der Schwabe», hat man gesagt. (Andreas F.: «Der Schwabe», ja) Ja/ Und meinte: «Ich gebe diesen Cheiben[464] Schnaps, ich habe Schnaps genug, bis sie nicht mehr wissen, wo sie sind.» Und mein Vater sagte: «Und ich gehe nicht, ich lasse doch nicht alles hier zurück und wenn wir wieder kommen, ist nichts mehr hier, das mache ich nicht, wir bleiben hier.» Und der Pfarrer, ein ganz ein gütiger, frommer Herr, sagte, er gehe jetzt nach Hause, um zu beten. Und die Kinder und Frauen/ die Männer sind ja im Dienst gewesen, sind darum herum gestanden und sind dann doch einigermaßen getröstet nach Hause gegangen. Das sehe ich heute

---

464  Schweizerdeutsch für «Kerl», «Lümmel».

noch, bei diesem Dorfplatz da vorne. Mhm. Nachher ist ja dann, hat sich ja der Hitler anders besonnen. Es koste zu viel, wenn er da durch wolle, brauche zu viele Leute, hat es bleiben lassen, möglicherweise auch aus andern Gründen, weil eine Menge Geld in der Schweiz war.

Andreas F. (Jg. 1953): Das Finanzielle, ja.[465]

Wiewohl Luise F.s Erzählung zunächst mit einem klassischen Topos beginnt, dem wachsamen Soldaten an der Grenze, tritt hier als eigentliche Heldenfigur der Geschichte nicht der soldatische Mann, sondern die lebenstüchtige Schwiegermutter auf die Bühne. Die militärische Lage kritisch einschätzend und den Konflikt mit den Obrigkeiten nicht scheuend, setzt sich diese Schwiegermutter gegen von ihr als wenig alltagspraktisch wahrgenommene Beschlüsse eigenhändig zur Wehr und trotzt, während die Armee nicht besonders heldenhaft hervortritt, als Mitglied des *«großen Rates»*, dem Feind mit List und ihren eigenen Mitteln, dem selbst gebrannten Schnaps.

Luise F. erntet Lachen mit dieser Erzählung, die hier verdichtet, die jahrzehntelang offiziell tradierte Geschichtsversion – sie zugleich zum Bezugspunkt nehmend – zur Disposition stellt und dem Bild der im militärischen Widerstand geeinten Nation eine von ihr wie beschrieben erlebte Alltagsrealität der *kleinen Leute* entgegenhält, die der Schlagkraft der Armee nur bedingt vertrauend und mit alltäglichen Sorgen beschäftigt, dank Bauernschläue und Zusammenhalt Deutschen, Russen und Berner Behörden trotzen. Die Schwiegermutter ist hier selbstverständlich Teil des widerständigen Grüppchens, in der Rolle der kämpferischen Wirtin tradiert sie das im Diskurs der *Geistigen Landesverteidigung* propagierte Frauenleitbild der Frau als Hausfrau und Mutter[466] und durchkreuzt es zugleich. Für die ausgebliebene Besetzung durch die Wehrmacht sind verschiedene Gründe denkbar, auch die Rolle der Schweiz als Finanzplatz ist angesprochen.

Es ist der einige Jahre nach dem Krieg geborene Sohn Andreas F. (Jg. 1953), Polizist von Beruf, der an dieser Stelle das Thema *«Angst»* zur Sprache bringt und, anknüpfend an die humorvoll erzählte Geschichte seiner Mutter, eingeleitet mit einem *«aber»* die Bedrohungssituation angesichts des möglichen Einmarschszenarios zur Sprache bringt. Dabei handelt es sich um ein wiederholt feststellbares Phänomen: In verschiedenen Gruppendiskussionen sind es nicht in erster Linie die Erzählungen der älteren TeilnehmerInnen, welche die Bedrohungssituation in den Vordergrund rücken. Oftmals sind es jüngere TeilnehmerInnen, die im intergenerationellen Dialog das Thema *Bedrohung* akzentuieren und, wie wir noch zeigen werden, argumentativ verwenden. Wir haben in Kapitel 3.3.2. bereits darauf hingewiesen, wie jüngere TeilnehmerInnen auf die Generation ihrer

---

465 GD F. Z160-193.
466 Vgl. Dejung, Christof: Aktivdienst und Geschlechterordnung, S. 400.

Eltern rekurrieren, deren Leiden und deren Leistungen hervorheben und sich so selbsternannt stellvertretend für diese in Position zur an die Adresse der Schweiz gerichtete Kritik bringen.

In den Erzählungen jener InterviewpartnerInnen, die die Kriegsjahre selber miterlebt haben, kommen unterschiedliche Wahrnehmungen der damaligen Situation zum Ausdruck. Je nachdem, ob jemand in grenznahem Gebiet oder etwa in der Innerschweiz lebte, ob in der Stadt oder auf dem Land, ob jemand Dienst in der Armee oder einer Organisation wie dem *Frauenhilfsdienst (FHD)* oder den *Militärsanitätsanstalten (MSA)* leistete, ob jemand Mann oder Frau, Kind, jugendlich oder bereits erwachsen war, als der Krieg ausbrach, je nachdem, in welchem sozialen und politischen Umfeld sich jemand bewegt(e) und je nach politischer und weltanschaulicher Fragestellung rücken andere Themen in den Vordergrund. Auch biographische Momente dergestalt, ob jemandes Berufslehre, Heirat oder Familiengründung in die Zeit der Kriegsjahre fiel, ob persönliche Bezüge zu Deutschland oder zu anderen Ländern bestanden oder ob Bekannte oder Verwandte von der nationalsozialistischen Verfolgungs- und Vernichtungspraxis bedroht oder betroffen waren, spielen eine wichtige Rolle dafür, wie jemand das eigene Erleben der Kriegsjahre schildert. Mit Oral History arbeitende HistorikerInnen wie Simone Chiquet und Christof Dejung haben mit ihren Arbeiten gezeigt, wie vielfältig die gemachten Erfahrungen und erzählten Erinnerungen der gerade in den Kontroversen der 1990er Jahre unter dem Begriff *Aktivdienstgeneration* politisch instrumentalisierten Bevölkerungsgruppe ist.[467] Durch unsere Gruppendiskussionen wird dieser Befund bestätigt. Wie unterschiedlich etwa Robert P. (Jg. 1917) und Lorenz B. (Jg. 1919), beide zum Zeitpunkt des Krieges ungefähr gleich alt, die Kriegsjahre schildern, haben wir in Kapitel 4 gezeigt: Robert P. erzählt ausführlich und mit einem gewissen Stolz von seinem Dienst in der Schweizer Armee, lässt aber gleichzeitig die für ihn als Jude präkare Situation auch in der Schweiz zum Ausdruck kommen, während Lorenz B. eher den *«friedlichen»* Verlauf in der Schweiz zur Erinnerung bringt, – denn *«die ernsten Probleme»*, wie er erzählt, hätten ihn nicht besonders berührt. Das Erleben der von den Nationalsozialisten ausgehenden Bedrohung, die gerade von den TeilnehmerInnen der mittleren und jüngeren Generation immer wieder thematisiert wird, wird in den Erzählungen der älteren Interviewten im Rückblick unterschiedlich dargestellt. Besonders spürbar wird sie in Schilderungen des Alltags bei jenen mit jüdischem Hintergrund, etwa, wenn von Begegnungen mit Flüchtlingen oder der Sorge um Verwandte und Bekannte in den Nachbarländern erzählt wird. Bei vielen anderen älteren TeilnehmerInnen wird die vom Nationalsozialismus ausgehende Bedro-

---

467 Chiquet, Simone: «Es war halt Krieg»; Dejung, Christof: Aktivdienst und Geschlechterordnung; Dejung, Christof, Gull, Thomas; Wirz, Tanja: Landigeist und Judenstempel.

hung eher am Rande oder dann auf Nachfragen der Kinder und EnkelInnen zur Sprache gebracht. Manche positionieren sich diesbezüglich regional, etwa Lisbeth W. (Jg. 1934), die im Engadin in der Nähe zur italienischen Grenze aufgewachsen ist. Im Gegensatz zur Bevölkerung im Thurgau, wo ihr ebenfalls am Interview teilnehmender Ehemann aufgewachsen ist und *«wo rundherum Deutsch»* sei, habe sie selber in Graubünden *«diese Gefahr, die sie hier [an der Grenze zu Deutschland, d. A.] gehabt haben, gar nie wahrgenommen».*[468] Ihren Ehemann hingegen beschäftigt in seinen Erzählungen weniger die Bedrohungssituation, als vielmehr der Alltag und die Arbeit auf dem Bauernhof, der abwesende Vater und der Umgang mit der Rationierung. Er erzählt, wie sie Nahrungsmittel, Eier, Fleisch, Butter selber produziert und deshalb *«immer zu essen gehabt»* hätten und von Erlebnissen wie dem Kauf des ersten Traktors. *«Am Anfang haben wir von diesem Krieg eigentlich nicht viel gespürt, außer dass der Vater nicht da war.»*[469] *«Interessant/* und *«spannend»* sei es für ihn dann geworden, als er den Kriegsverlauf zu verfolgen begann.[470]

Dass die Kriegszeit in der Erinnerung auch eine gewisse Abenteuerdimension enthalten kann, Spannung und Abwechslung in Leben und Alltag brachte, wird verschiedentlich bei älteren TeilnehmerInnen deutlich, die den Krieg als Kinder oder junge Erwachsene miterlebt haben. Der 1927 geborene Spengler Walter G. etwa, der in der Nordwestschweiz aufgewachsen ist, erzählt, wie er als Jugendlicher mit seinen Kollegen jeweils die Kämpfe und Bombardierungen an der Basler Grenze *«schauen gegangen»*, sei. *«Angst, ich rede jetzt einfach von drei, vier Kollegen, das haben wir nicht gehabt. Wir waren vielmehr neugierig, was da läuft.»*[471] Seine Mutter hingegen habe *«schwer Angst gehabt, wenn die Flugzeuge wieder oben drüber sind.»*[472]

Auch in den Erzählungen der Berner Lehrerin Nelly R. (Jg. 1917), die zu Beginn des Krieges für eine schweizerische Firma in Berlin arbeitete, oder Irma O. (Jg. 1921) aus der Innerschweiz und Gertrud I. (Jg. 1920) aus dem Zürcher Oberland, die beide Dienst in den *Militärsanitätsanstalten* leisteten und schildern, wie sie dadurch in der ganzen Schweiz herumkamen, erscheinen die Kriegsjahre weniger bedrohlich als vielmehr abenteuerlich, als Zeit auch, die ihnen Erfahrungen ermöglichte, die zumindest die aus einfachen Verhältnissen stammenden Teilnehmerinnen Irma O. und Gertrud I. als Frauen sonst möglicherweise nicht hätten machen können.

---

468   GD W. Z270-271.
469   GD W. Z41-43.
470   GD W. Z196 sowie Z235.
471   GD G. Z444.
472   GD G. Z425.

Gerade in Schilderungen des so genannten Aktivdienstes kommt aber auch viel Ärger und Überdruss zum Ausdruck, werden sinnlose Aktionen, alltägliche Langeweile und mühsame Schikanierungen beschrieben, die Jahre im Aktivdienst selber, wie etwa beim Zuger Landwirt Xaver S. (Jg. 1918) oder beim Basler Robert P. (Jg. 1917) als *«verlorene»* Zeit[473] beschrieben.

Als heroischer Akt, als der er im offiziellen Geschichtsbild gefeiert wird, erscheint der Armeedienst nicht. Wenn, so sind es, wie in der Erzählung der Rheintalerin Luise F., eher die dank Geschick und Zusammenhalt ihren Alltag meisternden *kleinen Leute*, die ins Rampenlicht der Erzählungen gerückt werden. Dabei zeigt sich nicht nur in der Auseinandersetzung mit der Bedrohungssituation, sondern auch in der Thematisierung der in solchen Alltagsschilderungen eine wichtige Rolle spielenden Ernährungslage, dass die damalige Situation in den Erzählungen derjenigen, welche die Kriegsjahre miterlebt haben weniger prekär dargestellt wird als in den Bildern, welche die der Kinder- und Enkelgeneration angehörenden TeilnehmerInnen zeichnen. Die älteren Interviewten thematisieren zwar die Rationierung, die meisten von ihnen betonen aber ausdrücklich, dass sie, so Heinz W., *«immer genug auf dem Tisch gehabt»* hätten,[474] oder, wie seine Ehefrau Lisbeth W. erklärt: *«Wir haben sparsam umgehen müssen mit dem Essen, aber wir haben nie von etwas zu wenig gehabt».*[475] *«Rationiert ist es natürlich gewesen, die Lebensmittel. Aber man hat wegen dem sicher nicht Hunger leiden müssen»*,[476] schildert auch Lorenz B. die Lage und Pierre M. versichert ebenfalls: *«wir mussten daheim also nie hungern».*[477] Gerade Teilnehmende aus dem bäuerlichen Milieu, wie etwa Luise F., betonen, dass es ihnen, auch dank der Selbstversorgung gut ging.[478] Die in diesen Schilderungen zum Ausdruck kommende Wahrnehmung der Ernährungssituation deckt sich mit historiographischen Einschätzungen, welche ebenfalls auf eine ausreichende bzw. im Vergleich mit anderen europäischen Ländern sogar relativ gute Versorgung der schweizerischen Bevölkerung schließen lassen.[479]

Zusammenhalt und Zusammenarbeit sind ebenso Thema wie Konflikte und Differenzen zwischen arm und reich, oben und unten, Stadt und Land, sowie verschiedenen Regionen. Dass man sich gegenseitig unterstützte und aushalf ist

---

473  GD S. Z302 und Z375; GD P. Z334.
474  GD W. Z72.
475  GD W. Z272-273.
476  GD B. Z103.
477  GD M. Z166-167.
478  Dass sie selbst Hunger gelitten habe, thematisiert nur eine Teilnehmerin, die 1935 geborene Wilma E. GD E. Z139.
479  Unabhängige Expertenkommission Schweiz – Zweiter Weltkrieg: Die Schweiz, der Nationalsozialismus und der Zweite Weltkrieg, S. 86.

ebenso Gegenstand der Schilderungen wie spitze und abfällige Bemerkungen über Verwandte und Bekannte aus der Stadt, die wegen der besseren Versorgungslage der bäuerlich Tätigen auffällig um Kontakt zu selbigen bemüht gewesen seien.[480] Die Grenzen der im Diskurs der *Geistigen Landesverteidigung* beschworenen nationalen Solidarität kommen nicht nur hier, sondern auch in jenen Schilderungen zum Ausdruck, in denen Teilnehmende über Antisemitismus berichten, den sie auf schweizerischen Konsulaten, in der Armee oder im Alltag erlebt hatten.[481] So etwa im Beispiel des 1930 in Basel geborenen François H., der erzählt, wie sich zwei Spielkameradinnen mit Bezug auf seine jüdische Herkunft mit den Worten *«Meine Eltern haben gesagt, ich darf nicht mehr mit dir spielen»*[482] von ihm abgewandt hätten. Das Bild einer homogenen nationalen Gemeinschaft, wie es von staatlicher Seite her portiert wurde, wird in solchen Schilderungen brüchig.

In den nachfolgenden beiden Unterkapiteln gehen wir nun darauf ein, wie im intergenerationellen Dialog gemeinsam Vorstellungen von der Situation der Bevölkerung während des Zweiten Weltkrieges verfertigt werden, welche Bilder bei denjenigen Teilnehmenden, die die Kriegszeit nicht selber erlebt haben, von der damaligen Situation vorhanden sind und wie sie in der Auseinandersetzung um die Rolle der Schweiz während des Zweiten Weltkrieges argumentativ verwendet werden.

### 5.1.2   *Vergangenheitskonstruktion im intergenerationellen Dialog*

Kein Bild einer homogenen nationalen Gemeinschaft zeigt sich auch dort, wo ideologische Sympathien mit dem Nationalsozialismus im familiären und nachbarschaftlichen Umfeld thematisiert werden.[483] Von Lorenz B. etwa werden, auf die Nachfrage seines Sohnes hin, ob die Mitglieder der *Frontenbewegung* in der Gegend eher Außenseiter gewesen seien, diese als durchaus gut integrierte Mitbürger beschrieben.[484] Luise F. berichtet, dass auch ihr Vater zunächst angetan war von Hitler:

> Luise F. (Jg. 1925): Und dann hat es auch solche gehabt, die den Hitler begrüßt hätten. Mein Vater hat selbst auch gesagt: «Seit der am Ruder ist, haben die Arbeit da drüben [...] die haben es viel besser jetzt, die.» Da war zuerst eine gewisse Begeisterung. Nachher war das dann schon nicht mehr so.

---

480   GD F. Z305.
481   GD P. Z135, GD P. Z306.
482   GD H. Z583.
483   Vgl. etwa GD W. Z389-391.
484   GD B. Z141-161.

> Andreas F. (Jg. 1953): Aber ihr seid ja gar nicht informiert gewesen, im heutigen Sinne, oder? Das habt ihr ja gar nicht gewusst (Luise F.: Nein, nein), was da läuft. Ihr seid Manipulationsmasse gewesen, wahrscheinlich, oder (Luise F.: Ja, ja) Da hat euch der Pfarrer mit dem Gebet die ganze Angst nehmen können.[485]

Während Luise F. die auch damals in der Schweiz verbreitete *«Begeisterung»* für die Nationalsozialisten zum Thema macht, hat ihr Sohn Andreas F. hierfür eine Erklärung: Man sei nicht informiert gewesen, die Bevölkerung sei *«Manipulationsmasse»* gewesen,[486] habe dem geglaubt, was sie vorgebetet bekam, eine Interpretation, mit der sich Luise F. einverstanden erklärt.

An dieser Stelle wird deutlich, wie Mutter und Sohn im Gespräch über den Alltag im Krieg gemeinsam ein Bild konstruieren, Luise F. thematisiert die anfängliche Begeisterung, auf die der Nationalsozialismus auch in der Schweiz stieß, worauf Andreas F., einleitend mit einem *«aber»*, auf die schlechte Informationslage zu jener Zeit aufmerksam macht und die Generation seiner Mutter in Schutz nimmt. Die beiden Argumente der fehlenden Information und der bewussten Manipulation der Bevölkerung durch hier nicht näher benannte Akteure dienen als Erklärung für die von Luise F. erwähnte Begeisterung für Hitler auch in der Schweiz.

Deutlich wird, dass die TeilnehmerInnen der Kinder- und Enkelgeneration nicht einfach wiedergeben, was ihre Eltern und Großeltern in den Gruppendiskussionen erzählen, sondern sich vielmehr ihre eigenen Vorstellungen machen, Akzente setzen, Elemente hinzufügen, andere weglassen. Nachdem Luise F. in der Gruppendiskussion ausführlich über ihr Erleben der Kriegsjahre an der Grenze erzählt hat, fragten wir Sohn und Enkel, wie sie sich die damalige Situation in der Schweiz vorstellen würden. Daraufhin meint der 1984 geborene Student Pascal F.:

> Pascal F. (Jg. 1984): Ja, einfach mit Einschränkungen halt. Ja, dass halt an allen Ecken und Enden quasi gespart und auf Sachen geschaut wurde. Eben, die ganzen Fußballfelder, die man umgebaut hat zu Kartoffelackern und was man uns so beigebracht hat. Ja.[487]

Luise F. knüpft an ihren Enkel Pascal F. an, indem sie auf die staatlichen Verordnungen zu sprechen kommt, die sie während des Krieges zu befolgen hatten. Es sei schwierig gewesen, Weizen anzubauen auf Land, das hierfür nicht geeignet gewesen sei, zudem sei man bestraft worden, wenn man zu wenig Ertrag hatte. Sie erzählt, wie das *«diesen Milchbauern zu dumm vorgekommen»* sei und meint: *«unsere Bauern waren nicht eingerichtet, zu ackern, oder, das waren keine Berner Bauern»*. Daraufhin lacht ihr Sohn und meint:

---

485 GD F. Z271-279.
486 GD F. Z277.
487 GD F. Z332-335.

> Andreas F. (Jg. 1953): Aber was/ ich denke mir, ihr habt, ihr habt eine klare Ausrichtung gehabt. Ihr hattet euren (Luise F.: Ja, Plan Wahlen), ihr seid euch einig, *einig* gewesen, weißt du. Das war noch eine Gesellschaft, die zusammengehalten hat (Luise F.: Jawohl.) Heute mit/ die Gemeinschaft war vielmehr im Vordergrund, stelle ich mir vor. Heute ist alles vereinzelt, jeder geht seinem einzelnen Geschäft nach (Luise F.: Nein, nein, zusammengehalten). Eine Gesellschaft von Egoisten zu einem schönen Teil.[488]

Während also Luise F. eher auf Unstimmigkeiten innerhalb der schweizerischen Gesellschaft aufmerksam macht, konstruiert der Sohn unmittelbar daran anknüpfend ein Bild des Zusammenhaltes. Von seiner Mutter wiederum wird er in diesem Bild bestätigt – ohne dass dies im Widerspruch zu ihren kurz zuvor gemachten Äußerungen zu stehen scheint. Wir haben es hier mit der gemeinsamen Konstruktion einer kohärenten Erinnerung zu tun, im Zuge derer Widersprüche harmonisiert werden.

Es zeigt sich also im intergenerationellen Dialog eine spezifische Dynamik: Während in den Erlebnisberichten der älteren GesprächsteilnehmerInnen facettenreiche Bilder gezeichnet werden, erfolgt an anderen Stellen im dialogischen Austausch zwischen den Generationen eher eine selektive Akzentuierung einiger weniger, indes wiederkehrender Schlagworte: «*Bedrohung*», «*Angst*», «*Überleben*», «*Entbehrungen*», «*Rationierung*» und «*Zusammenhalt*», aber auch «*Anbauschlacht*», ·«*Verdunkelung*», «*Grenzwacht*» und «*Aktivdienst*» sind die Stichworte, die fallen – und, wie wir noch sehen werden, argumentativ verwendet werden.

### 5.1.3 Instrumentalisierte Erinnerungen

Ein bestimmtes Bild der damaligen Situation hat sich in den Gruppendiskussionen als besonders präsent herauskristallisiert, eines nämlich, das Bedrängnis, Angst und Not in den Vordergrund rückt und die Entbehrungen der einfachen Bevölkerung betont. So ist immer wieder von «*Angst*»[489] die Rede, wird die Bedrohungslage als prekär und die Ernährungssituation als knapp beschrieben, in verschiedenen Gruppendiskussionen auch dann, wenn die älteren TeilnehmerInnen zuvor in ihren Erzählungen betonten, dass es ihnen gut ging und sie die Situation als wenig bedrohlich darstellten.

---

488 GD F. Z232-255.
489 Vgl. etwa GD S. Z278 und Z368; GD A. Z 470; GD A. Z895.

Richten wir den Blick auf die Art und Weise, wie diese Bilder verwendet werden, so zeigt sich etwa am Beispiel der eingangs zitierten Gymnasialschülerin Nadine W., dass damit wiederholt eine spezifische Koppelung von Themen einhergeht. In der Diskussion über die damalige Flüchtlingspolitik macht sich Nadine W. folgende Gedanken:

> Nadine W. (Jg. 1992): Ja, ich denke auch, die Schweiz hätte wahrscheinlich mehr Flüchtlinge aufnehmen können, wahrscheinlich auch mehr jüdische und so. Aber ich denke, es gab nicht so viel Essen, Nahrung und so. Und das muss man deshalb, ja, also ich kann es auch verstehen, dass man geschaut hat, dass man die eigenen Leute ernähren kann. Wie will man dann/ also ja, wenn man noch andere ernähren muss, weil wenn es dann, wenn man dann zum Beispiel zu wenig Nahrung hat, gibt es ja auch im eigenen Land Unruhe und Aufstände, was ja dann vielleicht auch nicht so gut ist.[490]

Zwei Themenbereiche werden hier miteinander verknüpft: Die Flüchtlingsthematik – und die Ernährungslage. Interessant ist dabei, dass Nadines Großeltern zuvor mehrfach betont hatten, dass es ihnen, was die Versorgung mit Lebensmitteln betraf, während des Zweiten Weltkrieges relativ gut ging. Nadine W. allerdings nimmt an dieser Stelle, an der sie sich dazu veranlasst sieht, Stellung zu beziehen und die Ansicht vertritt, dass die Schweiz mehr Flüchtlinge hätte aufnehmen sollen, genau diese Ernährungslage zum Argument: Angesichts der angeblich prekären Nahrungsmittelsituation erscheine es verständlich, dass nicht mehr Flüchtlinge aufgenommen worden seien. Die Ernährungssituation wird – bekannt aus den geschichtspolitischen Debatten der 1990er Jahre – also als strategisches Argument angeführt, um die damalige Flüchtlingspolitik zu legitimieren und so moralische Vorwürfe zu entkräften.

Wie gemeinsam das Bild einer Schweiz in Bedrängnis und Not hergestellt wird, lässt sich wiederum am Beispiel der Familie F. zeigen: Obwohl Luise F. (Jg. 1925) zu Beginn der Gruppendiskussion beim Erzählen betont hatte, dass sie *«als Bauersleute»* es relativ gut hatten, die Familie gut versorgen konnten und dabei sogar von Andreas F. (Jg. 1953) bestätigt wird, der sagt, dass er immer gehört habe, dass ihre Familie im Vergleich zu anderen Familien *«immer genug und zu viel zu essen gehabt»* hätte, wird auch hier die schwierige Situation der Bevölkerung zum Argument, sobald die damalige Flüchtlingspolitik verhandelt wird. In einem Gesprächszusammenhang, in dem über die Flüchtlingsthematik diskutiert wird, meint Luise F.:

> Luise F. (Jg. 1925): Eben, und wenn man dann das Buch *Das Boot ist voll* gelesen hat, hat man gedacht: Ja also so ist es nicht gewesen. Wir/ da hat man geholfen, wo man konnte, aber hier sind ja die Leute selbst hundsarm gewesen.

---

[490] GD W. Z775-781.

Andreas F. (Jg. 1953): Eben, genau, das habe ich noch sagen wollen, kommt hinzu, dass hier elf am Tisch saßen. Und ihr habt ja vorher nicht mal gewusst, was am andern Tag auf dem Tisch ist, oder? (Luise F.: Ja, ja) Aber man hat gegeben/ sie haben gegeben, oder.

Luise F. (Jg. 1925): Ja, ja.[491]

Luise F. hält der im Buch dargestellten Situation entgegen, dass es *«so»* nicht gewesen sei, man geholfen habe, wo man konnte, trotz der eigenen Armut und der Sohn hebt hervor, wie schlecht es der Familie ging, wie man trotzdem *«gegeben»* habe (vgl. zum Thema *Helfen* ausführlicher Kapitel 5.3). Wie sich hier bei Luise und Andreas F. zeigt, ist es offenbar kontextabhängig, wie die Ernährungslage beurteilt wird: Fühlen sie sich kritisiert, setzen sowohl ihr Sohn als auch Luise F. selbst den Akzent anders als zuvor in der Schilderung ihres Erlebens der damaligen Situation.

Bei einigen TeilnehmerInnen klingen auch an rassistische Diskurse anlehnende Überfremdungsphantasien an, etwa beim Elektriker Kurt I. (Jg. 1945), der *«die große Unsicherheit»* betont und sich *«eine gewisse Angst»* vorstellt, bezüglich der Frage *«was sind das für Leute [...] und wie viele kommen dann? Gehen die wieder, oder was machen wir mit denen, wir haben selbst zu wenig [...] Können wir die noch verpflegen?»*[492]

Während verschiedene TeilnehmerInnen die angeblich prekäre Ernährungslage in die Waagschale legen, um antizipierter oder in der Gruppendiskussion tatsächlich thematisierter Kritik an der damaligen Flüchtlingspolitik zu begegnen, greifen andere TeilnehmerInnen diese Koppelung ebenfalls auf, lassen Nahrungsknappheit als Argument jedoch nicht gelten. So betont die Gymnasiastin Sarah D. (Jg. 1990) mehrmals im Verlauf der Gruppendiskussion, dass sie nicht verstehen könne, dass man sich in der Schweiz aus Angst *«um das eigene Land, oder was auch immer»* nicht mehr für die Flüchtlinge eingesetzt hätte, zumal es den Menschen in der Schweiz damals vergleichsweise gut gegangen sei.[493]

Später im Verlauf der Gruppendiskussion problematisiert Sarah D. das Argument angeblich fehlender Möglichkeiten zur Aufnahme von Flüchtlingen erneut: *«[I]m Vergleich dazu, was die Schweiz jetzt vom Reichtum her und vom Platz her machen könnte, waren es ganz sicher zu wenig.»*[494]

Uneins sind sich auch Sohn und Enkel der Innerschweizer Familie O. Die Einwände von Werner O. (Jg. 1949) gegenüber der UEK wurde bereits eingangs des vorhergehenden Kapitels thematisiert. Hier nun ist seine Skepsis deswegen

---

491 GD F. Z747-753.
492 GD I. Z808-811.
493 Vgl. GD D. Z575-578.
494 GD D. Z748-749.

von Interesse, weil sich aufzeigen lässt, wie der Einfühlungsvermögen einfordernde Verweis auf die Situation der Generation seiner Eltern verwendet wird, um Kritik an der Rolle der Schweiz zu parieren. Vater Werner O. hält dieser nämlich die *«Entbehrungen»* entgegen, welche die Generation seiner Eltern *«erduldet»* hätte[495] und betont, dass *«die Schweiz nicht diesen Wohlstand gehabt»*, die Schweizer Bevölkerung damals *«andere Zeiten erlebt»* habe. Er schildert, wie gerne er die Erzählungen seiner Mutter heute noch weitergebe:

> Werner O. (Jg. 1949): Und ich erzähle jungen Menschen, die sich interessieren, auch heute noch solche Sachen, die sie uns erzählt hat, um, um ihnen auch zu zeigen/ also, das Leben in der Schweiz, in den 30er und 40er Jahren, die Schweiz hat nicht diesen Wohlstand gehabt, wie er jetzt ist. Sie waren einfach immer so, die Schweiz hat auch, die Schweizer Bevölkerung hat andere Zeiten erlebt. Und der Wohlstand/ ich sage immer der Wohlstand, den wir heute haben, ist erarbeitet. Und die Generation während des Krieges, die hat einen ganz wesentlichen Anteil an dem.[496]

In diesem Zusammenhang verteidigt er mit Verweis auf die zuvor beschriebene damalige Situation die «Generation» seiner Eltern gegen die von ihm als zu hart empfundene Kritik an der Rolle der Schweiz im Zweiten Weltkrieg:

> Werner O. (Jg. 1949): Diese Kritik ist mir zum Teil zu hart und es beleidigt mich ein bisschen, und zwar für die Generation meiner Eltern. Die, die jetzt da vieles derart kritisieren, was damals gelaufen ist. Denen müsste ich einfach sagen: «Hättet ihr damals gelebt, wärt ihr in der Politik, in der Armee gewesen, ihr hättet es nicht besser und nicht anders gemacht.» In diesen Kritiken wird zu wenig geschaut, wie die Situation war, in der die Leute, die diese Entscheidungen treffen mussten, standen. Wer jetzt darüber schreibt, der war ja gar nicht in dieser Situation, kann das gar nicht mitempfinden.[497]

Werner O. erklärt, dass die Kritik, die an der Rolle der Schweiz geäußert wurde, ihn stellvertretend für die *«Generation»* seiner Eltern beleidigt habe, eine persönliche Betroffenheit wird zum Ausdruck gebracht. Denjenigen, die heute über die damalige Zeit schreiben würden, wird die Urteilsfähigkeit abgesprochen. Deutlich wird in dieser Sequenz die Präsenz des konkurrierenden Erinnerungsmodus. Im antagonistischen Sinn wird von Werner O. der fehlenden Empathiefähigkeit der gegenwärtig Schreibenden die Erfahrung der *«Generation»* seiner Eltern entgegengehalten.

Gerade was den fehlenden Wohlstand als Argument im Vergangenheitsdiskurs betrifft, ist Werner O.s Sohn, der Elektroinstallateur Hannes O. (Jg. 1979), anderer Meinung als sein Vater:

---

495 GD O. Z302.
496 GD O. Z321-326.
497 GD O. Z483-490.

> Hannes O. (Jg. 1979): Ja, ich meine, vor allem eben, dass Juden zurückgewiesen, wahrscheinlich auch Fahrende, nehm' ich jetzt mal an, an der Grenze zurückgewiesen wurden. Das halte ich für klar falsch. Ich finde da hätte man sagen sollen, auch wenn man unter Druck steht, jetzt haben wir ein paar Zehntausende schon im Land, jetzt kommt es auf ein paar Tausend mehr oder weniger auch nicht mehr drauf an. Weil, Kartoffeln hatten wir ja offenbar genug [Werner O. lacht] in der großen Anbauschlacht, da find ich, hätte man mehr Mut beweisen sollen.[498]

Armut, ungenügende Ernährungslage und hoher Druck sind hier aus Sicht des Enkels schlechte Argumente für eine restriktive Flüchtlingspolitik. Kartoffeln habe es offenbar genug gehabt, die Schweiz hätte mehr Mut beweisen sollen, so seine Meinung, die so dezidiert in den Gruppendiskussionen aber von wenigen TeilnehmerInnen vertreten wird.

Nebst der schwierigen Ernährungslage ist es vor allem die Angst vor der Übermacht Nazideutschlands, die von TeilnehmerInnen der mittleren und jüngeren Generation thematisiert, in die Waagschale gelegt und als Rechtfertigungsargument verwendet wird, um Kritik an der Rolle der Schweiz während des Zweiten Weltkrieges zu begegnen. Vehement tut dies die Buchhändlerin Selina M. (Jg. 1980). Während ihr Großvater Pierre M. (Jg. 1926) die damalige Situation der Schweiz als wenig bedrohlich und die Ernährungslage ebenfalls als gut dargestellt hat, stellt uns Selina in ihren Gesprächsbeiträgen das Bild der Schweiz als kleinem Land in Bedrängnis und Not vor. Auch sie sieht sich veranlasst, Kritik an der damaligen Flüchtlingspolitik zu parieren:

> Selina M. (Jg. 1980): Gut, aber was wäre gewesen, wenn sie alle reingelassen hätten? Also, was wären die Konsequenzen gewesen? Weil das muss man sich auch überlegen, das haben wir auch diskutiert in der Schule. Was wären die Konsequenzen gewesen? Weil schlussendlich hättest du ja gegen die deutsche Macht, irgendwo hättest dich gegen sie gestellt.

> Regula M. (Jg. 1951): Mhm. Als kleine Schweiz.

> Selina M. (Jg. 1980): Ja, als kleine Schweiz. Du hättest dich ihnen ja widersetzt. Was wäre passiert, wenn du alle reingelassen hättest. Weil/ Und dann kam noch die Angst dazu, wie willst du all die ernähren?[499]

«Angst» ist bei Selina M. das zentrale Thema. Schon zuvor hatte sie betont, dass die Schweiz «*so klein gewesen*» sei, die Angst vor einem Einmarsch der Deutschen so groß, dass es zu riskant gewesen wäre, die Juden hineinzulassen.[500] Und während ihre Mutter ergänzt, dass in der Schweiz «*auch eine gewisse Armut*» geherrscht habe,[501] betont Selina, dass man gar nicht so viele Juden hätte he-

---

498  GD O. Z530-535.
499  GD M. Z1855-1865.
500  GD M. Z1306-1308.
501  GD M. Z1872.

reinholen können, wie vernichtet worden seien. Den klassischen Topos der *Überflutung* aufgreifend,[502] argumentiert Selina mit der «*Angst*», die man gehabt habe, davor, «*dass es nachher einen Schneeballeffekt*» gäbe und «*schlussendlich alle*» kämen.[503] Bedroht – so das Bild – sowohl von den jüdischen Flüchtlingen als auch von den Deutschen, hätte die Schweiz keine Chance gehabt: «*Die Schweiz hatte dermaßen Angst, einfach von so vielen umzingelt zu sein*». Es ging, dies steht für Selina fest, «*um die Existenz*» der Schweiz.[504] Auch bei ihr werden Ressourcenknappheit und die Notwendigkeit der Abgrenzung gegenüber angeblich bedrohlicher Massen von eindringenden Flüchtlingen zu Rechtfertigungsstrategien, um Kritik an der Rolle der Schweiz während des Zweiten Weltkrieges zu kontern.

## 5.2 Die Schweiz in Europa

*Angst, Bedrohung, Not* und *Hunger* sind im erinnerungskulturellen Diskurs jene zu einer Argumentation verdichteten Szenarien, auf die nicht nur in Bezug auf die Kritik an der schweizerischen Flüchtlingspolitik rekurriert wird: Solche Szenarien und Vorstellungen werden auch dann in die Waagschale gelegt, wenn es um die Thematisierung der Rolle der Schweiz im nationalsozialistisch dominierten Europa geht. Wie gezeigt, war mit jenen Bildern, wonach die Schweiz und ihre BewohnerInnen allein mit Wehrbereitschaft die Okkupation des Landes verhindert hatten, nicht erst anlässlich der Debatten um die Rolle der Schweiz in den 1990er Jahren kritisch verfahren worden, bereits in den 1960er und 1970er Jahren hatte es öffentliche Kontroversen um Kollaboration und Widerstand gegeben. Anders war seit den späten 1980er Jahren hingegen, dass sich diesbezüglich kritische Stimmen mit zusätzlich einem neuen Fokus auf der Frage nach Möglichkeiten und Grenzen moralisch integren Verhaltens mitten im nationalsozialistisch beherrschten Europa breites Gehör verschaffen konnten.

Im Folgenden interessiert nun, wie in den Gruppendiskussionen Fragen zur Neutralität, zur Kriegsverschonung und zum Inseldasein der Schweiz im Hinblick auf wirtschaftliche, politische und militärische Verflechtungen verhandelt werden. Aufgezeigt wird auch, welche Bedeutung dabei von verschiedenen TeilnehmerInnen angestellte Überlegungen zur Staatsräson zukommt und welche Vorstellungen von Neutralität in den Gruppendiskussionen zur Sprache kommen, debattiert und kritisiert werden.

---

502 Vgl. Kury, Patrick: Über Fremde reden.
503 GD M. Z1880-1893.
504 GD M. Z1899-1907.

## 5.2.1 Die Schweiz als Insel

Die Schweiz während des Zweiten Weltkrieges wird in den Gruppendiskussionen bis auf Ausnahmen kaum mehr als heldenhafte Nation, die eine Bewährungsprobe tadellos gemeistert hat, dargestellt.[505] Es zeigt sich auch nicht das Bild eines angeblich passiven *Bystanders,* wie Raul Hilberg es einmal formuliert hat.[506] Vielmehr erscheint die Schweiz als ein Land, dessen außenpolitische Neutralität, damals von allen *«Mitspielern»* akzeptiert und *«formell abgekauft»* worden sei. Von der Schweiz sei diese Neutralität wiederum *«durchaus geschickt genutzt»* und den Umständen sowie den Interessen des Landes angepasst worden, wie einer unserer Interviewpartner, François H. (Jg. 1930), meinte.[507]

In François Hs. Bemerkung klingen denn auch jener Erinnerungsdiskurs und jene Perspektive auf die Vergangenheit an, die sich seit den 1990er Jahren erinnerungskulturell durchzusetzen vermochten. Damals rückten thematisch die Beziehungen und Verbindungen der Schweiz zu den Achsenmächten und insbesondere zum nationalsozialistischen Deutschland stärker in den Fokus der medialen und geschichtswissenschaftlichen Diskussion. Die Frage nach moralisch integrem bzw. moralisch *richtigem* Verhalten gewann vor dem Hintergrund des Holocaust-Erinnerungsparadigmas zunehmend an Wichtigkeit. Sowohl durch aktive Kenntnisnahme von Resultaten der *Unabhängigen Expertenkommission* (UEK) als auch über Mediendiskussionen hat sie Eingang gefunden in gegenwärtige Erinnerungsnarrative. So sind es ein Jahrzehnt später auch weniger publizierte geschichtswissenschaftliche Erkenntnisse und *harte* Fakten als vielmehr Diskussionen um Möglichkeiten und Grenzen moralisch korrekten Verhaltens angesichts nationalsozialistischer bzw. faschistischer Bedrohung, die in den Interviews diskutiert werden. Zur Debatte stehen dabei auch die Schweiz als Akteurin im nationalsozialistisch dominierten Europa, namentlich die schweizerische Neutralität, und ihr Inseldasein gegenüber wirtschaftlichen, politischen und militärischen Verstrickungen mit Nazideutschland bzw. mit den so genannten Achsenmächten. Sowohl auf Eigeninitiative der DiskussionsteilnehmerInnen wie auch auf unser Nachfragen hin, kommen diese Themen in allen Gruppendiskussionen zur Sprache.

So etwa anlässlich der Diskussion mit der Familie S. Dieses Interview fand im Herbst 2008 in einer Walliser Gemeinde statt. Am Gespräch beteiligten sich die ehemalige Reiseleiterin Käthi S. (Jg. 1943), die Kaufmännische Angestellte Beatrice S. (Jg. 1968) sowie deren Tochter, Melanie S. (Jg. 1991), eine ausgebil-

---

505 Vgl. dazu etwa Tanner, Jakob: Die Krise der Gedächtnisorte, S. 16-38.
506 Vgl. dazu Hilberg, Raul: Täter, Opfer, Zuschauer, Frankfurt a. M. 1992.
507 GD H. Z878ff.

dete Verkäuferin. Zuvor hatte die Interviewerin die Einführung des J-Stempels durch die Schweizer Behörden thematisiert und den drei Teilnehmerinnen erzählt, worum es dabei gegangen war. Auf eine Frage der Interviewerin betreffend die schweizerische Neutralität während des Zweiten Weltkrieges hin, entspann sich dann nachfolgendes Gespräch:

> Käthi S. (Jg. 1943): Ich denke, dass die sich neutral geben mussten. Schon aus Angst oder. Wenn du Krieg hast rundum, musstest du ja wohl neutral sein. Wenn du dich da geäußert hättest, hättest du vielleicht (Melanie S.: Hättest auch auf den Kopf bekommen), wären vielleicht andere Reaktionen gekommen, ich weiß es nicht.

> Beatrice S. (Jg. 1968): Ich glaube schon, dass die neutral gewesen sind. Aber die haben das clever ausgehandelt. Ich bin überzeugt, dass die versucht haben, mit allen recht zu sein, deutsch gesagt. [...] Die ist clever gewesen die Schweiz. Weil die haben ja schlussendlich, dass sie zum Beispiel dieses J-Zeichen erfunden haben. Eben die haben dann versucht quasi zu verhandeln, damit die Deutschen sie nicht angreifen, also da bin ich überzeugt. Neutral heißt schon, dass du niemandem hilfst. Aber sicher auch mit Gesprächen, Verhandlungen. Also da bin ich überzeugt, dass die auch Dreckgeschäfte gemacht haben. Nicht einfach «ich halte mich raus».

> Melanie S. (Jg. 1991): Du kannst ja nicht einfach sagen: «Lasst mich in Ruhe». Es ist ja vielleicht (Käthi S.: Ja gemenschelt hat es wohl da schon), dass sie einfach Opfer bringen mussten, damit sie nicht angegriffen werden.

Die Interviewerin greift darauf das Thema des von Melanie S. eingebrachten Kriegsverschonung auf und fragt etwas suggestiv:

> N. B. (Jg. 1979): Was denken Sie, war der Grund, dass die Schweiz nicht angegriffen wurde?

> Käthi S. (Jg. 1943): Eine gute Frage.

> Beatrice S. (Jg. 1968): Die ist wahrscheinlich zu wichtig gewesen. Von allen Seiten her.

> Käthi S. (Jg. 1943): Es gab hier schon eine Menge Geld, vielleicht auch aus diesem Grund. Einfach wirklich, eben, die Insel Schweiz. Ich glaube auch, die war einfach zu wichtig in Vielem. Aber ob das nur vom Geld her ist? Irgendwo muss da schon etwas gewesen sein, dass das zu wichtig war, dass das Land kannst/

> Melanie S. (Jg. 1991): Vielleicht hat man sie auch als Stützpunkt gebraucht?

Nicht nur von den andern Diskussionsteilnehmerinnen, auch von Melanie S. selbst wird diese Spekulation nicht ganz ernst genommen und mit einem Lachen quittiert. Ihre Mutter, Beatrice S. fügt denn auch eine ihr plausibler erscheinende Begründung an:

Beatrice S. (Jg. 1968): Ich denke, es wurde wahrscheinlich einfach clever verhandelt, weil es halt schon ein wichtiges Land war.

Melanie S. (Jg. 1991): Eben, erobert hätte man es wahrscheinlich schnell gehabt. Das wäre wahrscheinlich nicht das Problem gewesen.

Beatrice S. (Jg. 1968): [lachend] Die Panzerchen, die wir noch versteckt hatten.[508]

Mit der Frage nach der schweizerischen Neutralität ist hier diejenige nach der Position des Landes im vom Krieg beherrschten Europa thematisiert. Neutral habe sich das Land *«geben»* müssen, sich nicht äußern dürfen, um nicht Gefahr zu laufen, selbst in die kriegerischen Ereignisse involviert bzw. okkupiert zu werden. Käthi und Melanie S. scheinen sich einig zu sein und auch Beatrice S. kann hier anknüpfen: *«neutral»* sei die Schweiz gewesen und *«clever»*, mit Verhandlungsgeschick und *«Drecksgeschäften»* habe sie sich unabhängig halten können. *«Neutralität»* bleibt denn auch bereits zu Beginn dieser Sequenz nicht auf jene militärische Bedeutung beschränkt, die im Kriegsfall das Verhalten regelt zwischen kriegführenden Staaten, und solchen, die nicht am Krieg teilnehmen. Vielmehr erscheint *«Neutralität»* als das der jeweiligen außenpolitischen Situation anpassbare Prinzip und Mittel zum Zweck des Staatserhalts. Was indes, wie Beatrice S. andeutet, auch mit sich bringe, unter der Hand zu verhandeln, sich mit allen gut zu stellen und *«Drecksgeschäfte»* einzugehen, sich damit doch nicht ganz herauszuhalten. Melanie S. hat dazu auch eine Erklärung: In Ruhe gelassen zu werden ließe sich nicht einfach fordern, sondern bedürfe auch einer Gegenleistung; ein *«Opfer»* müsse dargebracht werden. Worin genau dieses *«Opfer»* besteht, ist nicht eindeutig, ob selbiges sich auf den so genannten *J-Stempel* bezieht, bleibt unklar: wurden die Juden geopfert oder die Moral? Deutlich hingegen wird auch im weiteren Verlauf der Sequenz, dass es (dieser Auslegung) der schweizerischen Neutralität und der Schweiz als Finanzplatz eher geschuldet sei, von Krieg und Okkupation verschont geblieben zu sein, als etwa der damaligen Armee mit ihren *«Panzerchen»*.

Neutralität, insuläres Dasein, wirtschaftliche Verflechtungen und so genannte Kriegsverschonung treten im Interview mit Familie S. als ein zusammenhängender Themenkomplex auf. Fragen, Deutungen, Erklärungen dafür, weshalb die Schweiz weder von der deutschen Wehrmacht okkupiert, noch von kriegerischen Handlungen tangiert wurde, bilden nicht nur in der vorliegenden Sequenz aus dem Interview der Familie S. die Folie der Diskussion über die schweizerische Neutralität, sondern auch in den übrigen Gruppendiskussionen. Während in der

---

508   GD S. Z1217-1295.

Nachkriegszeit und während des Kalten Krieges im staatlichen Erinnerungsdiskurs ein Bild der Schweiz als Sonderfall und trutzende Insel in der Mitte Europas gepflegt wurde, zeigt sich diesbezüglich in der gegenwärtigen Erinnerungskultur ein ebenso ambivalentes wie heterogenes Verhältnis. Vor dem Hintergrund der Debatten der 1990er Jahre werden Gemeinplätze helvetischen Selbstverständnisses befragt. Das Geschichtsbild der autarken Insel und des Sonderfalls als Sinnbild souveräner Enthaltung ist in Frage gestellt und wird in den Gruppendiskussionen kontrovers diskutiert, ebenso wird jenes der kämpferischen Widerstandsnation kontrastiert. Ein ungebrochen affirmativer Bezug auf das Bild vom heroisch-widerständigen Sonderfall Schweiz kommt in den Gruppendiskussionen denn auch nur selten vor, die Schlagkraft der schweizerischen Armee wird nur von einigen wenigen TeilnehmerInnen als Hauptgrund für die so genannte Kriegsverschonung der Schweiz angeführt. Während die Mehrheit der Interviewten die Bedeutung der Schweizer Armee überhaupt in Abrede stellt und den Grund für die Kriegsverschonung allein im Nutzen der Schweiz als Finanzplatz sieht, widersprechen einige wenige dieser Sichtweise: Die angeblich schützende Funktion der Berge, die Reduitstrategie, die Bedeutung von General Guisan und die Leistungen der Armee betrachten diese Teilnehmerinnen zumindest als Mit-Ursache. Besonders jedoch werden von ihnen die Tapferkeit, der Wehrwille und der Zusammenhalt der Schweizerinnen und Schweizer als herausragende Leistungen während der Kriegsjahre hervorgehoben.[509] Dabei wird erkennbar, dass Aspekte des Widerstandnarrativs einfließen, allerdings ist es primär das *einfache Volk,* dem die damit verknüpften positiven Attribuierungen zugeschrieben werden. In vielen Interviews werden relativ klare Grenzen zwischen «denen da oben», den wirtschaftlichen, politischen sowie militärischen Eliten, und «denen da unten», den kleinen Leuten, gezogen. Versagen und Fehler oder gar pro-nationalsozialistische Sympathien sind dabei bei ersteren verortet und die kleinen Leute je nachdem als listige Bauern, Antifaschisten oder unwissende, aber gutmütige Helden des Alltags dargestellt. Jedoch: Armee und Réduit sind bloß mehr Nebendarsteller, im Vordergrund stehen Neutralität, (finanz-)wirtschaftliche und politische Kooperationen als Mittel zum Zweck, als unumgängliche Strategien angesichts der damaligen außen- und sicherheitspolitischen Situation.

---

509 Vgl. dazu beispielsweise GD F., GD L., GD A., GD C. oder GD J.

## 5.2.2 Umstrittene Neutralität

Die schweizerische Neutralität sei, wie es der oben bereits erwähnte François H. (Jg. 1930) formuliert, von allen *«Mitspielern»* formal akzeptiert worden, die Schweiz wiederum habe dies zu nutzen gewusst. Bis auf wenige Ausnahmen ist denn auch die Vorstellung einer autarken, dem Kriegsgeschehen in Europa gänzlich entzogenen Insel Schweiz im Sample kaum präsent, vielmehr ist im kommunikativen Erinnerungsgeschehen die Schweiz deutlich im von Nationalsozialismus und Krieg dominierten Europa situiert. Formale Neutralität wie wirtschaftliche und politische Kooperationen mit Krieg führenden Parteien, namentlich dem nationalsozialistischen Deutschland bzw. dem faschistischen Italien, und auch eine gewisse Willfährigkeit den Achsenmächten gegenüber sind im Sample die genannten Gründe, weshalb die Schweiz im Zweiten Weltkrieg ihre territoriale Unabhängigkeit hat bewahren können. Dies scheint so weit unbestritten zu sein. Für Konfliktstoff sorgt hingegen, dem gegenwärtigen Erinnerungsparadigma von Schuld und Wiedergutmachung folgend, die Bewertung und Beurteilung dieses Mittels zum Zweck. Nebst wirtschaftlichen und politischen Kooperationen steht insbesondere die schweizerische Neutralität zur Disposition, nicht nur jene während des Zweiten Weltkrieges, sondern auch die gegenwärtige bzw. das Konzept der Neutralität überhaupt: Vorstellungen darüber, was Neutralität sei, oder sein sollte, sind sehr verschieden, und was Neutralität leisten könne, wird ebenso kontrovers diskutiert. Es lassen sich in unserem Sample in der Auseinandersetzung um die außenpolitischen und wirtschaftlichen Beziehungen der Schweiz während des Zweiten Weltkrieges zwei gegenläufige Haltungen ausmachen: Entweder wird diesbezüglich die damalige Rolle der Schweiz legitimiert oder problematisiert.

Aus *«Eigenerhaltungstrieb»* habe die Schweiz mitspielen müssen, meint Fritz C. (Jg. 1943), Lehrer im Ruhestand, im Gespräch über die Frage nach wirtschaftlichen Verflechtungen. Die Gruppendiskussion mit der Familie C. wird dominiert von den männlichen Teilnehmern der Familie. Auf die Frage der Interviewerin zur Debatte um die wirtschaftlichen Verflechtungen der Schweiz während des Zweiten Weltkrieges, die Mitte der 1990er Jahre intensiv geführt wurde, ergreift Fritz C. denn auch gleich als erster das Wort:

> Fritz C. (Jg. 1943): Ja, man hat natürlich der Schweiz vorgeworfen, sie habe Waffenlieferungen durch die Schweiz toleriert, oder, bei Nacht und Nebel. Man habe auch Personen und Gefangenentransporte durch die Schweiz mit den Bahnen durchgeführt. Wir hätten natürlich profitieren können. Das kann man nicht beurteilen, ob es so ist. Es mag sein, dass der eine oder andere Transport und auch Sachen waren, dort. Bührle hat natürlich auch Kanonen geliefert, das ist natürlich auch ein (Elena C.: Ja, ja es geht ja immer ums Geld), war natürlich auch ein Waffenproduzent. Der Bührle hat Flugabwehrkanonen geliefert und Panzer und so, zum Teil via

Ausland. Aber da musste natürlich die Schweiz auch aus Eigenerhaltungstrieb mitspielen. Wir können alle nicht nur Kartoffeln und Äpfel pflanzen, wir müssen auch eine Wirtschaft und eine Industrie haben, und die ist natürlich verflochten.

Theo C. (Jg. 1969): Ja da hat man/ das gibt natürlich/ auf der einen Seite hat man das Futter hergegeben, auf der einen Seite hat man es gegeben, auf der andern Seite wieder genommen. Das ist eigentlich schon noch verständlich. Es ist nicht eine klare/

Fritz C. (Jg. 1943): Die Neutralität hat uns damals als Deckmantel und auch als Hilfe wahrscheinlich ein wenig geholfen, aber auch vielleicht noch verkompliziert, das Ganze. Neutralität ist eine schwierige Position. Aber ich bin grundsätzlich dafür, dass die Schweiz neutral bleiben soll, weiterhin. Weil wir haben die größere Chance, als wenn wir einfach in einem Block drin mitschreien, das sieht man immer wieder.

Theo C. (Jg. 1969): Man hat noch gesagt, dass wir den Krieg verlängert hätten, dadurch, dass man da gewisse Lieferungen gemacht hat und so weiter und so fort. Das ist natürlich schwierig, so von heute aus solche Sachen zu sagen, und dort wirklich Stellung zu beziehen/

Fritz C. (Jg. 1943): Das ist eine Anmaßung, weil der Krieg wurde nicht von der Schweiz verlängert, sondern von den Großmächten, die eben (Elena C.: Ja sicher), Europa und die Welt, am Verhandeln waren, aufgeteilt haben. Und die haben natürlich auch ihre jungen Leute geopfert, da hatte die Schweiz keinen großen Einfluss. Wir waren vielleicht eine Zentrale der Spionage und der diplomatischen Abläufe hinter den Kulissen. [...] In Bern gab es noch verschiedene Diplomaten und auch in Genf, die dann versuchten, die Fäden zu ziehen. [...] Also die Schweiz hat dort eigentlich diplomatische Kontakte zu schaffen versucht und ist natürlich auch als Spionagezentrum in Frage gekommen [Kurzes Schweigen]. Das weiß ich.[510]

Fritz C., der in dieser Gruppendiskussion stets das erste Wort hat, scheint die Frage der Interviewerin nach den Debatten der 1990er Jahre um außenwirtschaftliche (und außenpolitische) Kooperationen als einen Angriff aufzufassen, den er inhaltlich im Konjunktiv präzisiert, *«Waffenlieferung»*, *«Gefangenentransport»*, *«Kriegsprofite»* seien der Schweiz vorgeworfen worden, und kommentierend meint er, dass *«man das nicht beurteilen kann, ob es so ist»*. Eine Beurteilung folgt dann doch noch: Die Schweiz habe mitspielen müssen, aus einem *«Eigenerhaltungstrieb»* heraus, *«Äpfel»* und *«Kartoffeln»* allein würden keinen Staat ausmachen, es brauche Wirtschaft und Industrie, die *«natürlich»* verflochten seien. Auch Waffenlieferungen gehörten dazu. Die von Fritz C. aufgelistete Kritik an der Schweiz kontert er mit dem Interesse des schweizerischen Staates, Sicherheit und Selbstbehauptung mit allen Mitteln zu garantieren. Die Schweiz erscheint hier ganz selbstverständlich als Akteurin unter vielen, wenn auch als eine mit eigener Mission. Auch der als Unternehmer tätige Theo C., der ansonsten den Interpretationen und Ansichten seines Vaters im Interview Paroli bietet, bringt

---

510  GD C. Z885-995.

Verständnis auf: Geben und Nehmen sollten sich die Waage halten. Unklar bleibt allerdings, worauf Theo C. seine Vorstellung, dass einerseits *«Futter hergegeben»* und *«auf der andern Seite»* wieder genommen wurde, genau bezieht. Geht es um die eine Hand, welche die andere wäscht oder klingt in der Phrase *«Futter geben»* doch ein sachter Hinweis auf humanitäre Leistungen an, die nebst dem selbstbezogenen *«Eigenerhaltungstrieb»* eben auch erbracht wurden? Wie dem auch sei, die *«Neutralität»* jedenfalls, die Fritz C. anschließend zur Sprache bringt, erscheint als Instrument oder wie er sagt, als *«Deckmantel»*, der dem *«Eigenerhaltungstrieb»* der Schweiz zudient, wiewohl, wie er deutlich macht, die *«Neutralität»* auch eine schwierige Position sei.[511] Worin diese Schwierigkeit bestehen könnte, lässt sich aus dem Nachfolgenden interpretieren: *«Wir»* schreien nicht in einem Block mit, sondern in beiden oder keinem, dies, wie Fritz C. auch auf die Gegenwart und Zukunft bezogen meint, sichere die *«Eigenerhaltung»* der Schweiz. In welch schlechtes und einseitiges Licht man dabei geraten kann, führt Theo C. vor Augen mit Bezug auf jene These, die besagt, die Schweiz hätte mit ihren (Waffen-) Lieferungen an das nationalsozialistische Deutschland den Zweiten Weltkrieg verlängert. Dem widerspricht Fritz C. vehement, viel diskreter und ausgewogener seien die Dienste der Schweiz gewesen: als Spionagezentrale habe sie fungiert und dies wohlverstanden für beide Parteien, für Nazigrößen wie auch für die Amerikaner.[512]

Ähnlich wie in der Sequenz aus dem Interview mit der Familie S. stellen auch in dieser Gruppendiskussion wirtschaftliche Kooperationen, Neutralität und sonstige gute Dienste ein Geflecht von Bezügen und Zusammenhängen dar. Oberste Priorität scheint hier der Erhalt der *Staatsräson* zu haben, formale Neutralität ist das Instrument dazu. Die *humanitäre Tradition*, mit welcher Neutralität ebenfalls in Verbindung gebracht wird und in einem Redebeitrag von Theo C. als weiterer staatstragender Mythos noch anklingt, steht indes eher im Hintergrund. Ähnlich wie im Gespräch mit der Familie C. sind auch weitere Gruppendiskussionen stark geprägt von einer Haltung, die Fragen nach der außenpolitischen und (außen-) wirtschaftlichen Rolle der Schweiz während des Zweiten Weltkrieges beinahe schon als Provokation auffasst und kontert: Die *Staatsräson* ist übergeordnet, ethische Überlegungen erscheinen angesichts der damals herrschenden

---

511 Georg Kreis hat in seinem Beitrag *Der Stellenwert der Neutralität in der aktuellen Debatte um die Rolle der Schweiz während des Zweiten Weltkrieges* drei Argumentationen im Neutralitätsdiskurs herausgearbeitet. Dass die Neutralität eine schwierige bzw. undankbare Position sei, ist eine dieser Argumentationen. Vgl. Kreis, Georg: Der Stellenwert der Neutralität in der aktuellen Debatte um die Rolle der Schweiz während des Zweiten Weltkrieges, in: Chiquet, Simone: Fluchtgelder, Raubgut und nachrichtenlose Vermögen: Wissensstand und Forschungsperspektiven, Bern 1997, S. 61-64.
512 GD C. Z926-933.

Bedrohung und (ökonomischen) Not nicht nur als anachronistisch, da unserer Gegenwart entspringend, sondern auch deswegen verfehlt, weil, dem geflügelten Wort Bertolt Brechts folgend, vor der Moral eben stets noch das eigene Fressen kommt. Alternative Handlungsoptionen scheinen angesichts jener angeblich schicksalhaften Verkettung von geographischer Isolation und nationalsozialistischer Bedrohung wegzufallen. Klingt hier zunächst noch ein altbekanntes Argumentationsmuster aus dem Neutralitätsdiskurs an, das die Schweiz zum Opfer geopolitischer Umstände macht,[513] zeigt sich außerdem auch, was gegenwärtig Realpolitik sein soll.

Eine gänzlich andere Einschätzung und Bewertung vergangenen Handelns in der Auseinandersetzung mit der schweizerischen Neutralität zeigt sich jedoch im Gespräch mit der Familie W.

An der Gruppendiskussion mit dieser in der Nordwestschweiz lebenden Familie beteiligten sich nebst der Gymnasiastin Nadine W. (Jg. 1992), die wir bereits eingangs kennen gelernt haben, die ehemalige Bankangestellte Gertrud W. (Jg. 1934), ihr Ehemann Heinz W. (Jg. 1934), Journalist im Ruhestand sowie deren Tochter, die Musiklehrerin Lisa W. (Jg. 1962). Alle vier nahmen engagiert an der Diskussion teil und pflegten einen höflichen Umgang miteinander, obwohl sie sich in ihren Hinsichten und Positionen durchaus unterschieden. In der nachfolgenden Sequenz, die zwar Heinz W. mit einer knappen Bemerkung darüber, dass es dem Status der Neutralität wohl zu verdanken sei, dass die Schweiz nicht besetzt wurde, initiierte, sind insbesondere Nadine und Lisa W. beteiligt. Beide haben sie einen weiter gefassten Begriff von Neutralität. Während Nadine W. (Jg. 1992) in ihren Ausführungen die Situation der Schweiz während Nationalsozialismus und Krieg als Dilemma beschreibt, zielt Lisa W. (Jg. 1962) subtil, aber doch stärker auf die ethische Dimension neutralen Handelns und stellt die Frage, ob Neutralität überhaupt möglich ist:

> Lisa W. (Jg. 1962): Neutralität effektiv ist gar nicht durchsetzbar, weil wir ein Teil dieser Ordnung sind, die es gab. Wir haben keine aktiven Pakte geschlossen, also wir haben zum Beispiel nicht solche Verbündeten-Situationen aufgebaut. Wenn das Land angegriffen wird, sind wir automatisch gezwungen zu reagieren, egal was die Vorgeschichte ist. Um als Staat zu existieren, das Überleben der Bürger zu garantieren, waren wir ja trotzdem verpflichtet, Haltungen einzunehmen, die ja nicht effektiv als neutral bezeichnet werden können. Also, sagen wir zum Beispiel, eine Haltung ist die: Es gibt eine Menschenrechtskonvention. In dieser Menschenrechtskonvention, das sehen wir ja heute im Asylwesen, heißt es, dass Leute, die an Leben, Leib und Leben bedroht sind, aufzunehmen sind. Wie neutral haben wir uns damals verhalten? Wir haben erstens nicht alle aufgenommen. Wir haben zweitens beispielsweise in der Bevölkerung lange versucht, geheim zu halten, was effektiv in Deutschland vorgeht. Also man weiß heute von den Archiven her, dass der Bundesrat früher wusste, was in Deutschland in den KZ's

---

[513] Vgl. Wildmann, Daniel: Wo liegt Auschwitz? in: Boyadjian, Rupen: Völkermord und Verdrängung: Der Genozid an den Armeniern - die Schweiz und die Shoa, Zürich 1998, S. 163-169.

abläuft: Und trotzdem haben wir dementsprechend nicht gehandelt. Also wir haben nicht die riesigen Mengen aufgenommen, wir haben ja selber auch gesagt, auch unser Land und unsere Bevölkerung muss geschützt werden. Sei es einerseits, indem wir unser Nachbarland nicht provozieren, sei es andererseits, dass wir die Nahrungssituation für die eigene Bevölkerung klar festlegen. Also, das sind Hunderte von Haltungen, die ich eigentlich gar nicht neutral fällen kann, weil ich mich innerhalb einer Ordnung befinde, wo ich mal gesagt habe, als Staat gehe ich auch gewisse Sachen ein. Und die geben ja denjenigen, die mich beobachten als Land, ja jedes Mal einen Hinweis, wo ich stehe. Wie wertungsfrei dieser Hinweis angenommen wird, das ist immer offen [...]. In einem aktiven Sinn waren wir neutral. Aber in einem passiven Sinn, aufgrund der bestehenden Ordnung, sind wir nicht echt/ sind wir nicht neutral gewesen [...] Der Spruch vom Watzlawick, ((Dt.)) «Es ist unmöglich nicht zu reagieren.» ((Dt.)), ist für mich auch hier maßgebend.[514]

Ausführlich macht Lisa W. deutlich, dass sie die Schweiz als Teil der damaligen *«Ordnung»* – will heißen als Teil des nationalsozialistisch dominierten Europas – begreift, Neutralität daher *«effektiv»* nicht um- und durchsetzbar sei bzw. von Anfang an eine unmögliche Position sei. Sie skizziert denn auch ein Neutralitätsverständnis, das weit über ein militärisches hinausreicht und ausdifferenziert ist in *«aktive»* und *«passive»* Neutralität. Während ihrer Meinung nach die Schweiz im *«aktiven»* Sinne deswegen durchaus neutral gewesen sei, weil die Schweiz keine (wohl militärischen) *«Pakte»* geschlossen habe, habe die Schweiz dagegen im *«passiven»* Sinne nicht neutral sein können, weil das Land eben Teil der damaligen *«Ordnung»* gewesen sei. Zwar bringt Lisa W. durchaus Verständnis dafür auf, dass Staat und Bevölkerung zu schützen und zu versorgen sind, bringt aber mit Blick auf die damalige Politik gegenüber jüdischen Flüchtlingen sowie die Begründungen der restriktiven Haltung ethische Problemstellungen ins Spiel: Wider besseren Wissens, das damals über die (Verfolgungs-) Situation in Deutschland und in den Konzentrationslagern in der Schweiz bereits verfügbar gewesen sei, habe der Bundesrat nicht mehr Menschen aufgenommen, angeblich wegen des mächtigen Nachbarn oder wegen der angeblich prekären Ernährungssituation in der Schweiz. Das berühmte Votum des Kommunikationstheoretikers Paul Watzlawick zitierend, wonach es unmöglich sei, *nicht* zu kommunizieren, auf die Ebene der Diskussion um (außenpolitische) Neutralität überführend,[515] hält Lisa W. fest, sich nicht zu verhalten, sich nicht einzumischen, sei schlicht nicht möglich. Selbst der Geheimhaltung gewisser Informationen über Vorgänge in Deutschland hafte Parteiisches an. So fasst Lisa W. ihr Verständnis von Neutralität denn auch weit und stellt die Möglichkeit, neutral handeln zu können,

---

514 GD W. Z738-764.
515 In seinem Werk *Menschliche Kommunikation* aus dem Jahr 1969 hält Paul Watzlawick fest, dass jede Begegnung zwischen zwei oder mehr Menschen, jedes Verhalten dieser Personen kommunikativen Charakter hat. Kommunikation kann demnach nonverbal und unbewusst von statten gehen. Vgl. dazu Watzlawick, Paul: Menschliche Kommunikation: Formen, Störungen, Paradoxien, Bern 2011.

ähnlich wie es Teilnehmende anderer Gruppendiskussionen tun, grundsätzlich in Frage. Neutralität erschöpft sich hierbei mitnichten in der Nicht-Partizipation an militärischen Bündnissen, auch politisches und wirtschaftliches Handeln sind miteinbezogen und scheinen ethischer Prüfung standhalten zu müssen.

Entwickelt Lisa W. hier einen differenzierten Neutralitätsbegriff, kritisiert der Journalist Daniel H. (Jg. 1963) die schweizerische Neutralität ebenfalls:

> Daniel H. (Jg. 1963): Also ich glaube, die Schweiz/, im Zweiten Weltkrieg ist es vielleicht auch noch eine Strategie gewesen, um sich wirklich quasi die Finger nicht zu verbrennen. Aber seither, was ich dann auch aktiv erlebt habe, habe ich immer mehr das Gefühl gehabt, mit der Neutralität, die Schweiz lebt einfach wahnsinnig gut damit, dass sie sich überall raushält und quasi alle Vorteile der Welt genießt, aber nirgends sich engagiert.[516]

«*Vorteile*» genießen, ohne dafür etwas tun zu müssen, bzw. eigenbrötlerische Profite aus dem Elend anderer zu schlagen sind im Sample wiederkehrende Kritikpunkte an dieser Staatsdoktrin, die seit den 1960er Jahren von der politischen Linken insbesondere dann immer wieder erhoben werden, wenn irgendwo auf dem Planeten ein kriegerischer Konflikt entbrennt. Nun werden auch von TeilnehmerInnen mit bürgerlicher Orientierung ähnliche Verlautbarungen vernehmbar. Weniger stehen dort die *guten Dienste* der Schweiz im Vordergrund, als vielmehr europapolitische Fragen.[517]

Vor dem Hintergrund des Holocaust und im entsprechenden erinnerungskulturellen Kontext scheint die schweizerische Neutralität im Grunde obsolet zu sein. In einem fiktiven Dialog mit seinen Freunden stellt sich Matthias G. (Jg. 1988), Student, entsprechende Fragen, die er dann auch an die übrigen Diskussionsteilnehmenden richtet.

> Matthias G. (Jg. 1988): Was ich eben noch zu vorhin habe sagen wollen, wenn ich jetzt mit Kollegen darüber reden würde, hat die Schweiz das richtig gemacht oder nicht, dann würden [?drei?] in meinem Alter sagen, weil man heute ein bisschen anders ist: «Jä nein, da muss man dagegenhalten, da muss man gerade etwas machen, da muss, da kann man nicht neutral bleiben.» Heute, also ich habe das Gefühl, in meiner Generation, die wagt mehr in dem Sinn, eben die sieht, «da hätte man helfen sollen», oder keine Ahnung, «das ist absolute Frechheit» und so. Würden viele meiner Kollegen sagen, würde ich jetzt mal sagen, eben die Linken oder so (Koni G.: Aha). Die würden sagen: «Das kann man nicht machen» und so, «das ist falsch gewesen, was man da gemacht hat, man hätte da vielmehr gegen Deutschland machen sollen». Aber ich würde jetzt sagen, eben, man hätte viel besser machen können, man kann es immer besser machen. Aber wir sind gut davon gekommen. Wenn wir jetzt hier irgendwie voll gegen Deutschland etwas gemacht hätten oder so, einen riesigen Schlag hätten wir zurückbekommen. Was wäre dann gewesen?[518]

---

516 GD H. Z827-831.
517 Vgl. dazu etwa GD C. oder GD M.
518 GD G. Z928-939.

Im Unterschied zu vielen andern Interviewten verknüpft Matthias G. hier Neutralität und Holocaust explizit. Ein Ereignis wie die systematische Ermordung und Verfolgung der europäischen Jüdinnen und Juden stellt die schweizerische Neutralität vor große Herausforderungen, zumal zwei Prinzipien einander antagonistisch gegenüberzustehen scheinen: eine ethische Pflicht einzugreifen, etwas *«gegen Deutschland»* zu machen, und die Wahrung der Integrität des schweizerischen Staates. Ein moralisches Dilemma scheint gegeben.

Die Diskussion um die Haltung und Rolle der Schweiz während des Zweiten Weltkrieges wird, das zeigt sich in den Gruppendiskussionen deutlich, entlang ethischer und moralischer Richtlinien geführt. Eine Sonderfallperspektive, welche die Schweiz herauslöst aus allen globalen Geschehnissen, ist im Sample kaum präsent. Was sich hingegen zeigt, ist, wie bereits anlässlich der Debatten der 1990er Jahre, eine Polarisierung hinsichtlich der Bewertung und Beurteilung der damaligen Rolle der Schweiz und insbesondere der schweizerischen Neutralität: Einerseits ein Verständnis von Neutralität, das nicht nur geadelt ist durch ihre Aufgabe, die Staatsräson mit allen Mitteln zu garantieren und durchzusetzen, sondern Solidarität und Verantwortung in internationalen Belangen skeptisch gegenübersteht. Um ein Verständnis handelt es sich, das die völkerrechtliche Definition und Pflicht des Neutralen, militärisch nicht Partei zu ergreifen, sprengt und absentistisch weit fasst. Ebenso breit vertreten ist andererseits jenes Neutralitätsverständnis, das nicht auf seinen völkerrechtlichen Begriff im Kriegsfalle reduziert ist, sondern wirtschaftliche wie politische Handlungen mit einbezieht und die damalige Haltung der Schweiz kritisiert. Nicht nur erscheint dort die schweizerische Neutralität als Deckmantel für profitable Geschäfte. Als Staatsdoktrin wird sie, mit Blick auf den Holocaust und vor dem Hintergrund moralischer Kategorien wie Schuld und Verantwortung, zuweilen grundsätzlich in Frage gestellt. Der Begriff Neutralität wird im Sample weniger in seiner völkerrechtlichen Dimension, wie sie im Haager Abkommen von 1907 für das Verhältnis zwischen Krieg führenden Staaten und Staaten, die nicht an kriegerischen Handlungen teilnehmen, geregelt ist, sondern in einer erweiterten Bedeutungsdimension verhandelt und in verschiedenen Interviews auch in Bezug gesetzt zum Holocaust.

## 5.3 «Flüchtlinge» und «humanitäre Tradition»

Die Schweiz als *Asylland* mit einer seit alters her verankerten humanitären Tradition – diese Vorstellung stellt bis heute einen zentralen Eckpfeiler nationaler Identitätskonstruktionen dar. Während des Zweiten Weltkrieges, im Rahmen der geistigen Landesverteidigung, kam diesem Mythos ein besonderer Stellenwert zu, *«Die Schweiz als Zufluchtsort Vertriebener, das ist unsere edle Tradition»*, so lautete die nationale Selbstzuschreibung an der Landesausstellung von 1939.[519] Mit dem Verweis auf die Flüchtlingsaufnahme während des Krieges wurde das Bild von der Schweiz als Insel der Humanität auch in den Jahrzehnten nach dem Krieg hochgehalten und tradiert – trotz der von verschiedenen AkteurInnen mit unterschiedlicher öffentlicher Resonanz immer wieder vorgebrachten Kritik an der damaligen Flüchtlingspolitik (vgl. Kapitel 2). Als Mitte der 1990er Jahre im Zuge einer zunehmenden Transnationalisierung des Holocaustgedenkens international vermehrt – in Anlehnung an die Hilberg'sche Trias – auch die Rolle der *Bystander* zum Thema wurde, rückte die schweizerische Flüchtlingspolitik erneut ins Blickfeld der Öffentlichkeit und bildete in den geschichtspolitischen Debatten um die Rolle der Schweiz denn auch einen der emotional am stärksten aufgeladenen Diskussionsgegenstände.

Auch in den Gruppendiskussionen bildet das Thema Flüchtlinge einen zentralen Gesprächsgegenstand, wird engagiert und emotional diskutiert und ist nach wie vor von Brisanz. Während in den geschichtspolitischen Auseinandersetzungen Mitte der 1990er Jahre jedoch expressis verbis die Flüchtlings*politik* zur Debatte bzw. die diesbezügliche Debatte ihrerseits im Kreuzfeuer stand, wird in den Gruppendiskussionen die Thematik nicht auf den Aspekt der Politik fokussiert, sondern wesentlich breiter gefasst: Unter dem Oberbegriff *Flüchtlingsthematik* haben wir deshalb eine Palette unterschiedlicher Phänomene zusammengefasst, die jedoch einen gemeinsamen Nenner haben, nämlich die Auseinandersetzung mit Hilfe, bzw. unterlassenen Hilfeleistungen an damalige Menschen in Not.

In den meisten Gruppendiskussionen sind Flüchtlinge bereits im ersten Teil der Interviews, in dem die TeilnehmerInnen ihre eigenen Schwerpunkte setzen, Thema. Es wird von Begegnungen mit Flüchtlingen erzählt, über die Aufnahme von Flüchtlingen im familiären Kreis berichtet und die behördliche Flüchtlingspolitik thematisiert; Stichworte wie *«Helfen»*, *«Ferienkinder»* und *«Grüninger»*, *«geschlossene Grenzen»* und *«das Boot ist voll»* fallen, letzteres je nach Teilnehmerin oder Teilnehmer in zustimmender, distanziert-kritischer oder ironischer Weise. Dabei wird der Begriff *«Flüchtlinge»* in den Gruppendiskussionen für unterschiedliche Gruppen verwendet. Während wir Interviewerinnen vor dem Hintergrund der geschichtspolitischen Kontroversen und der historiographischen Auseinandersetzung der 1990er Jahre unter *Flüchtlingen* in erster Linie die Verfolgten des Nationalsozialismus verstehen, verwenden unsere InterviewpartnerInnen den Begriff gleichermaßen für von den Nationalsozialisten verfolgte jüdi-

---

519 Vgl. Stadelmann, Jürg: Umgang mit Fremden in bedrängter Zeit, S. 308.

sche Flüchtlinge wie für Kinder, die aus Deutschland, Österreich und Frankreich für Erholungsurlaube in der Schweiz geholt wurden, deutsche Deserteure oder nach dem Krieg in die Schweiz flüchtende AnhängerInnen des NS-Regimes. In verschiedenen Interviews wird unter dem Stichwort *Flüchtlinge* zudem das Thema Migration und MigrantInnen generell, sowohl vergangenheits- wie gegenwartsbezogen, verhandelt. Eine Auseinandersetzung mit der schweizerischen Flüchtlings*politik* während des Zweiten Weltkrieges erfolgt in verschiedenen Gruppendiskussionen wenn, dann erst auf Nachfragen der Interviewerinnen hin. Stärker tritt in den Gruppendiskussionen eine Metaebene zutage, auf der Aspekte damaligen humanitären Handelns diskutiert und – in verschiedenen Gruppendiskussionen auch mit Blick auf heutige Migrations- und Asyldebatten – beurteilt und bewertet werden. Deutlich wird, dass die Flüchtlingspolitik ein schwieriges Thema darstellt, zu dem Stellung zu beziehen sich die TeilnehmerInnen veranlasst sehen, und das häufig Gegenstand von teilweise heftigen Kontroversen wird. Um ein *«dunkles Kapitel der Schweizergeschichte»* handle es sich, wie es Erich B. in der Gruppendiskussion, die wir mit ihm, seinem Vater und seiner Tochter führten, in Worte fasst.

Das Interview mit der Familie B. wurde bereits ausführlich vorgestellt. Folgende Interaktion findet statt, nachdem die Interviewerin im zweiten Teil des Interviews das «*Stichwort Flüchtlingspolitik*» einbringt.

Nach einem kurzen Schweigen reagiert der Großvater als erster:

N. B. (Jg. 1979): Stichwort Flüchtlingspolitik, kommt Ihnen hierzu etwas in den Sinn?

[Schweigen]

Lorenz B. (Jg. 1919): Ja, eigentlich nicht so viel. Mit Flüchtlingen hatten wir eigentlich, ich würde sagen, praktisch keinen Kontakt in unsern Gebieten. Ja, einzig das, die/ das sind natürlich die Gefangenen gewesen von äh, will sagen von den Amerikanern, die, die, ich würde sagen, die Piloten, die abgestürzt sind, oder so. Aber die kann man jetzt nicht gerade als Flüchtlinge anschauen, nicht. Die sind eben einfach hier interniert worden, nicht. Aber sonst mit Flüchtlingen sind wir jetzt hier praktisch nie konfrontiert gewesen, weil wir ja kein Grenzort waren. Das ist dann hier im Rheintal unten, dort sind dann schon diese Flüchtlings-, ja fast Ströme dann beim Zusammenbruch noch eingewandert, haben sie dann entwaffnet, nicht. Oder, nicht, auch in den übrigen Grenzgebieten, nicht, was an Deutschland oder Österreich angegrenzt hat, nicht.

N. B. (Jg. 1979): Mhm.

[kurzes Schweigen]

Erich B. (Jg. 1964): [An seine Tochter gewandt] Was weißt du?

Corina B. (Jg. 1991): Keine Ahnung, also ich habe, ich weiß eigentlich nicht mehr, was mit der Flüchtlingspolitik gewesen ist. Da ka/ weiß nicht/

Erich B. (Jg. 1964): Gut, die Flüchtlingspolitik damals ist natürlich auch aus heutiger Sicht ein sehr ein dunkles Kapitel der Schweizergeschichte, wo man gesagt hat: Man nimmt die Juden nicht auf. Oder. Dass man damals schon gesagt hat, dass eigentlich die Schweiz den Judenstern im Pass, eigentlich schon fast auf Schweizer Verlangen eingeführt worden ist, oder. Und zurückweisen von Juden an den Grenzen, das ist klar, das ist sicher eine, sehr eine, ja aus heutiger Sicht eine sehr schwierige Situation gewesen und eine schlechte Situation, oder. Eben wenn man damals dort drin gestanden ist, ist immer wieder schwierig, wie würde man jetzt entscheiden, wenn man selbst umzingelt und eingeschlossen ist, oder. Aus heutiger Sicht muss man sicher sagen, ist es sicher falsch gewesen.[520]

Lorenz B. (Jg. 1919) reagiert auf die Frage der Interviewerin vor dem Hintergrund seiner eigenen Erfahrung, sie selber hätten – lokal bedingt – keine Kontakte mit Flüchtlingen gehabt. Erkennbar wird hier, dass Interviewerin und Interviewpartner unterschiedliche Assoziationen zum Begriff Flüchtlingspolitik haben: Während die Interviewerin mit ihrer an die geschichtspolitischen Debatten der 1990er Jahre anknüpfenden Frage nach der Flüchtlingspolitik auf die schweizerische Politik primär gegenüber den jüdischen Verfolgten des Nazi-Regimes abzielt, knüpft Lorenz B. an dieser Stelle am Begriff *Flüchtlinge* an und fasst in demselben sehr verschiedene Personengruppen zusammen. Als erstes fallen ihm abgestürzte amerikanische Piloten ein, wobei er sich gleich korrigiert, dass diese nur beschränkt als Flüchtlinge angesehen werden könnten. Was es mit den Flüchtlingsströmen auf sich hat, die beim *«Zusammenbruch»* übers Rheintal eingewandert und entwaffnet worden seien, bleibt unklar, aufgrund Lorenz B.s Schilderungen handelt es sich wohl um besiegte Truppen. Corina B. (Jg. 1991) gibt sich unwissend und desinteressiert, Erich B. hingegen zeigt sich informiert und bezieht sich auf das von der Interviewerin als Gesprächsgegenstand intendierte Themenfeld. Er benennt die Zurückweisung von Juden an der Grenze und thematisiert als einer der wenigen TeilnehmerInnen von sich aus die Einführung des J-Stempels (*«Judenstern»*) durch die Schweiz. Zugleich betont er, dass die Bewertung dieser Politik als *«falsch»* aus der Gegenwart heraus erfolge. Zu bedenken sei, wie man selber entscheiden würde, wenn man *«selbst umzingelt und eingeschlossen»* wäre, und dass es sich um eine *«schwierige Situation»* handle.

Folgende Punkte werden anhand von Erich B.s Antwort deutlich: Es geht auch hier um Bewerten und Beurteilen, um – wie Erich B. es ausdrückt – ein *«Kapitel»* der *«Schweizergeschichte»,* das *«dunkel»* ist, dem irgendwie begegnet werden muss. Die TeilnehmerInnen tun dies in den Gruppendiskussionen auf unterschiedliche Weise. Insbesondere auf zwei Strategien wird dabei in der Aus-

---

520 GD B. Z586-616.

einandersetzung mit dem Themenfeld *Flüchtlinge* und *Flüchtlingspolitik* immer wieder zurückgegriffen, bei TeilnehmerInnen unterschiedlicher Altersgruppen vorkommend und sich teilweise auch überlagernd: Auf die Argumentation mit der angeblichen *Staatsräson*, die den Schweizer Behörden keine andere Wahl als eine restriktive Flüchtlingspolitik gelassen habe, sowie die Argumentation, welche die humanitären Leistungen der Schweiz in den Vordergrund hebt und in die Waagschale legt, um der Kritik an der restriktiven Flüchtlingspolitik zu begegnen. In den beiden nun folgenden Unterkapiteln werden diese Strategien genauer ausgeführt. Deutlich wird dabei werden, wie präsent das Bild einer humanitären, sich für Menschen in Not einsetzenden Schweiz nach wie vor ist, wie stark darum gerungen wird und wie sehr in den Gruppendiskussionen das Bedürfnis vorhanden zu sein scheint, dieses Bild gegenüber der Kritik an der damaligen Flüchtlingspolitik zu verteidigen. In einem weiteren Unterkapitel wird auf die Präsenz antisemitischer Stereotype und Deutungsmuster in der Auseinandersetzung mit der Flüchtlingspolitik eingegangen, denen, wie wir zeigen werden, mitunter ebenfalls eine spezifische Funktion als Entlastungsstrategie im Umgang mit diesem Themenbereich zukommen kann.

### 5.3.1 *«Angst» und «Not» als Argument*

Im ersten Teil des Kapitels haben wir bereits gesehen, wie präsent das Bild der Schweiz als eines Landes in Bedrängnis und Not in den Interviews ist und wie oft gerade dann darauf zurückgegriffen wird, wenn Kritik im Raum steht. Auch Erich B. greift in seiner Auseinandersetzung mit dem Thema Flüchtlingspolitik auf dieses Bild zurück. Wie andere TeilnehmerInnen fordert er dazu auf, sich in die damalige Situation hineinzuversetzen und die Bedrängnissituation zu bedenken, die für die von ihm hier klar als *«falsch»* bewerteten politischen Entscheidungen möglicherweise den Ausschlag gegeben hätten. Wie – um nur zwei der in Kapitel 5.1 zitierten Beispiele herauszugreifen – bei Nadine W. (Jg. 1992), der zufolge es die Nahrungsknappheit und die Gefahr von Unruhen und Aufständen *«im eigenen Land»* zu bedenken gilt, oder bei Selina M. (Jg. 1980), die im Falle einer *«Widersetzung»* auf die von der deutschen Macht zu befürchtende Konsequenzen für die *«kleine Schweiz»* hinweist, wird die *Staatsräson* zum Argument dafür, dass schwierige Entscheide gefällt werden mussten. Der Lehrer Fritz C. (Jg. 1943) beschreibt es mit folgenden Worten: *«Wenn man nichts zu fressen hat, dann lässt man nicht noch mehr rein, auf Deutsch gesagt. Sorry, aber das ist ein schwieriger Clinch.»*[521] Nahrungsknappheit, Angst vor Konsequenzen des

---

521 GD C. Z675-681.

deutschen Nachbarlandes und Gefahr von Unruhen und Aufständen sind die in den Gruppendiskussionen anzutreffenden Argumente, mit denen die restriktive Flüchtlingspolitik gerechtfertigt wird.

Die UEK hält in ihrem Bericht fest, dass die von den TeilnehmerInnen als Erklärung für die damalige Grenzschließung vorgebrachten Argumente – Ernährungslage, politischer und militärischer Druck – zum Beispiel beim im August 1942 behördlich gefassten Beschluss, die Grenzen für «*nur aus Rassegründen*» flüchtende Personen ganz zu schließen, nicht die entscheidende Rolle spielten.[522] Eine «effektive Versorgungsnotlage, die die restriktive Flüchtlingspolitik gerechtfertigt hätte», könne, so der Schlussbericht der *Unabhängigen Expertenkommission – Schweiz Zweiter Weltkrieg* (UEK), zu keinem Zeitpunkt festgestellt werden.[523] Vielmehr weist die *UEK*, in Übereinstimmung mit verschiedenen Historikern, auf die zentrale Bedeutung hin, die der Antisemitismus damals in der behördlichen Flüchtlingspolitik spielte.[524] Auch dem von verschiedenen TeilnehmerInnen vorgebrachten Einwand, es habe damals keine Informationen darüber gegeben, dass den teils direkt an die Nationalsozialisten überstellten Flüchtlingen die Ermordung drohte, wird im Bericht der *UEK* widersprochen.[525] Geschichtswissenschaftliche Interpretation und die von den meisten InterviewteilnehmerInnen vertretene Argumentation hinsichtlich der Gründe für die restriktive Flüchtlingspolitik stehen damit in Konkurrenz zueinander. Anzumerken ist, dass die in diesem Zusammenhang in vielen Gruppendiskussionen feststellbare Sichtweise der damaligen Flüchtlingspolitik als «*bedauerlichen Fehltritt*» einer sonst humanitären Asyltradition korrespondiert mit dem öffentlichen Diskurs, im Rahmen dessen oftmals ähnlich argumentiert wird – dies zumeist unter Ausblendung eines bereits in den Jahrzehnten vor dem Krieg wirkmächtigen «*Überfremdungsdiskurses*» und einer xenophob-antisemitisch strukturierten Bevölkerungs- und Migrationspolitik, die sich besonders gegen ostjüdische MigrantInnen richtete.[526]

Bei einigen TeilnehmerInnen geht das Argument der Staatsräson nahtlos über in xenophob strukturierte Phantasien von Bedrängung und Überschwemmung. So etwa in der Gruppendiskussion mit der Zürcher Bauernfamilie J. In dieser Gruppendiskussion fand bereits im offenen Interviewteil eine vor allem von den Großeltern und dem Sohn geführte Diskussion über den aus Sicht der

---

522 Unabhängige Expertenkommission Schweiz – Zweiter Weltkrieg: Die Schweiz und die Flüchtlinge zur Zeit des Nationalsozialismus, S. 472.
523 Unabhängige Expertenkommission Schweiz – Zweiter Weltkrieg: Die Schweiz, der Nationalsozialismus und der Zweite Weltkrieg, S. 129.
524 Ebd. S. 523ff; Picard, Jacques: Die Schweiz und die Juden, Zürich 1997.
525 Vgl. u.a. Unabhängige Expertenkommission Schweiz – Zweiter Weltkrieg: Die Schweiz, der Nationalsozialismus und der Zweite Weltkrieg, S. 129.
526 Vgl. Kury, Patrick: Über Fremde reden, S. 214ff.

TeilnehmerInnen ungerechtfertigten Vorwurf, man habe in der Schweiz zu wenig Flüchtlinge aufgenommen, statt. In diesem Zusammenhang, wo auch Bezüge zur heutigen Asylpolitik hergestellt wurden, hatte sich die Großmutter gebrüstet, *«Asylanten», «anständige»* aufgenommen zu haben, will heißen, dem auf ihrem Hof arbeitenden Gastarbeiter ein Zimmer vermietet zu haben.[527] Im zweiten Teil des Interviews will die Interviewerin nun noch einmal − wobei sie die beiden Enkel stärker einzubeziehen versucht − auf das Thema Flüchtlingspolitik zu sprechen kommen:

> N. B. (Jg. 1979): Stichwort Flüchtlingspolitik. Mmh, fällt Ihnen/ also ein Stück weit haben Sie das schon angesprochen mit den Flüchtlingen, fällt euch [wendet sich an die beiden Enkel] da etwas dazu ein. Von damals.

> Markus J. (Jg. 1960): Es gibt einen Film, das Boot ist voll. Dort sieht man ein bisschen, wie das/ Und es ist natürlich schon so, man kann natürlich nicht immer noch mehr, noch mehr, noch mehr aufnehmen, irgendwann ist wirklich fertig.[528]

Dem Sohn fällt auf diese Frage hin ein Film ein: *Das Boot ist voll.* Seinen Äußerungen zufolge bezieht er sich daran anknüpfend allerdings nicht auf den gegenüber der schweizerischen Flüchtlingspolitik kritischen Inhalt des Filmes. Vielmehr bezieht er sich in affirmativem Sinne auf die dem Filmtitel zugrunde liegende Äußerung des ehemaligen Bundesrats Eduard von Steiger, der 1942 an einer Rede mit dem Bild der Schweiz als bereits stark besetztem Rettungsboot die restriktive Flüchtlingspolitik gerechtfertigt hatte. Markus J. macht deutlich, dass es seiner Vorstellungen nach *«natürlich»* nicht möglich sei, *«immer noch mehr, noch mehr, noch mehr»* aufzunehmen, suggerierend, dass der Schweiz eine nicht enden wollende, immer größer werdende Menge an Flüchtlingen droht(e). Die an Überfremdungs-Diskurse anknüpfende Vorstellung das Land überfallender Flüchtlingsströme findet sich auch in anderen Gruppendiskussionen, etwa beim Elektriker Kurt I. (Jg. 1945), der die *«große Unsicherheit»* der damaligen Situation und die *«Angst»* betont bezüglich der Frage, *«was sind das für Leute [...] und wie viele kommen dann? Gehen die wieder, oder was machen wir mit denen, wir haben selbst zu wenig [...] Können wir die noch verpflegen?»*[529]

Eine Verknüpfung der vergangenheitsbezogenen Auseinandersetzung mit der Flüchtlingsthematik mit gegenwartsbezogenen Forderungen findet in verschiedenen Gruppendiskussionen statt. Während vereinzelte TeilnehmerInnen − am vehementesten tut dies die Sozialdemokratin Irene Z. − dafür plädieren, aus der damaligen restriktiven Flüchtlingspolitik Lehren für eine humanere Asylpo-

---

527 GD J. Z227-301.
528 GD J. Z609-614.
529 GD I. Z808-811.

litik in der Gegenwart zu ziehen,[530] verdichtet sich bei anderen das Staatsräson-Argument zum rassistischen Statement. So in der Diskussion mit den drei Frauen der Familie K. aus dem Appenzell, in der sich die Interviewerin, nach einer längeren Diskussion mit der 1952 geborenen Gabriela K. und der 1921 geborenen Dora K. über die Grenzschließung und die diesbezüglich von Gabriela K. positiv hervorgehobene Haltung, zunächst *«für sich»* zu schauen, an die eher passiv beteiligte Enkelin wendet:

> N. B. (Jg. 1979): Wie findest denn du das, dass man die Grenzen zugemacht hat, für die Leute, die damals kamen?
>
> Petra K. (Jg. 1985): [verweist auf Gabriela K.] Jo, ich meine das gleiche wie sie, das war schon gut, nicht alles rein lassen.
>
> [Gabriela K. lacht]
>
> Petra K. (Jg. 1985): Ja.
>
> Gabriela K. (Jg. 1952): Es ist heute noch so, man sollte heute noch nicht alles rein lassen/
>
> N. P. (Jg. 1973): Was ist mit jenen geschehen, die man nicht rein ließ?
>
> Petra K. (Jg. 1985): Keine Ahnung, weiß nicht.
>
> Gabriela K. (Jg. 1952): Ja wahrscheinlich nicht mehr viel (Dora K.: Ja viel, viel/), haben sie wahrscheinlich nicht überlebt. Aber das heißt ja noch lange nicht, dass die Schweizer dann auch nicht mehr überleben können vor lauter fremden Leuten, oder?
>
> Dora K. (Jg. 1931): Viele, die die Schweiz nicht rein ließ, sind dann in die Gaskammer gewandert. Das waren eben die Juden, die in die Schweiz wollten.[531]

Während die TeilnehmerInnen anderer Gruppendiskussionen eher zurückhaltend und vage über die Konsequenzen der restriktiven Flüchtlingspolitik sprechen, äußern sich die drei Teilnehmerinnen der Familie K. hier direkt und erklären unumwunden, dass die Zurückgewiesenen *«in die Gaskammer gewandert»* seien. Ein Stein des Anstoßes scheint hier das Verhalten den damaligen Flüchtlingen gegenüber trotz der von Dora K. auch benannten tödlichen Konsequenzen nicht

---

530  GD Z. Z1426-1441.
531  GD K. Z714-734.

zu sein. Aus Sicht von Gabriela und Petra K. ging es damals wie heute ums *«überleben»* der Schweizer, solle *«man»*, wie die beiden in verdinglichend-rassistischer Sprechweise bekunden, nicht *«alles»* hineinlassen.

Aber ob nun mittels der angeblichen Staatsräson oder explizit fremdenfeindlich argumentiert, charakteristisch für diese Strategie des Umgangs mit der Flüchtlingsthematik bleibt, dass die restriktive Asylpolitik mit dem Verweis auf die prekäre Situation der eigenen Nation legitimiert oder zumindest als legitim in Betracht gezogen wird, das Problem zugleich wiederholt in den *Fremden* selber lokalisiert und die Schweiz und ihre Flüchtlingspolitik auf diese Weise gegenüber Kritik verteidigt wird.

### 5.3.2 Die Hilfsbereitschaft der Bevölkerung als Argument

Eine weitere, in verschiedenen Gruppendiskussionen zentrale Strategie, mit dem Problemthema *Flüchtlingspolitik* umzugehen, ist die Akzentuierung der humanitären Leistungen, wie sie trotz einer restriktiven Flüchtlingspolitik stattgefunden hätten. In einigen Gruppendiskussionen wird schon zu Beginn des Interviews ausführlich erzählt, wie von der eigenen Familie und im näheren Umfeld Kinder, *«Flüchtlingskinder»*, wie Dora K. (Jg. 1931) ausdrücklich sagt,[532] aufgenommen und mit Essen und Kleidung liebevoll versorgt worden seien. Ihre Mutter, so Dora K., habe sich richtiggehend *«aufopfern»* müssen für eines dieser Ferienkinder.[533] Auf diese, aus den zerstörten Gebieten Deutschlands, Österreichs und Frankreich für Erholungsurlaube in die Schweiz geholten Kinder[534] wird in den Gruppendiskussionen immer wieder verwiesen. Als nicht zu vergessende humanitäre Leistungen der einfachen Bevölkerung werden sie der an die Adresse der Schweiz gerichteten Kritik entgegengehalten. Wir erinnern an den zu Beginn des Kapitels aufgeführten Dialog zwischen Luise F. (Jg. 1925) und ihrem Sohn Andreas F. (Jg. 1953), wo beide mit Bezug auf das Buch *Das Boot ist voll* ihre eigene Sichtweise dagegenhalten, dass es *«so»* nicht gewesen sei, man trotz eigener Armut geholfen habe, *«wo man konnte»* (Luise F.), *«gegeben»* habe, obwohl man selber nicht wusste, ob am nächsten Tag noch genug auf dem Tisch stehe (Andreas F.). Auch wenn die Interviewerinnen explizit das Thema Flüchtlings*politik* zur Sprache bringen, reagieren einige TeilnehmerInnen zunächst mit Ausführungen

---

532   GD K. Z99.
533   GD K. Z126.
534   1941 war das Kinderhilfswerk *Schweizerisches Rotes Kreuz, Kinderhilfe* entstanden, das während des Krieges über 60›000 Kindern Erholungsaufenthalte in der Schweiz ermöglichte und, so die UEK, *«mehr als jede andere Organisation als Aushängeschild für das humanitäre Engagement des Bundes diente»* Vgl. Unabhängige Expertenkommission Schweiz – Zweiter Weltkrieg: Die Schweiz, der Nationalsozialismus und der Zweite Weltkrieg, S. 134ff.

über die im familiären und dörflichen Umfeld erfolgte Kinderhilfe.[535] Luise F. zum Beispiel antworte auf die Frage der Interviewerin, was ihnen einfalle zum Thema Flüchtlingspolitik, zunächst einmal mit dem Verweis: *«Wir haben dreimal Kinder gehabt bei uns im Haus»* und erzählt dann, unterstützt von ihrem Sohn, wie sie diese aus Österreich stammenden Kinder gefüttert und eingekleidet hätten. Unsere Frage nach ihrer Ansicht zur damaligen Flüchtlingspolitik wird auf diese Weise in der Interaktion kontrastiert, erinnert wird bzw. erinnert werden soll das humanitäre Handeln der einfachen Bevölkerung. Auch hier wird das humanitäre Engagement der eigenen Familie der Kritik an der restriktiven Flüchtlingspolitik entgegengehalten.

Auch von jüngeren TeilnehmerInnen wird auf die Kinderhilfe zurückgegriffen, wenn das Thema Flüchtlingspolitik verhandelt wird. So etwa im Interview mit der Familie M., wo Pierre M. (Jg. 1926), Regula M. (Jg. 1951) und Selina M. (Jg. 1980) gemeinsam auf die Frage der Interviewerin reagieren:

N. B. (Jg. 1979): Zur Flüchtlingspolitik, fällt Ihnen dazu etwas ein?

Pierre M. (Jg. 1926): Das Boot ist voll.

Selina M. (Jg. 1980): Ja, das haben wir auch in der Schule gelernt, das Boot ist voll. Dass einfach die Grenzen abgeschottet wurden in der Schweiz und die Flüchtlinge wollten sie nicht mehr hereinlassen. Aber eben, es gab trotzdem immer Organisationen, die auch versuchten, Kinder einzuschleusen, weil sie sagten: Wir können doch die Kinder nicht an der Grenze stehen lassen! Wo es dann extra Kinderheime in der Schweiz gab, für Judenkinder. Die sie hereingebracht haben und dann solche Heime für die Kinder machten. Die Eltern wurden halt einfach an der Grenze abgewiesen.

Regula M. (Jg. 1951): Aber wenigstens die Kinder hatten die Chance.

Selina M. (Jg. 1980): Ja, die Kinder versuchten sie zu retten.[536]

Selina M. knüpft an das von Pierre M. eingebrachte Stichwort *«Das Boot ist voll»* an, führt aus, woher sie den Ausdruck kennt und was sie darunter versteht, nämlich die Abschottung der Schweizer Grenzen gegenüber Flüchtlingen. Durch ein *«aber»* hebt sie gleichzeitig hervor, dass es auch Akteure gab, denen es ein Anliegen war, wenigstens die jüdischen Kinder zu retten, betont, dass sogar spezielle Kinderheime für diese gebaut worden seien. Regula M. folgt der Vorstellung von Selina M. und doppelt nach, dass wenigstens die Kinder eine Chance gehabt hätten. Auch an späteren Stellen betont Selina, dass viele in der Schweiz zu

---
535 GD F. Z580ff.
536 GD M. Z958-971.

helfen versucht hätten, als sie sahen, dass Flüchtlinge in die Schweiz wollten und auch Pierre M. betont: *«Wir haben überall geholfen, wo wir konnten».*[537] Sowohl Selina als auch ihrem Großvater Pierre M. ist es sichtlich ein Anliegen, der Abschottung auch ein Bild humanitären Handelns gegenüber jüdischen Flüchtlingen entgegenzuhalten. Unthematisiert bleibt in diesen und auch den anderen Flüchtlingskindergeschichten, dass es gerade die jüdischen Kinder waren, die auf Anordnung der Schweizer Behörden von der Kinderhilfe ausgeschlossen waren.[538]

Dass darüber hinaus ein wesentlicher Teil der damaligen Flüchtlingshilfe von jüdischen Organisationen und Privatpersonen getragen wurde, wird – von einer Ausnahme, der Aargauer Familie E. abgesehen[539] – nur in jenen Gruppendiskussionen thematisiert, an denen TeilnehmerInnen mit jüdischem Hintergrund beteiligt waren: Nicht nur der bereits vorgestellte Robert P. und seine Tochter, auch der 1930 in Basel geborene François H. hebt hervor, dass nicht die Schweizerbehörden für die Flüchtlinge aufgekommen seien, vielmehr *«die Kosten für diese Flüchtlinge die Juden tragen mussten»:*[540]

> François H. (Jg. 1930): Die Behörden haben nur so viele Bewilligungen gegeben, wie die Garantie da war, dass man sie erhalten konnte über das jüdische Flüchtlingshilfswerk. Also da ist von vorneherein eine extrem restriktive Politik gewesen. Man hat nicht von Behörde wegen das Rote Kreuz und die Nächstenliebe gepflegt.[541]

Zu welch hohem Anteil die Fluchthilfe von der jüdischen Minderheit in der Schweiz getragen wurde, dass diese zudem dem Staat Zahlungen an den Unterhalt der Flüchtlinge in Lagern zu entrichten hatte, ist in den Gruppendiskussionen, in denen die Kritik an der restriktiven Flüchtlingspolitik mit dem Verweis auf die Leistungen der schweizerischen Flüchtlingshilfe gekontert wird, kein Thema. Jacques Picard hat in seinem Buch *Die Schweiz und die Juden* darauf hingewiesen, welchem Druck die jüdische Bevölkerung während der Zeit der nationalsozialistischen Herrschaft in der Schweiz ausgesetzt war, wie groß die Angst, bei einem deutschen Einmarsch sofort umgebracht zu werden, war, wie sie sich, auch vor dem Hintergrund des Antisemitismus in der Schweiz, darum bemühen musste, nicht zu sehr aufzufallen und sich trotz dieser schwierigen Bedingungen für die verfolgten Flüchtlinge einsetzte.[542] Die Erinnerung an die Leistungen jü-

---

537 GD M. 1322-1323.
538 Unabhängige Expertenkommission Schweiz – Zweiter Weltkrieg: Die Schweiz, der Nationalsozialismus und der Zweite Weltkrieg, S. 135.
539 GD E. Z769-785.
540 GD P. Z528-529.
541 GD P. Z530-534.
542 Picard, Jacques: Die Schweiz und die Juden.

discher sozialer Einrichtungen stellt eine Konkurrenzerzählung dar, die – ebenso wie im offiziellen Erinnerungsdiskurs – im kommunikativen Gedächtnis kaum verankert ist.

In jenen Gruppendiskussionen, in denen TeilnehmerInnen jüdischen Hintergrunds partizipieren, wird im Vergleich zu den übrigen Interviews die Angst und Not sowie die prekäre Situation gerade der jüdischen Flüchtlinge viel unmittelbarer sichtbar. Es werden Geschichten erzählt von Bekannten und Verwandten oder anderen Personen, die verfolgt und teilweise auch ermordet wurden. Konkrete Begegnungen mit Flüchtlingen in der Schweiz und der Kontakt mit vor dem Nationalsozialismus flüchtenden Menschen erscheinen ebenso als Teil des damaligen jüdischen Alltags in der Schweiz, wie die Angst um die eigene Existenz. Phillip L. (Jg. 1956) etwa erzählt, wie sowohl in der Familie seines Vaters als auch derjenigen seiner Mutter *«immer Flüchtlinge daheim waren»*, worauf der Großvater ergänzt, dass es zunächst vor allem kommunistische Flüchtlinge gewesen seien – eine Flüchtlingsgruppe, auf die sonst in den Gruppendiskussionen überhaupt nicht Bezug genommen wird –, später dann vorwiegend *«Juden vor der Tür standen»*.[543]

In Kontrast dazu sind solche Erzählungen in Interviews, wo kein jüdischer Familienhintergrund besteht, kaum präsent. Die verfolgten Flüchtlinge bleiben dort abstrakt: Als Menschen mit individuellen Geschichten, die von den Nationalsozialisten verfolgt und ermordet wurden, und für die eine Rückweisung an den Schweizer Grenzen oftmals der sichere Tod bedeutete, treten sie wenig in Erscheinung. Die Bedeutung familiärer und sozialer Bezugsrahmen für das kommunikative Erinnern wird hier deutlich.

Damit lässt sich festhalten, dass das Bild der humanitären Schweiz eines ist, das bei älteren wie jüngeren TeilnehmerInnen präsent ist und ein Moment darstellt, über das sich Großeltern und Enkelkindern in verschiedenen Interviews verständigen können. Bei vielen TeilnehmerInnen ist dieses Bild durchaus ambivalent besetzt, die Kritik an der damaligen restriktiven Flüchtlingspolitik explizit oder implizit und oft in Metaphern wie diejenige des *Vollen Bootes* verpackt. Die Gegenüberstellung offizielle Flüchtlingspolitik – humanitäre Leistungen durch die *kleinen Leute* (z.B. Grüninger, eigene Verwandte und Bekannte) stellt eine Form des Umgangs mit dieser Ambivalenz dar. In allen Gruppendiskussionen finden sich Stellen, in welchen darauf verwiesen wird, dass es SchweizerInnen gab, die humanitär gehandelt haben. Entweder indem Geschichten über die Hilfsbereitschaft und Gastfreundlichkeit der einfachen Bevölkerung in den Vordergrund gerückt werden, oder dann, indem auf widerständige Akteure – etwa Paul

---

543 GD L. Z858-867.

Grüninger – verwiesen wird. Je nachdem werden diese Geschichten erzählt, um darauf hinzuweisen, dass die damalige Schweiz trotz allem auch humanitär gewesen sei. Oder aber es geschieht – wie in einigen wenigen Gruppendiskussionen –, um eine Differenz zur staatsoffiziellen Flüchtlingspolitik zu markieren und für einen humanitäreren Umgang mit Flüchtlingen einzutreten.[544]

### 5.3.3 Antisemitismus in den Gruppendiskussionen

Dass die Bedeutung des Antisemitismus für die damalige restriktive Flüchtlingspolitik in den meisten Gruppendiskussionen nicht thematisiert wird, darauf wurde bereits hingewiesen. Antisemitismus selber hingegen hat in den Gruppendiskussionen durchaus hohe Präsenz, in verschiedenen Gesprächskontexten, vor allem aber beim Thema Flüchtlinge.[545] Wiederholt zeigt sich hierbei eine Form der Auseinandersetzung mit der Flüchtlingsthematik, die selbst antisemitisch strukturiert ist. Über die Jahrhunderte tradierte Stereotypen wie jene vom *reichen Juden* und vom *Juden* als dem *genuin Fremden* sind dabei ebenso zu finden wie Vorstellungen von jüdischer Geldgier und Erpressung – gerade im Zusammenhang mit den Diskussionen um die Nachrichtenlosen Vermögen – oder antisemitische Opfer-Täter-Umkehrungen, die auf die Behauptung einer Mitschuld *der Juden* an ihrer Verfolgung und Vernichtung hinauslaufen und sich u.a. am Verweis auf die angebliche Täterrolle der Juden im Nahostkonflikt festmachen.[546] In der überwiegenden Mehrzahl der von uns durchgeführten Gruppendiskussionen finden sich solche Stereotype und Deutungsmuster. Von den sechs Interviews, in denen keine antisemitischen Stereotype und Deutungsmuster vorkommen, sind drei Interviews,

---

544 Vgl. bspw. GD Z. Z1426-1441.
545 Dies korrespondiert mit Befunden einer früheren, von einer der Autorinnen durchgeführten Studie, im Rahmen derer Gruppendiskussionen zum Thema Schweiz – Zweiter Weltkrieg durchgeführt wurden sowie mit vergleichbaren Befunden zu intergenerationellen Tradierungsprozessen u.a. in Deutschland, Norwegen, Dänemark. Burgermeister, Nicole: «Was in Israel abläuft, finde ich auch nicht okay...» Antisemitismus in Gruppendiskussionen mit Schweizerinnen und Schweizern, in: Jahrbuch für Antisemitismusforschung 16, 2007, S. 39-60; Breuer, Lars: «Man glaubte ja, dass Schluss ist damit...» Judenverfolgung und Antisemitismus in der dänischen Familienerinnerung, in: Jahrbuch für Antisemitismusforschung 16, 2007, S. 61-86; Lenz, Claudia: Judenverfolgung und Holocaust im norwegischen Geschichtsbewusstsein, in: Jahrbuch für Antisemitismusforschung 16, 2007, S. 17-38.
546 Vgl. zur letzteren Thematik insbesondere Rabinovici, Doron; Speck, Ulrich; Sznaider, Natan: Einleitung, in: Ders.: Speck, Ulrich, Sznaider, Natan (Hg.): Neuer Antisemitismus? Eine globale Debatte, Frankfurt a. M. 2004, S. 7. Zu dieser Spielart des Antisemitismus werden Phänomene wie die Homogenisierung aller in und ausserhalb Israels lebenden Jüdinnen und Juden zu einem jüdisch-israelischen Kollektivsubjekt, die Infragestellung des Existenzrechtes von Israel oder auch den immer wieder anzutreffendem Vergleich des «israelischen Verhaltens» mit Praktiken der Nationalsozialisten gezählt.

in denen ein Teil oder alle der TeilnehmerInnen jüdischer Herkunft sind. In zwei der drei übrigen, den Familien J. und S. finden sich zwar keine spezifisch antisemitischen, hingegen eine Vielzahl rassistischer Stereotype und Deutungsmuster. Dabei ist der in den Gruppendiskussionen feststellbare Antisemitismus weder gebunden an generationelle, noch an regionale oder politische Zugehörigkeit; Teilnehmende unterschiedlichen Alters, unterschiedlicher regionaler Herkunft sowie jedes politischen Spektrums – von rechts bis links – greifen auf antisemitische Stereotype und Deutungsmuster zurück. Dass auf eine antisemitische Bemerkung hin Widerspruch von einem der übrigen DiskussionsteilnehmerInnen erfolgt, ist eher selten, zumeist erfolgen solche Bemerkungen en passant, ohne dass sie in der Gesprächssituation jemandem erkennbar aufzufallen scheinen.

Wie sich dies gestaltet, lässt sich etwa am Beispiel der Walliser Familie S. zeigen, die wir zu Beginn dieses Kapitels vorgestellt haben. Die Interviewerin hatte die Teilnehmerinnen zuvor gefragt, ob ihnen der J-Stempel etwas sage, woraufhin Melanie S., die Enkelin, die Vermutung äußerte, dass dieser auf die ID oder den Pass gestempelt worden sei. Auf die Nachfrage der Interviewerin, ob sie denn wüssten, wer den erfunden habe, meint Beatrice S., die Tochter, dass es wohl kaum Hitler gewesen sein könne, mit der Begründung, dass das wohl zu einfach wäre. Sie fragt dann danach, ob es vielleicht sogar «*ein Schweizer*» gewesen sei und meint, dass das ja «*himmeltraurig*» sei, dass ein Schweizer dies erfunden habe. Daraufhin diskutieren die Teilnehmerinnen darüber, dass «*diese Politik*», wie Beatrice S. meint, «*heute weiter*» gehe, Menschen immer wieder aufgrund ihrer Haut- und Haarfarbe diskriminiert oder bevorzugt würden.[547] Die Interviewerin versucht daraufhin, das Gespräch zurück auf den Zweiten Weltkrieg und die Flüchtlingspolitik in der Schweiz zu lenken und will von den Teilnehmerinnen wissen, welche Bedeutung ihrer Ansicht nach damals der Judenfeindschaft zukam:

N. B. (Jg. 1979): Was denken sie denn, hat damals Judenfeindschaft für eine Rolle gespielt?

Beatrice S. (Jg. 1968): Also ich glaube, vor denen hatte man in der Schweiz auch Angst, aus dem Grund, weil man denkt, wenn dann die bei uns sind, dann ist das Land auch bedroht.

Käthi S. (Jg. 1943): Ah ja, nein, nein, eine Feindschaft hat da auch bestanden. Also ganz sicher. Ganz sicher. Also ich habe nie Gutes, [kurze Pause] äh, Juden waren immer Juden.

Beatrice S. (Jg. 1968): Eben.

---

547 GD S. Z969-1029.

N. B. (Jg. 1979): Mhm.

Käthi S. (Jg. 1943): Und heute noch. Wenn ich jetzt so in unserem Eltern/ die kamen ja nachher in die Schweiz. Wir haben jetzt, zum Beispiel/ es ist schon ein besonderes Volk. Scheint es mir. Als wir Ferienwohnungen vermietet haben, kamen immer Juden. Und die hatten ja einen der größten Fleischimporte in Zürich. Das waren steinreiche Leute.

Beatrice S. (Jg. 1968): Sind auch heute noch reiche. (Käthi S.: Aber) ist der Neid vielleicht auch. Weil sie anders sind. (Käthi S.: Das kann schon sein, aber/) Das ist eine Angst, ich hab das Gefühl, das war früher schon. Da ist eine Angst vor einer speziellen Kultur. Die sind ja/ die Juden sind schon ein Volk für sich.

Melanie S. (Jg. 1991): Vielleicht auch eine Angst vor neuem. Davor, dass man sich auf einmal denen anpassen soll, oder.[548]

Die Argumentationsstruktur wird im Verlauf der Sequenz deutlich. Während zunächst auf einer ansatzweise metathematischen Ebene die Existenz von Judenhass in der Schweiz bejaht wird, bewegt sich das Gespräch ziemlich rasch vom Thema Judenhass hin zu *«denen»*, also den Jüdinnen und Juden selber. Sie werden als *«besonderes Volk»*, als *«steinreiche Leute»*, als *«Volk für sich»* mit einer *«speziellen Kultur»* beschrieben und würden, so Tochter und Enkelin, Angst auslösen. Dabei vermischt sich das Sprechen *über* den Antisemitismus mit dem Antisemitismus selbst. Dass Jüdinnen und Juden Angst auslösten, wird von den drei Frauen als verständliche Reaktion der Mehrheitsgesellschaft auf die Juden und deren angebliche *«Sonderheiten»* dargestellt.

In der Auseinandersetzung mit dem Thema Judenhass suchen die Gesprächsteilnehmerinnen die Ursache für die Judenfeindschaft im angeblichen Wesen und Verhalten *der Juden*. Dabei handelt es sich um eine Argumentationsfigur, die in verschiedenen Gruppendiskussionen feststellbar ist.[549] Wiederholt bewegt sich das Gespräch vom Thema Flüchtlingspolitik, J-Stempel und Judenhass hin zum *Juden* selbst. Es ist die Rede davon, dass einem *«unwohl»* sei, wenn man sähe, wie sie *«rumlaufen»*,[550] man *«ein komisches Gefühl»* gegenüber Juden habe,[551] der angeblichen Fremdheit von Juden[552], der *«anderen Kultur»*.[553] Thematisiert wird der Neid, den Juden durch ihren Reichtum auslösten,[554] ihre angeblich selbstver-

---

548  GD S. Z1031-1055.
549  So in GD D., GD W., GD B, GD Z., GD S., GD M., und GD A.
550  GD Z. Z1000-1006.
551  GD M. Z1187, GD Z. Z1000-1006, GD W. Z947-959.
552  GD M. Z1208, GD C. Z624, GD W. Z924, GD W. Z954.
553  GD M. Z1196.
554  GD K. Z762, GD F. Z935.

schuldete Ausgrenzung,⁵⁵⁵ ihre *«Arroganz»*⁵⁵⁶ und ihr *«Geiz»*,⁵⁵⁷ ihr angeblicher Einfluss⁵⁵⁸ und auch die aktuelle Rolle *«der Juden»* im Nahostkonflikt, in dem, wie die Sozialdemokratin Irene Z. meint, etwas geschehe, was *«kein Dreck besser»* sei, *«und zwar auf die umgekehrte Seite.»*⁵⁵⁹

Dabei fällt auf, dass der Fokus in verschiedenen Gruppendiskussionen weniger auf der Thematisierung des Antisemitismus und seiner zentralen Rolle im Rahmen der damaligen Flüchtlingspolitik liegt, auch nicht auf dem Erinnern der von den Nationalsozialisten verfolgten jüdischen Menschen, sondern vielmehr auf dem Erinnern der Jüdinnen und Juden als *den Anderen*. Darin zeigt sich die Kontinuität einer Selbst- und Fremdbildkonstruktion, die in der Schweiz wie in vielen europäischen Ländern eine lange Tradition hat und nicht zuletzt in den geschichtspolitischen Kontroversen Mitte der 1990er Jahre wiederum sichtbar wurde, als im Januar 1997, zu einem Zeitpunkt, als die Diskussionen um die Rolle der Schweiz im Zweiten Weltkrieg einen Höhepunkt erreichte, *Facts*, eines der größten Schweizer Nachrichtenmagazine, seine Frontseite mit *Wir und die Juden* betitelte.⁵⁶⁰ Historisch diente *der Jude* als *der Andere, der Fremde* auch in der Schweiz immer wieder als Projektionsfigur, in dem Unerwünschtes, das man als dem nationalen Kollektiv nicht zugehörig und nicht würdig erachtete, ausgelagert, abgelehnt und bekämpft werden konnte.⁵⁶¹

Dass das *Problem* Antisemitismus wie im Beispiel der Familie S. sozusagen zu einem *Problem Jude* transferiert wird, lässt sich, wie wir festgestellt haben, in verschiedenen Gruppendiskussionen beobachten. Vermutlich, ohne dass ihm das bewusst wäre, formuliert Koni G., ebenfalls in einem Gesprächskontext, in dem die Teilnehmer auf unsere Frage nach dem J-Stempel hin das Thema Flüchtlingspolitik diskutieren:

> Koni G. (Jg. 1955): Klar, man hätte noch viele aufnehmen können, das ist klar. Aber damals ist es eben auch anders gewesen. Und wie viele man wirklich hätte nehmen können, bevor die Bevölkerung reagiert hätte/ weil je mehr man Probleme rein lässt, desto mehr reagiert die Bevölkerung. Die hätten ja nachher auch auf/ wenn weniger Essen da gewesen wäre, mehr Probleme gehabt, dann hätte man rassistische oder eben, dann wäre das verstärkt aufgekommen, wie es ja heute auch wieder kommt.⁵⁶²

---

555 GD C. Z626.
556 GD B. Z703.
557 GD D. Z1535.
558 GD M. Z1497.
559 GD Z. Z1024-1025, GD C. Z654, GD M. Z1585-1647.
560 Facts vom 16. Januar 1997.
561 Vgl. Kury, Patrick: Über Fremde reden, S. 5; Mattioli, Aram: «Vaterland der Christen» oder «bürgerlicher Staat»? Die Schweiz und die jüdische Emanzipation, 1848-1874, in: Altermatt, Urs; Bosshart-Pfluger, Catherine; Tanner, Albert: Die Konstruktion einer Nation, S. 228.
562 GD G. Z1088-1093.

Das Bild, auf das Koni G. hier rekurriert, ist deutlich: Das *Problem* sind diejenigen, die von außen ins Land kommen: Die Flüchtenden selber. Die Flüchtlingspolitik, das wurde bereits deutlich, erweist sich in den Gruppendiskussionen als einer der für das nationale Selbstverständnis problematischeren Aspekte der damaligen Rolle der Schweiz. Gerade der – meist durch die Fragen der Interviewerinnen erfolgende – Hinweis auf die restriktive Flüchtlingspolitik und den dabei eine Rolle spielenden Antisemitismus – wofür der J-Stempel symbolisch steht – stört die Vorstellung einer humanitären, moralisch überlegenen Schweiz beträchtlich. Das zeigt sich an den Irritationen, welche das Thema wiederholt auslöst. Zum Bild einer humanitären Schweiz, an dem, wie wir gesehen haben, in vielen Gruppendiskussionen festgehalten wird, passt eine antisemitische Flüchtlingspolitik nicht. Die Frage stellt sich, ob eine Delegation der Verantwortung oder zumindest Mitverantwortung für dieses, um die Formulierung des zitierten Erich B. zu verwenden, *«dunkle Kapitel der Schweizergeschichte»* an die Jüdinnen und Juden selber nicht ebenso eine Rechtfertigungsstrategie im Umgang mit diesem *«Kapitel»* darstellt, wie die Argumentation mit der Staatsräson oder die Akzentuierung der humanitären Leistungen.

Das Bild der humanitären und moralisch überlegenen Nation stellt einen wesentlichen Eckpfeiler nationaler Identitätskonstruktion in der Schweiz dar. In den geschichtspolitischen Kontroversen der 1990er Jahre war dieses historische Selbstverständnis in Frage gestellt. Das Thema der Flüchtlingspolitik erwies sich dabei als ein zentrales insofern, als die Kluft zwischen der Vorstellung einer Nation mit langjähriger humanitärer Tradition und der Realität der auch antisemitisch motivierten Rückweisungen hilfesuchender Menschen an der Schweizer Grenze besonders deutlich hervortrat. Dieses Spannungsverhältnis wird auch in den Gruppendiskussionen erkennbar. Dass das Thema Flüchtlingspolitik ein heikles ist, wird explizit ebenso wie implizit sichtbar, so etwa in Positionierungen, in denen die TeilnehmerInnen Kritik üben an der damaligen Flüchtlingspolitik, von *dunklen Kapiteln* sprechen oder sich empört zeigen. Erkennbar wird dieses Ringen um das Bild der humanitären Schweiz aber auch anhand verschiedener Strategien im Umgang mit der Thematik. Eine dieser Strategien stellt die Akzentuierung des bereits in Kapitel 5.1 erörterten Bildes einer Schweiz in Bedrängnis und Not dar, indem es dazu verwendet wird, die restriktive Flüchtlingspolitik der Schweiz während des Zweiten Weltkrieges mit Verweis auf die angebliche Staatsräson zu legitimieren. Im Rahmen einer weiteren Strategie werden primär die erfolgten Hilfeleistungen durch SchweizerInnen – vorab der einfachen Bevölkerung – in den Vordergrund gerückt und der restriktiven Flüchtlingspolitik entgegengehalten. Eine wiederum etwas anders gelagerte Umgangsweise mit der Flüchtlingsthematik, die insbesondere in der Auseinandersetzung mit Antisemitismus und J-Stempel zur Anwendung kommt, stellt die implizite und explizite Behauptung einer Mitverantwortung der Jüdinnen und Juden selber am ihnen auch in der Schweiz begegnenden Antisemitismus dar.

Diese unterschiedlichen Umgangsweisen zeigen sich bei TeilnehmerInnen unterschiedlichen Alters, sozialer und regionaler Herkunft sowie verschiedener politischer Couleur und können sich mitunter auch überlagern. Sichtbar wird hingegen das bei vielen TeilnehmerInnen starke Anliegen, die Schweiz gegenüber Kritik zu verteidigen und den problematischeren Aspekten ihrer damaligen Rolle auch das Bild einer humanitären und moralisch integren Nation entgegenzuhalten.

### 5.4 Vom Holocaust in der Schweiz

Auf die Frage, was ihr zum Zweiten Weltkrieg einfalle, antwortet die in der sozialdemokratischen Partei engagierte Innenarchitektin Irene Z. (Jg. 1966): «*Mir kommt spontan in den Sinn Genozid. Never ever! Das darf nie mehr passieren, diese traurige, dreckige Rolle der Schweiz eigentlich im Zweiten Weltkrieg. Finde es recht verlogen, Reduit und so!*»[563] Nennt Irene Z. «*Genozid*» und die «*dreckige Rolle der Schweiz*» in einem Zug und lässt hinsichtlich der damaligen Rolle der Schweiz Kritik verlauten, verfolgt die Informatikerin Regula M. einen andern Weg. Sie fragt sich und uns, wer unser Forschungsprojekt wohl «*sponsert*» und schlägt den Bogen weiter: «*Es geht immer um dieses Thema*», wo es doch Hunderte von anderen Themen gebe, die sie genauso wichtig fände. Man spreche nur von diesem einen. «*Das ist etwas, was mich einfach, würde nicht sagen: stört, sondern einfach irritiert. [...] Man sollte selbst merken, eben, Palästina, – wie die jetzt unter Druck gesetzt werden.*»[564] Deutet Regula M. den zentralen Punkt vorerst nur an, spricht Werner O. (Jg. 1949) Klartext: «*Man muss mal aufhören, vor allem mit diesen Judengeschichten. Da hab ich einfach langsam genug, immer irgendwo noch etwas ausgraben und wieder Forderungen stellen. Für mich ist es so, es muss jetzt einfach mal fertig sein. Jetzt ist fertig! Mehr als sechzig Jahre! Jetzt reicht es!*»[565]

Durchlief, wie wir im zweiten Kapitel ausführlich dargelegt haben, die Holocaust-Rezeption in der Schweiz seit Ende des Zweiten Weltkrieges verschiedene erinnerungskulturelle Phasen, so zeichnete sich Mitte der 1990er Jahre eine eigentliche Zäsur ab. Die Opfer des Holocaust gelangten in den Fokus, und es

---

563 GD Z. Z28-31.
564 GD M. Z1578-1587.
565 GD O. Z665-668.

erfolgte nunmehr die Auseinandersetzung mit der Rolle der Schweiz während Nationalsozialismus und Krieg in Hinblick auf allfällige Verstrickungen in die nationalsozialistischen Verbrechen. Dies blieb, forciert durch die Debatten um Nachrichtenlose Vermögen, nicht unwidersprochen und fand einen Höhepunkt in der Aussage eines damaligen Magistraten, wonach Auschwitz nicht in der Schweiz liege.[566] In den eingangs aufgeführten Bemerkungen von Irene Z., Regula M. und Werner O., klingt an, wie kontrovers auch heute noch Judenverfolgung und Holocaust als Angelpunkt der Auseinandersetzung mit Nationalsozialismus und Weltkrieg in der schweizerischen Bevölkerung rezipiert werden. Es stellt sich damit die Frage nach dem Stellenwert, der dem Holocaust heute in der kommunikativen Erinnerung zukommt und wo dieses Ereignis in der nationalen Geschichte verortet wird.

In den Gruppendiskussionen ist der Holocaust durchaus ein Begriff und thematisch ebenso präsent: Gefragt nach Assoziationen zum Thema Zweiter Weltkrieg fallen zumeist bereits in den ersten Takten der Interviews (diesbezüglich einschlägige) Stichworte wie *«Judenverfolgung»*, *«Holocaust»* und *«Konzentrationslager»*. Weit verbreitet ist, wie wir in Kapitel 3.2 gesehen haben, auch die Rezeption von Print- und audiovisuellen Medien, Bücher wie das *Tagebuch der Anne Frank* oder einschlägige Spielfilme wie Steven Spielbergs *Schindlers Liste* sind vielen bekannt; und unter den DiskussionsteilnehmerInnen ist der Besuch von Gedenkstätten wie Dachau, Auschwitz oder dem Warschauer Ghetto erstaunlich beliebt.

Scheinen damit audiovisuelle, literarische Artefakte oder museale Einrichtungen zum Allgemeingut zu gehören, werden in den Gruppendiskussionen aber auch Bedeutung und Relevanz des Holocaust für die jüngste nationale Vergangenheit ebenso wie für die Gegenwart verhandelt. Im Zentrum steht dabei der genozidale Massenmord während der Kriegszeit, die vorhergehenden Jahre der Verfolgung und Ausgrenzung sind dagegen wenig präsent. Und ebenso fällt auf, dass der Holocaust häufig anhand bestimmter Figuren und Orte, wie etwa *Anne Frank* oder *Dachau*, thematisiert wird, die gleichsam als pars pro toto fungieren. So lässt sich denn in den Gruppendiskussionen beobachten, dass bestimmte symbolisch besetzte Objekte, Personen wie Orte oder Gegenstände, im Reden über den Holocaust von zentraler Bedeutung sind.

---

566 Der mittlerweile verstorbene Bundesrat Jean-Pascal Delamuraz äusserte diese geographische Belehrung gegenüber einem Journalisten der Tribune de Genève. Vgl. dazu im französischen Original: *«Auschwitz n'est pas en Suisse»*, Jean-Pascal Delamuraz, Interview von Denis Barrelet, Tribune de Genève Nr. 304/31. Dezember 1996, S. 3.

In den folgenden drei Unterkapiteln geht es darum zu zeigen, welcher Ort dem Holocaust in der nationalen Geschichte zugewiesen wird. Dabei werden wir auf verschiedene Phänomene eingehen, die feststellbar sind, wenn in den Gruppendiskussionen die Frage nach der Mitverantwortung der Schweiz an den nationalsozialistischen Verbrechen zur Sprache kommt. Verdeutlicht werden soll insbesondere, wie mittels verschiedener Strategien, u.a. durch anthropologisierende Aufrechnung des Holocaust mit anderen Kriegen und Verbrechen, anhand der Thematisierung des Holocaust über codierte Objekte wie *Anne Frank* oder *Dachau*, oder der nationalsozialistischen Verbrechen als «*Judengeschichte*» eine Form der segregierten Erinnerung zum Tragen kommt, die Bezüge zur schweizerischen Geschichte immer wieder kappt. Gezeigt wird aber auch, wie immer wieder TeilnehmerInnen die Schweiz dezidiert in Bezug setzen zum Holocaust und Fragen nach Mitverantwortung oder sogar Mitschuld der Schweizerinnen und Schweizer im Kontext der begangenen Verbrechen aufwerfen.

### 5.4.1   Ein Genozid unter vielen

Der Holocaust als Beispiel für Völkermord schlechthin ist auch hierzulande offiziell nunmehr seit gut einem Jahrzehnt zu einem zentralen Bezugspunkt der Erinnerung an die Zeit des Zweiten Weltkrieges geworden. Die Eingliederung der Schweiz in diesen transnationalen, erinnerungspolitischen Raum wurde seither noch bekräftigt mit der Teilnahme am *Stockholm International Forum on the Holocaust* im Jahr 2000. An diesem Forum hat man sich darüber verständigt, aus dem Mord an den europäischen Juden moralische Lehren zu ziehen und diesem Verbrechen uneingeschränkte Relevanz zu geben. Daraufhin wurde auch in der Schweiz ein Holocaust-Gedenktag eingerichtet und Holocaust-Erziehungsprogramme lanciert.[567] Durch den Wandel in der staatlichen Erinnerung vom widerständigen Sonderfall hin zum verantwortungsbewussten *Moral Leader*[568] ist der Holocaust Teil des staatlichen Gedenkens geworden.

Während die Ungeheuerlichkeit des Massenmordes an den europäischen Jüdinnen und Juden außer Diskussion steht, findet der zentrale Stellenwert, der dem Holocaust in der Erinnerungspolitik der Schweiz zugedacht ist, in den Gruppendiskussionen geteilte Aufnahme. Dem aufgebrachten «*Never Ever*» der bereits

---

567   Im Jahr darauf erfolgte in der Schweiz denn auch die Einführung eines offiziellen Holocaustgedenktages sowie etwas später dann die im Rahmen des Expertennetzwerks *Task Force for International Cooperation on Holocaust Education, Remembrance and Research (ITF)* vereinbarte Verpflichtung zur Erarbeitung und Umsetzung von nationalen Strategien und Programmen zur Förderung von Holocaust Education, Gedenken und Forschung. Vgl. dazu http://www.holocausttaskforce.org [Stand: 12.04.2011].
568   Barkan, Elazar: The Guilt of Nations, S. XVI.

mehrmals zitierten Irene Z. entgegen steht ähnlich aufgebracht die Zurückweisung der proklamierten Relevanz, die dem Ereignis im politischen und medialen Diskurs beigemessen wird. Auf ablehnende Haltung gegenüber diesem von staatlicher Seite forcierten Erinnerungsparadigma, das die Integration der Schweiz in eine internationale Schicksalsgemeinschaft in Frage stellt, treffen wir in den Gruppendiskussionen wiederholt. Relativierung der Bedeutung des Ereignisses und Erinnerungsdelegation sind in den Gruppendiskussionen häufig angewandte Verfahrensweisen, die universelle Relevanz des Holocaust in Frage zu stellen.

In Kapitel 4 haben wir bereits gezeigt, wie unterschiedlich die drei Mitglieder der Familie Z. in die Gruppendiskussion einsteigen. Auf die Frage nach ihren Assoziationen zum Zweiten Weltkrieg erwähnt Irene Z. (Jg. 1966) als erstes den *«Genozid»* und Großmutter Sophia Z. (Jg. 1943) das *«Warschauer Ghetto»*, die *«Judenverfolgung»* und *«Hitlerreden»*. Beide machen den Holocaust also gleich zu Beginn des Interviews zu einem zentralen Thema, das dann von den beiden Frauen emotional stark aufgeladen diskutiert wird. Der Gymnasiast Roland Z. (Jg. 1990) hingegen gibt sich im Gegensatz zu seinen Vorrednerinnen sachlich-nüchtern und reiht den Nationalsozialismus in die Menschheitsgeschichte ein als ein sich wiederholendes *«Massenphänomen»*. Dieses sei seit alters her bekannt, habe bei den Römern schon funktioniert und werde künftig auch weiterhin funktionieren.[569] Während Roland Z. den Mord an den europäischen Jüdinnen und Juden insofern relativiert, als dass er ihn als ein Element eines Reigens wiederkehrender, ähnlicher Ereignisse versteht, zeigt sich in der Gruppendiskussion mit der Familie M. eine weitere, im Sample weit verbreitete Argumentation. Die nachfolgende Passage stammt aus der Einstiegssequenz in das Interview mit der Familie M., die wir in den vorhergehenden Kapiteln bereits kennen gelernt haben. Regula M. (Jg. 1951) ergreift als erste das Wort und legt den Kurs gleich fest.

> Regula M. (Jg. 1951): Ich meine, wenn du hörst, Zweiter Weltkrieg, siehst du ja so viele Filme und sie drehen ja immer noch Filme, oder, Schindlers List, oder was weiß ich, was da alles gedreht wird. Und mhm, ja ich meine, ist wahrscheinlich immer noch Aufarbeitung. Aber manchmal scheint es mir einfach, ich will nicht rassistisch sein oder so, aber ich hab das auch schon mal gesagt. Mhm, du, die ganze Aufarbeitung, scheint es mir immer, es handelt sich nur immer um die Judenverfolgung und so. Gut es ist ja schon wichtig, dass man das irgendwo, im Gedächtnis behält. Damit es sich nie mehr wiederholt. Aber wenn du denkst, was jetzt dort in Darfur passiert, oder in Palästina (Pierre M.: Ja überall, überall) mit den Palästinensern.
>
> Pierre M. (Jg. 1926): Ja und in Jugoslawien.
>
> Regula M. (Jg. 1951): Ja in Bosnien. Oder, dort.

---

569  GD Z. Z36.

Pierre M. (Jg. 1926): Ist ja Wahnsinn.

Regula M. (Jg. 1951): Jaja, also ich meine, da hörst jetzt praktisch nicht mehr viel/

Pierre M. (Jg. 1926): Ja, man meint, es gäbe keinen Krieg, aber du, effektiv, hast schon recht, überall, überall gibt's.

Selina M. (Jg. 1980): Ja, gut, aber auch in der Schule wird eigentlich nur die Judenverfolgung (Regula M.: Ja! Nur! Ja permanent.) thematisiert. Also ich seh's jetzt auch, wir besuchten ein jüdisches Museum in Hohenems, über die Judenverfolgung, jetzt erst grad vor ein paar Monaten (Regula M.: Ja, ja) Es ist eigentlich nur immer das das Thema (Regula M.: Ja).

Pierre M. (Jg. 1926): Ja dieses Iraktheater, (Regula M.: Mhm) die Jungen können auch (Regula M.: Ja, ja, ja) wenn du nach Amerika willst, was sie da alles verlangen (Regula M.: Ja, ja) Dass sie da ja nichts/ (Regula M.: geschnappt wirst) Und jetzt haben wir China, China, auch theoretisch ein Volk, das Friede und alles will. Und treiben genau das gleiche mit den/

Regula M. (Jg. 1951): Den Tibetern, oder.

Pierre M. (Jg. 1926): Den Tibetern.

Regula M. (Jg. 1951): Mit diesen Uiguren oder wie die heißen. Und da hörst du einfach, eben, da steht niemand auf. Und das war wahrscheinlich auch während des Zweiten Weltkrieges so. Wie du, wie die Großmutter sagte, gell, sie sagten schon immer, sie kommen helfen und es war dann schlussendlich doch niemand da.[570]

Regula M. kommt zügig auf den Punkt: Den Kern der gesellschaftlichen Auseinandersetzung hinsichtlich der Zeit des Zweiten Weltkrieges verortet sie in der Fokussierung auf den Holocaust. Während Irene Z. diesen erinnerungskulturellen Trend begrüßt und verteidigt, konterkariert Regula M. – und mit ihr auch die übrigen TeilnehmerInnen der Gruppendiskussion – selbigen in einer Weise (ähnlich, wie wir es von Roland Z. kennen), die Ereignis und gesellschaftliche Bedeutung relativiert. Die Strategie unterscheidet sich indes: Gedacht wird nicht in anthropologischen Konstanten, sondern in kaufmännischer Aufrechnung, der Holocaust ist nicht das einzige Schrecknis in der Welt und auch nicht einzigartig. Es gäbe die Bosnier, die Uiguren, mit denen gleich verfahren werde wie mit den Juden im Zweiten Weltkrieg und es gibt die Palästinenser in Palästina. Regula M. *«will nicht rassistisch sein»*, wie sie sagt, aber trotzdem gehe es immer nur um *die Juden*, was auch ihre Tochter, Selina M. (Jg. 1980) bestätigt. Suggeriert wird, dass *die Juden* und deren angebliche Interessen zu viel Raum einnähmen.

---

570 GD M. Z289-328.

Vergleiche mit andern Verfolgten und die Gleichsetzung von planmäßig organisierter Massenvernichtung z.B. wie hier mit der Politik Chinas, insbesondere aber die Gleichsetzung des Holocaust mit dem der israelischen Politik im Nahostkonflikt, stellen eine Form des Umgangs mit den nationalsozialistischen Verbrechen dar, die die Anerkennung eines moralisch aufgeladenen Erinnerungsdiskurses zwar voraussetzt, diesen aber klar ablehnt. Solche und ähnliche Vergleiche kehren im Sample häufig wieder. Wiederkehrend erfolgen Vergleiche dann, wenn in den Gruppendiskussionen Fragen zur Debatte stehen, inwiefern die Schweiz und die damalige Bevölkerung mitverantwortlich gemacht werden könnten für das Schicksal jüdischer Verfolgter. Darauf werden wir im letzten Abschnitt dieses Kapitels nochmals zu sprechen kommen.

Wie wir gesehen haben, kann auch in der (verweigerten) Auseinandersetzung mit dem Holocaust der Antisemitismus in seiner Funktion als Abwehrstrategie in Erscheinung treten. In der Antisemitismusforschung wird diesbezüglich von *sekundärem Antisemitismus* gesprochen, der jene Form der Judenfeindschaft beschreibt, die sich gerade an der Erinnerung an den Holocaust, an Entschädigungsleistungen und Wiedergutmachungsleistungen sowie an der Thematisierung von Antisemitismus selber festmacht.[571] Das Insistieren auf der angeblichen Mitverantwortung *der Juden* am Holocaust, die explizite und implizite Relativierung der nationalsozialistischen Verbrechen und des Opfer-Status von Jüdinnen und Juden sowie die Vorstellung, *die Juden* würden sich am Holocaust bereichern, kommen in diesem Zusammenhang ebenso zur Anwendung wie Neuauflagen tradierter Stereotype durch Behauptungen wie die, dass die gegenwärtige Präsenz des Holocausts in der westlichen Welt auf Macht, Einfluss, Finanzkraft und Geldgier *der Juden* zurückzuführen sei. Wurde das Konzept des *sekundären Antisemitismus* zunächst in Bezug auf Nachkriegsdeutschland als Abwehr von Anerkennung der von den Deutschen verübten Verbrechen formuliert, findet sich Ähnliches auch im schweizerischen Erinnerungsdiskurs. Die Gleichsetzung des Holocaust mit der israelischen Nahostpolitik, die Relativierung des Holocaust durch den Vergleich mit andern Verfolgungen und Genoziden sowie die leise Unterstellung, *die Juden* würden ihre Opferrolle ins Zentrum stellen, wie wir sie in der obigen Sequenz gesehen haben, bilden das zentrale Argumentationsmuster, das den Holocaust zu einer «*Judengeschichte*» macht, wie es Werner O. eingangs des Kapitels formuliert hat. Zum offiziellen Gedächtnis gegenläufige Erinnerungsinteressen sind hier nicht zu überhören. Die Erinnerung an den Holocaust wird relativiert bzw. an *die Juden* delegiert und somit impliziert gesagt, dass es sich nicht um *un-*

---

571 Benz, Wolfgang: Was ist Antisemitismus? München 2004, S. 19ff. Claußen, Detlev: Grenzen der Aufklärung: die gesellschaftliche Genese des modernen Antisemitismus, Frankfurt a. M. 2005.

*sere* Geschichte handle, folglich keine Notwendigkeit einer Auseinandersetzung besteht. Diesem Ereignis *uneingeschränkte Relevanz* zukommen zu lassen und *Lehren* daraus zu ziehen, zu was sich die offizielle Schweiz verpflichtet hat, trifft im kommunikativen Erinnern auf Gegenwind.

### 5.4.2 Ein- und Auslagerungen in den Gruppendiskussionen

Die zentrale Bedeutung und Relevanz, die dem Holocaust im öffentlichen Diskurs zugewiesen werden, sind also in den Gruppendiskussionen nicht unumstritten. Dies zeigt sich insbesondere dann, wenn die Frage im Raum steht, ob und inwiefern auch die damalige Schweiz verstrickt gewesen sein könnte in die Verfolgung und Ermordung der europäischen Jüdinnen und Juden. Ein diskursives Verfahren, sich der Auseinandersetzung mit solchen unliebsamen Fragestellungen zu entledigen, lässt sich in der Strategie beobachten, den Holocaust anhand von symbolisch besetzten Objekten und Figuren zu thematisieren und zugleich (geographisch) auszulagern.[572] Anhand nachfolgender Auszüge aus den Gruppendiskussionen wollen wir dies erläutern.

Dora K. (Jg. 1931) erzählt in der vorausgehenden Sequenz ausführlich von den humanitären Gesten, die ihr Vater unzähligen Flüchtlingen habe zu teil werden lassen. Auf unsere Nachfrage hin, ob es sich ihres Wissens um jüdische Flüchtlinge gehandelt habe, verneint sie vehement und erklärt uns, aber auch ihrer Tochter und ihrer Enkelin:

> Dora K. (Jg. 1931): Nein, das glaube ich nicht, nein, nein. Die Jüdischen hätten sie getötet, die Jüdischen haben sie ja dann zusammengenommen. Und das war ja dann auch, damals in der Kristallnacht haben sie ja alles zusammengenommen. Es begann ja schon zuvor, das war damals nur durch die Zeitungen so, man wusste damals noch nicht alles, von Anfang an. Darüber wurde zuerst nur gemunkelt, bis zur Kristallnacht, da wusste man dann, was los ist. Als sie mit Hakenkreuz oder äh mit Dingsstern herumliefen. Und dann haben sie ja alle verfrachtet auf/ wir, ich war selber mal in Dachau und habe diese Öfen angeschaut. Man hat den Eindruck, wenn man dort rein geht, man rieche den Leichengeruch jetzt noch in diesen Mauern. Seid ihr das noch nie schauen gegangen? Und Bergen-Belsen waren wir auch. [...]
>
> N. P. (Jg. 1973): Warum sind Sie dorthin gefahren?

---

572 Ulrike Jureit spricht in ähnlichem Zusammenhang von codierten Objekten. Jede Generation habe, so die These, ihre codierten Objekte, an die sich bestimmte Vorstellungen, Erinnerungen, Emotionen etc. knüpfen lassen. Codierte Objekte, vergleichbar vielleicht mit Pierre Noras Erinnerungsorten, können u.E. auch Generationen überschreiten und über Raum und Zeit hinweg unterschiedliche Zuschreibungen erfahren. Anne Frank und Dachau sind solche Objekte in der Erinnerungskultur, die unterschiedliche Zuschreibungen erfahren können, die es aber auch erlauben, gemeinsam über etwas zu reden, ohne sich mit den Inhalten befassen zu müssen. Vgl. Jureit, Ulrike: Generationenforschung, Göttingen 2006.

Dora K. (Jg. 1931): Warum? Eben weil wir mit dem aufgewachsen sind. Man wollte wissen, ob es so war oder äh, die Anne Frank, die war ja in Bergen-Belsen, ist die umgekommen, die ist dort ganz/ ein großes Bild ist dort im Büro.[573]

Es seien nicht jüdische Flüchtlinge gewesen, um die sich ihr Vater gekümmert habe. Das sei auch nicht möglich gewesen, da von Dora K. nicht genauer benannte «*sie*» doch die «*Jüdischen*» getötet hätten. Auf diese Weise wird in der vorliegenden Sequenz eine Differenz geschaffen, die selbst die Geschichte ihres Menschen in Not helfenden Vaters trennt, auch geographisch, von dem, was den «*Jüdischen*» widerfuhr, von dem «*man*» auch erst nach und nach habe über die Presse und mit Gewissheit – horribile visu – erst im Nachhinein erfahren können. Die Verfolgung und Ermordung von Jüdinnen und Juden wird in diesem Sequenz zunächst als etwas Geheimnisvolles und schließlich im wahrsten Sinne des Wortes Ungeheures präsentiert, das sich gleich einem Gruselkabinett heute besichtigen und sinnlich erfahren lässt. *Dachau* und *Anne Frank* sind dessen Ausstattung bzw. Lokalität und Personal, deren bloße Nennung selbsterklärend ist, was ein genaueres Eingehen auf das so Umschriebene scheinbar erübrigt.

*Anne Frank* und *Dachau* sind denn auch im Sample wiederkehrende und häufig aufgeführte Namen, die fallen, wenn es im Interviewverlauf darum geht, den Holocaust zu thematisieren. Anne Frank, das Mädchen mit den lachenden Augen, deren Bild weltbekannt ist, steht für die Verfolgten; zur Figur geworden, repräsentiert sie in der kommunikativen Vergegenwärtigung des Holocaust das jüdische Schicksal und bleibt doch zugleich insofern unbestimmt, als sie Rekonstruktions- und Interpretationsspielraum zulässt. Anhand des Gesprächs etwa mit der Walliser Familie S. lässt sich beobachten, wie die Geschichte der Anne Frank zuweilen erst vervollständigt werden muss und wie auch die in dieser Gruppendiskussion sich aktiv beteiligende Interviewerin Teil dieses Konstruktionsprozesses ist. Der unten abgedruckte Auszug aus dem Gespräch mit der Familie S. steht im Zusammenhang der Auseinandersetzung mit der schweizerischen Flüchtlingspolitik. Er beginnt mit einer Nachfrage der Interviewerin, die mehr wissen möchte zu einem Film über Flüchtlinge auf dem Simplon, welchen Melanie S. (Jg. 1991) zuvor erwähnt hat. Melanie S. nimmt daraufhin aber Bezug auf einen anderen Film bzw. ein Buch, worin eine gewisse «*Anna*» vorkommt, deren Name darauf von Beatrice S. (Jg. 1968) zu «*Anna Göldin*»[574] vervollständigt und von der Interviewerin schließlich in «*Anne Frank*» berichtet wird.

---

573  GD K. Z154-183.
574  Anna Göldi war eine der letzten Frauen Europas, die der Hexerei beschuldigt und hingerichtet wurde. Sie wurde vom Glarner Rat am 13. Juni 1782 zum Tod durch das Schwert verurteilt. Das Urteil wurde umgehend vollstreckt. Die Geschichte der Anna Göldi wurde zum Stoff literarischer und filmischer Auseinandersetzung. Anlässlich ihres 225. Todestages wurde in Mollis (Kanton Glarus) am 22. September 2007 ein Anna-Göldi-Museum eröffnet.

N. B. (Jg. 1979): Mhm. Du hast so einen Film erwähnt, den ihr in der Schule geschaut habt (Melanie S.: Mhm), kannst du da noch ein bisschen/ das interessiert mich, kannst du da noch etwas darüber erzählen?

Beatrice S. (Jg. 1968): Anna, da, wie heißt da die, Anna Göldin, weißt Du?

N. B. (Jg. 1979): Ah, die Anne Frank?

Beatrice S. (Jg. 1968): Anne Frank.

Melanie S. (Jg. 1991): Ja genau, Anne Frank. Von der/ den Film haben wir einfach gesehen, und auch/ einfach, was ich eindrücklich fand, wie sich immer alle in diesen Zimmern verstecken mussten, wenn jemand nachschauen kam, ob es Flüchtlinge hat, wie das kontrolliert wurde, wie sie jeden Abend mit diesen Panzern und so [unv.], dass sie sich einfach die ganze Zeit nur verstecken mussten, als wenn sie nicht da wären, quasi. Die hatten ja auch noch Glück, weil der Vater jemanden kannte, hat eigentlich/ mussten einfach Beziehungen haben, quasi, damit man noch irgendwo unterkommt.

N. B. (Jg. 1979): Weißt du denn, was mit ihr passiert ist?

Melanie S. (Jg. 1991): Äh, ich weiß nur, dass der Vater gestorben ist [lacht]. Aber mit ihr?

Beatrice S. (Jg. 1968): Die kam nachher ins Flüchtlingslager, die haben sie erwischt.

Melanie S. (Jg. 1991): Ja, ins Flücht/ dass sie sie erwischt haben, und das weiß ich. Auch mit der Mutter und dass die Schwester glaub ich, krank war. Und sie selber nachher auch. Und ihre Kollegin ist doch noch so irgend/ haben sich auf einmal wie getroffen (Beatrice S.: Mhm) und dass sie immer gegenseitig zu essen irgendwie ausgetauscht haben. Ja, so.[575]

Auf die Namensberichtigung der Interviewerin hin, heben Beatrice und Melanie S. an, ihre Geschichte der *Anne Frank* zu erzählen. Aufhänger ist noch die zuvor besprochene Flüchtlingsthematik: Die Verborgenen im Amsterdamer Hinterhaus sind hier die Flüchtlinge, denen es dank guter Beziehungen gelungen sei, ein Versteck zu finden. Damit bleibt ihre Rekonstruktion der Geschichte thematisch hängen bei der Frage nach Fluchtmöglichkeiten und -bedingungen. Die Interviewerin hingegen möchte wissen, was weiter geschah. Mutter und Tochter sind sich zwar nicht ganz sicher, spinnen die Geschichte jedoch weiter, der Tod des Vaters, der Aufenthalt in einem Flüchtlingslager wird erwähnt. Erneut meldet sich die Interviewerin zu Wort, *«Flüchtlingslager, also?»*, wirft sie ein und löst mit ihrer skeptischen Nachfrage ein Werweißen aus über die richtige Bezeich-

---

575 GD S. Z744-Z773

nung des Ortes, wohin Anne Frank und ihre Familie verbracht wurden. Käthi S. (Jg. 1943) mischt sich ein, nach *«Dingslager»* und *«Auffanglager»* bringt sie die Suche zu einem vorläufigen Ende: in ein *«Konzentrationslager»* sei die Familie und die mit ihnen Versteckten von nicht genauer benannten Akteuren verschleppt worden. Nach dieser Klärung folgt eine Spezifizierung des Ortes, der als *«brutal»* beschrieben wird, als ein Ort, an dem sie einem *«die Haare abschnitten»* (Melanie S., Käthi S.), *«man nicht als Mensch»* (Melanie S.) sondern, wie Käthi S. ergänzt, als *«Nummer»* behandelt wird. Da müsse man *«stark sein im Kopf, um das überleben zu können»* (Melanie S.).[576] Kennt Melanie S. noch ein Entrinnen aus diesem *«brutalen»* Ort, nimmt ihm ein Stück des Schreckens, interveniert die Interviewerin erneut und zerstreut deren Hoffnung:

> N. B. (Jg. 1979): Sie ist ja umgekommen.

Und erneut forciert die Interviewerin damit den Fortgang der Diskussion, in die sich nun auch Käthi S. vermehrt involviert. Die Diskussionsteilnehmerinnen sind sich dabei zunächst nicht sicher, ob dem wirklich so ist. Während Melanie S. sich an den Ausgang des Films bzw. der Lebensgeschichte der Anne Frank nicht mehr erinnern kann, bestätigt Käthi S. die Interviewerin, nur die Todesursache bleibt noch Diskussionsgegenstand. *«Sie ist sicher verhungert»*, vermutet Beatrice S., die andern bleiben skeptisch; *«Krankheit gehabt»*, ist ihre nächste Vermutung, die indes wiederum die Interviewerin schnell zerstreut.

> N. B. (Jg. 1979): Also in die Gaskammer sind sie ja/

> Beatrice S. (Jg. 1968): Musste die doch da auch noch gehen. Ich dachte, das sei gerade, ich meinte, anhand des Filmes habe es geheißen, war gerade der Krieg fertig, dachte ich. Und sie seien dann verhungert, dachte ich. Aber mit der Gaskammer und einfach, hätte ich jetzt nicht mehr genau gewusst. Dass es umgekommen ist, wusste ich. Aber das ist schon brutal im Film, wenn man sieht, wie sie da eines nach dem anderen die schönen langen Haare abrasiert haben [unv.] Das nimmt dir schon eine Menge weg. Musst dir mal vorstellen (Käthi S.: Stell dir vor) die schneiden dir einfach eine Glatze. Das ist wieder so etwas. Was bedeuten denn jetzt diese Haare auf dem Kopf.[577]

Nachdem der Name geklärt ist, gehen Melanie und Beatrice S. dazu über, mit aktiver Unterstützung der Interviewerin eine Geschichte der Anne Frank und des Holocaust zu rekonstruieren. Im Prozess des gemeinsamen Rekonstruierens wird Anne Frank von einem sich zunächst in einem Flüchtlingslagers aufhaltenden Mädchen zu einer kraft ihres starken Willens in einem Konzentrationslager Überlebenden, hin zu einem in der Gaskammer ermordeten Holocaust-Opfer. Es

---

576 GD S. Z774-Z800.
577 GD S. Z756-823.

zeigt sich in dieser Sequenz, wie über Fragmente und mehr oder weniger konkrete Bilder und Vorstellungen, Geschichten der *Anne Frank* konstruiert werden. Dieser Prozess pendelt zwischen Entkontextualisierung und Anthropologisierung. Akteure und ihre Handlungen sind ihrem Zusammenhang enthoben, bleiben schemenhaft; weder die jüdische Herkunft der Anne Frank, noch die Täter sind explizit thematisiert und ebenso bleiben die Orte des Geschehens vage. Vorab die Interviewerin ist es, die mit ihrem Nachfragen und den zuweilen nicht ganz der historischen Sachlage entsprechenden Einwürfen die Erzählung der Geschichte der *Anne Frank* durch die Gruppenmitglieder vorantreibt, nicht nur konterkariert, sondern eine finale, mörderische Richtung weist.[578] Dabei nimmt sie eine Position ein, aus der heraus sie sich veranlasst sieht, *richtiges* Erinnern an Anne Franks Geschichte voranzutreiben. Zweierlei wird in dieser Sequenz sichtbar: Zum einen zeigt sich hier, wie WissenschaftlerInnen das Erinnerungsgeschehen, das sie untersuchen, aktiv mitgestalten, als AkteurInnen mit einem spezifischen Erwartungshorizont partizipieren und erinnerungskulturelle Phänomene mitkonstituieren. Zum anderen zeigt sich in dieser Sequenz eine Entkontextualisierung und Anthropologisierung der Geschichte von Anne Frank. Dieses Phänomen ist vom Literatur- und Medienwissenschaftler Hanno Loewy mit Blick auf die Kommerzialisierung und Universalisierung von Anne Franks Geschichte beschrieben worden.[579]

Wie in der eingangs aufgeführten Passage aus dem Interview mit der Familie K. lässt sich in dieser Sequenz eine ähnliche Distanzierung beobachten: Von einer Diskussion über die schweizerische Flüchtlingspolitik geht hier das Gespräch über zur *Anne Frank*, anhand derer rekonstruiert wird, was ihr und ihresgleichen durch «Sie», die andern, widerfahren ist. Die Schrecken des Holocaust werden lokalisiert in der Figur der Anne Frank und fokussiert auf die Entwürdigung und Entmenschlichung der Gefangenen in den Konzentrationslagern. Es markiert auch die Situierung der vorliegenden Sequenz im Interview, dass *Anne Franks* missglückte Fluchtgeschichte sich woanders zugetragen hat, an fernen, nicht genauer benannten Orten. Die schweizerische Flüchtlingspolitik scheint mit diesen Orten in keinerlei Beziehung zu stehen. Anhand der *Anne Frank*, dem Mädchen, deren Name jede und jeder kennt, lässt sich, oftmals zwar nebulös, das Schicksal

---

578 Anne Frank wurde im September 1944 mit einem der letzten Transporte vom niederländischen Durchgangslager Westerbork nach Auschwitz deportiert und mit ihrer Schwester Margot im Block 29 des Frauenlager Birkenau gefangen gehalten. Da sowjetische Truppen immer weiter vorrückten, beschlossen die Nationalsozialisten, Auschwitz allmählich zu räumen. Anne Frank und ihre Schwester wurden am 28. Oktober nach Bergen-Belsen deportiert, wo sie beide Anfang März 1945, wenige Wochen vor der Befreiung, an Typhus starben.

579 Loewy, Hanno: Das gerettete Kind.

jüdischer Menschen nacherzählen. An den schweizerischen Grenzen abgewiesene, den Schergen ausgelieferte Juden, bedrohlich nahe Schicksale also, sind so umschifft.[580]

Bildet die Figur *Anne Frank* gleichsam jenen Code, der stellvertretend für die Millionen Verfolgten und Ermordeten steht, ist das Konzentrationslager *Dachau* ein in den Gruppendiskussionen wiederkehrender Begriff, der den Schrecken geographisch lokalisiert. Mit dem Bezug zu diesem nahe München gelegenen Ort, wo vornehmlich politische Gegner des Nationalsozialismus gefangen gehalten und ermordet wurden, lässt sich der Holocaust als deutsche bzw. nationalsozialistische Geschichte interpretieren, die, wie Dora K. plastisch ausgeführt hat, heute noch besichtigt und erlebt werden kann.

Dass – um das Magistratenwort nochmals aufzugreifen – Auschwitz nicht in der Schweiz liegt und wer die wahren Täter sind, lässt sich anhand der nachfolgenden Passage aus dem Interview mit der Familie F. verfolgen. Der Sequenz geht eine Diskussion zur gesellschaftlichen Situation der schweizerischen Bevölkerung voraus, die der Polizist Andreas F. (Jg. 1953) ausweitet auf die Nachkriegszeit, in der die Erzählungen eines weit gereisten Onkels eine bedeutsame Rolle spielen.

> Andreas F. (Jg. 1953): Aber was noch, was noch viel eingeflossen ist, über diese Zeit, wir hatten einen Onkel in Deutschland, und der hat uns/ er ist sehr beredt und sehr bereist, er war vom Tourismusverband aus in großen deutschen Städten, in dieser Nachkriegszeit. Der brachte natürlich dann alle diese Geschichten heim.
>
> Luise F. (Jg. 1925): Vom Eichmann. Mit dem saß er am selben Tisch. Das war ja ein ganz schlimmer, mit der Judenverfolgung.
>
> Andreas F. (Jg. 1953): Ja, und Geschichten, eben, weil sie (Luise F.: Er ist nach Dresden/) dort Menschen verwurstet haben, oder hinein geschmuggelt haben, ins Fleisch aus dieser Zeit. Hat er uns Kindern immer erzählt und, und, was sie mit den Juden gemacht haben, das ist von ihm aus eigentlich rübergebracht worden, also (Luise F.: Mhm) Eigentlich sehr schauerliche Geschichten, oder, und er hat das ja wirklich erlebt, hautnah, oder [räuspert sich] Und dann hat er das noch dokumentiert, dort, mit diesem Säbel, den er rein geschmuggelt hat, so ein SS-Säbel. Mit so einem/
>
> Luise F. (Jg. 1925): Mit einem Löwenkopf (Andreas F.: Ja) und oben sind Rubine.
>
> Andreas F. (Jg. 1953): Das hat er ja nach dem Krieg, oder, hat er das?

---

580 Vgl. zur Generalisierung der Anne Frank zu einem Synonym für die nationalsozialistischen Verbrechen ebd. S. 19-43.

Luise F. (Jg. 1925): Ja das hat er von seiner Schlummermutter, hat, hat gesagt, sie wäre so froh, wenn dieser verdammte Säbel aus dem Haus käme. Wenn man den bei ihr entdecke, oder äh, sie wisse dann nicht, was da noch komme. Ich denke, dass ihr Mann auch in der SS war, ich weiß es nicht. Weiß es nicht. Und dann hat der den mal über die Grenze mitgenommen, im Hosenbein.

Andreas F. (Jg. 1953): Hat den hier rein geschmuggelt. Der wäre gerade auch noch dran gekommen, nicht?

Luise F. (Jg. 1925): Jaja.

Andreas F. (Jg. 1953): Jaja. Eben für mich, dieser Säbel, der war für mich der Inbegriff, das Symbol eigentlich, vom Zweiten Weltkrieg (Luise F.: Das war ein Degen)

Luise F. (Jg. 1925): Das war so ein langer (Andreas F.: Ja). Mit einem schönen Griff.

Andreas F. (Jg. 1953): Das war das Symbol, von dieser schlimmen Zeit, eigentlich oder?[581]

Inhaltlich bringt Andreas F. ein Thema ein, das erst durch die Erläuterung von Luise F. explizit wird. Er nennt als Bürgen seiner Erzählung einen *«Onkel»*, der, wie im Verlaufe der Sequenz deutlich wird, in der Nachkriegszeit geschäftlich in Deutschland tätig war, und der dann jeweils von dort Geschichten *«heim»* in die Familie gebracht habe. Auf die Frage der Interviewerin, um was für *«Geschichten»* es sich gehandelt habe, setzt die Großmutter ein. Sie führt einen weiteren Akteur, *«Eichmann»*, ein, mit dem der Onkel am Tisch gesessen und gegessen habe. Dann nennt sie, noch anführend dass es sich bei *«Eichmann»* um einen ganz Schlimmen gehandelt habe, endlich das Thema, nämlich die Judenverfolgung. Es ist zunächst interessant, dass Andreas F. das Thema Judenverfolgung initiiert und schließlich, auf welche Weise das geschieht.

Andreas F. erzählt dann den Inhalt dieser, wie er selbst sagt, vom *«Onkel»* berichteten und angeblich auch selbst erlebten schauerlichen Geschichten von *«Menschen»*, die *«dort»* *«verwurstet»* worden seien. Die eigentliche Pointe dieser Onkel-Geschichte liegt im SS-Löwenkopfsäbel, den der *«Onkel»* anlässlich einer seiner Besuche aus Deutschland nicht nur mitgebracht, sondern unter Gefahren eingeschmuggelt habe. Diesen Säbel, der in dieser Erzählung eine Objektivation von Geschichte darstellt, erhebt Andreas F. zum Dokument für die erzählten Geschichten des *«Onkels»* und schließlich zum *«Symbol»* für, wie Andreas F. vage umreißt: *«den Zweiten Weltkrieg»*, *«diese schlimme Zeit»*. Die Passage endet dann so abrupt, wie sie begonnen hat, mit der Bemerkung von Andreas F., dass er *«sonst in der Schule [...] nie etwas gehört [hat]. Kein Wort.»*

---

[581] GD F. Z391-431.

Die Anekdote vom weitgereisten Onkel, der im fernen Deutschland mehr oder weniger aus erster Hand am Wirtshaustisch von der Ermordung der europäischen Juden erfahren haben will und diese Nachricht dann unter Gefahr in seine Heimat schmuggelt – verbürgen tut dies auch heute noch ein Säbel, oder Dolch – wirkt phantastisch. Deutlich wird in dieser zweifellos interessanten Erzählung die Verteilung von Täter, Opfer, Tatort und Nicht-Beteiligten. Auch wird, was geschehen ist, ungeschminkt deutlich benannt. Während der *«Onkel»* in dieser Geschichte als Bote fungiert, der über Mittelsmänner indirekt zum Augenzeugen des Ereignisses wird, tritt der Säbel als Zeugnis bzw. Beweisstück auf. Mit diesem SS-Löwenkopf-Säbel sind Gefahr und Schrecken verknüpft, die aber von außen heimlich ins Daheim getragen, im Säbel gebändigt bleiben und daher scheinbar auch keine Bedrohung darstellen. Um diesen Säbel und seine Herkunft ranken sich nun innerhalb der Familie die (Schauer-)Märchen, die die *«Verwurstung»* und den Kaffeeklatsch mit Eichmann gleichermaßen, d.h. indifferent, zum Gegenstand haben können.

Mit dieser Anekdote werden die Themen Judenverfolgung und Holocaust von Andreas F. zwar in die Gruppendiskussion hineingetragen, – ohne dass wir Interviewerinnen zuvor eine Frage in die Richtung gestellt hätte. Sie werden aber durch die Erzählung selbst, die Art und Weise wie sie präsentiert wird, gleich wieder zum Verschwinden gebracht: Auf die Judenverfolgung und den Holocaust wird nicht genauer eingegangen, die historischen Ereignisse bleiben bei all den Schreckensgeschichten, die den Säbel umgeben, außen vor.

Die Anekdote bietet außerdem eine Lesart (der historischen Ereignisse rund um den Zweiten Weltkrieg) an, die vorgibt, die Geschichte der Schweiz und die Geschichte des Holocaust seien zwei voneinander trennbare Geschichten, zwischen denen nur durch einen zeit- und länderreisenden Boten eine Brücke geschlagen werden könne. Judenverfolgung und Holocaust werden hier in Form des Säbels als durchaus bedrohlicher Fremdkörper dargestellt – und somit implizit nicht als Teil der Schweizer Geschichte. Verstrickungen der restriktiven und antisemitischen Flüchtlingspolitik der Schweiz mit der nationalsozialistischen Verfolgung der europäischen Jüdinnen und Juden werden nicht in Betracht gezogen.

### 5.4.3  *Ein zu dunkles Kapitel?*

In den vorangehenden Abschnitten legten wir den Fokus auf jene Stimmen und Tendenzen im Prozess kommunikativen Vergegenwärtigens, die gegenüber dem auch von staatlicher Seite getragenen und revidierten Erinnerungsnarrativ mit dem Holocaust als zentralem Bezugspunkt eine skeptische bzw. ablehnende Haltung einnahmen. Verweigerte Erinnerung, wie wir sie verschiedentlich schon thematisiert haben oder symbolisch aufgeladene Objekte, die die damalige Politik und Haltung der Schweiz einerseits und die Verfolgung und Ermordung der europäischen Jüdinnen und Juden andererseits deutlich voneinander trennen, sind in den Gruppendiskussionen weit verbreitet. Diese zuweilen vehement vorgetragenen Abgrenzungen verweisen nicht nur auf Skepsis, Ablehnung oder auch Aggression gegenüber dem Holocaust als Kern der Weltkriegserinnerung. Die emotionale Heftigkeit betreffend etwa der schweizerischen Flüchtlingspolitik zeigt auch auf, dass mit dem Holocaust-Erinnerungsrahmen, der Bezüge der Schweiz zu den nationalsozialistischen Machenschaften ins Visier nimmt, die Frage nach Mitschuld und Mitverantwortung der Schweiz an der Verfolgung und Ermordung der europäischen Jüdinnen und Juden als wesentliches Element dieses Erinnerungsparadigmas durchaus im Raum steht. Von besonderem Interesse sind hierin die schweizerische Migrations- bzw. Flüchtlingspolitik, die direkt im Kontext des Holocaust verortet ist: Während in den Debatten der 1990er Jahre insbesondere von der Geschichtswissenschaft aus eine zeitlich wie thematisch breite Perspektive auf die Vernichtung der europäischen Jüdinnen und Juden eingenommen wurde, und die UEK etwa auch die Beteiligung von SchweizerInnen und Schweizer Firmen an *Arisierungen* im nationalsozialistischen Machtbereich oder die Beteiligung schweizerischer Industrieunternehmen an Zwangsarbeit im *Dritten Reich*, historisch erforschte,[582] ist davon im gegenwärtigen kommunikativen Gedächtnis wenig präsent. Vielmehr bleibt hier der Blick enger gefasst und beschränkt auf die schweizerische Flüchtlingspolitik, der Zusammenhang von restriktiver, antisemitischer Flüchtlingspolitik und Holocaust stellt dabei wie auch im Kapitel 5.3 deutlich wurde, im Reden über diese Vergangenheit stets noch ein Stein des Anstoßes dar.

Werner O.s Bemerkung, wonach man endlich aufhören solle mit diesen «*Judengeschichten*», verweisen auf eine im Sample wiederkehrende antisemitisch grundierte Haltung, die sowohl unterscheidet zwischen einem *Wir* im Kollektivsingular sowie einem ebensolchen *die Juden*, als auch Erinnerung delegiert bzw. deutlich macht, wessen Geschichte der Holocaust ist, und wessen eben nicht. Die nationalsozialistischen Verbrechen erscheinen dann als *Geschichten*, welche primär *Juden* etwas angehen, mit denen selbige jedoch, wie Regula M. impliziert, ein Erinnerungsmonopol erstreben würden. Die konkrete Auseinandersetzung mit der Frage, ob und inwiefern die damalige Schweiz beigetragen habe zur Verfolgung und Ermordung der europäischen Jüdinnen und Juden und

---

582 Vgl. dazu etwa: Spuhler, Gregor; Jud, Ursina; Melichar, Peter; Wildmann, Peter: «Arisierungen» in Österreich und ihre Bezüge zur Schweiz; oder Ruch, Christian: Geschäfte und Zwangsarbeit.

mitverantwortlich zu machen sei für diese, scheint in den ersten Nachkriegsjahrzehnten gewissermaßen delegiert geblieben zu sein an Personen bzw. Familien mit jüdischem Hintergrund. Philipp L. (Jg. 1950), Kind linker jüdischer Eltern, meinte lakonisch, den Holocaust habe er bereits im Kindertagen als Gute-Nacht-Geschichte gehört, François H. (Jg. 1930) wiederum gab seinen Söhnen, und später auch seinen Enkeln, regelmäßig *«Geschichtsstunden»*, während dagegen der pensionierte Unternehmer Robert P. (Jg. 1917) schwieg und erst in fortgeschrittenem Alter seine Lebensgeschichte zu Papier brachte. Berichte von geglückten und missglückten Fluchtgeschichten in die Schweiz, der Verlust von Freunden und Verwandten, der Antisemitismus in der damaligen (und heutigen) Zeit, die antisemitische Flüchtlingspolitik oder die Mitverantwortung der Schweiz für die Einführung des *J-Stempels*, sind – wie aus ihren Erzählungen hervorgeht – in diesen Gruppendiskussionen nicht erst seit dem erinnerungskulturellen Paradigmenwechsel Thema.[583]

Anerkennung von Mitverantwortung und Mitverschulden der damaligen Schweiz an der Verfolgung und Ermordung der europäischen Jüdinnen und Juden werden im Sample denn auch vor diesem divergierenden Erfahrungshintergrund unterschiedlich thematisiert. In Gruppendiskussionen mit jüdischen Familien wird der Holocaust vor dem Hintergrund konkreter Verlust- und Bedrohungserfahrungen thematisiert. In jenen Gruppendiskussionen, die über keinen solchen oder ähnlichen Erfahrungshintergrund verfügen, erfolgt die Auseinandersetzung weniger anhand des Beispiels konkreter Rückweisungen von jüdischen Flüchtlingen an schweizerischen Grenzen, als eher metathematisch entlang von ethischen und moralischen Fragen nach Mitschuld und Mitverantwortung.

Das zeigt sich beispielsweise auch in der Gruppendiskussion mit Familie E. Judenverfolgung und Holocaust sind auch hier zentrale und wiederkehrende Themen. Das nachfolgende Gespräch zwischen dem Gymnasiasten Manuel E. (Jg. 1994) und seinen Großeltern, der ehemaligen Kindergärtnerin Wilma E. (Jg. 1938) und dem pensionierten Kaufmann Manfred E. (Jg. 1932) über Mitschuld und Mitverantwortung der Schweiz ist im ersten Teil des Gruppengesprächs situiert, als es darum geht zu klären, wer mit der vorgelegten Thematik Schweiz – Zweiter Weltkrieg was in Verbindung bringt. Manuel E. bezieht sich dabei auf Wilma E., die zuvor Judenverfolgung in Deutschland und jenen Diskurs kritisch thematisiert, der die damalige breite deutsche Bevölkerung zum Opfer Adolf Hitlers und der Nationalsozialisten macht. Manuel E. hinterfragt die Zuweisung des Ortes, die Wilma E. zunächst macht.

---

583  Die Bedeutung des sozialen und politischen Milieus als Faktoren in der Auseinandersetzung mit der Vergangenheit haben u.a. in Kapitel 1.4 bereits thematisiert.

> Manuel E. (Jg. 1994): [...] Ich habe mir überlegt, ob die Schweizer nicht auch die genau gleiche Schuld tragen. Weil wenn du als Schweizer hier in der Schweiz lebst und du hast ja vielleicht nicht genau gewusst, was in Deutschland abgeht mit den Juden. Aber sicher auch gehört und es ist ja auch da in der Schweiz gewesen, anscheinend, mit den Juden, und wenn du dann einfach sagst, ja man kann nichts machen, es sind Züge gegangen durch die Schweiz, die Waffen transportiert haben. Und es hat geheißen, die Schweiz sei in diesem Krieg neutral gewesen. Ich frage mich auch, ob die Schweiz nicht auch eine gewisse Schuld an dieser ganzen Geschichte trägt. Also, ich meine, wenn du einfach den Deutschen die Schuld geben würdest und sagst, ja, die haben den Krieg gemacht und/ machst es dir, glaub ich, schon ein bisschen einfach.[584]

Manuel E. lagert die Frage der Schuld am Holocaust nicht aus in ein Außerhalb, wie wir es in den vorhergehenden Abschnitten gesehen haben, vielmehr wirft er die Frage nach einer noch etwas vage umrissenen Mitschuld der damaligen Schweiz auf. Dabei skizziert er ein breites Spektrum dessen, worin das Verschulden bestanden haben könnte: Im Wissen darum, *«was in Deutschland abgeht mit den Juden»*, in einer schweizerischen Form des Antisemitismus, *«es ist ja auch da in der Schweiz gewesen anscheinend mit den Juden»*, in der Indifferenz demgegenüber, was jenseits der Landesgrenzen geschieht, sowie in der Erlaubnis, Waffentransporte durch die Schweiz fahren zu lassen. Aus dieser breiten Palette an vielfältigen Argumenten, die Manuel E. vorbringt, um zur Disposition zu stellen, inwieweit die Schweiz Mitschuld trägt, greift Wilma E. mit der Judenverfolgung die schweizerische Politik gegenüber jüdischen Flüchtlingen auf.

> Wilma E. (Jg. 1938): Und wir haben ja auch die Grenzen zugemacht, das ist ja auch ein Kapitel, das nicht unbedingt ein Ruhmesblatt in der Schweizergeschichte. Man hat sicher ja auch reingelassen ab/

> Manfred E. (Jg. 1932): Sind halt sehr viele ausgewandert, zum Beispiel nach Frankreich/

> Wilma E. (Jg. 1938): Ja, ja, es sind schon viele rausgekommen, aber, aber äh, reingekommen und dann unter Umständen irgendwo weitergekommen, aber sehr viele sind an der Grenze zurück gewiesen worden. Und man hat, ab einem gewissen Zeitpunkt hat man wirklich gewusst, dass das/ [schweigt].

> Manfred E. (Jg. 1932): Meistens ein Todesurteil/

> Wilma E. (Jg. 1938): Ja doch, auf jeden Fall ein ganz furchtbares Urteil ist, nicht.[585]

Wilma E. liefert mit dem Verweis auf die Grenzschließung und die Rückweisung von Flüchtlingen mit dem Wissen, das sich *«ab einem gewissen Zeitpunkt»* um die Folgen dieser Handlung einstellte, weitere Argumente, die Manu-

---

584 GD E. Z378-388.
585 GD E. Z390-400.

el E.s These der Mitschuld unterstützen. Ist die Grenzschließung zunächst noch als *«nicht unbedingt ein Ruhmesblatt der Schweizergeschichte»* euphemistisch umrissen, sind deren Konsequenzen im weiteren Dialog zwischen Wilma E. und Manfred E. deutlich benannt. Während in vielen Interviews Stichworte wie *«Volles Boot«, «Grenzschließung»* bzw. Abweisung von Flüchtlingen durchaus fallen, die Folgen dieser Politik für die Verfolgten und Bedrängten in den gegenüber dem Holocaustparadigma ablehnend eingestellten Erinnerungshaltungen indes selten benannt bleiben, liegen diese Konsequenzen in der vorliegenden Gruppendiskussion offen und es stellt sich sogleich auch die Frage nach den tiefer liegenden Ursachen bzw. Alternativen zu dieser Politik. *«Wir oder die andern»*,[586] meint Manuel E., sei das zugrunde liegende anthropologische Gesetz, das über die Politik bzw. das Verhalten einzelner bestimme. Anerkennung von Mitverantwortung und Mitverschulden am Tod verfolgter Menschen ziehen denn auch Diskussionen über politische oder individuelle Handlungsalternativen nach sich sowie über das Dilemma zwischen ethisch und moralisch angemessenem Verhalten einerseits und handfesten Eigeninteressen andererseits.

Im Rahmen des Gesprächs über die Bücher, die wir als Diskussionsimpuls zu den Gruppendiskussionen jeweils mitgebracht haben, diskutieren der sozialdemokratisch orientierte und pensionierte Spengler Walter G. (Jg. 1927), der Sozialarbeiter Koni G. (Jg. 1955) und der Student Matthias G. (Jg. 1988) ausführlich über die schweizerische Flüchtlingspolitik: Rückweisungen an der Grenze, Ausschaffungen trotz Wissen um das zu erwartende Schicksal der Betroffenen. Im Kern kreist die Diskussion jedoch vor dem Hintergrund praktischer Vernunft um ethisch und moralisch richtiges Tun, bis die Interviewerin danach fragt, inwiefern Antisemitismus eine Rolle gespielt haben könnte bei der Rückweisung und Ausschaffung von jüdischen Flüchtlingen.

Walter G. legt hierzu zuerst antisemitische Vorstellungen dar, wonach Juden sehr stark seien *«im Kapital oben drinnen»* und ihnen *«fast alles»* gehöre.[587] Er gibt schließlich aber auch zu bedenken, ob möglicherweise *«privat»* doch mehr Juden hätten aufgenommen werden können.[588] Walter G. möchte sich hinsichtlich dieser Frage doch nicht auf die Äste hinaus wagen, zumal sich das, was diesbezüglich gelaufen sei, seinen Kenntnissen entziehen würde. Sein Enkel Matthias G. hingegen beharrt auf der Frage der Interviewerin:

> Matthias G. (Jg. 1988): Und wieso haben wir die wieder an die Grenzen getan, wenn wir gewusst haben, ist das eben jetzt so [?geächtet?] worden/

---

586 GD E. Z417.
587 GD G. Z936.
588 GD G. Z938.

> Walter G. (Jg. 1927): Haben gedacht, wir wollen diese Juden auch nicht, die Deutschen sollen sie fertig machen.
>
> Koni G. (Jg. 1955): Es ist eben schon auch, ein Drittel der Leute haben auch Ressentiments in der Schweiz ganz klar gegen die Juden gehabt. Das hat es auch gegeben. Es ist nicht so, dass die Schweizer alle für die Juden gewesen wären.
>
> Walter G. (Jg. 1927): Diese Judenverfolgung, die ist uralt, die hat mit dem Zweiten Weltkrieg keinen Anfang gehabt (Matthias G.: Ja, das ist klar), das ist lange, lange voran.[589]

An seinen Großvater gerichtet, der als Jugendlicher die Zeit des Nationalsozialismus und des Zweiten Weltkrieges erlebt hat und von seinem Enkel in diesem Gespräch durchaus als Experte betrachtet wird, hakt Matthias G. nach und will erfahren, ob, trotz Wissen um die Folgen, der Grund dafür, dass *«wir sie wieder an die Grenzen getan haben»* damals, Judenfeindschaft bzw., wie er meint, Ächtung gewesen sein könnte. Walter G. bestätigt die Vermutung seines Enkels, während Koni G. den judenfeindlichen Bevölkerungsanteil beziffert. Beide Aussagen lassen sich dahingehend interpretieren, dass Walter G. und Koni G. eliminatorischen Antisemitismus als auch in der Schweiz vorhanden gewesen annehmen. Bleibt im Sample der Antisemitismus, so dieser in Bezug auf die Schweiz überhaupt thematisiert ist, zumeist ein vergleichsweise zivilisiert dargestelltes Phänomen, das mit der nationalsozialistischen Judenfeindschaft nicht gleichzusetzen ist, rücken hier Verfolgung und Ermordung näher: Es bestand seitens der offiziellen Schweiz kein oder bloß wenig Interesse daran, Juden und Jüdinnen zu schützen.[590] Nichtsdestotrotz knüpft Matthias G. hier an mit seinen Überlegungen zu politischen Handlungsalternativen. Er vermutet, wie wir bereits in Kapitel 5.2. gesehen haben, dass viele seiner Kollegen der Ansicht wären, dass man damals *«dagegenhalten»* hätte müssen, man in einer solchen Situation *«nicht neutral bleiben»* könne, man hätte *«helfen»* sollen:

> Matthias G. (Jg. 1988): Die würden sagen: «Das kann man nicht machen» und so, «das ist falsch gewesen, was man da gemacht hat, man hätte da vielmehr gegen Deutschland machen sollen». Aber ich würde jetzt sagen, eben, man hat viel besser, man hätte viel besser machen können, man kann es immer besser machen.[591]

---

589 GD G. Z941-950.
590 Der so genannte J-Stempel, jene 1938 von Nazideutschland eingeführten Eintragung in Reisepässe, die die jeweiligen BesitzerInnen als «Jude» markierte, an dessen Einführung schweizerische Stellen wesentlich beteiligt waren, um möglichst unerwünschte jüdische Flüchtlinge von der Schweiz fernzuhalten, wird, wie etwa in der Familie Z., in den Gruppendiskussionen nur ganz vereinzelt als ein Argument für Mitverantwortung und Mitschuld an der Verfolgung von Jüdinnen und Juden aufgeführt. In weniger als der Hälfte aller Gruppendiskussionen sind Geschichte und Funktion des so genannten J-Stempels bekannt.
591 GD G. Z928-939.

Angesichts der nationalsozialistischen Verbrechen steht in dieser Sequenz die schweizerische Neutralität zur Debatte. Der Holocaust als Bezugspunkt auch der schweizerischen Geschichte ist bei Matthias G. gesetzt, dabei attestiert er der heutigen Jugend mehr Mut und ethisches Rückgrat. Viele heutige Jugendliche, so meint er, hätten sich gegen Enthaltsamkeit und für eine Intervention ausgesprochen: *«[V]oll drein schlagen»*,[592] hätten sie wollen. Er selbst ist zurückhaltender, wägt ab und stellt ethisch durchaus legitimem Verhalten die Revanche des übermächtigen Feindes entgegen, die für die Schweiz und die Integrität des Landes unabsehbare Folgen hätte haben können. Matthias G. scheint mit Blick auf die Machtverhältnisse eine Antwort gefunden zu haben auf eine Frage, über die zuvor auch in der Gruppendiskussion mit der Familie D. aus Bern ausführlich diskutiert wurde. *«Es ist nicht der Krieg, es sind nicht die Deutschen, die selbst darunter gelitten haben, es ist der Völkermord, der am meisten plagt»*.[593] Mit einigen Verweisen auf ähnliche Ereignisse, die sich in Vergangenheit und Gegenwart ereignet haben bzw. noch immer sich ereignen, sieht die Berner Künstlerin Eliane D. (Jg. 1967), und mit ihr die weiteren Teilnehmerinnen dieser Gruppendiskussion, den *«Völkermord»* im Zentrum heutiger Auseinandersetzung mit dem Zweiten Weltkrieg. Wichtige Aspekte, die im Verlaufe der gesamten Diskussion wiederholt zur Sprache kommen, sind nicht nur die Attraktivität des Nationalsozialismus in Deutschland, sondern, zuweilen thematisiert anhand der eigenen Familiengeschichte, ebenso die hiesigen ideologischen, politischen und wirtschaftlichen Verstrickungen und Verflechtungen mit dem Nationalsozialismus. Mitverantwortung des schweizerischen Staates für das Leid nationalsozialistisch Verfolgter klingt an, wenn Sarah D. (Jg. 1990) das Verhalten der offiziellen Schweiz, die trotz Wissen um Judenverfolgung und Konzentrationslager nicht geholfen hat, kritisiert:

> Sarah D. (Jg. 1990): [...] Ich glaube, in der Schweiz wurde das schon 1942 öffentlich, vielleicht auch schon früher. Dass man dann nicht mehr machte aus Angst ums eigene Land, das verstehe ich einfach nicht. [...] Das Ganze ist wie neben dran vorbeigelaufen, hier konnte einem ja nicht wirklich viel passieren.[594]

Stellt Matthias G., wie wir weiter oben gesehen haben, noch die (militärische und politische) Übermacht der Deutschen in Rechnung, die Zurückhaltung und Vorsicht legitimiert, beurteilt Sarah D. die Lage entlang ethischer Überlegungen. Vom Krieg zwar nicht tangiert, situieren die Teilnehmerinnen dieser Diskussionsgruppe die Schweiz in Mitten des Geschehens und auf vielfältige Weise: seien es Waffentransporte und -lieferungen, seien es Sympathien mit dem Nationalsozia-

---

592   GD G. Z977.
593   GD D. Z863-865.
594   GD D. Z574-579.

lismus, seien es die Grenzschließungen. Allerdings sind nicht nur die Versäumnisse und das Mitverschulden (aufgrund der damaligen schweizerischen Flüchtlingspolitik) der offiziellen Politik und der hohen Herren Diskussionsgegenstand.

> Rosmarie D. (Jg. 1937): Es gab da ja im St. Gallischen, glaub, einen von Grüningen oder Grüningen, weiß schon nicht mehr, wie der heißt.

> Eliane D. (Jg. 1967): Das dauerte ja ewig, bis man den rehabilitiert hat, (Rosmarie D.: Ja eben [unv.]), das ist ja ewig lange gegangen.

> Rosmarie D. (Jg. 1937): [unv.] weil er einfach die Grenzen nicht zugetan hat. Und die/

> Eliane D. (Jg. 1967): Das war einer, der die Leute reingelassen hat und nachher hat man irgendwie, was hat man ihn, vor zehn Jahren etwa/

> Rosmarie D. (Jg. 1937): Der war schon lange gestorben.

> Eliane D. (Jg. 1967): Nein, aber vor zehn Jahren hat man ihn rehabilitiert [unv.].

> Rosmarie D. (Jg. 1937): Und vorher ist er bestraft worden. Nein, wir sind schon nicht so ein super Land.

Wie die Passage verdeutlicht, werden auch individuelles Verhalten und individueller Handlungsspielraum thematisiert. Paul Grüninger, der für seine Renitenz und seinen Humanismus bestraft und auch nach Kriegsende geächtet wurde, erscheint hier als mahnendes Beispiel dafür, wie widerständiges Handeln sanktioniert wurde. Eliane D. fragt sich denn auch, welche Möglichkeiten sie selbst gehabt hätte und geht nahtlos über von der Vergangenheit in ihre Gegenwart.

> Eliane D. (Jg. 1967): [...] Ich bin eine kleine Schweizerin hier. Irgendwie denk ich, was soll ich machen. Himmeldonnerwetter, was soll ich machen? Wenn irgendwie/ hätte ich eine Mansarde, wo ich Juden verstecken könnte, aber nein, mein Hausmeister will nächstes Jahr umbauen. Was willst du denn machen, wie hilf ohne Los bist du denn? In so einer Situation. Ich denke einfach immer, ich habe eigentlich nur Schwein, bin ich nicht in einem Krieg geboren, weil, dann muss ich nicht.[595]

Der Holocaust als Erinnerungsparadigma erweist sich in der kommunikativen Vergegenwärtigung als durchaus etabliert, stösst dort, wie wir ausführlicher noch in Kapitel 6 thematisieren werden, aber auf Ablehnung und Widerspruch: Das Bekenntnis der offiziellen Schweiz zur uneingeschränkten Relevanz des Holocaust und als Lehrstück für künftige Generationen wird nicht einhellig ge-

---

595  GD D. Z503-510.

teilt. Gerade was die Frage betrifft, was der Holocaust mit der Schweiz und die Schweiz mit dem Holocaust zu tun hat, so zeigt sich eine gewissermaßen gespaltene Erinnerung: Dies etwa dann, wenn der Holocaust mit antisemitischem Timbre als *«Judengeschichte»* bezeichnet und die Auseinandersetzung mit Ausgrenzung, Verfolgung und Ermordung von einigen TeilnehmerInnen delegiert bzw. abgeschoben wird auf *die* Juden. Aufgespalten und ungleich verteilt, zeigt sich die Erinnerung auch in Bezug auf die schweizerische Geschichte. Zumeist wird die Thematisierung des Holocaust beschränkt auf die industrielle Ermordung in den Konzentrationslagern. Der Antisemitismus, der in der Schweiz lange schon eine antisemitische Migrationspraxis hervorbrachte und Ende der 1930er Jahren den J-Stempel wie auch die Grenzschließung für Juden zur Zeit größter Bedrängnis ermöglichte, sind in jenen Gruppendiskussionen nicht mit dem Holocausterinnerungsparadigma assoziiert. Der Holocaust wird als ausschließlich deutsches Phänomen festgeschrieben.

Fragen nach Mitverantwortung und mitunter Mitschuld der damaligen Schweiz sowie der damaligen Schweizerinnen und Schweizer sind dennoch sehr präsent. Ein *Wir* tritt dort auf, das Verantwortung übernimmt für vergangene Handlung, das aber auch danach fragt, was anders hätte gemacht werden können. In diesen Reflexionen zeigt sich, wie wir bei Matthias G. und auch bei Eliane D. exemplarisch gesehen haben, ein Dilemma zwischen ethischen Imperativen und praktisch-pragmatischen Überlegungen.

## 5.5 Fazit

Gegenstand dieses Kapitels war die Auseinandersetzung mit den Vorstellungen, welche sich unsere InterviewpartnerInnen von der Schweiz und ihrer Rolle während des Zweiten Weltkrieges machen. Vorstellungen zur Situation und zum Alltag der damaligen Bevölkerung, zur Situation der Schweiz im nationalsozialistisch dominierten Europa, den damit einhergehenden wirtschaftlichen und politischen Verflechtungen und, als ein viele TeilnehmerInnen besonders beschäftigender Aspekt, die Flüchtlingsthematik, erwiesen sich dabei als die thematischen Schwerpunkte der Gruppendiskussionen.

Wie zu Beginn dieses Kapitels am Beispiel der Gymnasialschülerin Nadine W. gezeigt, steht das während Jahrzehnten offiziell tradierte Bild der humanitären, neutralen und kämpferischen Widerstandsnation in den Gruppendiskussionen zur Debatte. Bis in die 1990er Jahre gepflegte Gemeinplätze des helvetischen Selbstverständnisses werden hinterfragt, indem auf wirtschaftliche und politische

Verflechtungen hingewiesen wird. Außerdem wird die Flüchtlingspolitik problematisiert, und vor dem Hintergrund des Holocaustparadigmas werden Fragen von Schuld und Verantwortung diskutiert.

Dabei sind in den Gruppendiskussionen unterschiedliche Umgangsweisen mit diesen Fragen erkennbar. Sowohl in Bezug auf die Flüchtlingspolitik als auch auf die Frage der Neutralität und der politischen und wirtschaftlichen Verflechtungen finden sich Stimmen, welche das damalige Verhalten der Schweiz kritisieren. Mit Blick auf den Holocaust und damit verknüpfter moralischer Fragen wird die Rückweisung von Flüchtlingen an der Grenze oder die schweizerische Neutralität als Deckmantel für profitable Geschäfte thematisiert und als Staatsdoktrin grundsätzlich in Frage gestellt. Andere TeilnehmerInnen wiederum stehen Verantwortung und Solidarität in außerschweizerischen Belangen skeptisch gegenüber und vertreten sowohl in Bezug auf die Flüchtlingspolitik als auch auf die schweizerische Neutralität ein Konzept der Staatsräson, das die Interessen der *eigenen* Nation über alles andere stellt.

Durchgehend, auch in Gruppendiskussionen, deren TeilnehmerInnen eher eine Perspektive im ersteren Sinn einnehmen, erweist sich aber ein Bild von der Schweiz als besonders präsent im Sample: Wiewohl die älteren an der Diskussion beteiligten Personen facettenreiche Bilder von ihrem Erleben des Krieges beschreiben, kommt es im intergenerationellen Dialog wiederholt zu einer selektiven Akzentuierung eines ganz bestimmten Bildes der damaligen Situation, das Bedrängnis, Angst und Not in den Vordergrund rückt und die Entbehrungen der einfachen Bevölkerung betont. Als Argument verdichtet, kommt dieses Bild in den Gruppendiskussionen oft gerade dann zur Anwendung, wenn die TeilnehmerInnen sich veranlasst sehen, Kritik an der Rolle der Schweiz zu begegnen. Vor allem die Flüchtlingspolitik stellt dabei einen Stein des Anstoßes, oder, wie ein Teilnehmer es ausdrückt, ein «*dunkles Kapitel der Schweizergeschichte*» dar, mit dem die TeilnehmerInnen einen Umgang zu finden sich veranlasst sehen. Verschiedene Rechtfertigungsstrategien werden dabei erkennbar. Nebst der Akzentuierung des Bildes einer Schweiz in Bedrängnis und Not, die es verunmöglicht habe, noch mehr Flüchtlinge aufzunehmen, ist es die Hervorkehrung der erfolgten Hilfeleistungen durch SchweizerInnen – vorab *der kleinen Leute* –, die sich in vielen Gruppendiskussionen als Strategie im Umgang mit *diesem* Kapitel erkennen lässt. Eine nochmals anders gelagerte Umgangsweise mit der Flüchtlingsthematik, die gerade in der Auseinandersetzung mit Antisemitismus und J-Stempel zur Anwendung kommt, stellt die explizite und implizite Vorstellung einer Mitverantwortung von Jüdinnen und Juden gegenüber dem ihnen auch in der Schweiz begegnenden Antisemitismus dar. Wie in diesem Kapitel gezeigt, findet diese Umgangsweise bei InterviewteilnehmerInnen unterschiedlichen Alters, sozialer und regionaler Herkunft und verschiedener politischer Ausrichtung Verwendung. Dabei wird deutlich, wie präsent das idealisierte Bild einer vorab humanitär ausgerichteten, sich für Menschen in Not einsetzenden Schweiz ist. Deutlich wird auch, wie dieses Bild gegenüber der Kritik an der damaligen Flüchtlingspolitik hervorgehoben wird. Wir konnten aufzeigen, dass diese Gegenüberstellung je nach Kontext als Abwehrstrategie oder auch als Verweis auf Handlungsalternativen, die damals möglich gewesen wären, interpretiert werden kann.

Was den Stellenwert des Holocaust in der gegenwärtigen kommunikativen Erinnerung und den Platz dieses historischen Ereignisses in der nationalen Geschichte betrifft, so lassen sich in den Gruppendiskussionen ebenfalls verschiedene Umgangsweisen feststellen. So ist der Holocaust als Bezugspunkt in allen Interviews explizit und implizit präsent. Die Akzeptanz, welche der Holocausterinnerungsrahmen auch in seinem Verhältnis zur schweizerischen Geschichte in den Gruppendiskussionen erfährt, erweist sich allerdings als sehr unterschiedlich. Während zwar einige wenige TeilnehmerInnen die Ereignisse im nationalsozialistisch dominierten Europa, die Verfolgungs- und Vernichtungspolitik einerseits, sowie die hiesigen politischen, ideologischen und wirtschaftlichen Verflechtungen andererseits miteinander in Verbindung bringen und Fragen nach Mitschuld und Verantwortung aufwerfen, wird ein solcher Bezug in den übrigen Gruppendiskussionen kaum hergestellt. Nebst Erinnerungsabwehr im Sinne einer antisemitisch gefärbten Relativierung des Holocausts durch den Vergleich mit anderen Genoziden und Verfolgungspraxen sowie der Unterstellung, *die* Juden würden permanent ihre Opferrolle ins Zentrum stellen, zeigt sich dabei in verschiedenen Interviews ein Phänomen, das wir als segregierte Erinnerung bezeichnet haben. Zum einen wird die damalige Politik und Haltung der Schweiz von der Verfolgung und Ermordung der europäischen Jüdinnen und Juden getrennt. Judenverfolgung und Holocaust erscheinen so nicht als Teil schweizerischer Geschichte, Verstrickungen etwa zwischen antisemitischer Migrations- und Flüchtlingspolitik und nationalsozialistischer Verfolgungs- und Vernichtungspolitik werden nicht in Betracht gezogen. Zum anderen erfolgt in verschiedenen Gruppendiskussionen eine Form der Erinnerungsdelegation, indem impliziert wird, dass es sich beim Holocaust um eine «*Judengeschichte*» handelt, also deutlich gemacht wird, wessen Geschichte der Holocaust ist, und wessen nicht.

Dass der Auseinandersetzung mit dem Holocaust in den Gruppendiskussionen eine starke Ambivalenz inne wohnt, wird sich auch im nächsten Kapitel zeigen, in der die Frage nach der Relevanz dieser Auseinandersetzung, wie sie von unseren InterviewpartnerInnen wahrgenommen wird, nun noch genauer ins Blickfeld gerückt werden soll. Insbesondere wird der Frage nachgegangen, welche Bedeutung der Zeit des Zweiten Weltkrieges und des Nationalsozialismus für die Gegenwart überhaupt noch beigemessen wird, wie das Thema der *Schuld* als zentraler Kategorie in der gegenwärtigen Erinnerungskultur zum Gegenstand der Auseinandersetzung wird und welche Kritik von unseren InterviewpartnerInnen an der gegenwärtigen Vermittlung der Geschichte des Zweiten Weltkrieges und des Holocaust geäußert wird.

# 6 Der Zweite Weltkrieg: (K)Eine Gebrauchsgeschichte?

*«Instead of the Swiss defending
their traditional and continued national
identity of neutrality, their solution seemed
to place Switzerland on the verge of
becoming a global moral leader.»*

Elazar Barkan: *The Guilt of Nations*

*«Irgendwann
kannst du es
einfach
nicht mehr hören.»*[596]

Roland Z. (Jg. 1990)

Im Rückblick etwas optimistisch wirken die Worte, mit denen der amerikanische Historiker Elazar Barkan 2000 die im Zuge der Debatten um Nachrichtenlose Vermögen und seitens des schweizerischen Staates erfolgte Ankündigung eines milliardenschweren Franken dotierten Solidaritätsfonds honorierte. Mitte der 1990er Jahre ging eine staatlich beförderte Neubewertung nationaler Vergangenheiten vonstatten, die Schweiz schien sich mit einem Male vom neutralen, gar eigenbrötlerischen Beobachter zur moralischen Führungsmacht in Sachen Aufarbeitung, Wiedergutmachung und aktiver Neutralität gemausert zu haben. Von Überschwang ist hingegen bei unserem Interviewpartner Roland Z. (1990) wenig zu spüren: Er hat genug von der Auseinandersetzung mit der Vergangenheit, mit jener Moral, welche die Schweiz aus Sicht Barkans zum *«leader»* macht, kann er, wie er wiederholt zu erkennen gibt, wenig anfangen. So geht es in diesem Kapitel denn auch um die Frage, wie es unter den Interviewten um die Zeit des Zweiten Weltkriegs als historischer Bezugspunkt und lebendiges Geschichtsbild bestellt ist, ob und inwiefern diese Epoche als Gebrauchsgeschichte fungiert.[597]

---

596 GD Z. Z91.
597 *Gebrauchsgeschichte* bezeichnet einen besonderen Umgang mit Geschichte, der dann zum Einsatz kommt, wenn es darum geht, eigene oder Positionen und Interessen von Gruppierungen historisch zu legitimieren. Vgl. dazu auch Marchal, Guy P.: Schweizer Gebrauchsgeschichte. Geschichtsbilder, Mythenbildung und nationale Identität, Basel 2006.

## 6.1 Vom Exempel zum Memento

Eine grundlegende offizielle Umdeutung der Rolle der Schweiz im Zweiten Weltkrieg ersetzte den während Jahrzehnten tradierten Topos vom widerständigen Sonderfall durch alternative Sichtweisen. Durch die staatliche Ernennung einer *Unabhängigen Expertenkommission (UEK)* wurde Top-Down die Erweiterung einer *patriotischen* durch die Implementierung einer *Völkermord-Erinnerung* versucht.[598] Mit dem Holocaust als Bezugspunkt der Erinnerung an Nationalsozialismus und Weltkrieg wird, wie wir in Kapitel 2 dargelegt haben, auch in der Schweiz angeknüpft an ein nach dem Ende der Ost-West-Dichotomie transnational gepflegtes fundierendes Ereignis, das eine Ex-Negativo-Vergemeinschaftlichung und im Gedenken an den Holocaust eine Politik der Menschenrechte nachdrücklich propagiert. Im Kontext der europäischen Integrations- und Erweiterungspolitik gereichte und gereicht der Holocaust zu jener Negativfolie, die in Hinblick auf Gegenwart und Zukunft die Basis bilden sollte für einen transnationalen Bezugsrahmen grundlegender Werte des Zusammenlebens. Die Holocaust-Erinnerung sei, wie der Historiker Klas-Göran Karlsson meint, ein hilfreiches Konzept, das absolut Böse der Vergangenheit zu knüpfen an das Projekt eines geeinten, guten Europas der Zukunft,[599] und die Einführung eines gesamteuropäischen Holocaust-Gedenktages stellt so denn auch ein wichtiges ideologisches Instrument zur Konstruktion kollektiver Identität und politischer Legitimation dar. Wiewohl Nicht-EU-Mitglied knüpft die Schweiz mit der Einrichtung eines Holocaust-Gedenktages per 2004 auf moralischer Ebene an ein europäisches Geschichtsbewusstsein an mit der Verpflichtung, dem Holocaust sowohl zeitlich als auch geographisch uneingeschränkt Relevanz zuzuschreiben und Lehren daraus zu ziehen.

Mit der notabene erst auf äußeren Druck hin erfolgten Integration der Schweiz in dieses transnational tradierte Erinnerungsnarrativ wird das isolationistische Bild vom neutralen Sonderfall justiert in Richtung tätige Teilhabe am (europäischen) Weltgeschehen. So begründete angesichts der Ereignisse im Kosovo Ende der 1990er Jahren die damalige Bundespräsidentin Ruth Dreifuss in ihrer Rede vor der Vereinigten Bundesversammlung das schweizerische Engagement in diesem Konflikt damit, «*dass die furchtbare Ideologie der ‹ethnischen Säuberung› [...] Massendeportationen und Verletzungen der Menschenrechte verursacht*» habe, «*Verletzungen, zu denen Europa sich geschworen hatte, dass*

---

598 Vgl. dazu François Etienne: Meistererzählungen und Dammbrüche, S. 13.
599 Vgl. Karlsson, Klas-Göran: The Holocaust as a Problem of Historical Culture, S.18.

*es sie nie mehr tolerieren wolle.*»[600] Mit diesen Worten implizierte Ruth DreiFuß ein Lernen aus den Folgen der nationalsozialistischen Verbrechen für die Betroffenen, das auch die Schweiz in die Pflicht nimmt.

Die Etablierung des Holocaust als Angelpunkt der Weltkriegserinnerung in der Schweiz folgt dem Muster einer Top-Down-Institutionalisierung und ist mit der Ernennung einer Expertenkommission, der Einrichtung eines Solidaritätsfonds und der Festlegung eines Holocaust-Gedenktages staatlich koordiniert. Wie wir in den vorhergehenden Kapiteln gesehen haben, sind in den Gruppendiskussionen zwar geschichtsbildskeptische Narrative weit verbreitet und der Holocaust-Erinnerungsrahmen ist auch im kommunikativen Gedächtnis präsent. Inwiefern aber die *Völkermord-Erinnerung* Erlebnissen und Erfahrungen entspringt, also den Weg Bottom-Up genommen hat und so das helvetozentrische Geschichtsbild einer umfassenderen Betrachtung gewichen ist, bleibt vorläufig eine unbeantwortete Frage. Im Folgenden werden wir beschreiben, welchen Stellenwert für Gegenwart und Zukunft die Erinnerung an den Holocaust bzw. den Nationalsozialismus, den Zweiten Weltkrieg sowie darin die Rolle der Schweiz in den Gruppendiskussionen einnimmt und welche Bedeutung sowohl dieser Vergangenheit als auch deren Aufarbeitung beigemessen wird. Sind zwar die zentralen Schlagwörter aus dem gegenwärtigen Erinnerungsdiskurs auch im kommunikativen Gedächtnis breit vertreten, stösst die erklärte Verankerung und damit Relevanz des Holocaust im kollektiven Gedächtnis auf Skepsis.[601] Auf Ablehnung stösst die so genannte *Schuldfrage* ebenso wie die angebliche Omnipräsenz einer Vergangenheit, die, so die von manchen unserer InterviewpartnerInnen vertretene Meinung, nunmehr erledigt sei. Weltkrieg, Holocaust und die damalige Rolle der Schweiz scheinen gemäß solchen Stimmen keine Aktualität mehr zu haben. Mit der Aufarbeitung dunkler Punkte könne bislang Unerledigtes endlich ad acta gelegt werden. Erinnerungskulturelle Konfliktlinien verlangten nicht nur unterschiedliche Bilder und Vorstellungen dieser Vergangenheit, sondern betreffen auch das Mass an Gegenwärtigkeit, will heißen die Bedeutung und Wichtigkeit, welche dieser Epoche beigemessen wird. In den Interviews widerspiegeln sich diese Konfliktlinien, wobei manche der an den Gruppendiskussionen mit uns Forscherinnen Beteiligten scheinen beweisen zu wollen, dass sie sich mit den Altlasten nationaler Vergangenheiten gründlich befasst hatten.

---

600   Erklärung des Bundesrates zum Kosovokrieg durch Bundespräsidentin Ruth Dreifuss vor der Vereinigten Bundesversammlung vom 21. April 1999. www.parlament.ch/f/dokumentation/reden/reden-archiv [Stand 20.02 2012].
601   Vgl. Kapitel 5.3.4.

## 6.2 Von eingeschränkten Partizipationen

Es stellt sich zunächst jedoch die Frage nach Effekt und Breitenwirkung erfolgter Aufarbeitung. Während manche der Interviewten mit den Debatten um Nachrichtenlose Vermögen, den historiographischen Aufarbeitungsbemühungen und den so genannten Wiedergutmachungszahlungen problematische Aspekte der jüngsten Vergangenheit als abgegolten verstanden wissen wollten, stellten andere den Effekt dieser Bemühungen zur Debatte. Der Interviewteilnehmer Philipp L. (Jg. 1950) bemerkte gleich zu Beginn der mit ihm und seiner Familie durchgeführten Gruppendiskussion, er habe aus den historiographischen Aufarbeitungen zur Rolle der Schweiz während Nationalsozialismus, Krieg und Holocaust nichts erfahren, was ihm nicht bereits bekannt gewesen wäre. Hätte man es wissen wollen, so hätte man es auch wissen können, meinte er, für ihn hätten die Debatten nichts Neues erbracht, sondern hätten lediglich dem Bedürfnis einiger Intellektueller entsprochen.[602] Als unbefriedigend wahrgenommen werden gerade von TeilnehmerInnen der beiden jüngeren Generationen Vermittlung und Umsetzung der historischen Aufarbeitung. Auch Daniel H. (Jg. 1963), Journalist, machte dies deutlich, als wir ihn gegen Ende der mit ihm, seiner Frau Esther H. (Jg. 1969), seinem Vater François H. (Jg. 1930) und seinem Sohn Stefan H. (Jg. 1992) geführten Gruppendiskussion diesbezüglich nach seinen Einschätzungen fragten:

> Daniel H. (Jg. 1963): [...] Ich nehme an, dass das Bild von der Schweiz im Zweiten Weltkrieg, das heute in der Schule vermittelt wird, wenn überhaupt, anders ist wie das, was ich noch erlebt habe, vom kleinen wehrhaften Staat und so. Das ist vielleicht positiv. Auf der andern Seite glaube ich, eben, leider, ist es so, dass die Lehren aus der Geschichte, wie sie eigentlich gezogen werden könnten, nicht nur bezogen auf die Schweiz, sondern allgemein, am Schluss nicht gezogen werden. Das zieht sich immer wieder durch die Geschichte. Und so glaube ich eben auch, auch wenn wir diese Geschichte auch in der Schweiz und in Deutschland und in Österreich und ich weiß nicht wo, wirklich aufarbeiten, dass auch der hinterste und jeder wüsste, was passiert ist und warum es passiert ist, glaube ich nicht, dass es bedeutete, dass etwas in einer ähnlichen Form, natürlich nicht das Gleiche, vielleicht ein wenig kleiner, ein wenig grö/ einfach so etwas wieder passieren könnte: Ausgrenzung, Rassismus, wie auch immer. Und das andere ist, die Aufarbeitung, glaube ich, schlussendlich nimmt nur ein kleiner Teil der Bevölkerung zur Kenntnis, weil, das ist zumindest mein Eindruck, Deutschland macht wahnsinnig viel, ist natürlich ganz anders betroffen, aber in Deutschland gab es, seit ich mich erinnern kann, wahnsinnig viel im Fernsehen, Aufarbeitung der Geschichte, Dokumentationen und Diskussionen. Hingegen ist das in der Schweiz doch sehr in einer intellektuellen Ecke passiert, das Ganze. Und die breite Bevölkerung hat die Schlagzeilen in den Zeitungen gesehen, die oft mit der Aufarbeitung selber nicht so viel zu tun hatten. Aber der Versuch, einer breiten Bevölkerung, zum Beispiel in Form von Fernsehsendungen, Berichterstattung, die wirklich die breite Bevölkerung zur Kenntnis nehmen könnte, da ist wenig passiert. Darum glaube ich eben auch, gibt es hier viele Missverständnisse heutzutage [...].[603]

---

602  Vgl. GD L. Z1338.
603  GD H. Z646-667.

Zwar räumt Daniel H. ein, dass Geschichtsbilder und Vorstellungen betreffend der Rolle der Schweiz während Nationalsozialismus und Krieg, die heute im schulischen Unterricht vermittelt werden, wohl nicht mehr das Bild *eines «kleinen, wehrhaften Staat[es]»* präsentierten. Mit einem *«wenn überhaupt»* meldet Daniel H. allerdings auch Zweifel an, ob dieser Gegenstand in der Schule tatsächlich thematisiert wird und fragt grundsätzlich nach der Reichweite historischer Aufarbeitung bzw. dem aufklärerischen Effekt einer solchen, geht er doch davon aus, dass so etwas *«in einer ähnlichen Form»* wieder geschehen könne: *«Ausgrenzung, Rassismus, wie auch immer»*. Im Vergleich mit Deutschland sei, so gibt Daniel H. zu bedenken, die Auseinandersetzung mit dieser Vergangenheit in begrenztem Rahmen, in einer *«intellektuellen Ecke»* erfolgt, während breitere Bevölkerungskreise abgesehen von Schlagzeilen in Print- und anderen Medien von den Ergebnissen historiographischer Aufarbeitungen wenig erfahren hätte. Sichtbar wird in dieser Passage einmal mehr die in unseren Gruppendiskussionen wiederkehrende reflexive Perspektive gegenüber Vergangenheitsaufarbeitung, welche die politische Dimension der Debatten um die Rolle der Schweiz widerspiegelt.

### 6.2.1    *Geschichte für eine kleine Minderheit*

In jene *«intellektuelle Ecke»,* auf die sich gemäß Daniel H. die Auseinandersetzung um die Rolle der Schweiz während Nationalsozialismus und Krieg beschränkt, gehören insbesondere die Berichte der UEK, bei den Gesprächsteilnehmenden bekannt als *«Bergierkommission»*. Unter den Büchern, die wir im Übergang vom ersten zum zweiten Interviewteil als Diskussionsimpuls vorlegten, befand sich auch der UEK-Schlussbericht. Kaum jemand von den TeilnehmerInnen hat diesen Bericht selber gelesen und nur wenige vermochten das Buch zuzuordnen, bevor wir erwähnten, dass es sich dabei um den *Bergierbericht* handelt. Die Musiklehrerin Lisa W. (Jg. 1962) problematisiert denn auch im Zusammenhang der Diskussion über Erfolg und Wirksamkeit historiographischer Aufarbeitung diese Form des Wissenstransfers:

> Lisa W. (Jg. 1962): Ich finde die Arbeit der Bergierkommission sehr wichtig, aber ich bin mir bewusst, dass damit nur ein sehr kleiner Teil der hier lebenden Bevölkerung erreicht wird. Ich habe jetzt einen relativ hoch/ sage ich jetzt mal provokativ, relativ weit reichende Bildung voraus. Also es braucht wirklich Kenntnisse, die müssten eher schon auf Gymnasialniveau sein. Oder es braucht jemanden, der ein extremes Interesse hat an Geschichte, an soziologischen Fragen, sicher auch einen guten Zugang von der Sozialkompetenz her hat. Der das, was die Dings herausfinden, irgendwo einordnen kann.[604]

---

604    GD W. Z1136-1150.

Lisa W. begrüsst zwar die Arbeit der Forschungskommission und auch die entsprechenden Publikationen, kritisiert aber ähnlich wie Philipp L. und Daniel H. deren begrenzte Reichweite und Rezeption. Die Lektüre des Schlussberichts der UEK setze eine höhere, eine *«gymnasial[e]»* Bildung voraus oder ein außergewöhnliches Interesse an Geschichte und soziologischen Fragestellungen, um das Gelesene, wie sie kritisiert, überhaupt einordnen zu können. Allen sei der Zugang zu Geschichte nicht ermöglicht. Die Äußerung von Lisa W. macht auf Konfliktlinien im erinnerungskulturellen Diskurs aufmerksam, die in den Gruppendiskussionen wiederholt anklingen – etwa in den Aufforderungen an uns oder allgemein an *die* Historiker, sich an den *kleinen Leuten*, den *normalen* Leuten, zu orientieren.[605] Damit wird ein Spannungsfeld tangiert, das nicht generationell oder politisch gelagert, sondern an Bildung geknüpft ist. Wiederholt wurde im Rahmen der Diskussion der erwähnten Bücher denn auch die Frage aufgeworfen, wer *«das»* liest bzw. lesen soll und angefügt,[606] *«es»* sei *«zu theoretisch»*.[607] Viele der an der Thematik interessierten DiskussionsteilnehmerInnen ließen erkennen, wie wenig sie sich als AdressatInnen publizierter Forschungsergebnisse verstehen.

Zum Ausdruck kam das etwa in folgender Interaktion zwischen Beatrice S. (Jg. 1968), ihrer Tochter Melanie S. (Jg. 1991) und der Interviewerin N.B. Aus dem Angebot der ihnen vorliegenden Büchern greifen die beiden Teilnehmerinnen den Schlussbericht der UEK heraus. Das stattliche Buch in Händen haltend, diskutieren die beiden Frauen, wem ein solcher Bericht diene.

> Melanie S. (Jg. 1991): Also mich hat es mehr interessiert, was, mehr Schweizer Geschichte, allgemein Weltgeschichte, was passiert ist, und ich habe also wirklich nur lernen müssen, quasi, ich habe sehr wenig mitbekommen, wie das alles passiert ist oder so. Für mich ist es einfach nur ein Text, der wahrscheinlich noch komplizierter geschrieben ist, mit Jahreszahlen drin. Wenn es vielleicht interessanter wäre, vielleicht, eben, wenn du Geschichten, wie zum Beispiel die Anne Frank lesen kannst, anstatt nur «der und der hat das gesagt» und «dann ist das und das beschlossen worden» dann sagt mir das eigentlich nicht groß etwas und dann hilft es mir eigentlich auch nicht wirklich. Würde ich jetzt sagen. Aus den Büchern, über die Anne Frank, oder aus Situationen, die sie verfilmt haben, kann man mehr lernen als aus solchen Sachen, Geschichte, die man von der Geschichte aus lernen muss. Da kann man vielleicht schon etwas daraus nehmen.

> Beatrice S. (Jg. 1968): Also ich habe schon das Gefühl, dass das von jetzt in erster Linie das für weitere Verhandlungen, sonst kann ich mir das nicht vorstellen. Weil [unv.].

> Melanie S. (Jg. 1991): Weil nichts Persönliches drinsteht.

---

605 So etwa GD O. und GD F.
606 Vgl. dazu etwa GD K., GD J., GD B., GD H. etc.
607 Vgl. GD D. Z1954.

Beatrice S. (Jg. 1968): Wie viele Jahre haben sie daran gearbeitet, fünf, sechs?

N. B. (Jg. 1979): Fünf Jahre waren sie insgesamt etwa daran.

Beatrice S. (Jg. 1968): Musst dir mal vorstellen, was das kostet.

Melanie S. (Jg. 1991): Weil den Normalen bringt das nichts (Beatrice S.: Nein.), nur denen, die sich nachher weiter mit dem befassen wollen.

Beatrice S. (Jg. 1968): [Unv.] wir haben das Gefühl, es bringt nichts.

[Alle lachen].[608]

Melanie S. erklärt, während sie den Schlussbericht der UEK durchblättert, wie wenig sie über die Rolle der Schweiz während des Zweiten Weltkrieges *«mitbekommen»* habe, darüber, was alles *«passiert»* sei, um sogleich auf das Buch in ihren Händen zu sprechen zu kommen. Viel Text, kompliziert verfasst und gespickt mit Jahreszahlen, scheint der Bericht das Stereotyp vom trockenen Geschichtsunterricht zu bestätigen. Von Lisa W. bereits angesprochen, äussert Melanie S. außerdem die Befürchtung, in der Fülle der Fakten verloren zu gehen und das Dargebotene nicht einordnen zu können. Eher gering schätzt sie darum die Möglichkeit ein, aus *«der Geschichte zu lernen»*. Lernen aus Geschichte wäre Sinn und Zweck der Auseinandersetzung mit Vergangenheit, geschehen sollte dies jedoch anhand von Menschen, Gesichtern und ihren Geschichten.[609] Auch Beatrice S. steht dem Wälzer eher skeptisch gegenüber. Die Funktion des Berichts siedelt sie weniger im alltagsweltlichen Gebrauch als eher im juristischen Bereich an, seinen praktischen Nutzen sieht sie im Kontext von *«weitere[n] Verhandlungen»*. Damit greift sie auf, was auch der Realität entspricht, indem der Bericht der Unabhängigen Expertenkommission die Diskussion um die nachrichtenlos auf Schweizer Banken liegenden Vermögen auslöste. Auf *«nichts Persönliches»*, nur auf Sachverhalte und Jahreszahlen stoßen Melanie und Beatrice S. So fragen sie denn nach den Rahmenbedingungen des Berichts, der Entstehungszeit und den Kosten. Nach ihrer Meinung wurde viel Geld in eine langjährige Aufarbeitung gesteckt, die an *«den Normalen»* vorbeiziele und nur für Fachleute bestimmt sei, die sich weiterhin mit der Thematik beschäftigen wollen. Beatrice S. kommt schließlich im Namen der Gruppe zum Ergebnis, ein Wälzer wie der vorliegende bringe nichts, den so genannt *«Normalen»* jedenfalls nicht. In dieser Sequenz

---

608 GD S. Z1380-1407.
609 Vgl. dazu auch Kapitel 6.5.

geht es demnach um den Konflikt emotionaler vs. kognitiver Zugang zur Vergangenheit, in der möglicherweise anti-intellektuelle Ressentiments anklingen, aus der aber auch hervorgeht, dass andere Formen der Wissensvermittlung durchaus erwünscht sind.

Auch Philipp L. ist der Ansicht, die ganze Geschichtsaufarbeitung der 1990er Jahre sei lediglich zum Vergnügen bzw. zur Befriedigung einiger Intellektuellen erfolgt,[610] Beatrice S. scheint ihm darin Recht zu geben. Philipp L. (Jg. 1950), Daniel H. (Jg. 1963), Lisa W. (Jg. 1962) sowie Beatrice (Jg. 1968) und Melanie S. (Jg. 1991) machen mit ihren Voten gleich in doppelter Hinsicht auf eine Kluft im erinnerungskulturellen Diskurs aufmerksam. Historiographische Aufarbeitung zwar grundsätzlich begrüssend, bezweifeln sie dennoch die Reichweite ihrer Resultate und verbuchen diese als Angelegenheit einer kleinen intellektuellen Elite. Die generationellen und politischen Konfliktlinien werden durch eine dritte ergänzt. Sie ergibt sich aus der Frage, wer überhaupt Zugang hat zu historiographischen Erkenntnissen und welcher Bildungshintergrund Voraussetzung ist. Auch hier ergibt sich eine Trennungslinie, die im Rahmen kommunikativen Erinnerungsgeschehens eine wichtige Rolle spielt.

### 6.3 Die Vergangenheit in der Gegenwart

Boten in den Gruppendiskussionen Art und Weise sowie die Reichweite der staatlich verordneten Vergangenheitsaufarbeitung wiederholt Anlass zu kritischen Bemerkungen, gab es doch immer wieder spontane Reflexionen über Rolle und Funktion der Vergangenheit bzw. der Geschichte in der Gegenwart. So bemerkt Andreas F. (Jg. 1953) gegen Ende der Gruppendiskussion, *«das [die Vergangenheit, d.A.] macht den Boden aus, auf dem man steht».*[611] Leider habe die Geschichte aber an Bedeutung verloren, in den Lehrplänen würde sie zugunsten von Englisch und Informatik stiefmütterlich behandelt und in der Berufsbildung höre man ohnehin nicht viel darüber. *«Pfannenfertiges»* wünscht sich Andreas F. daher von den HistorikerInnen, *«Zeitzeugen»* habe es *«rundherum»*, ebenso *«eine Burg»*, *«einen Römerweg»* und allerlei Spuren *«bis in die Moderne rein»*, die zusammengetragen *«ein Mosaik der Gegend, in der man wohnt, von der Geschichte, in der man drin ist [...]»*, ergeben würden.[612] Hält Andreas F. (Jg. 1953) die Vergangenheit für das Fundament der eigenen Gegenwart, erläutert Fritz C. (Jg. 1943) weiter, liege doch der Sinn der Auseinandersetzung mit der Geschichte

---

610 Vgl. GD L. Z1138.
611 GD F. Z1181.
612 GD F. Z1233-1248.

darin, zu erkennen, woher man komme, um dann zu wissen, wohin man gehe.[613] Auseinandersetzung mit der Vergangenheit wird orientierungsstiftende Funktion in der Gegenwart beigemessen. Doch nicht jede Vergangenheit scheint gleichermaßen und in gleicher Weise dazu geeignet. Gerade in Hinblick auf die Epoche des Nationalsozialismus und des Holocaust bestehen Divergenzen. Auch wenn sich die offizielle Schweiz in Einklang mit transnationalen erinnerungskulturellen Konjunkturen mit der Einführung eines *Tag des Gedenkens an den Holocaust* zur immerwährenden Relevanz des Genozids an den europäischen Jüdinnen und Juden verpflichtet hat, ist im kommunikativen Erinnern ebendiese Epoche als orientierungsstiftender Bezugspunkt in Frage gestellt.

### 6.3.1  Vergangenheit abschließen

Dem Ereignis Holocaust als orientierungsstiftendem Bezugspunkt auch für die Gegenwart steht etwa Petra K. (Jg. 1985) ablehnend gegenüber. Sie erklärt auf unsere Frage nach ihrer Ansicht zu Aufarbeitung und Auseinandersetzung mit Nationalsozialismus, Krieg und der damaligen Rolle der Schweiz unumwunden, dass heutzutage anderes wichtig sei.[614] Bereits zu Beginn der Gruppendiskussion lässt die junge Frau durchblicken, dass sich ihr Interesse an der zur Debatte stehenden Thematik in Grenzen halte: «*Das war bestimmt schlimm, aber das ist jetzt vorbei und ich weiß auch nicht, weshalb man darüber jetzt noch reden soll.*»[615] Damit ist ihre Einstellung zur vorliegenden Thematik festgelegt und sollte sich auch im weiteren Verlauf der Gruppendiskussion nicht mehr ändern. Aus diesem Statement geht auch hervor, wie sich im Interview unterschiedliche Erinnerungsinteressen und gesellschaftliche Konfliktkonstellationen reproduzieren. Hinsichtlich der erinnerungskulturell aktuellen Schlagwörter *Aufarbeiten* und *Erinnern*, die wir als Interviewerinnen und Forscherinnen repräsentieren bzw. personifizieren, begegnet uns Petra K. zurückweisend bzw. weigert sich demonstrativ, auf von uns eingebrachte Themen und Fragestellungen einzutreten, weil es ja zwar «*bestimmt schlimm*» war, aber «*jetzt vorbei*» sei. So gibt sich Petra K. uns Forscherinnen gegenüber denn auch kurz angebunden und reserviert.

Tut Petra K. auf diese Weise kund, mit dieser Vergangenheit nichts (mehr) am Hut zu haben, konstatieren weitere, ebenfalls jüngere GesprächsteilnehmerInnen mit Erstaunen eine anhaltend starke mediale Präsenz einer Epoche, die auch zwei Generationen später noch «*ständig Thema*» sei.[616] Selina M., (Jg. 1980) scheint

---

613  Vgl. GD C. Z443.
614  Vgl. GD K. Z1192.
615  Vgl. ebd. Z260f.
616  Vgl. dazu GD D. Z843-907.

dieser Präsenz ähnlich wie Petra K. zunehmend ablehnend gegenüberzustehen. Die Buchhändlerin, die wir als eine engagierte Diskussionsteilnehmerin kennen gelernt haben, hat sich nicht nur in der Schule, sondern auch in ihrer Freizeit viel mit dem Zweiten Weltkrieg und dem Holocaust befasst und gemeinsam mit ihrer Familie auch Holocaust-Gedenkstätten besucht. Ihre breiten Kenntnisse brachte sie denn auch in die Diskussion ein, sie stießen insbesondere bei ihrem Großvater Pierre M. (Jg. 1926) auf Interesse; Schul- und Bücherwissen, sind in dieser Gruppendiskussion, wie wir in Kapitel 4 gezeigt haben, hoch im Kurs. Konträr dazu steht Selina M.s Reaktion auf die vor ihr auf dem Tisch ausgebreiteten Bücher, die wir als Diskussionsimpuls zu den Interviews mitgebracht haben (Kapitel 1.2). Selina M. überblickt die ihr vorliegende Palette an Titeln und kommentiert dann: *«Ich kenne keines von diesen Büchern, habe noch nie eins gesehen.»*[617] Auf die nachhakende Frage der Interviewerin, ob sie vielleicht gerne eines der vorliegenden Bücher lesen würde, blockt Selina M. für uns unerwartet ab, sie wisse über dieses Thema bereits genug.[618] Im weiteren Verlauf der Diskussion moniert Selina M., die auf dem zweiten Bildungsweg die Matura absolviert, dass in der Schule immer *«nur die Judenverfolgung»* thematisiert würde und lässt damit durchblicken, dass sie der Thematik allmählich überdrüssig ist.[619] Von ähnlichen Erfahrungen weiß auch Roland Z. (Jg. 1990), der sich, wie wir gesehen haben, stark von seiner die Relevanz des Holocaust betonenden Mutter abgrenzt, zu berichten:

> Roland Z. (Jg. 1990): Ich denke, von Leuten in meinem Alter, mhm, weiß man ein bisschen drüber Bescheid, wirklich interessieren tut es niemanden, aber in der Schule wird es einem halt trotzdem, ich finde, es wird einem quasi übertrieben wie reingedrückt. Eben ich habe sicher/ von dreißig Büchern im Gymi waren fünfundzwanzig über den Zweiten Weltkrieg oder zumindest mit einer Zweit-Weltkrieg-Thematik.[620]

Auch er, zum Zeitpunkt der Gruppendiskussion Maturand, beteiligt sich stark am Gespräch, nimmt indes den andern Teilnehmerinnen und auch uns Wissenschaftlerinnen gegenüber, eine kontroverse Position ein. Lässt sich doch der obige Auszug aus dem Interview mit der Familie Z. verstehen als eine kleine Spitze gegen uns Repräsentantinnen der Historiographie, die wir an einem schulfreien Samstag eine Diskussion über ein Thema anberaumen, mit dem er sich auch in der Schule ständig beschäftigen müsse. So reproduziert sich in der Diskussionsrunde denn auch, was Roland Z. am schulischen Unterricht kritisiert, lässt er uns doch gleich in den ersten Takten des Interviews wissen, *«irgendwann*

---

617 GD M. Z1218.
618 Vgl. ebd. GD M. Z1222.
619 GD M. Z311-314.
620 GD Z. Z179-190.

*kannst du es einfach nicht mehr hören».*[621] Er erklärt uns sowie seiner Mutter Irene Z. (Jg. 1966) und der Großmutter Sophia Z. (Jg. 1943), dass Leute seines Alters – er denkt wohl dabei an solche, die das Gymnasium besuchen – sich kaum für die Thematik interessierten, zudem längst Bescheid wüssten; denn das Thema gehöre nicht nur zum Unterrichtsstoff, sondern würde einem regelrecht *«reingedrückt».* Was er damit meint, erläuterte Roland Z. im Verlaufe des Gesprächs wiederholt: Während seines Gymnasialunterrichts seien gewiss fünfundzwanzig von dreißig gelesenen Büchern *«über den Zweiten Weltkrieg gewesen und die Juden».*[622] Während manche DiskussionsteilnehmerInnen in der medialen Präsenz dieser Thematik ein interessantes Phänomen sehen, beklagt sich Roland Z. aus der Perspektive eines Schülers, dass er weniger aus persönlichem Interesse als vielmehr aufgrund schulischen Zwangs mit dem Thema konfrontiert worden sei, das in der Schule *«übertrieben»* behandelt werde. TeilnehmerInnen wie Roland Z., Selina M. oder Petra K. bringen damit eine (Schüler-) Meinung zur Sprache, die den in den Lehrplänen verankerten Erinnerungsimperativ kritisch beleuchtet, den Eindruck vermittelt, genug zu wissen, ge- und übersättigt zu sein von dieser Thematik. Verschiedentlich wurden wir als Forscherinnen denn auch mit der (stillen) Frage empfangen, weshalb die Sache, wo sie doch seit den Diskussionen der 1990er Jahre geklärt sei, nochmals aufgewärmt werden solle. Skeptische Statements, wie sie Roland Z. oder Selina M. abgeben, kritisieren explizit den Umgang mit dem Thema Krieg und Holocaust im Unterricht. Aktuelle Diskussionen zu Nationalsozialismus, Weltkrieg und Holocaust im Unterricht weisen auf ähnliche Schwachstellen hin.[623]

Kritisieren die einen thematische Omnipräsenz, argumentieren die andern, vor allem jüngeren Interviewten, dass die Epoche des Nationalsozialismus der eigenen Erfahrungswelt fern liegt. Der Maler-Lehrling Yves J. (Jg. 1990) kennt die Zeit des Zweiten Weltkrieges vorab aus Spielfilmen:

> Yves J. (Jg. 1990): Es sind halt Filme, die man so kennt, Der Soldat James Ryan oder The Band of Brothers. Man kennt das halt mehr von dort [...]. Das erlebt man gar nicht mehr. Es wird viel gespottet darüber.[624]

---

621 GD Z. Z91.
622 Ebd. GD Z. Z90.
623 Die am 21. Januar 2012 aus Anlass des internationalen Holocaust-Gedenktages stattgehabte Shoa-Tagung im Aarauer Zentrum für Demokratie hatte unter dem Titel *Die Shoa in Schule und Öffentlichkeit – Erfahrungen, Erwägungen und Empfehlungen* die Probleme und Fragen betreffend der Holocaust-Vermittlung, die in den hiesigen Curriculae Pflichtthema sind, zum Gegenstand. Vgl. dazu aber auch die Publikation von Saner, Hans; Jendreyko, Hans-Dieter: Was gehen uns unsere Väter an.
624 GD J. Z219-222.

Auf die Frage der Interviewerin nach seinem Bezug zu Nationalsozialismus, Weltkrieg und der Rolle der Schweiz hierbei meint er, er kenne *«das halt»* aus Filmen. Die Landung der Alliierten Truppen vom 6. Juni 1944 in der Normandie kennt er anhand der Erfahrungen der Figur *James Ryan*. Entsprechend der zehnteiligen US-amerikanischen Serie *Band of Brothers* schildert er die Ereignisse des Zweiten Weltkrieges zwischen 1942 und 1945 aus Sicht amerikanischer Soldaten.[625] Dass Yves J. diese Epoche im Reich der Unterhaltung ansiedelt und ihr für seine Gegenwart keine Relevanz zubilligt, hängt, wie er selber andeutet, damit zusammen, dass diese Zeit außerhalb seines Erfahrungshorizontes liegt. Warum aber darüber *«viel gespottet»* wird, geht aus der Sequenz nicht hervor und auch nicht, worin der Spott besteht. Deutlich wird nur, und dies vor allem im weiteren Verlauf des Gruppengesprächs, dass Yves J. sich dort erst in die Diskussion einbringt, wo ein Bezug zu seinem Erlebnishorizont besteht. Petra K. (Jg. 1985), die wir eingangs des Abschnittes zitiert haben, bringt es denn auch auf den Punkt, weshalb sie sich für das Thema der Gruppendiskussion nicht interessiere, *«weil das lange vorbei ist, weil das gar nichts mit mir zu tun hat.»*[626] Jüngere TeilnehmerInnen wie Petra K. (Jg. 1985), Selina M. (Jg. 1980), Roland Z. (Jg. 1990) oder Yves J. (Jg. 1990) geben in den Gruppendiskussionen zu erkennen, dass sich ihr Interesse, falls überhaupt je vorhanden, an der Thematik erschöpft und mit ihrem Alltag kaum etwas zu tun hat.

### 6.3.2 *Gegenwart und Zukunft im Blick*

Als omnipräsent in Schule und Öffentlichkeit wird gerade von jüngeren TeilnehmerInnen das Thema Nationalsozialismus, das mit ihrer Erfahrungswelt und ihrem Erlebnishorizont nichts zu tun habe, wahrgenommen. Nicht nur aus den Reihen der jüngsten DiskussionsteilnehmerInnen lässt sich eine solche Reserviertheit gegenüber der Thematik und eine gewisse Ablehnung hinsichtlich deren Relevanz für unsere Gegenwart erkennen. Wiederholt sahen wir uns anlässlich der Gruppendiskussionen konfrontiert mit der Forderung, mit dieser Geschichte Schluss zu machen. Allerdings beantwortete die überwiegende Zahl der TeilnehmerInnen unsere Frage nach Sinn, Zweck und Nutzen der Auseinandersetzung mit dieser Vergangenheit, die wir jeweils gegen Ende der Gruppendiskussionen aufwarfen, fast stereotyp, es sei wichtig, sich mit der Vergangenheit auseinanderzusetzen, da man ja aus Fehlern lerne. Dem kann auch Hannes O. beipflichten, indes führt er weiter aus:

---

625 Vgl. dazu Kapitel 3.2 in der Arbeit.
626 GD K. Z1294f.

Hannes O. (Jg. 1979): Man sollte die Vergangenheit aufarbeiten, damit man sie sauber abschließen kann und nicht Hunderte von Jahren unerledigte Geschäfte mit sich schleppt. Und wenn es mal abgeschlossen ist, soll man die Lehren draus ziehen und das vielleicht bei einem anderen Mal besser machen. Aber es muss abgeschlossen sein, irgendwann.[627]

Räumt Hannes O. der Vergangenheitsaufarbeitung durchaus Berechtigung und Bedeutung ein, betont er dennoch, dass die Vergangenheit (mit daraus zu ziehenden Lehren) auch abgeschlossen werden müsse, man die Geschichte auf sich beruhen lassen solle. Hannes O. ist nur eine jener Stimmen im Sample der Gruppendiskussionen, die für ein Abschließen der Geschichte plädieren. Für uns überraschend erfolgten entsprechende Aufforderungen auch in Gruppendiskussionen, die unserer Ansicht nach überaus engagiert verliefen. Das war der Fall in der Diskussion mit der Familie C., die wir bereits als kontrovers diskutierende kennen gelernt haben. Nach einem interessierten Austausch über die Zeit des Zweiten Weltkrieges und die Rolle der Schweiz nimmt seitens Theo C. (Jg. 1969) die Diskussion eine unerwartete Wendung:

Theo C. (Jg. 1969): Ich habe das Gefühl, das ist allmählich erledigt irgendwo. Ich denke man hat das jetzt schon/ ich glaube das ist/ für mich, denke ich, ist das jetzt nicht mehr/ ich habe das Gefühl, die Zeit wird langsam/ langsam aber sicher haben wir es erledigt. Oder, es ist abgehängt, es ist nicht mehr so nah. Ich denke, das vor diesen zehn, vor zehn Jahren grad mit diesem Meili etc., das war so (Elena C.: Ist nochmals alles hochgekommen) eine Woge gewesen und jetzt ist das alles vorbei, man weiß es. Ich denke, es ist nicht mehr Thema heute, habe ich das Gefühl, oder weniger.[628]

Der Zenit scheint überschritten, mit *«diesem Meili»*[629] bzw. den Debatten um die Nachrichtenlosen Vermögen gehöre der Zweite Weltkrieg der Vergangenheit an, man wisse *«es»* und es sei kein Thema mehr heute. Entgegen den Einwänden seines Vaters Fritz C. (Jg. 1943), der nochmals betont, dass es immer wichtig sei, sich mit der Vergangenheit auseinanderzusetzen, bekräftigt Theo C. nochmals, die Kriegszeit sei vorbei.

Theo C. (Jg. 1969): Ich denke, die Probleme werden anders. Wir haben nicht mehr/ es ist vorbei/ der Krieg gehört irgendwie in der Schule zum Unterricht, er gehört irgendwo rein. Aber ich denke, es ist nicht mehr so, es hat keinen großen Einfluss mehr. Wir haben/ auf uns kommen andere Probleme zu, auf uns Junge, wir haben andere Themen. Die ganze Energiethematik, Wasser etc., das werden Schwierigkeiten sein.[630]

Ähnlich wie Petra K. eingangs des Abschnittes verweist Theo C. auf Probleme, die in der Gegenwart wesentlich drängender seien. Zwar habe der Zweite Weltkrieg durchaus noch seine Berechtigung im schulischen Unterricht, für all-

---

627 GD O. Z650-653.
628 GD C. Z939-944.
629 Vgl. dazu Anmerkung 441.
630 Vgl. GD C. Z958-962.

tagsrelevant hingegen hält er *«andere Probleme»*. Nicht die Folgen des Zweiten Weltkrieges, sondern Konflikte um Ressourcen seien relevant für unsere Gegenwart. Ein großes Problem sei der Terrorismus, wie Theo C. im weiteren Verlauf der Sequenz ausführt, seit *«dem Fall dieser beiden Zwillingstürme»,* seit den Anschlägen vom 11. September 2011 auf das World Trade Center in New York also, würden wir ohnehin bereits im Dritten Weltkrieg stecken.[631]

Mit den geschichtspolitischen Debatten der 1990er Jahre und dem einhergehenden Aufarbeitungseffort wisse man *«es»* nun, ertönt es wiederholt. Die Hausaufgaben sind gemacht, eine (Erinnerungs-) Pflicht scheint erfüllt. So reproduziert sich auf Interviewebene eine erinnerungskulturelle Konfliktkonstellation. Im Gespräch mit uns Forscherinnen stellt sich Theo C. geduldig dem Trend nach Auseinandersetzung und Aufarbeitung. Dem Imperativ der immer währenden Relevanz sind aber Schranken gesetzt, indem er Problemstellungen und Konfliktherde aufzählt, die seiner Ansicht nach bedeutsamer seien für unsere Gegenwart: Nicht vom Faschismus her drohe die Gefahr, sondern vom Terrorismus, und Kriegsursachen lägen heute in Kämpfen um Ressourcen. Vergangenheit in der Gegenwart sei daher anachronistisch und verstelle den Blick auf gegenwärtige und drängende Problemstellungen. In Gruppendiskussionen wiederholt sich der Wunsch, nach getaner Sühne die leidige Geschichte hinter sich zu lassen und sich nun mehr oder weniger getrost der Zukunft zuzuwenden; allerdings ist Theo C. auch diesbezüglich wenig zuversichtlich.

Geschichte *«macht den Boden aus, auf dem man steht»*,[632] sagt Andreas F., er sieht in ihr das Fundament, den identitären Bezugspunkt der eigenen Existenz. Während Kenntnis der Vergangenheit im Allgemeinen hoch bewertet wird, zeigt sich in Bezug auf die nationalsozialistische Epoche, den Holocaust und hierbei die Rolle der Schweiz allerdings eine Ambivalenz: Die Auseinandersetzung mit der Vergangenheit, auch einer kritischen, findet zwar breite Befürwortung. Aber, wie wir auch im vorhergehenden Unterkapitel gezeigt haben, signalisieren sowohl jüngere wie auch ältere TeilnehmerInnen eine Übersättigung. Die Dauer- und Omnipräsenz einer bestimmten Vergangenheit, über die man bereits hinreichend unterrichtet sei und die abgeschlossen werden sollte, weiche einem gewissen Überdruss. Die Epoche des Nationalsozialismus, Holocaust und Krieges hat aus Sicht vieler TeilnehmerInnen in der Gegenwart keine identitätsstiftende Funktion mehr. In positivem wie negativem Sinn scheint sie ihren Gebrauchs-

---

631 Ebd. GD C. Z982-991.
632 GD F. Z1181.

wert eingebüßt zu haben.⁶³³ Dem auch staatlich getragenen Bekenntnis zur immer währenden Gegenwart dieser Katastrophe gegenüber zeigen sich hier gegenläufige Erinnerungsinteressen, worin auch das Bekenntnis, aus der Geschichte lernen zu wollen, als Zugeständnis an den vom Holocausterinnerungsparadigma geprägten Erinnerungsdiskurs möglicherweise eine leere Formel bleibt.⁶³⁴

## 6.4 Schuld(ig) sein?

Mit der Kritik an der Vergangenheitsaufarbeitung, die nur eine kleine Minderheit erreiche und der Forderung, diese Vergangenheit ad acta zu legen, haben wir zwei gegenläufige Aspekte im Erinnerungsdiskurs thematisiert. *Schuld* als zentraler Kategorie in der gegenwärtigen Erinnerungskultur ist ein weiterer Aspekt, der mit Blick auf die Rolle der Schweiz während des Zweiten Weltkrieges eingehend diskutiert wird.

Ein Auftakt dazu kam am 8. Mai 1995, anlässlich einer Sondersession zum fünfzigsten Gedenktag des Endes des Zweiten Weltkrieges, von höchster Regierungsstelle. Der damalige Bundespräsident Kaspar Villiger begann vor den Eidgenössischen Räten seine mit *«Gedanken zum Kriegsausbruch vor 50 Jahren»* betitelte Rede mit eindringlichen Worten an: *«Wir wollen uns erinnern an die Millionen, die als Soldaten fielen oder als unschuldige Zivilisten im Bombenhagel umkamen. Wir wollen uns erinnern an die politisch Verfolgten, die von den Nationalsozialisten misshandelt und ermordet wurden.»* Es sei wichtig, dass wir niemals vergessen würden, was damals geschah. Es gelte Lehren zu ziehen, *«damit Vergleichbares nicht mehr geschehen kann.»*⁶³⁵ Im Verlaufe dieser Rede erklärte er dann weiter, es stehe für ihn außer Zweifel, *«dass wir mit unserer Politik gegenüber den verfolgten Juden Schuld auf uns geladen haben»*. Mit der Einführung des so genannten J-Stempels im Herbst 1938 sei Deutschland einem Anliegen der Schweiz entgegen gekommen. Im Namen der gesamten Exekutive

---

633 Zu einem ähnlichen Schluss kommt Regula Ludi in ihrem Aufsatz *Die Bergier-Kommission und ihre Rezeption.* Ludi, Regula: Die Bergier-Kommission und ihre Rezeption, in: traverse 2013/1, S. 279.
634 Peter Novick hat in seiner Publikation «Nach dem Holocaust. Der Umgang mit dem Massenmord» bezogen auf den amerikanischen Diskurs bereits feststellen können, dass Bekenntnisse, aus der Zeit des Holocaust Lehren ziehen zu wollen, letztlich als leere Formeln ohne Handlungsrelevanz zu verstehen seien. Vgl. dazu Novick, Peter: Nach dem Holocaust, S. 302.
635 Gedanken zum Kriegsende vor 50 Jahren, Rede des Bundespräsidenten Kaspar Villiger anlässlich der Sondersession vom 7. Mai 1995. http://www.admin.ch/cp/d/1995May9.165750.4088@ idz.bfi.admin.ch [Stand 31.08.2013].

erklärt er schließlich: *«Der Bundesrat bedauert das zu tiefst, und er entschuldigt sich dafür, im Wissen darum, dass solches Versagen letztlich unentschuldbar ist.»*[636]

### 6.4.1 Die neue internationale Moral

Wurde während Jahrzehnten vorab der Generalmobilmachung von 1939 sowie der Aktivdienstgeneration gedacht, hob in dieser Rede der höchste Repräsentant der Schweiz im Namen der schweizerischen Landesregierung die jüdischen Opfer der nationalsozialistischen Herrschaft hervor und räumte offiziell und vor einer breiten Öffentlichkeit Schuld und Versagen ein, welche sich die Schweiz aufgelastet habe.[637] So tat mit dieser Rede zum 50. Jahrestag der Bundesrat einen Schritt in Richtung Schuldanerkennung. Entsprechend den international sich abzeichnenden erinnerungskulturellen Tendenzen wich er ein Stück weit ab vom heroischen Narrativ des widerständigen Sonderfalls, der unbescholten im Auge des Hurrikans die Kriegszeit überdauert habe. Offiziell aufgegriffen wurde der *«Schatten»*, der sich aus *«heutiger Sicht der Rechtfertigung durch ‹irgendwelche Umstände› entzieht.»*[638]

Mit seiner Entschuldigung rückte Bundespräsident Villiger nicht nur die schweizerische Flüchtlingspolitik in den größeren Kontext der europäischen Judenverfolgung, sondern griff mit seiner Wortwahl einen transnational verbreiteten Diskurs auf. Mit Begriffen wie *«niemals vergessen»*, *«Versagen»*, *«Schuld»* und *«letztlich unentschuldbar»* siedelt sich die Rede im Feld eines in Kategorien der Ethik und Moral geführten und zuweilen ritualisierten Erinnerungsdiskurses an. Die wiederholte Formel *«Wir wollen uns erinnern»* unterstreicht dies. Von den erinnerungspolitischen Debatten und den geschichtswissenschaftlichen bzw. juristischen Aufarbeitungen der 1990er Jahre ist in den Gruppendiskussionen wesentlich auch dieser Diskurs präsent. Schuld, Verschulden, Tradieren von Schuld sind in den Gruppendiskussionen wiederholt implizit und explizit thematisiert worden. *Schuld* findet hierin weniger hinsichtlich konkreter Fragen betreffend politischer und rechtlicher Mitverantwortung für vergangenes Handeln Verwendung, als eher im Zusammenhang mit Fragen nach den Möglichkeiten und Gren-

---

636 Ebd.
637 Wie bereits in Kapitel 2 erwähnt, beschränkte sich Villigers Entschuldigung allerdings ausdrücklich auf die Erfindung des J-Stempels, nicht auf die damalige Flüchtlingspolitik als solche, wie sein Pressesprecher tags darauf betonte. Vgl. Burgauer, Erica: Die Schweiz – die verfolgende Unschuld, S. 111.
638 Ebd.

zen moralisch integren Verhaltens. Widerspruch regt sich dabei gegen Vorstellungen eines überindividuellen und überzeitlichen Begriffs von Schuld, der von Generation zu Generation tradiert wird.

### 6.4.2  Ein Imperativ in der Kritik

Im Gespräch mit der Familie W. wird die Schuldthematik ausführlich diskutiert und kontrovers erörtert.
    An der Diskussion beteiligen sich Lisa W. (Jg. 1962), Heinz W. (Jg. 1934) und die Jüngste in der Runde, Nadine W. (Jg. 1992). Sie alle haben wir bereits in Kapitel 5 kennen gelernt als engagierte InterviewteilnehmerInnen, die erinnerungskulturelle Konjunkturen wiederholt thematisieren und auch Fragen von Schuld und Involvierung in Verbrechen angeregt diskutierten; denn seien *«wir»* doch, wie Nadine W. meint, *«nicht immer unschuldig und unbeteiligt»* gewesen. Die nachfolgende Sequenz stammt aus dem letzten Teil der Gruppendiskussion, wo Heinz, Lisa und Nadine W. vorgängig über das Thema Nachrichtenlose Vermögen und die dazugehörenden Kontroversen diskutierten. An diese Diskussion knüpft die nachforschende Frage der Interviewerin an, die sich dafür interessiert, welche Bedeutung und welchen Stellenwert die TeilnehmerInnen der historischen Aufarbeitung und Auseinandersetzung mit der Vergangenheit einräumten. Auf diese Frage hin erfolgt seitens Heinz und Nadine W. eine stark emotional geprägte Stellungnahme zu Schuld, Bekennen und Tradieren von Schuld, wobei Heinz und seine Enkelin Nadine W. zunächst eine Allianz eingehen. Lisa W. leitet mit ihren Überlegungen, wie aus der Arbeit der *Unabhängigen Expertenkommission Schweiz – Zweiter Weltkrieg* Mehrwert geschöpft werden könnte, das Gespräch in ruhigere Bahnen. Auf die Frage der Interviewerin N.B. hin ergreift zuerst Nadine W. das Wort:

N. B. (Jg. 1979): Sie haben ja auch die Bergierkommission erwähnt. Wir sind in diesem Thema jetzt schon so ein wenig drin. Was versprechen Sie sich davon, dass man sich mit der Vergangenheit auseinandersetzt?

Nadine W. (Jg. 1992): Ich denke ja, es gibt sicher immer noch sehr viele Sachen, sehr viele Fälle, eben, wo man noch aufklären kann, weil ja noch gar nicht alle Archive offen sind. Also mich würde es/ das mit der Bombardierung von Schaffhausen würde mich schon interessieren, was wirklich stimmt. Also eben, man hört sehr viel, es sei ein Unfall gewesen, ein Zufall, es ist Absicht gewesen. Solche Sachen würden mich teilweise schon interessieren, was das/ ja was das wirklich war. Aber ich denke, es gibt Sachen, die wird man nie rausfinden, weil eben auch Akten, denke ich, zerstört wurden, die belasten könnten. Aber ja, ich denke man kann, irgendwann sollte man mal reinen Tisch machen und vielleicht auch noch zu der Schuld sich bekennen oder ja, zu der Nicht-Schuld, je nach dem, was dann halt rauskommt.

Heinz W. (Jg. 1934): Ich habe nichts/ ich kann mich dem anschließen, dass man diese Sachen untersucht und versucht soweit ins richtige Licht zu setzen, respektive so nahe an die Wahrheit herankommen, wie nur möglich. Aber wo es mir dann Mühe macht, ist dann, wenn gewisse politische Kreise fast missionarisch dann meinen, die, die jetzt sechzig Jahre später leben, sollten jetzt noch die Schuld auf sich nehmen und ume buggle[639] und probieren, das wieder gerade zu richten, was die vor sechzig Jahren falsch gemacht haben. So kommt man doch auch nicht sehr viel weiter.

Nadine W. (Jg. 1992): Ja, das, das macht mir auch Mühe, weil ich finde, das, was die entschieden haben, darauf hatte die heutige Generation überhaupt keinen Einfluss. Und vom dem her finde ich, gibt es einfach gewisse Leute/ es ist jetzt passiert, man kann es nicht mehr rückgängig machen und man muss es jetzt akzeptieren, weil es so ist. Und die nachfolgenden Generationen soll man auch nicht mit dem beschuldigen und belasten. Und von dem her finde ich es teilweise ein wenig lächerlich, wenn es gewisse Leute hat, die Entschuldigungen fordern für Sachen, die eben fünfzig, sechzig Jahre her sind. Weil eben, die, die sich dann entschuldigen müssen, die eben, ich meine, die haben nie in so einer Situation gelebt, die haben sich teilweise nicht einmal damit auseinandergesetzt. Und von daher finde ich das dann auch/ ja eben, sie müssen das auch irgendwann akzeptieren. Weil unsere Geschichte geht auch weiter.[640]

Gefragt danach, was sich Heinz, Nadine, Lisa und Gertrud W. von der Auseinandersetzung mit der Vergangenheit versprechen, erwartet Nadine W. (Jg. 1992) Aufklärung über bislang (aufgrund erschwerter Archivzugänge bzw. aufgrund des Verlusts oder der Vernichtung von Akten) ungeklärte Ereignisse. Auseinandersetzung mit der Vergangenheit nimmt sich hier aus als kriminalistische Spurensuche: Es gehe darum zu ergründen, was gewesen oder eben auch nicht gewesen ist, um dann schließlich zu einem Verdikt über «*Schuld*» beziehungsweise «*Nicht-Schuld*», wie Nadine W. meint, zu kommen. *Schuld* als zentrale Kategorie im Vergangenheitsdiskurs zeigt sich hier rezipiert. Während in der Rede von Bundespräsident Villigers Rede das Wort «*Schuld*» im Kontext der Verfolgung und Ermordung der europäischen Jüdinnen und Juden erfolgte, ist hier der Begriff überführt in einen andern Zusammenhang: Nadine W. wirft die Frage nach dem Verschulden betreffend der Bombenabwürfe über Schaffhausen am 1. April 1944 ein.[641] An diesem Beispiel lässt sich denn auch ablesen, wie generalisiert der

---

639 Schweizerdeutscher Begriff, der Folgendes bedeutet: «Eine schwere Last auf dem Rücken tragen».
640 GD W Z1095-1127.
641 Am 1. April 1944 erfolgten über der Stadt Schaffhausen Bombenabwürfe durch Bombengeschwader der United States Army Air Forces. Während die US Air Forces sich für die Bombardierung entschuldigten und Navigationsschwierigkeiten bzw. Fehler als Begründung anführten, hält sich bis heute als Gerücht, es habe sich hierbei um Absicht gehandelt. Dies u. a. weil über Schaffhausen Waffenlieferungen nach Nazideutschland getätigt worden seien. Rechtspopulisten wie Christoph Blocher führen die Bombardierung von Schaffhausen und die daraus erfolgten Todesopfer und Zerstörungen immer wieder auf als Beispiel für durch Alliierte erfolgte Neutralitätsverletzungen und Argument in der Diskussion um die Rolle der Schweiz während des Zweiten Weltkrieges.

Schulddiskurs sein kann. *«Schuld»* und *«Nicht-Schuld»* sind in der vorliegenden Sequenz verknüpft mit dem Ziel, *«reinen Tisch»* zu machen. Der zunächst wohl juristisch gemeinten Abklärung folgt jener Aspekt der erinnerungskulturellen Auseinandersetzung auf den Fuß, der an die insbesondere in Deutschland geführten *Schlussstrich-Debatten* erinnert.[642] Die Forderung, diese Geschichte nach getaner Aufarbeitung endlich ruhen zu lassen, wird, wie wir in den vorangehenden Abschnitten gesehen haben, von unterschiedlichen TeilnehmerInnen in den Gruppendiskussionen wiederholt formuliert. Der Vergangenheitsaufarbeitung scheint hierin keine Bedeutung für die Gegenwart beigemessen zu werden.

An die Stichworte *«Aufklärung»* und *«Schuld»*, die seine Enkelin einbringt, knüpft Heinz W. (Jg. 1934) an. Durchaus solle man *«die Sachen»* untersuchen, sie ins *«richtige Licht»* rücken, so nahe wie möglich an die *«Wahrheit»* herankommen. Zwar bleibt vorerst unklar, auf welche *«Sachen»* Heinz W. sich bezieht, auf die *«Bombardierung von Schaffhausen»* oder auf etwas anderes, und auch das *«richtige Licht»* bleibt im Dunkeln. Die Aufklärung vergangener Sachverhalte scheint allerdings ein ernsthaftes Anliegen zu sein. Dennoch erfolgt ein *«Aber»*, das Einspruch erhebt gegen *«gewisse politische Kreise»*, die Heinz W. zwar nicht genauer benennt, die aber antisemitische Ressentiments vermuten lassen. Diesen Kreisen jedenfalls, die Heinz W. zudem als *«missionarisch»* bezeichnet, bezichtigt er, jenen, die *«sechzig Jahre später leben»*, Schuld anzulasten, Schuld *«ume buggle»*, tragen zu lassen. Was *«die vor sechzig Jahren falsch gemacht haben»*, könnten die heute Lebenden auch nicht wieder gerade richten. Aus der Sequenz wird denn auch Widerspruch erkennbar gegen zunächst nicht näher benannte politische Kreise, die sich erst aus dem Kontext der Sequenz genauer eruieren lassen. Es handelt sich um *«die Leute»*, um *«Gegner der Schweiz»*, wie es präziser dann noch heißt, die aus den Fehlern, die *«wir»* mit *«dieser Bergier-Kommission da»* zugeben, *«Kredit»* schlagen.[643] Um die Kehrseite von Aufklärung und Wahrheitsfindung gehe es dort. Mit seinem Einwand gegen die Tendenz, dass heute Lebende daran zu tragen hätten, was in der Vergangenheit falsch gemacht wurde, trifft Heinz W. einen zentralen Punkt, den wiederum Nadine W. aufgreift. Explizit stellt sie sich in dieser Sequenz dem gegenwärtigen Erinnerungsdiskurs entgegen, was, vergleichen wir die durchgeführten Gruppendiskussionen miteinander, in verschiedenen thematischen Bereichen zwar anklingt, oft aber verschwiegen bleibt und daher selten direkt zur Sprache kommt. *«Schuld»* auf sich zu nehmen, wie es *«gewisse Leute»* fordern, bereite ihr deswegen *«Mühe»*, weil darauf, was damals entschieden worden sei, die *«heutige Generation»* keinen Einfluss habe. *«Lächerlich»* fände sie es, Entschuldigungen zu verlangen, man solle nachfol-

---

642 Vgl. dazu Jureit, Ulrike; Schneider Christian: Gefühlte Opfer.
643 GD W. Z1161-1182.

gende Generationen nicht «*beschuldigen*» und «*belasten*». Sie schließt ihren Beitrag und ihre aktive Teilnahme an dieser sich allmählich dem Ende nähernden Gruppendiskussion mit den Worten ab: «*unsere Geschichte geht auch weiter*». Auch wenn sich Nadine W. skeptisch gegenüber dieser hier von ihr thematisierten Art von Schulddiskurs zeigt, lehnt sie Schuldbekenntnisse nicht grundsätzlich ab. Vielmehr differenziert sie zwischen historisch-juristischer Aufarbeitung und juristischer Anerkennung von Schuld einerseits, was dann aber auch hieße, «*reinen Tisch*» zu machen und Geschichte abzuschließen, und jenem Verständnis von Schuld, das über Generationen tradiert und angelastet wird.[644]

Wer in diesem letzten Statement von Nadine W. mit «*gewissen Leuten*» gemeint ist und ob daran ein antisemitisches Ressentiment geknüpft ist, lässt sich daraus nicht beantworten. Die Bezeichnung wird allerdings später von Heinz W. wieder aufgegriffen und eine Richtung eingeschlagen, die solches vermuten lässt. Es handelt sich um eine Stelle, wo er im Kontext der Nachrichtenlosen Vermögen von «*Leuten*», von «*Gegnern*» der Schweiz, spricht, die angeblich profitieren wollen von eingestanden «*Fehlern*», die damals die Schweiz gemacht habe. Ohne dass auch hier die «*Gegner*» der Schweiz genauer benannt werden, verweist die Begrifflichkeit doch auf die amerikanischen Kläger und die nachrichtenlos gebliebenen Vermögen. Wie wir aufgezeigt haben, kursierten in diesem Kontext wiederholt antisemitische Ressentiments.

Das Thema *Schuld*, wie es in der vorliegenden Sequenz explizit zur Sprache kommt, kennzeichnet den gegenwärtigen öffentlichen Vergangenheitsdiskurs ebenso wie die von uns durchgeführten Gruppendiskussionen. *Schuld* lässt sich dort in verschiedenen Themenbereichen erkennen. Insbesondere die Diskussionen um die damalige Flüchtlingspolitik sind implizit geprägt von Fragen zu Schuld und Verschulden. In den Abschnitten zum Bild der humanitären Tradition der Schweiz (5.3) und zur Repräsentation des Holocaust in der Schweiz (5.4) haben wir darauf hingewiesen, dass die restriktive, antisemitische Flüchtlingspolitik, die Rückweisungen jüdischer Flüchtlinge an den schweizerischen Grenzen in Zeiten größter Bedrängnis in der gegenwärtigen Auseinandersetzung mit der Rolle der Schweiz während Nationalsozialismus und Krieg zu den zentralsten Frage- und Problemstellungen gehören. Tradierte Bilder vom humanitären Sonderfall oder der moralisch integren Nation erweisen sich als in Zweifel gezogen. Wie präsent Fragen nach Schuld in diesen Diskussionen sind, zeigt sich nicht

---

644 Der Philosoph Hans Saner und der Theaterregisseur Hans-Dieter Jendreyko konnten mit ihrem Projekt, das sie mit GymnasiastInnen zur Frage durchführten, ob sie sich für allenfalls geschehenes Unrecht, das seitens der Schweiz während des Zweiten Weltkrieges begannen wurde, verantwortlich oder haftbar fühlten, aufzeigen, dass sich die Jugendlichen besonders schwer taten mit der Frage der Schuld im Erinnerungsdiskurs. Saner, Hans; Jendreyko, Hans-Dieter: Was gehen uns unsere Väter an, Basel 1997.

nur, wenn Teilnehmende wie etwa Matthias G. (Jg. 1988) im Gespräch die Frage aufwerfen,[645] ob «*die Schweiz*» angesichts der Ereignisse richtig gehandelt habe bzw. sich doch hätte einmischen sollen, oder gar, wie Manuel E. (Jg. 1994) zu bedenken gibt, «*die Schweizer*» womöglich die «*genau gleiche Schuld*» tragen würden.[646] Gegen solche und ähnliche Bedenken finden sich in den Gruppendiskussionen unterschiedlichste gegenläufige Argumentationen. Oftmals wird ein möglicher Zusammenhang von damaliger Flüchtlingspolitik und den fatalen Folgen für die jüdischen Verfolgten in Abrede gestellt und deutlich gemacht, wer genau verantwortlich zu zeichnen sei für den Holocaust.[647] Der Rückweisung von Verfolgten an den schweizerischen Grenzen werden die Aufnahme von Flüchtlingen sowie die humanitären Hilfeleistungen entgegengehalten und die Staatsräson zu bedenken gegeben.[648] Der Schulddiskurs prägt nicht nur die Flüchtlingsthematik, sondern auch die Debatte über internationale wirtschaftliche Kooperationen. Insinuierte der während Jahrzehnten im offiziellen Gedenken hoch gehaltene *Plan Wahlen* als Programm zur Förderung der Lebensmittelproduktion Autarkie einer kriegsumtosten Schweiz, standen neu in den Auseinandersetzungen um die Schweiz während des Weltkrieges die Zusammenarbeit mit den Achsenmächten ebenso wie jene mit den Alliierten im Vordergrund. Im Verständnis einiger DiskussionsteilnehmerInnen werden, abgesehen von Waffenlieferungen, solche wirtschaftlichen Kooperationen mit kriegführenden Parteien das Gebot schweizerischer Neutralität grundsätzlich in Frage gestellt und führen zu Mitschuld. Besonders präsent ist der Schulddiskurs, wie wir am Beispiel von Heinz W. gesehen haben, im Kontext von Gesprächen über Nachrichtenlose Vermögen. Mitte der 1990er Jahre vermochte gerade diese Thematik heftig zu provozieren. Im Sample zeigt sich dies und vielleicht auch eine spezifische Rezeptionsweise, die Kritik und historische Aufarbeitung primär als moralischen Vorwurf auffasst. Die Frage gegenwärtigen Urteilens über vergangene Handlungen und Taten beschäftigt auch heute. Ausgehend von ethisch und moralisch heiklen Fragestellungen aus seinem eigenen Berufsumfeld, versucht Joseph E. anhand der Nachrichtenlosen Vermögen Klarheit zu gewinnen, indem er sich selbst in die Rolle eines fiktiven Richters begibt:

> Joseph E. (Jg. 1965): [...] Das heißt, wenn ich mich heute wieder mal auf diesen Richterstuhl setzen müsste und entscheiden dürfte, haben die Schweizer Banken im Zusammenhang mit den Nachrichtenlosen Vermögen gesündigt, ja oder nein? Dann kann man im Nachgang locker sagen, natürlich haben sie gesündigt. Sie haben genau gewusst, dass die Gelder, die da liegen, nach dreissig Jahren kein Signal/ dass das sehr wahrscheinlich Gelder sind, die die Nachkom-

---

645 GD G. Z928-932.
646 GD E. Z378ff.
647 Vgl. Kapitel 5.4.
648 Vgl. Kapitel 5.3.

men, wenn überhaupt, wenn es überhaupt Nachkommen gibt, wissen die ganz sicher nicht, dass da noch Gelder liegen, für sie. Das heisst, aus einer ethischen Optik könnte ich heute sagen, alle diese, diese damaligen SKAs und, und damals noch SBGs[649] und, und Bankvereine der Schweiz, die haben ganz genau gewusst, gleich, wie die Rüstungsindustrie genau gewusst hat, wofür die Flababwehrkanonen in Deutschland oder Japan oder USA gebraucht werden, dass da Unrechtmässigkeit drin ist. Das kann mir niemand erzählen. Es ist einfach klar, dass man das gewusst hat. Und dort aber wieder so entspannt auf den Richterstuhl zu sitzen, zurücklehnen und sagen: «Ihr habt gesündigt, also habt ihr jetzt auch die Konsequenzen zu tragen.» [...] Ich finde, ich find's einfach extrem heikel und es ist, es ist für mich auch nicht rechtmässig, in diesem Nachgang so locker zu urteilen, dass der Bankdirektor X oder der Rüstungs-/ äh Manager Y, ethisch gesündigt hat, oder. Dass es passiert, dass es passiert ist, [...] ist für mich sonnenklar und da profitieren wir heute alle noch davon. Aber zum, zum Punkt X wieder, wehret den Anfängen aufzunehmen, oder ich äh meine [pausiert kurz] how is to judge?[650]

Wie zu urteilen sei, fragt Joseph E., nachdem er von seinem imaginierten *«Richterstuhl»* aus erklärt hat, *«natürlich haben sie gesündigt»*, die Bankdirektoren und Rüstungsmanager, *«ethisch gesündigt»* hätten sie. Die *«ethische Optik»* ist der springende Punkt. Joseph E.s Ausführungen zielen denn auch ab auf die Frage nach dem Maßstab des Urteilens. *«Nach heutigen Massstäben»*, wie es wiederholt in den durchgeführten Gruppendiskussionen nicht nur im Kontext der Auseinandersetzung zum Thema Nachrichtenlose Vermögen heißt,[651] sei damaliges Handeln falsch, schwierig oder problematisch gewesen. Inwiefern das im Sample wiederholte Pochen und Hinweisen auf die Historizität ethischer und moralischer Vorstellungen sich auch in der obigen Sequenz artikuliert und inwiefern es sich dabei um eine Haltung handelt, die aus dem historischen Zusammenhang heraus versteht, damit aber auch relativiert, lässt sich hier nicht beantworten. Joseph E. argumentiert jedenfalls mit christlichen Begriffen und scheint sich auf den Standpunkt zu stellen, dass, wer nicht frei von Sünde sei, nicht urteilen dürfe. Deutlich zeigt Joseph E.s Votum aber, wie im kommunikativen Erinnern geschichtswissenschaftliche Aufarbeitung der Vergangenheit und Richteramt ineinander übergehen. Solche Verflechtung ist schon feststellbar in den geschichtspolitischen Debatten der 1990er Jahre. Die VerfasserInnen des Schlussberichts der UEK unterscheiden in ihrer Einleitung allerdings klar zwischen Beurteilung und einer Gerichtsbarkeit im rechtlichen Sinn: *«Die UEK erhielt den Auftrag, eine historische und eine rechtliche Beurteilung der von ihr untersuchten Vorgänge vorzunehmen. Sie versteht sich allerdings nicht als eine der Gerichtsbarkeit*

---

649  *Schweizerische Kreditanstalt* (SKA) und *Schweizerische Bankgesellschaft* (SBG) sind Namen verschiedener schweizerischer Bankinstitute.
650  GD E Z955-990.
651  Wie etwa in GD O., GD R., GD B., GD C., GD F. oder GD J., GD A., GD M.

nachgebildete ‹Geschichtsbarkeit›, sondern als ein geschichtswissenschaftliches Projekt, das Interpretationen vorlegt und Bewertungen vornimmt, jedoch keine Urteile fällt.»[652]

Die Historizität ethisch-moralischer Maßstäbe betont Joseph E. (Jg. 1965). Andere, wie Nadine W. (Jg. 1992) oder Heinz W. (Jg. 1934), wenden sich vor allem dagegen, dass in der Vergangenheit verübte Schuld der Erbsünde gleich nachfolgenden Generationen angelastet wird. Ähnliche Einwände gegen Zuschreibung von Schuld und Verantwortung, wie wir sie exemplarisch anhand obiger Interviewsequenzen gezeigt haben, finden sich wiederholt im Gesamt der Gruppendiskussionen. Sie lassen sich interpretieren als berechtigte Einwände gegen einen stark in moralischen Kategorien geführten Vergangenheitsdiskurs oder aber als Artikulationen einer Erinnerungsabwehr, die in der Forschung aus dem bundesdeutschen Diskurs bekannt sind.[653] Die Forderung, endlich einen *Schlussstrich unter die Geschichte* zu ziehen, nivellierende Vergleiche der nationalsozialistischen Verbrechen mit anderen historischen Ereignissen, der Verweis auf die *eigenen Opfer* und die Unredlichkeit von im Nachhinein erfolgten Verurteilungen werden dabei ebenso dem Repertoire der Erinnerungsabwehr zugerechnet wie die auch in unsern Gruppendiskussionen präsenten antisemitisch strukturierten Argumentationsfiguren. Nach Daniel Levy und Natan Sznaider gilt die alte Formel, wonach die «*Schuld*» Deutschlands den Rest Europas «*unschuldig*» mache, nicht mehr: Europa werde zum «*Täter*».[654] Auch Nationen wie die Schweiz werden in die Schuld einbezogen, was zum Bemühen führen kann, im Vergessen eine Entlastung zu suchen. Thomas Maissen hat die geringe Bereitschaft der Schweiz, die Geschichte der Vernichtung der europäischen Jüdinnen und Juden in die nationale Geschichte bzw. ins kollektive Gedächtnis zu integrieren, als *Verweigerte Erinnerung* beschrieben.[655]

Eine mit Kategorien von Schuld und Sünde operierende, moralisierende Perspektivierung der Zeit des Zweiten Weltkriegs scheint gegen das Vergessen gerichtet zu sein. Allerdings läuft auch sie Gefahr, eine kritische Auseinandersetzung zu untergraben. AutorInnen wie etwa die Historikerin Ulrike Jureit blicken kritisch auf die gegenwärtige Fülle an moralisch aufgeladenen Erinnerungs-, Ermahnungs- und Entschuldigungsritualen, die in erster Linie vom Bemühen ge-

---

652 Unabhängige Expertenkommission Schweiz – Zweiter Weltkrieg: Die Schweiz, der Nationalsozialismus und der Zweite Weltkrieg, S. 31.
653 Vgl. etwa Diner, Dan: Über Schulddiskurse und andere Narrative. Epistemologisches zum Holocaust, in: Koch, Gertrud (Hg.): Bruchlinien. Tendenzen der Holocaustforschung. Köln, Weimar, Wien 1999.
654 Siehe Levy, Daniel; Sznaider, Natan: Erinnerung im globalen Zeitalter, S. 234.
655 Maissen, Thomas: Verweigerte Erinnerung, S. 29.

tragen seien, sich auf der moralisch *richtigen* Seite zu definieren.[656] Dies oftmals verknüpft mit der Tendenz, sich – wie etwa bei der Erschließung des EU-Parlaments zum 60. Jahrestag des Kriegsendes in Europa mit dem Verweis auf den Zweiten Weltkrieg als *«gemeinsamer europäische Tragödie»*[657] –, im Sinne einer, wie Jureit es nennt, *«opferidentifizierten Erinnerungskultur»* als Teil einer universellen Opfergemeinschaft zu verstehen.[658] Nicht nur drohe diese *«Anwendung der Holocausterinnerung als wichtigstem politisch-moralischen Maßstab der Gegenwart»*, wie der Politikwissenschaftler Gerd Wiegel kritisiert, zu einer *«Entpolitisierung realer politischer Konflikte»* zu führen;[659] sie habe auch zur Folge, dass, wie der Historiker Dan Diner ausführt, ein universell drapierter moralisierender Diskurs über unterschiedslose *«Opferschaften»* an die Stelle des *«verloren gegangenen historischen Urteilsvermögens»* trete.[660] Der Soziologe Detlev Claußen spricht in diesem Zusammenhang von einem *«weltweite[n] Umschlagen von Beschweigen in Bereden»* und problematisiert die Entstehung eines *«kulturindustriellen Artefaktes»* Holocaust,[661] eines massenmedial vermittelten *«Code[s]»*, der leicht und für jeden kommunizierbar Auschwitz im Sinne eines *«Nie wieder...»* zu einer *«dünnen und unverbindlichen Lehre der Geschichte»* verflüssige.[662]

Die widersprüchliche Haltung, die gerade auch jüngere TeilnehmerInnen, wie etwa Nadine W. (Jg. 1992), der Schuldthematik entgegenbringen, gilt es ernst zu nehmen als Ausdruck eines Unbehagens, das lediglich als Erinnerungsabwehr zu interpretieren wohl zu kurz greifen würde. Zu fragen bleibt vielmehr, welche Form der Auseinandersetzung mit Vergangenheit es anzustreben gälte, die nicht in eine erinnerungspolitische Einbahnstraße von ritualisierten und, wie sich zeigt, leicht zu parierenden, inhaltlich wenig aussagekräftigen Schuldbekenntnissen münde, sondern vermehrt Anknüpfungspunkte für Fragen beispielsweise nach politisch-gesellschaftlicher Verantwortlichkeit böte.

---

656  Jureit, Ulrike: Opferidentifikation und Erlösungshoffnung, S. 52.
657  Ebd., S. 92.
658  Ebd., S. 10.
659  Wiegel, Gerd: Globalisierte Erinnerung? Die Universalisierung der NS-Erinnerung und ihre geschichtspolitische Funktion, in: Klundt, Michael; Salzborn, Samuel, Schwietring, Marc, Wiegel, Gerd, Erinnern, verdrängen, vergessen. Geschichtspolitische Wege ins 21. Jahrhundert, Giessen: Netzwerk für politische Bildung, Kultur und Kommunikation 2003, S. 135.
660  Diner, Dan: Gegenläufige Gedächtnisse, S. 9.
661  Claußen, Detlev: Die Wandlungen des «Ja, aber-Antisemitismus». Vorbemerkungen zur Neuausgabe (2005), in: Ders., Grenzen der Aufklärung: Die gesellschaftliche Genese des modernen Antisemitismus, Frankfurt a. M. 2005, S. XII.
662  Ebd. S.XIII.

## 6.5 Was tun?

Die Betonung der Relevanz von Holocaust, Nationalsozialismus, Weltkrieg, wie sie im gegenwärtigen Erinnerungsdiskurs portiert wird, stösst, wie wir gesehen haben, in den Gruppendiskussionen auf Skepsis und zeitigt gegenläufige Tendenzen auch bei InterviewteilnehmerInnen, die geschichtsbildkritische Auseinandersetzungen mit dieser Vergangenheit durchaus begrüssen. Stellen die einen grundsätzlich die Relevanz der Thematik für unsere Gegenwart in Frage und stören sich andere am moralisch aufgeladenen Diskurs, hält das Gros der TeilnehmerInnen die historiographische Auseinandersetzung um die Rolle der Schweiz für eine letztlich elitäre Angelegenheit. Eine Kluft zeigt sich daher zwischen wissenschaftlicher Aufarbeitung und Erkenntnisproduktion einerseits und den Grenzen des Transfers in breitere Bevölkerungskreise. Eine Kluft, die sich auch in den Gruppendiskussionen reproduzierte, wo wir wiederholt auf die Anliegen der *kleinen Leute* aufmerksam gemacht wurden.[663]

Hinweise und Vorschläge, wie mit dieser nationalen Vergangenheit in unserer Gegenwart verfahren werden sollte, erhielten wir im Verlaufe der Erhebung immer wieder. Einen *«besseren Bergierbericht»* sollen wir ebenso schreiben, wie die *kleinen Leute* nicht aus dem Auge verlieren.[664] Verschiedene TeilnehmerInnen machten sich Gedanken dazu, wie man die aus der historiographischen Aufarbeitung gewonnenen Erkenntnisse vermitteln sollte und worin die Gegenwärtigkeit derselben heute noch bestehe. Wie und unter welchen Bedingungen eine breitere Bevölkerung überhaupt in eine historische Auseinandersetzung eintreten könne, war gegen Ende der Gruppendiskussion mit der Familie D. eine zentrale Frage: Ausgehend von ihren eigenen Präferenzen meinte Rosmarie D. (Jg. 1937), was es an einschlägigen Artefakten gäbe, sei zu umfangreich und theoretisch, begrüssen würde sie es demgegenüber, wenn die faktenlastige Theorie angereichert würde durch Erfahrungsberichte.[665] Ihre Enkelin Sarah D. (Jg. 1990) schlägt den Bogen weiter und problematisiert den erschwerten Zugang zu historischer Bildung:

> Sarah D. (Jg. 1990): Das sicher, ja, ich habe das Gefühl, was ich extrem schlimm finde, ist, dass wir in der Primarschule, ich weiß nicht mehr, wann wir das behandelt haben, einfach so oberflächlich, dass du keine Ahnung hast, eigentlich, und dass das nachher erst im Gynasium kommt, erst in der Bildung im Gymnasium kommt, dass all diejenigen, die das Gymnasium nicht machen, einfach keinen Plan haben, das finde ich nicht ok. [Rosmarie D.: Ja, das ist/] Also jetzt nicht nur bei dem, sowieso einfach, vom Politischen her, keine Ahnung haben.[666]

---

663 Vgl. dazu auch Kapitel 3.4 wo wir aufgezeigt haben, welche Rollenzuschreibungen uns anlässlich der Interviews widerfahren sind, welche Aufträge wir sozusagen als *Relais* zwischen Bevölkerung und Wissenschaft zuhanden der Wissenschaft entgegennehmen durften.
664 Vgl. dazu etwa GD O. oder GD F.
665 Vgl. GD D. Z1937-1950.
666 GD D. Z2048-2058.

Aus der Sicht einer Gymnasiastin hebt Sarah D., ähnlich wie wir eingangs des Kapitels gesehen haben, den engen Zirkel, der überhaupt Gelegenheit hat, sich mit dieser Vergangenheit auseinanderzusetzen, hervor. Während auf Volkschulstufe diese Thematik, wenn überhaupt, dann oberflächlich zur Sprache komme, sei erst das Gymnasium ein Ort der Auseinandersetzung. Die hiesigen Lehrpläne stehen in der Kritik, würde doch vielen nicht nur Wissen, sondern auch ein Bewertungs- und Beurteilungshorizont vorenthalten.

Nach den richtigen Vermittlungsmedien müsste erst gesucht werden; auch in Bezug auf sich selbst räumt Sarah D. ein, dass fakten- und theorielastige Bücher unzeitgemäße Transmitter seien:

> Sarah D. (Jg. 1990): [...] Ich denke, heutzutage ist sowieso fast wichtiger, dass man es auf visuellen Medien macht. Filme eher [Rosmarie D.: Das ist jetzt die Zeit]. Es ist schon extrem, ich kenne so viele Leute, die lesen grundsätzlich in der Freizeit fast gar nicht, theoretische Bücher schon gar nicht. Aber dann mal einen Dokumentarfilm oder auch einen Spielfilm zu diesen Themen, das dann schon. Weil es ja anscheinend einfacher ist, aufzunehmen.[667]

Die Bedeutung audiovisueller Medien in der gegenwärtigen Erinnerungskultur, wie sie Sarah D. hier anspricht, haben wir in Kapitel 3.2 thematisiert und auch auf ihre Problematik hingewiesen, sind sie doch erinnerungskulturelles Produkt und erinnerungskultureller Produzent zugleich. Sie festigen bestimmte Bilder oder bedienen sich vergangener Ereignisse bloß mehr als Kulisse. Wir haben dort aufgezeigt, dass jedenfalls die meisten der DiskussionsteilnehmerInnen auf ein beachtliches Repertoire an Screenings zurückgreifen können. Auf Film und Fernsehen als moderne Massenmedien par excellence setzten denn auch die Interviewten, wenn es darum ging, die Vergangenheit an den Mann bzw. die Frau zu bringen. Sarah D. (Jg. 1990) weiß aus ihrem Bekanntenkreis, dass das Lesen von Sachbüchern nicht zur Lieblingsbeschäftigung gehört, und Daniel H. (Jg. 1963) aus seiner beruflichen Tätigkeit, welch zentralen Stellenwert das Medium Fernsehen in der heutigen Gesellschaft einnimmt. *«Wenn man einen Spielfilm gemacht hätte aus diesem Thema»*, ist er überzeugt, dann hätten breitere Teile der Bevölkerung Zugang finden können und betreffend Auseinandersetzung mit dieser Vergangenheit wäre da *«doch mehr passiert»*,[668] böte das bewegte Bild nicht nur einen gut konsumierbaren Zugang zu historischen Ereignissen, sondern auch emotionale Anknüpfungspunkte. Mangelnde emotionale Anbindung diagnostizierten denn auch TeilnehmerInnen wie Marc L. (Jg. 1982) als Ursache dafür, weshalb jüngere Generationen diesem Thema wenig Gewicht beimessen.[669] Emotionale Anbindung und zeitliche Distanz zum Ereignis stehen anscheinend

---

667 Ebd. Z1974-1978.
668 GD H. Z952-55.
669 Vgl. dazu GD L. Z1415-1443.

umgekehrt proportional zueinander in Beziehung und stellt diese Diskrepanz so ein Hindernis dar für die Auseinandersetzung mit der Vergangenheit. Als daraus gefolgerte didaktische Vorgehensweise schlägt Marc L. denn auch vor, die Zielgruppen zunächst auf einer emotionalen Ebene anzusprechen, um schließlich Fakten nachzuschieben.[670]

Die ihrer Meinung nach geringe Resonanz, die die historische Aufarbeitung im Zuge der Debatten erfahren, und die ebenso geringe Handlungsrelevanz, die sie entfaltet habe, führen die oben aufgeführten Teilnehmenden zurück auf ungenügenden Effort, aus dem wissenschaftlichen Diskurs herauszutreten und die nicht angemessene Aufbereitung. Ging es in den 1990er Jahren vor allem noch um Aufklärung mittels Wissenstransfer, steht heute auch die Gegenwärtigkeit bekannter historischer Problem- und Konfliktkonstellationen, die das *Lernen aus der Geschichte* betreffen, im Raum. Inwiefern gewonnene geschichtswissenschaftliche Erkenntnisse handlungsleitend sein könnten, erläutert Lisa W. (Jg. 1962).

> Lisa W. (Jg. 1962): […] Ich denke, wenn es sie schon erreicht, dass bei denjenigen Leuten, die eine Führungsposition haben, im politischen Bereich, im wirtschaftlichen Bereich, ihre Haltung sensibilisiert in Bezug auf noch zu treffende Entscheidungen, dann finde ich, dann ist der Zweck erfüllt. Dass sie aber den Durchschnittsschweizer erreicht/ Weil ein Stück weit haben wir ja Wiederholungen, ja, heute, und ich denke, unsere ganze Migrationsfrage, unser ganzes Asylwesen, trifft auch wieder Sachen, nicht im Großen und Ganzen, aber an Randgebieten, die im Bergierbericht drin/ wie stehen wir fremdländischen, multikulturell, und das waren ja die Juden in einem gewissen Sinn damals auch, wie stehen wir dem gegenüber/ Ich glaube, dass man dort die Leute nicht in einem entscheidenden Sinn erreicht. Aber wenn man die Träger der Werte, die Entscheidungsträger, wenn man bei denen eine Verfeinerung der Haltung/ dann finde ich das gut […].[671]

Wie wir bereits weiter oben gezeigt haben, äußert auch Lisa W. betreffend der Reichweite historiographischer Forschung einige Skepsis. Während Sarah D., Daniel H. oder Marc L. darüber nachdenken, was unternommen werden müsste, damit Geschichtsaufarbeitung keine vorwiegend akademische Aufarbeitung bleibt, denkt Lisa W. über den Effekt nach, die sie haben sollte. Dies, weil es Parallelen gäbe zwischen der damaligen Flüchtlings- und der heutigen Migrationspolitik. Oftmals erfolgt im Interviewverlauf auf unsere Frage hin, worin Sinn und Funktion der Auseinandersetzung mit Nationalsozialismus, Weltkrieg, Holocaust und der damaligen Rolle der Schweiz bestehe, floskelhaft die Antwort, halt eben aus Fehlern zu lernen, «es» nicht zu vergessen, zuweilen vom pessimistischen Nachtrag begleitet, dass die Geschichte sich stets wiederhole. Als Beleg werden gegenwärtige und vergangene kriegerische Konflikte, Rassismus, Verfolgung und

---

670 Vgl. dazu ebd.
671 GD W. Z1141-1156.

Genozide in aller Welt angeführt. Konkrete Bezüge, was das für die gegenwärtige schweizerische Gesellschaft und Politik zur Folge haben könnte, lassen sich im Kontext dieser Fragestellung kaum vernehmen. Hingegen stellt die damalige schweizerische Flüchtlingspolitik ein Thema dar, dem noch heute eine (gegenläufige bzw. zweischneidige) Gegenwärtigkeit beigemessen wird. Lisa W. etwa interessiert sich dafür, wie aus den Entscheiden der damaligen Flüchtlingspolitik und dem damaligen Antisemitismus in der Schweiz für die gegenwärtige Migrationspolitik gelernt werden könnte. Kritisieren Teilnehmer wie Philipp L. (Jg. 1950) oder Daniel H. (Jg. 1963) Geschichtsaufarbeitung als letztlich elitäre und daher wirkungslose Angelegenheit, verfolgt Lisa W. pragmatische Wege. Ihr geht es weniger darum, wie ein Wissenstransfer auf breiter Basis umgesetzt werden könnte, respektive um die historische Bildung des *«Durchschnittschweizer[s]»*, als um die Umsetzung des aus der historischen Aufarbeitung Gelernten. Wenig Vertrauen setzt sie dabei in den *«Durchschnittschweizer»*, aus Geschichte Gelerntes sollte ihrer Ansicht nach vielmehr direktiv umgesetzt werden von Leuten in Führungspositionen aus Politik und Wirtschaft.

Solche von TeilnehmerInnen wie Lisa W. gemachten Überlegungen knüpfen an die insbesondere im deutschen Kontext seit längerem geführte Diskussion zur Frage an, wie die historische Erfahrung von Zweitem Weltkrieg und nationalsozialistischem Völkermord in Unterricht und Medien vermittelt und wie die Erinnerung an diese Ereignisse wach gehalten werden kann, welche Konsequenzen etwa auch im Rahmen politischer Bildung daraus zu ziehen wären.[672] Gerade die mediale Verarbeitung dieser Erfahrung etwa mittels Spielfilmen, wie sie Daniel H. oder Sarah D. vorschlagen, bot, wie wir bereits in Kapitel 3 gesehen haben, in verschiedenen wissenschaftlichen Disziplinen immer wieder Anlass für kritische Auseinandersetzung und Fragen nach Sinn, Grenzen und Problematik der (massen-) medialen Vermittlung.[673] Scheint sich das Publikum eher Geschichten und Stories, damit aber auch mehr emotionale Anbindungsmöglichkeiten zu wünschen,[674] wird solche Annäherung von WissenschaftlerInnen oftmals bearg-

---

672 Vgl. etwa Silbermann, Alphons; Stoffers, Manfred: Auschwitz: Nie davon gehört? Erinnern und Vergessen in Deutschland, Berlin 2000.
673 Winter, Sebastian: Arischer Antifaschismus. Geschlechterbilder als Medium der kulturindustriellen Bearbeitung der Erinnerung an den Nationalsozialismus am Beispiel der Filme Der Untergang, Sophie Scholl und Napola, in: Kittkritik (Hg.): Deutschlandwunder. Wunsch und Wahn in der postnazistischen Kultur, Mainz 2007, S. 52-68, Loewy, Hanno: Das gerettete Kind; Claußen, Detlev: Die Banalisierung des Bösen. Über Auschwitz, Alltagsreligion und Gesellschaftstheorie, in: Werz, Michael (Hg.): Antisemitismus und Gesellschaft: Zur Diskussion um Auschwitz, Kulturindustrie und Gewalt, Frankfurt a. M. 1995, S. 13ff.
674 Vermittlungsformen, die dem Publikumswunsch nach Auseinandersetzung mit der Geschichte des Zweiten Weltkriegs anhand von persönlichen Erzählungen und Biographien entsprechen, wurden etwa im Oral History-Projekt *Archimob* oder im Lehrmittel *Hinschauen und Nachfra-*

wöhnt. Dabei scheint sich denn auch die als Dichotomie konzipierte Trennung von Geschichte und Gedächtnis und ihren unterschiedlichen Praktiken in der Auseinandersetzung mit der Vergangenheit, zu reproduzieren. Die Frage, ob und inwiefern Emotionen und Affekte kritischer Betrachtung gegenläufig sein müssen, bleibt zu diskutieren.

## 6.6 Fazit

Mit der staatlich verordneten Geschichtsaufarbeitung wurde der Holocaust nicht nur zum zentralen Bezugspunkt, der eine nationale durch eine transnationale Erinnerungsperspektive ersetzte. Darüber hinaus wurde auch die immerwährende Relevanz dieser historischen Epoche erklärt und institutionalisiert mit der Einführung eines Holocaust-Gedenktages. Bottom-Up, so zeigt es sich in den Gruppendiskussionen, ist ein solcher zukunftsweisender (identitärer) Bezugspunkt in Frage gestellt.

Diskussionsteilnehmer wie Andreas F. machten zwar deutlich, wie historische Situationen und Ereignisse als Orientierung in der Gegenwart als relevant und wichtig erachtet werden und die Vergangenheit identitätsstiftender Bezugspunkt sein kann. Hinsichtlich der Schweiz während Nationalsozialismus und Krieg haben wir im Verlaufe dieser Arbeit gesehen, dass das Narrativ von der integren und heroischen Widerstandsnation kaum mehr affirmativer Bezugspunkt ist, falls er dies in weiten Kreisen der Bevölkerung überhaupt jemals war. Indes scheint die national-patriotische Erinnerung nicht einfach linear durch eine Völkermord-Erinnerung ersetzt und Bezugspunkt künftigen Handelns geworden zu sein. Wiederholt haben wir thematisiert, dass zwar das Erinnerungsparadigma mit dem Holocaust als zentralem Ereignis rezipiert wird und dass einschlägige Begrifflichkeiten und erinnerungskulturelle Begriffe wie «*Schuld*», «*Verantwortung*», «*Never Ever*» oder Formeln wie «*aus Fehlern lernt man*» breit vertreten sind. Im vorliegenden Kapitel haben wir jedoch aufgezeigt, dass sich in den von uns durchgeführten Gruppendiskussionen die (identitäre) Bezugnahme und die Bedeutung dieser Vergangenheit für die Gegenwart als umstritten erweisen: Erinnern und Auseinandersetzung mit der Vergangenheit hat nicht zwangsläufig Handlungsorientierung zur Folge. Ursachen und Begründungen dafür sind vielfältig: So scheinen die jüngsten Vergangenheitsaufbereitungen vielfach als Angelegenheit einer kleinen Elite wahrgenommen zu werden, die an der breiten Bevölkerung vorbeiagiere und Partizipation kaum ermögliche. Inwieweit diese wiederholt geäußerte Kritik ihre umfängliche Berechtigung hat, lässt sich hier

---

*gen* durchaus umgesetzt.

nicht beantworten, unseres Erachtens ist sie aber insofern ernst zu nehmen, als vor diesem Hintergrund zu überlegen ist, wie historisches Wissen adäquat vermittelt werden könnte. Empfehlungen lieferten einige unserer InterviewteilnehmerInnen denn auch gleich mit: Geschichten von Menschen und ihren Schicksalen sollten erzählt, die RezipientInnen emotional angesprochen werden. Nicht nur von jüngeren TeilnehmerInnen wird der Zweite Weltkrieg zudem erlebt als eine Thematik, die ihrem Erfahrungshorizont fern liege und mit ihrer Gegenwart nichts zu tun zu habe. Der Sinn der Aufarbeitung von Vergangenheit liegt aus Sicht verschiedener unserer InterviewpartnerInnen darin, sie abzuschließen bzw. ihr allenfalls noch einen Platz in den Lehrplänen einzuräumen. Zu den vielfach geäußerten Vorbehalten gehört schließlich auch die für den gegenwärtigen Erinnerungsdiskurs zentrale Schuldfrage, die auch von jüngeren TeilnehmerInnen als Anklage gegen ihre Generation wahrgenommen wird; es ist ihnen nicht einsichtig, weshalb sie verantwortlich sein sollten für Taten vorhergehender Generationen. Die im gegenwärtigen Erinnerungsdiskurs stark moralisch aufgeladene und letztlich oft sehr formelhaft abgehandelte Schuldthematik droht damit eine Auseinandersetzung mit historischer Schuld und Verantwortung auch dort zu untergraben, wo grundsätzlich Interesse an Fragen der Vergangenheitsaufarbeitung besteht.

Zusammengefasst lässt sich festhalten, dass gegenüber dem von Staat und Historiographie portierten Erinnerungsparadigma Bottom-Up die Holocaust-Erinnerung, und in diesem Rahmen die problematische Rolle der Schweiz während Nationalsozialismus und Krieg, als Bezugspunkt sinnstiftender Zukunftsorientierung nicht so ohne weiteres akzeptiert wird. Darüber, ob und welche Lehren aus dieser Epoche, der Rolle der Schweiz und dem Holocaust gezogen werden sollen, herrscht kein Konsens.

# Schluss

> «*Aber wozu dann das Ganze, die Erinnerung, die Geschichte,
> der Kampf um das Gedächtnis.*»
>
> Aus dem Theaterstück *Zwanzigtausend Seiten* von Lukas Bärfuss, 2012

Gut ein Jahrzehnt ist es her, seit der Schlussberichts der *Unabhängigen Expertenkommission Schweiz – Zweiter Weltkrieg (UEK)* erschienen ist. Skeptisch wird heute auf die Auswirkungen der Debatten um die Rolle der Schweiz während des Zweiten Weltkrieges Mitte der 1990er Jahre und das in der Folge staatlich in Auftrag gegebene historisch-rechtliche Aufarbeitungsprojekt der *UEK* geblickt: Während im 2012 aufgeführten Theaterstück *Zwanzigtausend Seiten* von Lukas Bärfuss die einzige noch erhalten gebliebene Ausgabe des monumentalen Berichts in einer entlegenen Waldhütte vermodert, bedauert die ehemalige Bundesrätin Ruth DreiFuß 2012 an einer öffentlichen Gesprächsrunde zum Thema *Le rapport Bergier 10 ans après* in Lausanne, wie rasch der Bericht wieder in den Schubladen verstaut worden sei.[675] Der Historiker Georg Kreis vermutetete bereits 2004, die Mehrheit der schweizerischen Gesellschaft habe ihr «*Rendezvous mit der Weltgeschichte*» verpasst und die Historikerin Regula Ludi kommt 2013 in einem Aufsatz zum Schluss, selbst in der Geschichtswissenschaft sei die Auseinandersetzung mit den Ergebnissen der UEK nur beschränkt erfolgt.[676] Bis heute ist jedoch weitgehend unbekannt, wie der Bericht der UEK in der schweizerischen Bevölkerung rezipiert worden ist. Ernsthafte Bemühungen, der Frage nachzugehen, welche Spuren die Arbeit der UEK in der breiteren Bevölkerung hinterlassen hat und welche Wirkungen die geschichtspolitischen Kontroversen der 1990er Jahre dort entfaltet haben, gab es bislang kaum.

---

675 Vgl. hierzu den Zusammenfassenden Tagungsbericht von Vivien Ballenegger: http://www.infoclio.ch/sites/default/files/le_rapport_bergier_10_ans_apres.pdf [Stand 01.07.2012].
676 Kreis, Georg: Das verpasste Rendez-vous mit der Weltgeschichte, S. 327. Ludi, Regula: Die Historisierung der Erinnerung. Die Bergier-Kommission und ihre Rezeption, in: Traverse 2013/1, S. 278.

Mit unserem Forschungsprojekt begegnen wir diesem Defizit. Wir haben anhand von intergenerationell zusammengesetzten Gruppendiskussionen untersucht, wie die Zeit des Zweiten Weltkrieges und des Nationalsozialismus heutzutage in der Bevölkerung vergegenwärtigt wird und welchen Einfluss öffentliche Debatten und Kontroversen auf die private Kommunikation über die Vergangenheit haben.

Damit begeben wir uns in einen Forschungskontext, der charakterisiert ist durch Schlagworte wie *Erinnern, Gedenken* und *Aufarbeiten*, die in der medialen Öffentlichkeit, in Reden von RegierungsvertreterInnen, im Feuilleton ebenso wie im Rahmen wissenschaftlicher Tagungen und Publikationen gerne verwendet werden, der Erinnerung an den Holocaust kommt darin ein hoher Stellenwert zu.

Der theoretische und methodische Zugang, den wir für diese Arbeit gewählt haben, schärfte unseren Blick für die Historizität von Erinnerungskulturen. Wir nehmen mit dieser Arbeit außerdem eine Dimension in den Blick, die in der bisherigen Forschung meist zu kurz kommt: Die kommunikative Erinnerung. Die von uns durchgeführten intergenerationell zusammengesetzten Gruppendiskussionen bilden überdies eine Datenbasis, die auch in Zukunft dazu beitragen könnte, Wandel und Veränderung von Erinnerung zu erforschen. Gerne hätten wir für unsere eigene Forschung auf einen ähnlichen Datensatz aus vergangenen Jahrzehnten zurückgegriffen.

Trotz des jahrzehntelang staatlich forcierten helvetozentrischen Widerstandnarrativs in der Nachkriegszeit war die Auseinandersetzung mit der Rolle der Schweiz während des Zweiten Weltkriegs stets ein konflikthaftes, immer wieder von gegenläufigen Erinnerungen und Gedächtnissen geprägtes Geschehen. Versuche, dem offiziellen Geschichtsbild zur Rolle der Schweiz während des Zweiten Weltkrieges alternative Deutungen entgegenzuhalten, gab es immer wieder, und auch in unseren Gruppendiskussionen finden sich zahlreiche Hinweise auf bereits vor den 1990er Jahren existierende divergierende Bilder der Schweiz während der Kriegsjahre. Trotz des als *Kosmopolitisierung* der Holocausterinnerung bezeichneten erinnerungskulturellen Paradigmenwechsel von einer *patriotischen* hin zu einer *Völkermord-Erinnerung,* wie der Historiker François Etienne es formuliert hat,[677] haben wir es auch gegenwärtig eher mit einer komplexen Gemengelage von Erinnerungskultur*en* als mit einer global homogenisierten Erinnerungskultur zu tun. Unterschiedliche und mitunter konfligierende Erinnerungsinteressen, Bilder und Bezugnahmen auf die Zeit des Zweiten Weltkrieges sind auf transnationaler und nationaler Ebene ebenso feststellbar wie in den von uns durchgeführten Gruppendiskussionen. Im Austausch zwischen den unterschiedli-

---

[677] François, Etienne: Meistererzählungen und Dammbrüche, S. 18.

chen Generationen angehörenden Teilnehmenden und uns Interviewerinnen wird noch einmal deutlich, wie wenig hilfreich Konzepte sind, die von statischen Definitionen von Gedächtnis und Erinnerung ausgehen. Dynamisch ausgerichtete und die Pluralität von Erinnerungskulturen betonende Konzeptionen, wie wir sie unserer Studie zugrunde legten, werden der Komplexität erinnerungskultureller Prozesse, wie wir sie untersucht haben, eher gerecht.[678]

Dies gilt in besonderer Weise für die Auseinandersetzung mit Kategorien wie *Familie* und *Generation*, die gegenwärtig zur Erforschung von Erinnerungsprozessen leitende Kategorien bilden. Anhand der von uns durchgeführten, intergenerationell zusammengesetzten Gruppendiskussionen mit Familien lässt sich deutlich zeigen, dass es sich weder bei Familien noch bei Generationen um homogene Erinnerungsgemeinschaften handelt. Vielmehr haben wir es im Rahmen kommunikativen Erinnerungsgeschehens mit komplexen Erinnerungsräumen zu tun, in denen im Spannungsfeld von biographischer Erinnerung, kulturellem Gedächtnis und Geschichtswissenschaft unterschiedliche Perspektiven und Wissensformationen interagieren. Familiäre Bezugspunkte können, aber müssen keineswegs eine besondere Rolle spielen. Wie vergleichbare Studien in andern europäischen Ländern zeigen, werden Bilder und Vorstellungen über den Zweiten Weltkrieg und den Holocaust heute stark durch mediale Darstellungen geprägt.[679] Ein prominentes Beispiel ist etwa Steven Spielbergs Spielfilm «Schindlers Liste» aus dem Jahr 1993. In den von uns untersuchten Gruppendiskussionen erweisen sich Film- und Fernsehproduktionen, populäre ebenso wie wissenschaftliche Bücher sowie Ausstellungen als zentrale Referenzen für vergangenheitsbezogenes Wissen. So fungieren bestimmte Figuren und Orte – etwa die Figur der *Anne Frank* – als symbolisch besetzte Objekte pars pro toto für den Massenmord an den europäischen Jüdinnen und Juden. Dies verweist auf die zentrale Rolle der Medialität für gesellschaftliche Erinnerungsprozesse. Generationelle Zugehörigkeit – gerade in den Diskussionen um die Rolle der Schweiz Mitte der 1990er Jahre argumentativ häufig verwendet – stellt in vielen der von uns untersuchten Interviews eine der Legitimation von Vergangenheitsinterpretationen und Sichtweisen dienende Selbst- und Fremdthematisierungsformel dar. Dass ältere Teilnehmende *patriotischere* und *helvetozentrischere* Geschichtsbilder vertreten als jüngere Teilnehmende oder mit Verweis auf ihr eigenes Erleben Deutungshoheit über die Vergangenheit beanspruchen, lässt sich im Vergleich der Gruppendiskussionen

---

678 Vgl. zu aktuellen Diskussionen zu sozialem Gedächtnis und Erinnern in den Sozialwissenschaften den Band von Lehmann, René; Öchsner, Florian; Sebald, Gerd (Hg.): Formen und Funktionen sozialen Erinnerns, Wiesbaden 2013.
679 Vgl. Welzer, Harald (Hg.): Der Krieg der Erinnerung; Welzer, Harald, Das kommunikative Gedächtnis.

nicht feststellen. Die Art und Weise, wie Vergangenheit vergegenwärtigt wird, hängt stärker von der politischen Haltung der jeweiligen Person als von deren Alter oder Generationenzugehörigkeit ab. Angesichts der Popularität, der sich die Diskussion über *Generationen* und *generationelle Differenz* im Zusammenhang mit Erinnerungsprozessen gegenwärtig erfreut, sollte die Behauptung dieser Differenz immer wieder kritisch hinterfragt und der (geschichts-) politischen Funktion dieses Diskurses nachgegangen werden.[680]

Unsere Studie zeigt, dass im kommunikativen Erinnern eine Vielzahl an Vorstellungen und Bildern über den Zweiten Weltkrieg und die damalige Rolle der Schweiz nebeneinander bestehen, ineinander übergehen oder auch konfligieren. Interviewübergreifend lässt sich feststellen, dass das Thema Zweiter Weltkrieg auch beinahe zwei Dekaden nach Abklingen der geschichtspolitischen Debatten der 1990er Jahre emotional und normativ besetzt ist und für Kontroversen und Konflikte sorgt. Diese Debatten sind oft der zentrale Bezugspunkt, vor deren Hintergrund die Rolle der Schweiz während der Kriegsjahre diskutiert wird. Die seit den späten 1990er Jahren international zunehmende Präsenz der Erinnerung an den Holocaust bildet dabei den Referenzrahmen des Erinnerns, Gedenkens und Aufarbeitens in den Gruppendiskussionen. Dies gilt für Teilnehmende unterschiedlichen Alters sowie unterschiedlicher regionaler und sozialer Herkunft. Die Vorstellung, dass dem Holocaust ein wichtiger Stellenwert in der Erinnerung zukommen sollte, scheint im kommunikativen Erinnern, ähnlich wie in anderen europäischen Ländern etabliert.[681] Auch die Rolle der Schweiz während des Zweiten Weltkrieges wird in den meisten Interviews vor dem Hintergrund dieses transnationalen Bezugsrahmens diskutiert, wie in der Auseinandersetzung mit Themen wie Flüchtlingspolitik, Nachrichtenlose Vermögen oder wirtschaftliche Verflechtungen mit den Achsenmächten deutlich wird. Dabei zeigt sich die Präsenz dieses Bezugsrahmens oftmals weniger in Form konkreter Kenntnisse über den Zweiten Weltkrieg, den Holocaust oder die Rolle der Schweiz, sondern vielmehr anhand der bei vielen InterviewpartnerInnen feststellbaren Tendenz, auf einer Metaebene Fragen nach Schuld und Verantwortung zu verhandeln. Diskussionen darüber, wer überhaupt zu Urteilen über vergangenes Tun legitimiert sei, und das Verhandeln von Sinn und Nutzen der Vergangenheitsaufarbeitung erweisen sich als zen-

---

680 Vgl. hierzu auch den soeben erschienen Aufsatz von Lehmann, René: Das Konzept der Generationendifferenz aus Akteursperspektive und seine Funktionen für das familiale Erinnern, in: Ders.; Öchsner, Florian; Sebald, Gerd (Hg.): Formen und Funktionen sozialen Erinnerns, S. 219-241.
681 Levy, Daniel; Heinlein, Michael; Breuer, Lars: Reflexive Particularism and Cosmopolitanization; Welzer, Harald (Hg.): Der Krieg der Erinnerung.

traler Bestandteil kommunikativen Erinnerns in der Bevölkerung. Dabei handelt es sich ebenfalls um ein Phänomen, das auch in anderen europäischen Ländern beobachtbar ist.[682]

So präsent das neue, am Holocaustgedenken orientierte Erinnerungsrahmen in den von uns durchgeführten Gruppendiskussionen ist, so umstritten ist es zugleich auch. In der Auseinandersetzung der Teilnehmenden mit der in den 1990er Jahren staatlich geförderten Vergangenheitsaufarbeitung konnten wir drei wiederkehrende Modi des Vergangenheitsbezugs herausarbeiten: In einem *polarisierenden* Modus (der wertkonservativ wie linksliberal ausgerichtet sein kann) steht eine Erinnerungskonkurrenz, d.h. der Konflikt um die Deutungshoheit über die Vergangenheit, im Vordergrund. Dabei steht für viele Teilnehmende die Kritik an der UEK als Symbol der jüngsten vergangenheitspolitischen Aufarbeitungsbemühungen im Vordergrund. Im *komplementären* Modus spielt weniger die Konkurrenz zwischen unterschiedlichen Vergangenheitsinterpretationen eine Rolle, als vielmehr deren Integration und Vermittlung, etwa indem biographische Erinnerung, Bücher- und Schulwissen sowie geschichtswissenschaftliche Perspektiven im intergenerationellen Dialog wechselseitig anerkannt und verknüpft werden. Der *metathematisierende* Modus des Vergangenheitsbezugs schließlich zeichnet sich dadurch aus, dass die Reflexion über die geschichtspolitischen Debatten, deren erinnerungskulturelle Situierung sowie die Reflexion über Funktion, Zweck und Auswirkungen der Vergangenheitsaufarbeitung leitendes Diskussionsthema ist.

Estimiert die Mehrheit der Interviewten zwar die Bedeutung des Gedenkens an den Holocaust, zeigt sich jedoch, dass, sobald es um konkrete Themen und Problemstellungen geht, in den Gruppendiskussionen eine ausgeprägte Ambivalenz gegenüber dem seit den 1990er Jahren forcierten Erinnerungsrahmen herrscht. Während ein Teil der TeilnehmerInnen das Holocaustgedenken zu einem ethischen Imperativ erhebt und auch für die Schweiz – etwa mit Verweis auf wirtschaftliche Profite und die restriktive Flüchtlingspolitik – einen Bezug zum Holocaust herstellen, bringen andere TeilnehmerInnen deutlich zum Ausdruck, dass sie genug haben von der Thematik und die in den 1990er Jahren laut gewordene Kritik an der Schweiz als unpassend wahrnehmen. Diese Einstellung ist nicht generationsgebunden, auch bei jüngeren Teilnehmenden zeigt sich die Tendenz, die Schweiz gegen vermeintlich aus *dem* Ausland, von *den* Juden oder *den* Historikern stammende Kritik zu verteidigen.

---

682 Vgl. für Deutschland und Polen Breuer, Lars: Deutsche und polnische Erinnerung von unten. Eine vergleichende Untersuchung der Rollenzuschreibungen in den Vergangenheitsbildern von Deutschen und Polen. Unveröffentlichte Dissertation, Universität Hannover 2013.

In den Gruppendiskussionen wird das jahrzehntelang offiziell tradierte Bild der Schweiz als heroischer Widerstandsnation von TeilnehmerInnen unterschiedlichster generationeller, sozialer und politischer Herkunft hinterfragt. Zentrale Eckpfeiler des bis in die 1990er Jahre offiziell vertretenen Narrativs von der Widerstandskraft der schweizerischen Armee, dem Zusammenhalt der Volksgemeinschaft, der Humanität und der Neutralität stehen zur Debatte. Thematisiert werden die wirtschaftlichen Verflechtungen mit den Achsenmächten und die Funktion der Schweiz als Finanzdrehscheibe als möglichem Grund für die ausgebliebene Besatzung der Schweiz durch NS-Deutschland. Die restriktive Flüchtlingspolitik und der Umgang mit den Nachrichtenlosen Vermögen sind, wenn auch meist auf einige Stichworte beschränkt, ebenfalls Thema. Verschiedene Teilnehmende verweisen explizit auf die Diskrepanz zwischen dem tradierten Geschichtsbild – von ihnen selber als Mythos benannt – und der tatsächlichen Rolle der Schweiz zu jener Zeit. Eine beurteilende und bewertende Haltung begleitet die Aussagen und es wird laufend kommentiert, wie richtig bzw. wie falsch die Handlungen der damaligen AkteurInnen gewesen seien.

Das klassische Bild der Schweiz als Friedensinsel oder Balkon über Europa wird in den Gruppendiskussionen kaum noch transportiert. Die Interviewten beschäftigt vielmehr die Frage, wie man sich angesichts von Krieg und Völkermord zu verhalten hätte, wobei die moralische Bewertung (aus heutiger Sicht) dabei eine wichtige Rolle spielt. Deutlich wird dies, wenn in den Gruppendiskussionen Themen wie die *Flüchtlingspolitik*, die *schweizerische Neutralität* und die *wirtschaftlichen* und *politischen Verflechtungen* mit den Achsenmächten diskutiert werden und die Frage implizit oder explizit im Raum steht, ob die Schweiz womöglich auch *Schuld* auf sich geladen hat: Es gibt Stimmen, die die damalige Politik mit Verweis auf den Holocaust verurteilen und in der Neutralität einen bis heute gebräuchlichen Deckmantel für Profitdenken und Opportunismus sehen. Neutralität als Staatsdoktrin stellen sie daher in Frage und treten stattdessen ein für Solidarität und Verantwortung auch in außerschweizerischen Belangen. In Opposition dazu argumentieren andere mit der Staatsräson, die Interessen der *eigenen* Nation hätten dabei Priorität. Während in Fragen der Flüchtlingspolitik insbesondere politisch links orientierte Personen sowie InterviewpartnerInnen mit jüdischem Hintergrund die Mitverantwortung der Schweiz an der Ermordung zurückgewiesener Flüchtlinge hervorheben, nehmen andere Interviewte eine abwehrende Haltung ein, verweisend auf die angeblich knappe Versorgungslage oder die herrschende Sorge und Angst in der Schweiz, die Staatsräson zum Argument dafür erklärend, dass damals eine Aufnahme von weiteren Flüchtlingen schlichtweg nicht möglich gewesen sei. Der Konflikt um die richtige Interpretation vergangener Ereignisse wird hierin deutlich. Argumente, die in diesem Zusammenhang reproduziert werden, sind rassistisch und antisemitisch strukturiert, und dienten bereits in den Jahren vor und während des Zweiten Weltkrieges als Legitimation für eine restriktive Flüchtlingspolitik.

Im Hinblick auf die Alltagssituation der schweizerischen Bevölkerung während des Zweiten Weltkrieges erweisen sich die meisten, insbesondere auch die jüngeren InterviewteilnehmerInnen, als empathisch und stellen sich vor, wie schwierig der Alltag, wie belastend die Sorgen und Nöte waren, die die Umstände jener Zeit mit sich brachten. Der Kritik an der damaligen Rolle der Schweiz wird dabei in vielen Interviews mit der Forderung nach Anerkennung des Einsatzes und der Opferbereitschaft des Schweizer Volkes begegnet. Eine kritische Perspektive auf die Zeit des Zweiten Weltkrieges stösst vor allem dann auf Zustimmung, wenn die damalige politische, militärische und wirtschaftliche *Elite* ins Visier gerät. Zugleich werden Tapferkeit, Wehrwillen und die humanitären Leistungen im *einfachen Volk* als herausragende Leistungen in einer Zeit der Angst und der Not betont. Hier zeigt sich ein Phänomen, das sich auch in anderen europäischen Ländern beobachten lässt: Elemente des traditionellen Geschichtsbildes bleiben trotz Verweis auf problematische Aspekte der Vergangenheit im kommunikativen Gedächtnis auch bei jüngeren TeilnehmerInnen weiterhin bestehen.[683] Wir haben in diesem Zusammenhang auf das Phänomen einer *selektiven Akzentuierung* hingewiesen: Während die älteren TeilnehmerInnen facettenreiche Bilder von ihrem Erleben des Krieges zeichnen, kommt es im intergenerationellen Dialog zur selektiven Akzentuierung eines ganz bestimmten Bildes der damaligen Situation, eines Bildes, das die Entbehrungen der einfachen Bevölkerung, deren Bedrängnis, Angst und Not in den Vordergrund rückt und das, wie wir gezeigt haben, häufig dann Verwendung findet, wenn Kritik an der Rolle der Schweiz im Raum steht. Diese selektive Akzentuierung führt also dazu, dass im Gespräch über den Zweiten Weltkrieg das Bild einer Generation entsteht, die selber in erster Linie Opfer der historischen Ereignisse gewesen sei, wiederholt auch dann, wenn die am Gespräch anwesenden älteren TeilnehmerInnen dieses Bild selber gar nicht tradieren.

Bei dieser Tendenz, die damalige Bevölkerung primär als Opfer der gesellschaftlichen Umstände darzustellen, handelt es sich um ein nicht nur aus dem deutschen Kontext bekanntes Phänomen, das auftritt, wenn nach der (Mit-)Verantwortung breiterer Bevölkerungskreise an begangenen Verbrechen gefragt wird.[684] In den Gruppendiskussionen kommt wiederkehrend ein Politik- und Gesellschaftsverständnis zum Ausdruck, das Gesellschaftsmitglieder als Statisten ansieht, die passiv dem Lauf der über sie wie ein Unwetter hereinbrechenden

---

683 Vgl. Welzer, Harald (Hg.): Krieg der Erinnerung.
684 Vgl. Breuer, Lars: Deutsche und polnische Erinnerung von unten.

Geschichte ausgeliefert sind. Für gesellschaftliche Verantwortlichkeit bleibt so kaum Raum. Zu diskutieren wäre auch, inwiefern der aktuelle Schulddiskurs dazu beiträgt, primär in moralisierenden Kategorien zu verharren und eine geschichtsbildkritische Auseinandersetzung, die Fragen nach Handlungsalternativen stellt, behindert. Die Schweiz erscheint angesichts der Mitte der 1990er Jahre erfolgten Kehrtwende ihrer Vergangenheitspolitik nicht nur, wie von Elazar Barkan beschrieben, als «global moral leader»[685] sie lässt sich, wie in den Gruppendiskussionen deutlich wird, auch komfortabel einreihen in eine europäische Erinnerungsgemeinschaft: Ulrike Jureit hat auf die «erinnerungspolitische Sackgasse» hingewiesen, in die das gegenwärtige «opferidentifizierte Erinnern» an den Krieg als «gemeinsamer europäischer Tragödie» und die damit einhergehenden moralisch aufgeladenen Erinnerungs-, Ermahnungs- und Entschuldigungsrituale führen könnte.[686] Auch in den von uns durchgeführten Gruppendiskussionen hat sich gezeigt, wie präsent auf die *Eigengruppe* bezogene Opferzuschreibungen in der kommunikativen Erinnerung sind und wie sie intergenerationell dazu verwendet werden, um Kritik an der Rolle der Schweiz während des Zweiten Weltkrieges zu begegnen.

Ein Aspekt, dem in den Gruppendiskussionen besonders viel Aufmerksamkeit zukommt, ist die Thematisierung beispielhafter *humanitärer Leistungen* wie etwa jene des St. Galler Polizeikommandanten Paul Grüninger, der in den Monaten vor Ausbruch des Zweiten Weltkrieges jüdische und andere Flüchtlinge trotz Grenzsperre einreisen liess.[687] Die Betonung solcher humanitären Leistungen von SchweizerInnen, die im Sample wiederholt anzutreffen sind, scheint eine Entgegnung auf allfällige Anklagen betreffend die damalige Flüchtlingspolitik zu sein. Gerade am Beispiel der in den Interviews engagiert und emotional diskutierten Flüchtlingsthematik zeigt sich die politische Dimension des Erinnerns deutlich. Die TeilnehmerInnen stellen spontan vielfältige Bezüge zu aktuellen asyl- und migrationspolitischen Fragen; nationale Selbstbilder sowie Vorstellungen gegenwärtigen und zukünftigen Handelns werden engagiert diskutiert. Die Meinung, mit heutigen Flüchtlingen sollte ebenso restriktiv verfahren werden, wie mit jenen während des Zweiten Weltkriegs, wird ebenso vertreten wie konträr dazu die Forderung, aus der Vergangenheit sollten Lehren gezogen und eine menschlichere Asylpolitik betrieben werden. In diesen beiden gegensätzlichen Haltungen wird die Bedeutung der politischen Position der Interviewten in der Auseinandersetzung mit der Vergangenheit und der Folgerungen, die vor diesem Hintergrund

---

685 Barkan, Elazar: The Guilt of Nations, S. XVI.
686 Jureit, Ulrike: Opferidentifikation und Erlösungshoffnung, in: Dies.; Schneider, Christian: Gefühlte Opfer, Stuttgart 2010, S. 23.
687 Vgl. Anmerkung 137.

für die Gegenwart gezogen werden, deutlich. In der Diskussion über die Flüchtlingsthematik zeigt sich außerdem, wie präsent Antisemitismus im kommunikativen Gedächtnis ist; in fast allen Gruppendiskussionen und bei TeilnehmerInnen unterschiedlichen Alters und sozialen Hintergrunds lassen sich antisemitische Stereotype und Deutungsmuster feststellen. Im Kontext der vergangenheitspolitischen Debatten der 1990er Jahre war, so müssen wir bestätigen, Antisemitismus salonfähig.[688] Bei der Präsenz antisemitischer Stereotype und Deutungsmuster in Gesprächen über den Zweiten Weltkrieg und den Holocaust handelt es sich, wie ebenfalls auf der Analyse von Gruppendiskussionen basierende Studien in anderen europäischen Ländern zeigen, keineswegs um ein spezifisch schweizerisches Phänomen.[689] Vielmehr stellt sich die Frage, inwiefern sich in der Auseinandersetzung mit der Holocausterinnerung in verschiedenen Ländern zunehmend auch transnational wirksame Formen des vor allem aus dem deutschen Kontext bekannten sekundären Antisemitismus als Ausdruck von Erinnerungsabwehr manifestieren.

Ist zwar der Holocaust in der Erinnerung an den Zweiten Weltkrieg ein zentrales Moment, zeigen sich aber im kommunikativen Erinnerungsgeschehen große Unterschiede, wenn es darum geht, das damalige politische, wirtschaftliche und gesellschaftliche Handeln in den Kontext der nationalsozialistischen Verfolgungs- und Vernichtungspraxis einzuordnen. Während in den einen Gruppendiskussionen Fragen nach Mitschuld und Verantwortung angesichts des Völkermords gestellt und politische, ideologische sowie wirtschaftliche Verflechtungen zwischen NS-Deutschland und der Schweiz benannt werden, geschehen solche Verknüpfungen in anderen kaum. Dies zeigt sich etwa darin, dass die Ereignisse im nationalsozialistischen Deutschland und die damalige Politik bzw. Haltung der Schweiz als getrennte Geschichte(n) behandelt werden: Zusammenhänge zwischen antisemitischer Migrations- und Flüchtlingspolitik und nationalsozialistischer Verfolgungs- und Vernichtungsstrategie sind kaum Thema. Wir begegneten in den Gruppendiskussionen auch verschiedenen Formen von (externalisierender)

---

688 Vgl. Eidgenössische Kommission gegen Rassismus (Hg.): Antisemitismus in der Schweiz. Ein Bericht zu historischen und aktuellen Erscheinungsformen mit Empfehlungen für Gegenmaßnahmen, Bern 1998. Gisler, Andreas: «Die Juden sind unser Unglück», Dreyfus, Madeleine: Entschuldigung und Rechtfertigung. Zum Rezeptionsmuster der antisemitischen Flüchtlingspolitik in der Schweiz im Zweiten Weltkrieg, in: Ludewig-Kedmi, Revital; Spiegel, Mirjam Victory; Tyrangiel, Silvie (Hg.): Das Trauma des Holocaust zwischen Psychologie und Geschichte, Zürich 2002, S. 174-191.

689 Vgl. Welzer, Harald (Hg.): Krieg der Erinnerung; Breuer, Lars: «Man glaubte ja, dass Schluss ist damit ...». Judenverfolgung und Antisemitismus in der dänischen Familienerinnerung, in: Jahrbuch für Antisemitismusforschung 16, 2007, S. 61-86; Lenz, Claudia: Judenverfolgung und Holocaust im norwegischen Geschichtsbewusstsein, in: Jahrbuch für Antisemitismusforschung 16, 2007, S. 17-38.

Erinnerungsabwehr. Eine davon impliziert, dass es sich beim Holocaust um eine *Judengeschichte* handelt und der Holocaust nicht Teil schweizerischer Geschichte ist. Eine andere Art der Erinnerungsabwehr relativiert den Holocaust, indem Vergleiche mit andern Genoziden und Verbrechen gegen die Menschlichkeit herangezogen werden oder behauptet wird, *die Juden* würden sich andauernd über ihre Opferrolle ins Zentrum der Aufmerksamkeit rücken und vom Holocaust profitieren. Dabei handelt es sich ebenfalls um eine antisemitisch strukturierte Form der Erinnerungsabwehr, die auch im transnationalen Kontext beobachtbar ist.[690]

Die Orientierung an einem transnationalen Erinnerungsparadigma, in dem Gedenken an das Leid der europäischen Jüdinnen und Juden sowie die Anerkennung begangenen Unrechts angesichts des Holocausts auch von Ländern wie der Schweiz gefordert wird, konfligiert also mit gegenläufigen Erinnerungsinteressen: Es zeigen sich verschiedene Umgangsweisen mit der Thematik, die je nach Interessenslage andere Aspekte der Vergangenheit akzentuieren oder ausklammern und unterschiedliche Perspektivierungen auf die Vergangenheit einnehmen, legitimieren oder problematisieren. Die Befürwortung von Geschichtsaufarbeitung oder der in verschiedenen Interviews zu findende Imperativ *Nie Wieder* sind ebenso Bestandteil gegenwärtiger Erinnerungskultur wie die Adaption der Opferperspektive und die Einreihung der damaligen Schweiz in die Gruppe derjenigen, die gleichermaßen unter dem großen Krieg zu leiden hatten, die Forderung nach einem *Abschließen der Geschichte* oder eine antisemitisch gefärbte Zurückweisung der Kritik der 1990er Jahre.

Eine Ersetzung der *national-patriotischen* durch eine *kosmopolitisierte Völkermorderinnerung* lässt sich aus dem Erinnerungsgeschehen in den von uns durchgeführten Gruppendiskussionen nicht ableiten. Es kann auch nicht, wie wir gezeigt haben, ohne weiteres davon ausgegangen werden, dass die Erinnerung an den Zweiten Weltkrieg in der Schweiz vor den 1990er Jahren eine *homogene* war. Erinnerungskulturen sind stets komplex und gegenläufig, so waren in der Schweiz der staatsoffiziellen Vergangenheitsinterpretation widersprechende Deutungen bereits in den Jahren und Jahrzehnten nach dem Krieg in der Bevölkerung vertreten. In Bezug auf das gegenwärtige Erinnerungsgeschehen lässt sich zwar sagen, dass das Erinnerungsparadigma mit dem Holocaust als fundierendem Ereignis breit verankert ist und aus dem öffentlichen Diskurs bekannte Formeln wie «*auch wir haben Schuld auf uns geladen*», «*aus Fehlern lernt man*», «*Erinnern ist wichtig*» oder «*Vergangenheit sollte aufgearbeitet werden*» auch im kommunikativen Erinnerungsgeschehen prominent vertreten sind. Zugleich stösst aber die in Gedenktagen und Lehrplänen angestrebte Institutionalisierung des Holocaust-

---

690 Vgl. Rabinovici, Doron; Speck, Ulrich; Sznaider, Natan (Hg.): Neuer Antisemitismus?

gedenkens und die staatlich propagierte *Relevanz* dieser historischen Epoche auf Widerspruch und wird als zukunftsweisender identitätsstiftender Bezugspunkt in Frage gestellt. Verschiedene, darunter auch an der Thematik grundsätzlich interessierte jüngere Teilnehmende, äußern Überdruss angesichts der von ihnen so wahrgenommenen Omnipräsenz der Thematik in Schule und Medien, beschreiben sie als ihrem eigenen Erlebenshorizont fern, heben die Relevanz anderer, aktuellerer Probleme hervor oder fühlen sich zu unrecht beschuldigt für Taten und Versäumnisse älterer Generationen. Manche TeilnehmerInnen nehmen die jüngste Vergangenheitsaufarbeitung als Steckenpferd einer kleinen Elite wahr, die an der breiten Bevölkerung vorbeiagiere und kaum Möglichkeiten zur Partizipation biete. Die Arbeit der UEK wird als zu akademisch-abgehoben wahrgenommen, – auch von Interviewteilnehmenden, die der UEK gegenüber positiv eingestellt sind und das Projekt begrüssen. Was die Kluft zwischen wissenschaftlicher Erkenntnisproduktion und einem gelingenden Transfer in bereitere Bevölkerungskreise betrifft, bzw. worin die Möglichkeiten und Grenzen einer Institutionalisierung gesellschaftlicher Erinnerungsprozesse zu sehen sind, wirft dieser Befund Fragen von allgemeiner Relevanz für die Vermittlung von wissenschaftlichen Erkenntnissen auf. Die zitierte Hauptfigur aus Lukas Bärfuss' *Zwanzigtausend Seiten* fragt gegen Ende des Stücks: «Aber wozu denn das Ganze?» Wozu die Auseinandersetzung mit der Vergangenheit, wozu Geschichtsaufarbeitung, wenn sich – wie das Stück suggeriert – anschließend kaum jemand für die Ergebnisse interessiert? Eine aus der Analyse der Gruppendiskussionen hervorgehende mögliche Antwort lautet: Vergangenheitsaufarbeitung und Auseinandersetzung mit der Geschichte sind als staatlich zu regelnde Angelegenheit aufgefasst worden. So ist mit der Publikation des UEK-Schlussberichts und den Vereinbarungen betreffend Restitutionszahlungen dem (innen- und) außenpolitischen Druck sowie den Anforderungen der internationalen Vergangenheitspolitik Genüge getan und die Geschichte damit erledigt.

Zusammenfassend lässt sich feststellen, dass knapp zwei Dekaden nach den geschichtspolitischen Debatten Mitte der 1990er Jahre sich auf gegenläufige Weise zentrale historische Perspektiven und Tendenzen etabliert haben, die damals in Bezug auf die Rolle der Schweiz während des Zweiten Weltkrieges (neu) erarbeitet wurden. Das u. a. auch von der UEK verfolgte Anliegen, die Schweiz nicht isoliert, sondern als Teil eines internationalen Systems zu betrachten, welches von der nationalsozialistischen Politik und den (kriegerischen) Ereignissen in Europa geprägt worden war, setzte sich auch im kommunikativen Gedächtnis durch. Das zeigt sich etwa, wenn wirtschaftliche Verflechtungen mit den Achsenmächten anerkannt werden als (zumindest Mit-) Grund dafür, dass das Gebiet der Schweiz nicht zum Schauplatz kriegerischer Auseinandersetzungen wurde. Dies bedeutet nicht, dass die schweizerische Armee und die Alpen gänzlich als Begründung dafür ausgedient hätten, vom Krieg verschont geblieben zu sein und es heißt auch nicht, dass das Handeln der damaligen Schweiz zwangsläufig verurteilt wird.

Der Holocaust, die systematische Diskriminierung, Verfolgung und Ermordung der europäischen Juden und Jüdinnen, hat sich als paradoxer erinnerungskultureller Bezugsrahmen erwiesen. Zwar wird der Holocaust im gegenwärtigen Erinnerungsgeschehen als zentrales Ereignis der nationalsozialistischen Herrschaft anerkannt und damit eine transnationale Erinnerungsperspektive etabliert. Allerdings wird die Frage, inwiefern die Schweiz durch ihre Flüchtlingspolitik mitschuldig ist an den nationalsozialistischen Verbrechen, oftmals mit Verweis auf die humanitären Leistungen der schweizerischen Bevölkerung, höchst kontrovers diskutiert. Der Schulddiskurs, der auch die Holocaustdebatten in europäischen Staaten, wie Deutschland (als Urheber des Nationalsozialismus) oder Frankreich (Mittäterschaft) und Schweden (formale Neutralität) prägt, scheint sich etabliert zu haben. Nebst der Frage, wer grundsätzlich für den Holocaust verantwortlich sei, interessiert, wer daran auch noch beteiligt war. Was die schweizerische Flüchtlingspolitik betrifft, scheiden sich die Geister. Kontrovers diskutiert werden Grenzen und Möglichkeiten ethischen und integren Verhaltens angesichts der nationalsozialistischen Bedrohung. Eigeninitiativen der Schweiz wie etwa das Drängen schweizerischer Behörden auf die Kennzeichnung jüdischer Pässe oder die Grenzschließungen für jene, die aus *rassischen Gründen* geflohen sind, die im UEK-Bericht ein zentraler Punkt sind, werden in den Gruppendiskussionen selten thematisiert. Deutlich zeigt sich, dass der gegenwärtige Bezugspunkt der Erinnerung weniger die historische Epoche des Nationalsozialismus als vielmehr die geschichtspolitischen Debatten der 1990er Jahre ist. Sich positionieren, bewerten und beurteilen ist dabei kennzeichnend. Meinungen und Ansichten zur *richtigen* Perspektive auf die Vergangenheit laufen Kenntnis und Wissen über historische Fakten den Rang ab. Wie sehr der Blick und die Auseinandersetzung mit der Vergangenheit politisch geprägt sind, lässt sich anhand dieser Thematik besonders gut aufzeigen.

Diese Erkenntnisse eröffnen Perspektiven für weiterführende Diskussionen und vertiefende Analysen. Gerade etwa der von den InterviewteilnehmerInnen wiederholt vorgebrachte Vorwurf, die Vergangenheitsaufarbeitung der 1990er Jahre habe an der Bevölkerung vorbei agiert, stellt zur Disposition, inwiefern sich die Kritik an angeblich fehlender oder mangelhafter Vermittlung historischer Erkenntnisse verbindet mit gesellschaftlichen und politischen Positionen der jeweiligen TeilnehmerInnen. Vor dem Hintergrund der Erfahrungen mit politischer Bildungsarbeit in Deutschland ist zu überlegen, wie Sackgassen hinsichtlich der Vermittlung von Wissen über Nationalsozialismus und Krieg in Schule und Medien zu vermeiden wären und wie mit dem auch von vielen unserer InterviewpartnerInnen zum Ausdruck gebrachten und aus dem deutschen Kontext ebenfalls bekannten Wunsch, die Vergangenheit endlich abzuschließen, umzugehen ist.

Damit hängt ein weiterer das gegenwärtige kommunikative Erinnern charakterisierender Aspekt zusammen: Als Bekenntnis durchaus anerkannt, stösst der Imperativ, den Holocaust zu erinnern, in der konkreten Auseinandersetzung mit der Rolle der Schweiz während des Zweiten Weltkrieges auf Widerspruch. Die Kluft zwischen Erinnerungsimperativ und konkreter Erinnerungspraxis verweist nicht nur auf ein (Wissens-) Transferproblem, sondern auch auf divergierende Erinnerungsinteressen. Tangiert ist hier die – politische – Frage nach den gesellschaftlichen Interessenslagen, die das jeweilige Erinnerungsgeschehen mitbedingen. Ebenso wie die Frage, welche Konsequenzen aus dem Befund dieser bestehenden Kluft zwischen Erinnerungsimperativ und konkreter Erinnerungspraxis für geschichtsdidaktisches und -pädagogisches Vorgehen zu ziehen sind, lässt sich dieser Punkt aber kaum ohne die weitere Auseinandersetzung mit Entwicklungen auf transnationaler Ebene und den Austausch mit in diesem Bereich tätigen Fachleuten auch in anderen Ländern klären.

Dies gilt auch im Hinblick auf die Beobachtung, wie präsent antisemitische Stereotype und Deutungsmuster in dem von uns untersuchten Material sind, etwa mit Blick auf die wiederholt auftretende antisemitisch strukturierte Gegenüberstellung zwischen einem *Wir* und einem *Sie*. Jüdische MitbürgerInnen werden in ihrem Erinnern alleine gelassen, wodurch die Juden symbolisch aus dem nationalen Kollektiv ausgeschlossen und die Erinnerung an den Holocaust wiederum zu einer *jüdischen Angelegenheit* wird, mit der die übrige Bevölkerung nichts zu tun hat. Auch für die Beschäftigung mit weiteren, durch die Befunde unserer Studie aufgeworfenen Fragen und Problemstellungen (etwa hinsichtlich des stark präsenten Schulddiskurses, der eine kritische Auseinandersetzung mit dieser Vergangenheit unseres Erachtens eher erschwert als befördert) wäre die weitere Auseinandersetzung in einem inter- und transnational orientierten, multidisziplinären Rahmen wünschenswert.

Die Gespräche, die wir mit den 72 InterviewpartnerInnen zwischen 2007 bis 2009 führten, gaben uns einen Einblick in die Auseinandersetzungen, wie sie in der deutschschweizerischen Bevölkerung mit dem Zweiten Weltkrieg, dem Nationalsozialismus und dem Holocaust erfolgten. So unterschiedlich diese Gespräche auch verliefen, so oft wurden wir in den Begegnungen mit den InterviewpartnerInnen mit Fragen nach Sinn und Zweck von Vergangenheitsaufarbeitung, wie sie im Rahmen der UEK erfolgte, konfrontiert. War die Arbeit der UEK letztlich tatsächlich l'art pour l'art einer kleinen akademischen Elite und damit für die Schublade produziert, weil es, wie es manche unserer GesprächspartnerInnen glauben machen wollen, angeblich für breitere Bevölkerungskreise keine geeignete Aufarbeitung der Forschungsergebnisse gegeben habe? Wir teilen diese Meinung nicht. Wissenschaftliche Vergangenheitsaufarbeitung kann, so sind wir der Überzeugung, zur kritischen Auseinandersetzung mit tradierten Geschichtsbildern und (nationalen) Mythen beitragen. Damit solche Effekte erfolgen, braucht es jedoch Räume, in denen Auseinandersetzungen und Diskussionen stattfinden können. Mit unseren Interviews eröffneten wir einen Raum, der von den InterviewpartnerInnen wahrgenommen wurde als eine Möglichkeit, über tradierte Geschichtsbilder, aber auch über die öffentlichen Debatten um die Rolle der Schweiz im Zweiten Weltkrieg zu diskutieren und ihre eigene Sichtweise in Austausch mit uns Wissenschaftlerinnen zu bringen. Themen sind dabei zur Sprache gekommen und Fragen aufgeworfen worden, die alle Beteiligten, auch uns, dazu anregten, unterschiedliche Vergangenheitsversionen zu reflektieren und ihre Bedeutung für die Gegenwart zu diskutieren. Wer also dazu beitragen möchte, dass wissenschaftliche Erkenntnisse rezipiert und tradierte Geschichtsbilder in breiten Bevölkerungskreisen hinterfragt werden, kommt nicht darum herum, immer wieder neu den Dialog zu suchen – mit Menschen aus den unterschiedlichsten Bevölkerungsgruppen.

# Bibliographie

### Gruppendiskussionen[691]

GD A., durchgeführt am 3. Februar 2008
*Teilnehmende:*
Vreni A. (Jg. 1941)
Emil A. (Jg. 1966)
Yvonne A. (Jg. 1966)
Mario A. (Jg. 1993)

GD B., durchgeführt am 31. Oktober 2008
*Teilnehmende:*
Lorenz B. (Jg. 1919)
Erich B. (Jg. 1964)
Corina B. (Jg. 1991)

GD C., durchgeführt am 7. April 2008
*Teilnehmende:*
Fritz C. (Jg. 1943)
Elena C. (Jg. 1941)
Sandrine C. (Jg. 1970)
Theo C. (Jg. 1969)

GD D., durchgeführt am 24. März 2008
*Teilnehmende:*
Rosmarie D. (Jg. 1937)
Eliane D. (Jg. 1967)
Sarah D. (Jg. 1990)
Nicole D. (Jg. 1993)

---

691  Pseudonymisierte Angaben.

GD E., durchgeführt am 9. Mai 2009
*Teilnehmende:*
Wilma E. (Jg. 1938)
Manfred E. (Jg. 1932)
Joseph E. (Jg. 1965)
Manuel E. (Jg. 1994)

GD F., durchgeführt am 11. Oktober 2008
*Teilnehmende:*
Luise F. (Jg. 1925)
Andreas F. (Jg. 1953)
Pascal F. (Jg. 1984)

GD G., durchgeführt am 19. September 2009
*Teilnehmende:*
Walter G. (Jg. 1927)
Koni G. (Jg. 1955)
Matthias G. (Jg. 1988)

GD H., durchgeführt am 9. Mai 2009
*Teilnehmende:*
François H. (Jg. 1930)
Daniel H. (Jg. 1963)
Esther H. (Jg. 1969)
Stefan H. (Jg. 1992)

GD I., durchgeführt am 28. September 2009
*Teilnehmende:*
Gertrud I. (Jg. 1920)
Kurt I. (Jg. 1945)
Thomas I. (Jg. 1976)

GD J., durchgeführt am 26. April 2008
*Teilnehmende:*
Ruedi J. (Jg. 1934)
Ruth J. (Jg. 1936)
Markus J. (Jg. 1960)
Roger J. (Jg. 1988)
Yves J. (Jg. 1990)

GD K., durchgeführt am 10. Mai 2008
*Teilnehmende:*
Dora K. (Jg. 1931)
Gabriela K. (Jg. 1052)
Petra K. (Jg. 1985)

GD L., durchgeführt am 3. August 2008
*Teilnehmende:*
Jacques L. (Jg. 1916)
Hanna L. (Jg. 1926)
Philipp L. (Jg. 1950)
Rita L. (Jg. 1956)
Marc L. (Jg. 1982)

GD M., durchgeführt am 19. April 2008
*Teilnehmende:*
Pierre M., (Jg. 1926)
Veronica M. (Jg. 1929)
Regula M. (Jg. 1951)
Selina M. (Jg. 1980)

GD O., durchgeführt am 21. April 2008
*Teilnehmende:*
Irma O. (Jg. 1921)
Werner O. (Jg. 1949)
Hannes O. (Jg. 1979)

GD. P., durchgeführt am 15. September 2008
*Teilnehmende:*
Robert P. (Jg. 1917)
Catherine P. (Jg. 1944)
David P. (Jg. 1944)
Tanja P. (Jg. 1968)

GD Q., durchgeführt am 24. November 2007
*Teilnehmende:*
Xaver Q. (Jg. 1918)
Brigitte Q. (Jg. 1961)
Laura Q. (Jg. 1988)

GD R., durchgeführt am 3. November 2007
*Teilnehmende:*
Nelly R. (Jg. 1917)
Jolanda R. (Jg. 1950)
Martina R. (Jg. 1982)

GD S., durchgeführt am 10. Oktober 2008
*Teilnehmende:*
Käthi S. (Jg. 1943)
Beatrice S. (Jg. 1968)
Melanie S. (Jg. 1991)

GD W., durchgeführt am 15. April 2009
*Teilnehmende:*
Heinz W. (Jg. 1934)
Lisbeth W. (Jg. 1934)
Lisa W. (Jg. 1962)
Nadine W. (Jg. 1992)

GD Z., durchgeführt am 11. Juli 2009
*Teilnehmende:*
Sophia Z. (Jg. 1943)
Irene Z. (Jg. 1966)
Roland Z. (Jg. 1990)

# Literatur

Adorno, Theodor W.: Schuld und Abwehr, in: Ders.: Gesammelte Schriften Bd. 9.2., Darmstadt 1998, S. 121-324.

Altermatt, Urs; Bosshart-Pfluger, Catherine; Tanner, Albert (Hg.): Die Konstruktion einer Nation. Nation und Nationalisierung in der Schweiz, 18.-20. Jahrhundert, Zürich 1998.

Altermatt, Urs: Katholizismus und Antisemitismus. Mentalitäten, Kontinuitäten, Ambivalenzen: Zur Kulturgeschichte der Schweiz 1918-1945, Frauenfeld 1999.

Altermatt, Urs: Verspätete Thematisierung des Holocaust in der Schweiz, in: Kreis, Georg (Hg.): Erinnern und Verarbeiten: Zur Schweiz in den Jahren 1933-1945, Basel 2004, S. 31-55.

Anderson, Benedict: Imagined communities: Reflections on the Origin and Spread of Nationalism, London 1983.

Assmann, Aleida: Erinnerungsräume. Formen und Wandlungen des kulturellen Gedächtnisses, München 1999.

Assmann, Aleida: Gedächtnis als Leitbegriff in den Kulturwissenschaften, in: Musner, Lutz; Wunberg, Gotthart (Hg.): Kulturwissenschaften: Forschung – Praxis – Positionen, Wien 2002, S. 27-45.

Assmann, Jan: Kollektives Gedächtnis und kulturelle Identität, in: Ders.; Hölscher, Tonio: Kultur und Gedächtnis, Frankfurt a.M 1988, S. 9-19.

Assmann, Jan: Das kulturelle Gedächtnis: Schrift, Erinnerung und politische Identität in frühen Hochkulturen, München 1992.

Assmann, Jan; Hölscher, Tonio: Kultur und Gedächtnis, Suhrkamp 1988.

Ballenegger, Vivien: Zusammenfassender Tagungsbericht, http://www.infoclio.ch/sites/default/files/le_rapport_bergier_10_ans_apres.pdf [Stand 01.07.2012].

Barbey, Mary Anna (Hg.): 39-45. Les Femmes et la Mob, Genf 1989.

Bärfuss, Lukas: Zwanzigtausend Seiten, in: Ders.: Malaga, Parzival, Zwanzigtausend Seiten. Stücke, Göttingen 2012, S. 123-206.

Bar-On, Dan: Die Last des Schweigens: Gespräche mit Kindern von NS-Tätern, Hamburg 2004.

Barkan, Elazar: The Guilt of Nations: Restitution and Negotiating Historical Injustices, Baltimore und London 2000.

Barrelet, Denis: Auschwitz n'est pas en Suisse, Interview mit Jean-Pascal Delamuraz, Tribune de Genève Nr. 304, 31. Dezember 1996, S. 3.

Bašic, Natalija: Wen interessiert heute noch der Zweite Weltkrieg? Tradierung von Geschichtsbewusstsein in Familiengeschichten aus Serbien und Kroatien, in: Welzer, Harald (Hg.): Der Krieg der Erinnerung: Holocaust, Kollaboration und Widerstand im europäischen Gedächtnis, Frankfurt a. M. 2007, S. 150-185.

Benz, Wolfgang: Was ist Antisemitismus? München 2004.

Bergenthum, Hartmut: Geschichtswissenschaft und Erinnerungskulturen. Bemerkungen zur neuen Theoriedebatte, in: Oesterle, Günter (Hg.): Erinnerung, Gedächtnis, Wissen: Studien zur kulturwissenschaftlichen Gedächtnisforschung, Göttingen 2005, S. 121-162.

Boesen, Elisabeth; Lentz, Fabienne; Margue, Michel; Scuto, Denis; Wagener, René (Hg.): Peripheral Memories. Public and Private Forms of Experiencing and Narrating the Past. Bielefeld 2012.

Böhm, Franz: Geleitwort, in: Pollock, Friedrich: Gruppenexperiment. Ein Studienbericht, Frankfurt a. M. 1955, S. IX-XVII.

Bohnsack, Ralf: Rekonstruktive Sozialforschung: Einführung in qualitative Methoden, Opladen 1995.

Bonhage, Barbara: Gesetzgebung und Historiographie. Schweizerische Perspektiven auf die Opfer des Holocaust (1945-2009), in: Traverse 2004/1, S. 87-99.

Bornstein, Heini: Insel Schweiz: Hilfs- und Rettungsaktionen sozialistisch-zionistischer Jugendorganisationen 1939-1946, Zürich 2000.

Bösch, Frank: Das Dritte Reich ferngesehen, in: Jarausch, Konrad Hugo (Hg.): Verletztes Gedächtnis. Erinnerungskultur und Zeitgeschichte im Konflikt, Frankfurt a. M. 2002.

Bösch, Frank: Film, NS-Vergangenheit und Geschichtswissenschaft, in: Vierteljahrshefte für Zeitgeschichte, 54, 2007, S. 1-32.

Bosshard-Pfluger, Catherine; Altermatt, Urs: Nation und Nationalismus in Europa. kulturelle Konstruktion von Identitäten. Bern 2002.

Bourdieu, Pierre; Wacquant, Loïc J.D: Reflexive Anthropologie, Frankfurt a. M. 2006

Bourgeois, Daniel: Le Troisième Reich et la Suisse, 1933-1941, Neuchâtel 1974.

Breuer, Lars: «Man glaubte ja, dass Schluss ist damit...». Judenverfolgung und Antisemitismus in der dänischen Familienerinnerung, in: Jahrbuch für Antisemitismusforschung 16, 2007, S. 61-86.

Breuer, Lars: Deutsche und polnische Erinnerung von unten. Eine vergleichende Untersuchung der Rollenzuschreibungen in den Vergangenheitsbildern von Deutschen und Polen. Unveröffentlichte Dissertation, Universität Hannover 2013.

Breuer, Lars; Mattauschek Isabella: «Seit 1945 ist ein guter Däne Demokrat». Die deutsche Besatzungszeit in der dänischen Familienerinnerung, in: Welzer, Harald (Hg.): Der Krieg der Erinnerung: Holocaust, Kollaboration und Widerstand im europäischen Gedächtnis, Frankfurt a. M. 2007. S. 76-111.

Brüll, Christoph: «Das Recht, über die Geschichte zu urteilen». Der Umgang mit dem Holocaust in Belgien an der Schwelle zum 21. Jahrhundert, in: Eckel, Jan; Moisel, Claudia: Universalisierung des Holocaust? Erinnerungskultur und Geschichtspolitik in internationaler Perspektive, Göttingen 2008, S. 43-58.

Burgauer, Erica: Die Schweiz – die verfolgende Unschuld, in: Zeitschrift für Sozialgeschichte des 20. und 21. Jahrhunderts 11, 1996/2, S. 110-121.

Burgermeister, Nicole: Über Vergangenheiten reden. Gruppendiskussionen mit Schweizerinnen und Schweizern über den Zweiten Weltkrieg und die Zeit des Nationalsozialismus. Unveröffentlichte Lizentiatsarbeit, Universität Zürich 2006.

Burgermeister, Nicole: Ein Mythos im Umbruch. Gespräche mit Schweizerinnen und Schweizern über den Zweiten Weltkrieg und die Zeit des Nationalsozialismus, in: Welzer, Harald (Hg.): Der Krieg der Erinnerung: Holocaust, Kollaboration und Widerstand im europäischen Gedächtnis, Frankfurt a. M. 2007, S. 186-218.

Burgermeister, Nicole: «Was in Israel abläuft, finde ich auch nicht okay...» Antisemitismus in Gruppendiskussionen mit Schweizerinnen und Schweizern, in: Jahrbuch für Antisemitismusforschung 16, 2007, S. 39-60.

Burghartz, Susanna: Blinde Flecken. Geschlechtergeschichtliche Anmerkungen zur aktuellen Diskussion um die Rolle der Schweiz im Zweiten Weltkrieg, in: Traverse. Zeitschrift für Geschichte, 2, 1998, S. 145-156.

Burkhardt, Nina: Externalisierung und Selbstkritik: Der Eichmann-Prozess in belgischen und niederländischen Medienberichten, in: Eckel, Jan; Moisel, Claudia: Universalisierung des Holocaust? Erinnerungskultur und Geschichtspolitik in internationaler Perspektive, Göttingen 2008, S. 26-42.

Businger, Susanne: «Unbesungene Heldinnen?» Hilfe für Verfolgte zur Zeit des Nationalsozialismus in der Schweiz und geschlechtsspezifische Erinnerungsdebatten nach 1945, in: Ziegler, Béatrice; Schär, Bernhard C.; Gautschi, Peter; Schneider, Claudia (Hg.): Die Schweiz und die Shoa. Von Kontroversen zu neuen Fragen, Zürich 2012, S. 68-83.

Certeau de, Michel: Das Schreiben der Geschichte, Frankfurt a. M. 1991.

Chiquet, Simone: «Es war halt Krieg». Erinnerungen an den Alltag in der Schweiz 1939-1945, Zürich 1992.

Chiquet, Simone: Wem gehört die Geschichte? Ein Arbeitsbericht, in: Spuhler, Gregor; Chiquet Simone; Trüeb, Kuno (Hg.): Vielstimmiges Gedächtnis. Beiträge zur Oral History, Zürich 1994, S. 49-55.

Chiquet, Simone: Ein Blick auf eine Debatte, die noch nicht stattgefunden hat, in: Traverse, 33, 1999, S. 160-171.

Classen, Christoph: Zum Themenschwerpunkt, in: Zeitgeschichte-online, Thema: Die Fernsehserie «Holocaust» – Rückblicke auf eine «betroffene Nation», hrsg. von Christoph Classen, März 2004/Oktober 2005 http://www.zeitgeschichte-online.de/md=FSHolocaust-Vorwort-Classen [Stand 25.01.2012].

Claußen, Detlev: Die Banalisierung des Bösen. Über Auschwitz, Alltagsreligion und Gesellschaftstheorie, in: Werz, Michael (Hg.): Antisemitismus und Gesellschaft. Zur Diskussion um Auschwitz, Kulturindustrie und Gewalt, Frankfurt a. M. 1995, S. 13-28.

Claußen, Detlev: Aspekte der Alltagsreligion: Ideologiekritik unter veränderten gesellschaftlichen Verhältnissen, Frankfurt a. M. 2000

Claußen, Detlev: Vom Judenhass zum Antisemitismus, in: Ders.: Aspekte der Alltagsreligion: Ideologiekritik unter veränderten gesellschaftlichen Verhältnissen, Frankfurt a. M. 2000, S. 65-105.

Claußen, Detlev: Die Wandlungen des «Ja, aber-Antisemitismus». Vorbemerkungen zur Neuausgabe (2005), in: Ders.: Grenzen der Aufklärung: Die gesellschaftliche Genese des modernen Antisemitismus, Frankfurt a. M. 2005, S. VII-XXVI.

Claußen, Detlev: Grenzen der Aufklärung: Die gesellschaftliche Genese des modernen Antisemitismus, Frankfurt a. M. 2005.

Conrad, Sebastian; Randeria, Shalini: Einleitung. Geteilte Geschichten – Europa in einer postkolonialen Welt, in: Dies. (Hg.): Jenseits des Eurozentrismus: Postkoloniale Perspektiven in den Geschichts- und Kulturwissenschaften, Frankfurt a. M. 2002, S. 9-49.

Conrad, Sebastian; Randeria, Shalini (Hg.): Jenseits des Eurozentrismus. Postkoloniale Perspektiven in den Geschichts- und Kulturwissenschaften, Frankfurt a. M. 2002.

Csáky, Moritz: Die Mehrdeutigkeit von Gedächtnis und Erinnerung, in: ITINERA, 25, 2004, S. 7-30.

Csáky, Moritz: Gedächtnis, Erinnerung und die Konstruktion von Identität. Das Beispiel Zentraleuropas, in: Bosshard-Pfluger, Catherine; Altermatt, Urs (Hg.): Nation und Nationalismus in Europa: Kulturelle Konstruktion von Identitäten, Frauenfeld 2002, S. 25-49.

Csáky, Moritz; Le Rider, Jacques; Sommer, Monika: Transnationale Gedächtnisorte in Zentraleuropa, Innsbruck 2002.

Dejung, Christof: Aktivdienst und Geschlechterordnung. Eine Kultur- und Alltagsgeschichte des Militärdienstes in der Schweiz 1939-1945, Zürich 2006.

Dejung, Christof: Oral History und kollektives Gedächtnis. Für eine sozialhistorische Erweiterung der Erinnerungsgeschichte, in: Geschichte und Gesellschaft, 34, 2008, S. 97-115.

Dejung, Christof; Gull, Thomas; Wirz, Tanja: Landigeist und Judenstempel. Erinnerungen einer Generation 1930-1945, Zürich 2002.

Dejung, Christof; Stämpfli, Regula: Armee, Staat und Geschlecht. Die Schweiz im internationalen Vergleich 1918-1945, Zürich 2003.

Derrida, Jacques: Mal d'archive, Paris 1995.

Devereux, Georges: Angst und Methode in den Verhaltenswissenschaften, Frankfurt a. M. 1998.

Diggelmann, Walter Matthias: Das Verhör des Harry Wind, Einsiedeln 1962.

Diggelmann, Walter Matthias: Die Hinterlassenschaft, München 1965.

Diggelmann, Walter Matthias: Ich heisse Thomy, Frankfurt a. M. 1973.

Diner, Dan; Benhabib, Seyla (Hg.): Zivilisationsbruch: Denken nach Auschwitz, Frankfurt a. M. 1988.

Diner, Dan: Über Schulddiskurse und andere Narrative. Epistemologisches zum Holocaust, in: Koch, Gertrud (Hg.): Bruchlinien. Tendenzen der Holocaustforschung. Köln, Weimar, Wien 1999, S. 61-84.

Diner, Dan: Der Sarkophag zeigt Risse. Über Israel, Palästina und die Frage eines neuen Antisemitismus, in: Rabinovici, Doron; Speck, Ulrich; Sznaider, Natan (Hg.): Neuer Antisemitismus? Eine globale Debatte, Frankfurt a. M. 2004, S. 310-329.

Diner, Dan: Gegenläufige Gedächtnisse. Über Geltung und Wirkung des Holocaust, Göttingen 2007.

Dreifuss, Ruth: Erklärung des Bundesrates zum Kosovokrieg vor der Vereinigten Bundesversammlung vom 21. April 1999. www.parlament.ch/f/dokumentation/reden/redenarchiv [Stand 20.02.2012].

Dreyfus, Madeleine: Entschuldigung und Rechtfertigung. Zum Rezeptionsmuster der antisemitischen Flüchtlingspolitik in der Schweiz im Zweiten Weltkrieg, in: Ludewig-Kedmi, Revital; Spiegel, Mirjam Victory; Tyrangiel, Silvie (Hg.): Das Trauma des Holocaust zwischen Psychologie und Geschichte, Zürich 2002, S. 174-191.

Dreyfus, Madeleine; Fischer, Jürg (Hg.): Manifest vom 21. Januar 1997: Geschichtsbilder und Antisemitismus in der Schweiz [eine Dokumentation mit Texten], Zürich 1997.

Eckel, Jan; Moisel Claudia: Einleitung, in: Dies. (Hg.): Universalisierung des Holocaust? Erinnerungskultur und Geschichtspolitik in internationaler Perspektive, Göttingen 2008, S. 9-25.

Eckel, Jan; Moisel, Claudia: Universalisierung des Holocaust? Erinnerungskultur und Geschichtspolitik in internationaler Perspektive, Göttingen 2008.

Eidgenössische Kommission gegen Rassismus (Hg.): Antisemitismus in der Schweiz. Ein Bericht zu historischen und aktuellen Erscheinungsformen mit Empfehlungen für Gegenmassnahmen, Bern 1998.

Eizenstat, Stuart: Imperfect Justice: Looted Assets, Slave Labor, and the Unfinished Business of World War II, New York 2003.

Erdheim, Mario; Nadig, Maya: Psychoanalyse und Sozialforschung, in: Ders., Psychoanalyse und Unbewusstheit in der Kultur. Aufsätze 1980-1987, Frankfurt a. M. 1994, S. 61-82.

Erlanger, Simon: Nur ein Durchgangsland: Arbeitslager und Internierungsheime für Flüchtlinge und Emigranten in der Schweiz, 1940-1949, Zürich 2006.

Erll, Astrid: Kollektives Gedächtnis und Erinnerungskulturen, in: Nünning, Ansgar; Nünning, Vera (Hg.): Konzepte der Kulturwissenschaften. Theoretische Grundlagen – Ansätze – Perspektiven, Stuttgart 2003. S. 156-185.

Erll, Astrid: Kollektives Gedächtnis und Erinnerungskulturen. Eine Einführung, Stuttgart 2005.

Eschebach, Insa; Jacobeit, Sigrid; Wenk, Silke (Hg.): Gedächtnis und Geschlecht. Deutungsmuster in Darstellungen des nationalsozialistischen Genozids, Frankfurt a. M., New York 2002.

Favez, Jean Claude: Das Internationale Rote Kreuz und das Dritte Reich. War der Holocaust aufzuhalten? Zürich 1989.

Fink, Nadine: Erinnerung und historisches Denken in der Schule: Schüler und Schülerinnen im Angesicht von Zeitzeugen des Zweiten Weltkrieges in der Schweiz, in: Hodel, Jan; Ziegler, Béatrice (Hg.): Forschungswerkstatt Geschichte 07. Bern 2009, S. 141-151.

Fink, Nadine: Paroles de témoins – paroles d'élèves. L'apprentissage de l'histoire par la mémoire. Vortrag, gehalten am 4. Februar 2010 im Rahmen des Panels «Kontroverse Aneignungen von Geschichte: Repräsentation des Zweiten Weltkrieges in Schule und Gesellschaft» an den Schweizerischen Geschichtstagen, Basel 2010.

Flacke, Monika: Mythen der Nationen: 1945 – Arena der Erinnerungen, Mainz 2004.

Fleury, Michèle; Boillat, Valérie; Spuhler, Gregor: Die Schweiz und die Flüchtlinge zur Zeit des Nationalsozialismus, Zürich Verlag 2001.

Foucault, Michel: L'archéologie du savoir, Paris 1984.

François, Etienne: Meistererzählungen und Dammbrüche: Die Erinnerung an den Zweiten Weltkrieg zwischen Nationalisierung und Universalisierung, in: Flacke, Monika, Mythen der Nationen: 1945 - Arena der Erinnerungen, Mainz 2004, S. 13-28.

François, Etienne: Erinnerungsorte zwischen Geschichtsschreibung und Gedächtnis. Eine Forschungsinnovation und ihre Folgen, in: Schmid, Harald, Geschichtspolitik und kollektives Gedächtnis. Erinnerungskulturen in Theorie und Praxis, Göttingen 2009, S. 23-36.

Friedländer, Saul: Memory, History and the Extermination of the Jews of Europe, Bloomington 1993.

Friedländer, Saul: Überlegungen zur Historisierung des Nationalsozialismus, in: Ders.: Nachdenken über den Holocaust, München 2007, S. 56-77.

Friedländer, Saul: Um die «Historisierung des Nationalsozialismus». Ein Briefwechsel mit Martin Broszat, in: Ders.: Nachdenken über den Holocaust, München 2007, S. 78-124.

Frisch, Max, Schriftsteller: Dienstbüchlein, Frankfurt a. M.: 1974.

Frisch, Max: Tagebücher 1946-1949, Frankfurt a. M. 2007.

Frisch, Max: Anmerkungen zu «Andorra», in: Schmitz, Walter; Wendt, Ernst (Hg.): Frischs Andorra, Frankfurt a. M. 1993, S. 41-43.

Frisch, Max: Antworten auf Fragen von Ernst Wendt, in: Schmitz, Walter; Wendt, Ernst (Hg.): Frischs Andorra, Frankfurt a. M.: Suhrkamp 1993, S. 17-22.

Frietsch, Elke; Herkommer, Christina (Hg.): Nationalsozialismus und Geschlecht. Zur Politisierung und Ästhetisierung von Körper, «Rasse» und Sexualität im «Dritten Reich» und nach 1945, Bielefeld 2009.

Fritz, Regina; Hansen, Imke: Zwischen nationalem Opfermythos und europäischen Standards. Der Holocaust im ungarischen Erinnerungsdiskurs, in: Eckel, Jan; Moisel, Claudia, Universalisierung des Holocaust? Erinnerungskultur und Geschichtspolitik, in internationaler Perspektive, Göttingen 2008, S. 59-85.

Furrer, Markus: Die Schweiz erzählen – Europa erzählen – die Welt erzählen. Wandel und Funktion von Narrativen in Schweizer Geschichtslehrmitteln, in: Schweizerische Zeitschrift für Geschichte, 59, 2009/1, S. 56-77.

Furrer, Markus: Die Schweiz im Kopf. Wie Schülerinnen und Schüler Schweizer Geschichte erinnern, in: Jahrbuch der internationalen Gesellschaft für Geschichtsdidaktik, 2010, S. 169-193.

Gast, Uriel: Von der Kontrolle zur Abwehr. Die eidgenössische Fremdenpolizei im Spannungsfeld von Politik und Wirtschaft 1915-1933, Zürich 1997.

Gebhardt, Miriam: «Den Urgroßvater fressen die Pferde...» Von der Möglichkeit eines individuellen und konflikthaften Umgangs mit dem Familiengedächtnis, in: BIOS – Zeitschrift für Biographieforschung, Oral History und Lebensverlaufsanalysen 19, 2006/1, S. 93-104.

Geiser, Christoph: Der Anschluss fand statt, in: neutralität, Jg. 8, Januar 1970, S. 19ff.

Gisler, Andreas: «Die Juden sind unser Unglück». Briefe an Sigi Feigel 1997-1998, Zürich 1999.

Glaus, Beat: Die nationale Front. Eine Schweizer Faschistische Bewegung 1930-1940, Zürich 1969.

Groß, Raphael, Lezzi, Eva, Richter, Marc R. (Hg.): «Eine Welt, die ihre Wirklichkeit verloren hatte ... ». Jüdische Überlebende des Holocaust in der Schweiz, Zürich 1999.

Haerle, Peter: Die Mythen sind am Verblassen. Aktuelle Geschichtsbücher für die Volksschule sind besser als ihr Ruf – doch die Verfehlungen in der Vergangenheit wirken noch bis heute nach, in: Tages-Anzeiger vom Donnerstag, 16. Januar 1997, S. 3.

Halbwachs, Maurice: Das kollektive Gedächtnis, Frankfurt a. M. 1991.

Halbwachs, Maurice: Das Gedächtnis und seine sozialen Bedingungen, Frankfurt a. M. 2006.

Haas, Gaston: «Wenn man gewusst hätte, was sich drüben im Reich abspielte...» 1941-1943. Was man in der Schweiz von der Judenvernichtung wusste, Basel 1994.

Haltiner, Karl W.: Sicherheit '97. Zürcher Beiträge zur Sicherheitspolitik und Konfliktforschung, Zürich 1997.

Heiniger, Markus: Dreizehn Gründe. Warum die Schweiz im Zweiten Weltkrieg nicht angegriffen wurde, Zürich 1989.

Hilberg, Raul: Täter, Opfer, Zuschauer: Die Vernichtung der Juden 1933-1945, Frankfurt a.M. 1992.

Hobsbawm, Eric John, Ranger, Terence O.: The Invention of Tradition, Cambridge 2000.

Hodler, Beat: Kritik an der schweizerischen Flüchtlingspolitik im Mundarttheater – eine Fallstudie, in: Ziegler, Béatrice; Schär, Bernhard C., Gautschi, Peter, Schneider, Claudia (Hg.): Die Schweiz und die Shoa. Von Kontroversen zu neuen Fragen, Zürich 2012, S. 103-128.

Hölscher, Lucian: Geschichte als «Erinnerungskultur», in: Platt, Kristin; Dabag, Mihran (Hg.): Generation und Gedächtnis. Erinnerung und kollektive Identitäten, Opladen 1995, S. 146-168.

Horst, Karl August: Andorra mit andern Augen, in: Schmitz, Walter (Hg.), Frischs Andorra, Frankfurt a. M. 1993, S. 108-110.

Hug, Peter: Die nachrichtenlosen Guthaben von Nazi-Opfern in der Schweiz. Was man wusste und was man noch wissen sollte, in: Schweizerische Zeitschrift für Geschichte. Sonderdruck, 47, 1997, S. 532-551.

Huonker, Thomas; Ludi, Regula: Roma, Sinti und Jenische. Schweizerische Zigeunerpolitik zur Zeit des Nationalsozialismus: Beitrag zur Forschung, Zürich 2001.

Imhof, Kurt; Kreis, Georg; Boller, Boris; Ettinger, Patrik: Die Flüchtlings- und Außenwirtschaftspolitik der Schweiz im Kontext der öffentlichen politischen Kommunikation 1938-1950, Zürich 2001.

Indermaur, Peter: Was andere können, können wir auch. Eine Geschichte der Alusuisse, Zürich 1989.

Jarausch, Konrad Hugo: Zeitgeschichte und Erinnerung. Deutungskonkurrenz oder Interdependenz?, in: Ders. (Hg.): Verletztes Gedächtnis. Erinnerungskultur und Zeitgeschichte im Konflikt, Frankfurt a. M. 2002, S. 9-37.

Jaun, Rudolf: Die militärische Landesverteidigung 1939-1945, in: Schweizerische Zeitschrift für Geschichte. Sonderdruck, 47, 1997/4. S. 644-661.

Jensen, Olaf: Geschichte machen. Strukturmerkmale des intergenerationellen Sprechens über die NS-Vergangenheit in deutschen Familien, Tübingen 2004.

Jensen, Olaf; Moller, Sabine: Streifzüge durch ein europäisches Generationengedächtnis. Gruppendiskussionen zum Thema Zweiter Weltkrieg im interkulturellen und intergenerationellen Vergleich, in: Welzer, Harald (Hg.): Der Krieg der Erinnerung: Holocaust, Kollaboration und Widerstand im europäischen Gedächtnis, Frankfurt a. M. 2007, S. 229-259.

Jensen, Olaf: Zur Methode der vergleichenden Tradierungsforschung, in: Welzer, Harald (Hg.): Der Krieg der Erinnerung. Holocaust, Kollaboration und Widerstand im europäischen Gedächtnis, Frankfurt a. M. 2007, S. 260-274.

Joris, Elisabeth; Alt, Marianna: Frauengeschichte(n): Dokumente aus zwei Jahrhunderten zur Situation der Frauen in der Schweiz, Zürich 1986.

Jost, Hans Ulrich: Bedrohung und Enge, in: Mesmer, Beatrix (Hg.), Geschichte der Schweiz – und der Schweizer, Basel 1982-1983, S. 788-807.

Jost, Hans Ulrich: Interpretationsmuster zum Nationalsozialismus in der Geschichtsschreibung der Schweiz, in: Weigel, Sigrid; Erdle, Birgit (Hg.): Fünfzig Jahre danach. Zur Nachgeschichte des Nationalsozialismus, Zürich 1996, S. 325-346.

Jost, Hans Ulrich: Politik und Wirtschaft im Krieg. Die Schweiz 1938-1948, Zürich 1998.

Jureit, Ulrike: Flucht und Ergreifung. Übertragung und Gegenübertragung in einem lebensgeschichtlichen Interview, in: BIOS – Zeitschrift für Biographieforschung, Oral History und Lebensverlaufsanalysen, 11, 1998/2, S. 229-241.

Jureit, Ulrike: Generationenforschung, Göttingen 2006.

Jureit, Ulrike: Erinnerungsmuster. Zur Methodik lebensgeschichtlicher Interviews mit Überlebenden der Konzentrations- und Vernichtungslager, Hamburg 1999.

Jureit, Ulrike: Opferidentifikation und Erlösungshoffnung. Beobachtungen im erinnerungspolitischen Rampenlicht, in: Ders.; Schneider, Christian: Gefühlte Opfer: Illusionen der Vergangenheitsbewältigung, Stuttgart 2010, S. 19-103.

Jureit, Ulrike; Wildt, Michael (Hg.): Generationen. Zur Relevanz eines wissenschaftlichen Grundbegriffs, Hamburg 2005.

Jureit, Ulrike; Michael Wildt: Generationen, in: Dies. (Hg.): Generationen. Zur Relevanz eines wissenschaftlichen Grundbegriffs, Hamburg 2005, S. 7-26.

Jureit, Ulrike; Schneider, Christian: Gefühlte Opfer. Illusionen der Vergangensheitsbewältigung, Stuttgart 2010.

Jureit, Ulrike; Schneider, Christian: Unbehagen mit der Erinnerung, in: Dies.: Gefühlte Opfer. Illusionen der Vergangensheitsbewältigung, Stuttgart 2010, S. 7-16.

Kalt, Monica: «Die Effektivität der Gewaltlosigkeit darf nicht unterschätzt werden» – die Internationale der Kriegsdienstgegner IdK, in: Hebeisen, Erika; Joris, Elisabeth; Zimmermann, Angela (Hg.): Zürich 68: Kollektive Aufbrüche ins Ungewisse, Baden 2008, S. 195-201.

Kanyar Becker, Helena (Hg.): Vergessene Frauen. Humanitäre Kinderhilfe und offizielle Flüchtlingspolitik 1917-1948, Basel 2010.

Karlsson, Klas-Göran: The Holocaust and the Russian Historical Culture. A Century-Long Perspective, in: Ders.; Zander, Ulf (Hg.): Echoes of the Holocaust. Historical cultures in contemporary Europe, Lund 2003, S. 201-222.

Karlsson, Klas-Göran; Zander, Ulf (Hg.): Echoes of the Holocaust: Historical Cultures in Contemporary Europe, Lund 2003.

Käser, Sophie: Der Schweizer Holocaust-Gedenktag am 27. Januar – Der Eintritt der Schweiz in die europäische Geschichtspolitik. Oder: Wie führt man einen «Erinnerungort» ein? in: Itinera 28, 2009, S. 45-64.

Kelle, Udo; Kluge, Susann: Vom Einzelfall zum Typus. Fallvergleich und Fallkontrastierung in der qualitativen Sozialforschung, Wiesbaden 2010.

Keller, Stefan Andreas: Im Gebiet des Unneutralen. Schweizerische Buchzensur im Zweiten Weltkrieg zwischen Nationalsozialismus und geistiger Landesverteidigung, Zürich 2009.

Keller, Zsolt: Abwehr und Aufklärung. Antisemitismus in der Nachkriegszeit und der Schweizerische Israelitische Gemeindebund, Zürich 2010.

Keller, Zsolt: Zwei Bilder, eine Realität oder eine Realität in zwei Bildern. Jüdische Gemeinschaften und Öffentlichkeit in der Schweiz am Ende des Zweiten Weltkrieges, in: Ziegler, Béatrice; Schär, Bernhard C.; Gautschi, Peter; Schneider, Claudia (Hg.): Die Schweiz und die Shoa. Von Kontroversen zu neuen Fragen, Zürich 2012, S. 85-102.

Keneally, Thomas: Schindlers List, London 1994.

Kimche, Jon: General Guisans Zweifrontenkrieg. Die Schweiz zwischen 1939 und 1945, Berlin 1962.

Klundt, Michael; Salzborn, Samuel; Schwietring, Marc; Wiegel Gerd (Hg.): Erinnern, verdrängen, vergessen. Geschichtspolitische Wege ins 21. Jahrhundert, Giessen 2003.

König, Hans-Dieter: Tiefenhermeneutik, in: Hitzler, Ronald; Honer, Anne (Hg.): Sozialwissenschaftliche Hermeneutik. Eine Einführung, Opladen 1997, S. 213-244.

König, Helmut: Statt einer Einleitung: Europas Gedächtnis. Sondierungen in einem unübersichtlichen Gelände, in: ders.; Schmidt, Julia; Sicking, Manfred (Hg.): Europas Gedächtnis. Das neue Europa zwischen nationalen Erinnerungen und gemeinsamer Identität, Bielefeld 2008, S. 9-37.

König, Helmut; Schmidt, Julia; Sicking, Manfred (Hg.): Europas Gedächtnis: Das neue Europa zwischen nationalen Erinnerungen und gemeinsamer Identität, Bielefeld 2008.

König, Mario: Rasanter Stillstand und zähe Bewegung. Schweizerische Innenpolitik im Kalten Krieg – und darüber hinaus, in: Leimgruber, Walter (Hg.): Goldene Jahre. Zur Geschichte der Schweiz seit 1945, Zürich 1999, S. 151-172.

Kreis, Georg: Die Schweiz der Jahre 1918-1948, in: Schneider, Boris; Phython, Francis (Hg.): Geschichtsforschung in der Schweiz, Bilanz und Perspektiven, Basel 1992, S. 378-396.

Kreis, Georg: Die schweizerische Flüchtlingspolitik der Jahre 1933-45, in: Schweizerische Zeitschrift für Geschichte 47, 1997/4, S. 552-579.

Kreis, Georg: Der Stellenwert der Neutralität in der aktuellen Debatte um die Rolle der Schweiz während des Zweiten Weltkrieges, in: Chiquet, Simone (Hg.): Fluchtgelder, Raubgut und nachrichtenlose Vermögen. Wissensstand und Forschungsperspektiven. Publikation zur Tagung im Schweizerischen Bundesarchiv Bern, 25. Februar 1997, Bern 1997, S. 61-64.

Kreis, Georg: Vier Debatten und wenig Dissens, in: Schweizerische Zeitschrift für Geschichte 47, 1997, S. 451-476.

Kreis, Georg: Die Rückkehr des J-Stempels. Zur Geschichte einer schwierigen Vergangenheitsbewältigung, Zürich 2000.

Kreis, Georg: Zurück in den Zweiten Weltkrieg. Zur schweizerischen Zeitgeschichte der 80er Jahre, in: Schweizerische Zeitschrift für Geschichte 52, 2002, S. 60-68.

Kreis, Georg: Zurück in die Zeit des Zweiten Weltkrieges (Teil II). Zur Bedeutung der 1990er Jahre für den Ausbau der schweizerischen Zeitgeschichte, in: Schweizerische Zeitschrift für Geschichte 52, 2002, S. 494-517.

Kreis, Georg: Das verpasste Rendez-vous mit der Weltgeschichte, in: Schweizerische Zeitschrift für Geschichte 54, 2004, S. 214-330.

Kreis, Georg: Schweizer Erinnerungsorte. Aus dem Speicher der Swissness, Zürich 2010.

Kroh, Jens: Erinnerungskultureller Akteur und geschichtspolitisches Netzwerk. Die «Task Force for International Cooperation on Holocaust Education, Remembrance and Research», in: Eckel, Jan; Moisel, Claudia: Universalisierung des Holocaust? Erinnerungskultur und Geschichtspolitik in internationaler Perspektive, Göttingen 2008, S. 156-173.

Kühner, Angela: Trauma und kollektives Gedächtnis, Giessen 2008.

Kunz, Matthias; Morandi, Pietro: Die Schweiz und der Zweite Weltkrieg. Zur Resonanz und Dynamik eines Geschichtsbildes anhand einer Analyse politischer Leitmedien zwischen 1970 und 1996, Bern 2000.

Kury, Patrick: Über Fremde reden. Überfremdungsdiskurs und Ausgrenzung in der Schweiz 1900-1945, Zürich 2003.

Kurz, Hans Rudolf: Die Schweiz im Zweiten Weltkrieg. Das große Erinnerungswerk an die Aktivdienstzeit 1939-45, Thun 1959.

Lehmann, René; Öchsner, Florian; Sebald, Gerd (Hg.): Formen und Funktionen sozialen Erinnerns, Wiesbaden 2013.

Lehmann, René: Das Konzept der Generationendifferenz aus Akteursperspektive und seine Funktionen für das familiale Erinnern, in: Ders.; Öchsner, Florian; Sebald, Gerd (Hg.): Formen und Funktionen sozialen Erinnerns, Wiesbaden 2013, S. 219-241.

Leithäuser, Thoma; Volmerg, Birgit: Psychoanalyse in der Sozialforschung. Eine Einführung, Opladen 1988.

Lenz, Claudia: Judenverfolgung und Holocaust im norwegischen Geschichtsbewusstsein, in: Jahrbuch für Antisemitismusforschung 16, 2007, S. 17-38.

Lenz, Claudia: Vom Widerstand zum Weltfrieden. Der Wandel nationaler und familiärer Konsenserzählungen über die Besatzungszeit in Norwegen, in: Welzer, Harald (Hg.): Der Krieg der Erinnerung. Holocaust, Kollaboration und Widerstand im europäischen Gedächtnis, Frankfurt a. M. 2007, S. 41-75.

Levy, Daniel; Sznaider, Natan: Erinnerung im globalen Zeitalter. Der Holocaust, Frankfurt am Main: Suhrkamp 2001.

Levy, Daniel; Heinlein, Michael; Breuer, Lars: Reflexive Particularism and Cosmopolitanization: The Reconfiguration of the National, in: Global Networks 11, 2011/2, S. 139–159.

Leydesdorff, Selma; Passerini, Luisa; Thompson, Paul: Gender & Memory, New Brunswick N.J 2005.

Loewy, Hanno: Das gerettete Kind. Die Universalisierung der Anne Frank, in: Braese, Stephan; Gehle, Holger; Loewy, Hanno; Kiesel, Devon (Hg.): Deutsche Nachkriegsliteratur und der Holocaust, Frankfurt a. M 1998, S. 19-43.

Lohl, Jan: Gefühlserbschaft und Rechtsextremismus. Eine sozialpsychologische Studie zur Generationengeschichte des Nationalsozialismus, Giessen 2010.

Longchamp, Claude; Dumont, Jeannine; Leuenberger, Petra: Einstellungen der SchweizerInnen gegenüber Jüdinnen und Juden und dem Holocaust. Eine Studie des GfS-Forschungsinstituts im Auftrag der Coordination intercommunautaire contre l'antisémitisme et la diffamation (CIDAD) und des American Jewish Committee (AJC), 2000.

Loos, Peter; Schäffer, Burkhard: Das Gruppendiskusionsverfahren. Theoretische Grundlagen und empirische Anwendung, Opladen 2001.

Lorenzer, Alfred: Psychoanalyse als kritisch-hermeneutisches Verfahren, in: Ders.: Sprachspiel und Interaktionsformen: Vorträge und Aufsätze zu Psychoanalyse, Sprache und Praxis, Frankfurt a. M. 1977, S. 105-129.

Lorenzer, Alfred: Tiefenhermeneutische Kulturanalyse, in: König, Hans-Dieter et al. (Hg.): Kultur-Analysen, Frankfurt a. M. 1988, S. 11-99.

Ludewig-Kedmi, Revital; Spiegel, Mirjam Victory; Tyrangiel, Silvie (Hg.): Das Trauma des Holocaust zwischen Psychologie und Geschichte, Zürich 2002.

Ludi, Regula: Die Historisierung der Erinnerung. Die Bergier-Kommission und ihre Rezeption, in: Traverse 2013/1, S. 275-292.

Lyotard, Jean-François: Das postmoderne Wissen, Wien 1999.

Maissen, Thomas: Fühlerlosigkeit als Normalzustand. Die Schweizer Weltkriegsdebatte und die Krise um die nachrichtenlosen Vermögen in einer langfristigen Perspektive, in: Itinera 25, 2004, S. 57-69.

Maissen, Thomas: Verweigerte Erinnerung. Nachrichtenlose Vermögen und die Schweizer Weltkriegsdebatte 1989-2004, Zürich 2005.

Maissen, Thomas: Die ewige Eidgenossenschaft. (Wie) Ist im 21. Jahrhundert Nationalgeschichte noch schreibbar? in: Schweizerische Zeitschrift für Geschichte 59, 2009/1, S. 7-20.

Mangold, Werner: Gegenstand und Methode des Gruppendiskussionsverfahren, Frankfurt a. M.: 1960.

Marchal, Guy P.: Schweizer Gebrauchsgeschichte. Geschichtsbilder, Mythenbildung und nationale Identität, Basel 2006.

Marchal, Guy P.; Mattioli, Aram (Hg.): Erfundene Schweiz. Konstruktionen nationaler Identität, Zürich 1992.

Matt, Eduard: Darstellung qualitativer Forschung, in: Flick, Uwe; von Kardorff, Uwe; Steinke, Ines (Hg.): Qualitative Forschung. Ein Handbuch, Reinbek bei Hamburg 2004, S. 578-587.

Mattauschek, Isabella; Breuer, Lars: «Seit 1945 ist ein guter Däne Demokrat». Die deutsche Besatzungszeit in der dänischen Familienerinnerung, in: Welzer, Harald (Hg.): Der Krieg der Erinnerung. Holocaust, Kollaboration und Widerstand im europäischen Gedächtnis, Frankfurt a. M. 2007, S. 76-111.

Mattioli, Aram: Antisemitismus in der Schweiz 1848-1960, Zürich 1998.

Mattioli, Aram: «Vaterland der Christ» oder «bürgerlicher Staat»? Die Schweiz und die jüdische Emanzipation, 1848-1874, in: Altermatt, Urs; Bosshart-Pfluger, Catherine; Tanner, Albert (Hg.): Die Konstruktion einer Nation. Nation und Nationalisierung in der Schweiz, 18.-20. Jahrhundert, Zürich 1998, S. 217-235.

McKay, Tom: A Multi-Generational Oral History Study considering English Collective Memory of the Second World War and Holocaust. Unveröffentlichte Dissertation, University of Leicester 2012.

Meienberg, Niklaus: Die Erschiessung des Landesverräters Ernst S., Darmstadt 1977.

Meienberg, Niklaus, Schriftsteller: Die Welt als Wille & Wahn: Elemente zur Naturgeschichte eines Clans, Zürich 1987.

Meienberg, Niklaus: Eidg. Judenhass (Fragmente), in: WoZ, 14. Juli 1989, S. 17f.

Meier, Peter: Umkämpfte Geschichte. Der neue Mediendiskurs über die Rolle der Schweiz während der Nazizeit als Folge der Debatte über die nachrichtenlosen Vermögen, Bern 2000.

Meyer, Alice: Anpassung oder Widerstand. Die Schweiz zur Zeit des deutschen Nationalsozialismus, Frauenfeld 1965.

Moeckli, Werner: Schweizergeist – Landigeist? Das schweizerische Selbstverständnis beim Ausbruch des Zweiten Weltkrieges, Zürich 1973.

Niessen, Manfred: Gruppendiskussion. Interpretative Methodologie, Methodenbegründung, Anwendung, München 1977.

Niethammer, Lutz: Fragen – Antworten – Fragen. Methodische Erfahrungen und Erwägungen zur Oral History, in: Ders.; Plato, Alexander von (Hg.): Wir kriegen jetzt andere Zeiten. Auf der Suche nach der Erfahrung des Volkes in nachfaschistischen Ländern, Berlin 1985, S. 392-445.

Niethammer, Lutz: Diesseits des «Floating Gap». Das kollektive Gedächtnis und die Konstruktion von Identität im wissenschaftlichen Diskurs, in: Platt, Kristin; Dabag, Mihran, Generation und Gedächtnis. Erinnerungen und kollektive Identitäten, Opladen 1995, S. 25-50.

Niethammer, Lutz: Was unterscheidet Oral History von anderen interview-gestützten sozialwissenschaftlichen Erhebungs- und Interpretationsverfahren, in: BIOS –Zeitschrift für Biographieforschung, Oral History und Lebensverlaufsanalysen, Sonderheft, 2007, S. 60-65.

Nolte, Ernst: Die Vergangenheit, die nicht vergehen will, Frankfurter Allgemeine Zeitung vom 6. Juni 1986.

Nora, Pierre: Zwischen Geschichte und Gedächtnis. Berlin 1990.

Nora, Pierre: Les lieux de mémoire. Paris 1996.

Novick, Peter: Nach dem Holocaust. Der Umgang mit dem Massenmord, Stuttgart 2001.

Nünning, Ansgar; Nünning, Vera (Hg.): Konzepte der Kulturwissenschaften. Theoretische Grundlagen – Ansätze – Perspektiven, Stuttgart 2003.

Nutt Williams, Elizabeth; Morrow, Susan L.: Achieving Trustworthiness in Qualitative Research. A Pan-Paradigmatic Perspective, in: Psychotherapy Research, 19, 2009/4, S. 576-582.

Oexle, Otto Gerhard: Memoria als Kultur, Göttingen 1995.

Pavillon, Monique: Les immobilisées. Les femmes suisses en 39-45, Lausanne 1989.

Peter, Nicole: Die Dritte Welt der schweizerischen Linken: Genese eines heterotopischen Ortes 1964-1968, Unveröffentlichte Lizentiatsarbeit, Universität Zürich 2006.

Peter, Nicole: Halbstarke, Kellerpoeten, Studentinnen und Lehrlinge – «1968» in der Schweiz, in: Linke, Angelika; Scharloth, Joachim (Hg.): Der Zürcher Sommer 1968: zwischen Krawall, Utopie und Bürgersinn, Zürich 2008, S. 23-33.

Peter, Nicole; Burgermeister, Nicole: Der Holocaust und die Schweiz: Konkurrierende Erinnerungen im intergenerationellen Dialog, in: Ziegler, Béatrice; Schär, Bernhard C.; Gautschi, Peter; Schneider, Claudia (Hg.): Die Schweiz und die Shoa. Von Kontroversen zu neuen Fragen, Zürich 2012, S. 19-28.

Picard, Jacques: Die Schweiz und die Juden: 1933-1945. Schweizerischer Antisemitismus, jüdische Abwehr und internationale Migrations- und Flüchtlingspolitik, Zürich 1997.

Picard, Jacques: «Antisemitismus» erforschen? Über Begriff und Funktion der Judenfeindschaft und die Problematik ihrer Erforschung, in: Schweizerische Zeitschrift für Geschichte 47, 1997/4, S. 580-607.

Picard, Jacques: Über den Gebrauch der Geschichte: Die UEK im Kontext schweizerischer Vergangenheitspolitik, in: Schweizerischer Israelitischer Gemeindebund (Hg.): Jüdische Lebenswelt Schweiz. 100 Jahre Schweizerischer Israelitischer Gemeindebund (SIG)/ Vie et culture juives en Suisse. Cent ans Fédération suisse des communautés israélites (FSCI), Zürich 2004, S. 391-406.

Pollock, Friedrich: Gruppenexperiment. Ein Studienbericht, Frankfurt a. M. 1955.

Quesel, Carsten: Geschichte und Gerechtigkeit. Urteile von Jugendlichen zur Rolle der Schweiz im Zweiten Weltkrieg, Zeitschrift für Didaktik und Geschichtswissenschaften 2, 2011, S. 112-129.

Quesel, Carsten: Verfolgte Unschuld? Weltkrieg und Holocaust als Bezugspunkte der moralischen und politischen Sozialisation von Schweizer Jugendlichen, in: Ziegler, Béatrice; Schär, Bernhard C.; Gautschi, Peter; Schneider, Claudia (Hg.): Die Schweiz und die Shoa. Von Kontroversen zu neuen Fragen, Zürich 2012, S. 29-46.

Rabinovici, Doron, Speck, Ulrich, Sznaider Natan. Einleitung, in: Ders.; Speck, Ulrich, Sznaider, Natan (Hg.): Neuer Antisemitismus? Eine globale Debatte, Frankfurt a. M. 2004, S. 7-18.

Rabinovici, Doron; Speck, Ulrich; Sznaider, Natan (Hg.): Neuer Antisemitismus? Eine globale Debatte, Frankfurt a. M. 2004.

Raggenbass, Otto: Trotz Stacheldraht: 1939-1945, Grenzland am Bodensee und Hochrhein in schwerer Zeit, Konstanz 1964.

Rauber, Urs: Vorwort, in: Chiquet, Simone: «Es war halt Krieg». Erinnerungen an den Alltag in der Schweiz 1939-1945, Zürich 1992, S. 7-8.

Reichel, Peter: Schindlers Liste. Ein Gerechter unter den Tätern, in: Ders.: Erfundene Erinnerung. Weltkrieg und Judenmord in Film und Theater, München 2004, S. 301-320.

Reiter, Margit: Die Generation danach. Der Nationalsozialismus im Familiengedächtnis, Innsbruck 2006.

Rings, Werner: Schweiz im Krieg 1933-1945, Zürich 1974.

Rosenthal, Gabriele: Der Holocaust im Leben von drei Generationen. Familien von Ueberlebenden der Shoah und von Nazi-Tätern, Giessen 1999.

Rosenthal, Gabriele: Interpretative Sozialforschung. Eine Einführung, Weinheim 2008

Ruch, Christian; Rais-Liechti, Myriam; Peter, Roland: Geschäfte und Zwangsarbeit. Schweizer Industrieunternehmen im «Dritten Reich», Zürich 2001.

Rüsen, Jörn: Geschichtsbewusstsein. Psychologische Grundlagen, Entwicklungskonzepte, empirische Befunde, Köln 2001.

Rüsen, Jörn: Historische Orientierung. Über die Arbeit des Geschichtsbewusstseins, sich in der Zeit zurechtzufinden, Schwalbach 2008.

Sandl, Marcus: Historizität der Erinnerung/Reflexivität des Historischen. Die Herausforderung der Geschichtswissenschaft durch die kulturwissenschaftliche Gedächtnisforschung, in: Oesterle, Günter (Hg.): Erinnerung, Gedächtnis, Wissen. Studien zur kulturwissenschaftlichen Gedächtnisforschung, Göttingen 2005, S. 89-119.

Saner, Hans; Jendreyko, H.-Dieter: Was gehen uns unsere Väter an? Jugendliche zu den Spuren des Holocaust in der Schweiz, Basel 1997.

Sarasin, Philipp; Wecker, Regina (Hg.): Raubgold, Réduit, Flüchtlinge. Zur Geschichte der Schweiz im Zweiten Weltkrieg, Zürich 1998.

Sauter, Martin: Der Zweite Weltkrieg im Schweizer Film, Unveröffentlichte Lizentiatsarbeit, Zürich 1998.

Sauter, Martin: Max Frisch und die Landesverteidigung www.workshop.ch/max_frisch_ landesverteidigung.html [Stand 13.02.2012].

Schade, Edzard: Diamant im Qualitätstest. Wirkungen und Nebenwirkungen der Kriegsmobilmachungsfeierlichkeiten, in: WoZ, 4. August 1989, S. 3.

Schär, Bernhard; Sperisen, Vera: Switzerland and the Holocaust: Teaching Contested History, in: Journal of Curriculum Studies 42, 2010/5, S. 649-669.

Schär, Bernhard; Sperisen, Vera: Zum Eigensinn von Lehrpersonen im Umgang mit Lehrbüchern. Das Beispiel «Hinschauen und Nachfragen», in: Hodel, Jan; Ziegler, Béatrice (Hg.): Forschungswerkstatt Geschichtsdidaktik 09. Beiträge zur Tagung geschichtsdidaktik empirisch 09. Bern 2011, S. 124-134.

Scheiben, Oskar: Lebenslüge einer Nation, in: WoZ, 18. August 1989; S. 1f.

Schmid, Harald: Europäisierung des Auschwitzgedenkens? Zum Aufstieg des 27. Januar 1945 als Holocaustgedenktag in Europa, in: Eckel, Jan; Moisel, Claudia (Hg.): Universalisierung des Holocaust? Erinnerungskultur und Geschichtspolitik in internationaler Perspektive, Göttingen 2008, S. 174-202.

Schmid, Harald: Geschichtspolitik und kollektives Gedächtnis. Erinnerungskulturen in Theorie und Praxis, Göttingen 2009.

Schmid, Harald: Geschichte, Erinnerung, Politik. Einführende Überlegungen, in: Ders., Geschichtspolitik und kollektives Gedächtnis: Erinnerungskulturen in Theorie und Praxis, Göttingen 2009, S. 7-20.

Schweizerische Nationalbibliothek (NB): Einleitungstext zur Bibliographie zur Geschichte der Schweiz in den Jahren 1933 bis 1945 http://www.nb.admin.ch/dokumentation/publikationen/00753/01128/index.html?lang=de [Stand 01.10.2011].

Silbermann, Alphons; Stoffers, Manfred: Auschwitz: Nie davon gehört? Erinnern und Vergessen in Deutschland, Berlin 2000.

Späti, Christina: Kontinuität und Wandel des Antisemitismus und dessen Beurteilung in der Schweiz nach 1945, in: Schweizerische Zeitschrift für Geschichte 55, 2005/4, S. 419-440.

Spuhler, Gregor: Versuch eines Ketzers. Thesen zur «Oral History», in: Traverse, 1994/2, S. 127-133.

Spuhler, Gregor: Oral History in der Schweiz, in: Ders.; Chiquet, Simone; Trüeb, Kuno (Hg.): Vielstimmiges Gedächtnis. Beiträge zur Oral History, Zürich 1994, S. 7-20.

Spuhler, Gregor; Chiquet Simone; Trüeb, Kuno (Hg.): Vielstimmiges Gedächtnis. Beiträge zur Oral History, Zürich 1994.

Spuhler, Gregor; Jud, Ursina; Melichar, Peter; Wildmann, Daniel: «Arisierungen» in Österreich und ihre Bezüge zur Schweiz, Zürich 2002.

Srša, Stephan; Zimmermann, Matthias; Tomazzoli, Alfonso: Die Rolle der Schweiz im Zweiten Weltkrieg aus der Sicht von Kindern der sechsten Primarschulstufe. Unveröffentlichte Diplomarbeit, Solothurn 1997.

Stadelmann, Jürg: Umgang mit Fremden in bedrängter Zeit. Schweizerische Flüchtlingspolitik 1940-1945 und ihre Beurteilung bis heute, Zürich 1998.

Stadelmann, Jürg; Krause, Selina: «Concentrationslager» Büren an der Aare 1940-1946: Das größte Flüchtlingslager der Schweiz im Zweiten Weltkrieg, Baden 1999.

Steinke, Ines: Gütekriterien qualitativer Forschung, in: Flick, Uwe; von Kardorff, Ernst; Steinke, Ines (Hg.): Qualitative Forschung. Ein Handbuch, Reinbek bei Hamburg 2004, S. 319-331.

Stockholm International Forum on the Holocaust: Declaration, http://www.holocausttaskforce.org/about-the-itf/stockholm-declaration.html [Stand 30.08.2010].

Strehle, Res (Hg.): Die Bührle-Saga. Festschrift zum 65. Geburtstag des letzten aktiven Familiensprosses in einer weltberühmten Waffenschmiede, Zürich 1981.

Stutz, Hans: Presse auf ein Glied, Sammlung, in: WoZ, 15. September 1989, S. 26f.

Tanner, Jakob: Bundeshaushalt, Währung und Kriegswirtschaft. Eine finanzsoziologische Analyse der Schweiz zwischen 1938 und 1953, Zürich 1986.

Tanner, Jakob: Reduit National und Geschlechterordnung im Zweiten Weltkrieg. Kritische Anmerkungen zu einer Kritik, in: Traverse 1998/3, S. 117-127.

Tanner, Jakob: Die Krise der Gedächtnisorte und die Havarie der Erinnerungspolitik. Zur Diskussion um das kollektive Gedächtnis und die Rolle der Schweiz während des Zweiten Weltkrieges, in: Traverse 1999/1, S. 16-38.

Tanner, Jakob: Geschichtswissenschaft, politisches Engagement und Öffentlichkeit, in: Nolte, Paul (Hg.): Perspektiven der Gesellschaftsgeschichte, München 2000, S. 150-158.

Tanner, Jakob: Die Historikerkommission zwischen Forschungsauftrag und politischen Erwartungen, in: Ders.; Weigel, Sigrid (Hg.): Gedächtnis, Geld und Gesetz. Vom Umgang mit der Vergangenheit des Zweiten Weltkrieges, Zürich 2002, S. 19-38.

Tanner, Jakob: Geschichtswissenschaft und moralische Ökonomie der Restitution: Die Schweiz im internationalen Kontext, in: Zeitgeschichte 5, 2003, S. 268-280.

Tanner, Jakob; Weigel, Sigrid (Hg.): Gedächtnis, Geld und Gesetz: Vom Umgang mit der Vergangenheit des Zweiten Weltkrieges, Zürich 2002.

Task Force for International Cooperation on Holocaust Education, Remembrance, and Research: About the ITF http://www.holocausttaskforce.org/about-the-itf.html [Stand 01.10.2010].

Thomson, Alistair: Eine Reise durch das Gedächtnis unserer Bewegung. Vier paradigmatische Revolutionen in der Oral History, in: BIOS – Zeitschrift für Biographieforschung, Oral History und Lebensverlaufsanalysen, 20, 2007, S. 21-29.

Trepp, Gian: Sündenbock aus Staatsräson, in: WoZ, 25. August 1989, S. 4f.

Uhl, Heidemarie: Kultur, Politik, Palimpsest. Thesen zu Gedächtnis und Gesellschaft am Beginn des 21. Jahrhunderts, in: Schmid, Harald (Hg.): Geschichtspolitik und kollektives Gedächtnis: Erinnerungskulturen in Theorie und Praxis, Göttingen 2009, S. 37-51.

Unabhängige Expertenkommission Schweiz – Zweiter Weltkrieg: Die Schweiz und die Flüchtlinge zur Zeit des Nationalsozialismus, Zürich 2001.

Unabhängige Expertenkommission Schweiz – Zweiter Weltkrieg: Die Schweiz, der Nationalsozialismus und der Zweite Weltkrieg: Schlussbericht, Zürich 2002.

Villiger, Kaspar: Gedanken zum Kriegsende vor 50 Jahren, Rede anlässlich der Sondersession vom 7. Mai 1995, http://www.admin.ch/cp/d/1995May9.165750.4088@idz.bfi.admin.ch [Stand 24.10.2011].

Vogler, Robert: Der Goldverkehr der Schweizerischen Nationalbank mit der Deutschen Reichsbank 1939-1945, in: Geld, Währung und Konjunktur. Quartalsheft Schweizerische Nationalbank I, 1985. S. 70-78.

Volmerg, Ute: Kritik und Perspektiven des Gruppendiskussionsverfahrens in der Forschungspraxis, in: Leithäuser, Thomas; Volmerg, Birgit; Salje, Gunther; Volmerg, Ute; Wutka, Bernhard: Entwurf zu einer Praxis des Alltagsbewusstseins, Frankfurt a. M. S. 184-216.

Volmerg, Birgit; Senghaas-Knobloch, Eva; Leithäuser, Thomas: Betriebliche Lebenswelt. Eine Sozialpsychologie industrieller Arbeitsverhältnisse, Opladen 1986.

Von Plato, Alexander: Zeitzeugen und die historische Zunft. Erinnerung, kommunikative Tradierung und kollektives Gedächtnis in der qualitativen Geschichtswissenschaft – ein Problemaufriss, in: BIOS – Zeitschrift für Biographieforschung, Oral History und Lebensverlaufsanalysen 13, 2000/1, S. 5-29.

Von Plato, Alexander: Wo sind die ungläubigen Kinder geblieben?, in: WerkstattGeschichte 30, 2001, S. 64-68.

Waeger, Gerhart: Die Sündenböcke der Schweiz: die Zweihundert im Urteil der geschichtlichen Dokumente 1940-1946, Olten 1971.

Watzlawick, Paul: Menschliche Kommunikation: Formen, Störungen, Paradoxien, Bern: Huber 2011.

Wecker, Regina: Es war nicht Krieg! Die Situation der Schweiz 1939 – 1945 und die Kategorie Geschlecht, in: Dejung, Christof, Armee, Staat und Geschlecht. Die Schweiz im internationalen Vergleich 1918-1945, Zürich 2003, S. 29-46.

Weigel, Sigrid; Erdle, Birgit (Hg.): Fünfzig Jahre danach. Zur Nachgeschichte des Nationalsozialismus, Zürich 1996.

Weigel, Sigrid: Familienbande, Phantome und die Vergangenheitspolitik des Generationendiskurses. Abwehr von und Sehnsucht nach Herkunft, in: Jureit, Ulrike; Wildt, Michael (Hg.): Generationen. Zur Relevanz eines wissenschaftlichen Grundbegriffs, Hamburg 2005, S. 108-126.

Weingarten, Ralph: Die Hilfeleistung der westlichen Welt bei der Endlösung der deutschen Judenfrage. Das «Intergovernmental Committee on Political Refugees» (IGC) 1938-1939, Bern 1981.

Welzer, Harald; Montau, Robert; Plass, Christine; Piefke, Martina: «Was wir für böse Menschen sind»: der Nationalsozialismus im Gespräch zwischen den Generationen, Tübingen 1997.

Welzer, Harald: Das gemeinsame Verfertigen von Vergangenheit im Gespräch, in: Das soziale Gedächtnis, in: Ders. (Hg.): Das soziale Gedächtnis. Geschichte, Erinnerung, Tradierung, Hamburg 2001.

Welzer, Harald (Hg.): Das soziale Gedächtnis: Geschichte, Erinnerung, Tradierung, Hamburg 2001.

Welzer, Harald: Das kommunikative Gedächtnis. Eine Theorie der Erinnerung, München 2002.

Welzer, Harald; Moller, Sabine; Tschuggnall, Karoline: «Opa war kein Nazi»: Nationalsozialismus und Holocaust im Familiengedächtnis, Frankfurt am Main: Fischer 2002.

Welzer, Harald, Lenz, Claudia: Opa in Europa. Erste Befunde einer vergleichenden Tradierungsforschung, in: Ders. (Hg.): Der Krieg der Erinnerung: Holocaust, Kollaboration und Widerstand im europäischen Gedächtnis, Frankfurt a. M. 2007, S. 7-40.

Welzer, Harald (Hg.): Der Krieg der Erinnerung: Holocaust, Kollaboration und Widerstand im europäischen Gedächtnis, Frankfurt a. M. 2007.

Wenk, Silke; Eschebach, Insa: Soziales Gedächtnis und Geschlechterdifferenz. Eine Einführung, in: Eschebach, Insa; Wenk, Silke; Jacobeit, Sigrid: Gedächtnis und Geschlecht: Deutungsmuster in Darstellungen des nationalsozialistischen Genozids, Frankfurt a. M. 2002, S. 13-38.

Wiegel, Gerd: Globalisierte Erinnerung? Die Universalisierung der NS-Erinnerung und ihre geschichtspolitische Funktion, in: Klundt, Michael; Salzborn, Samuel; Schwietring, Marc; Wiegel, Gerd (Hg.): Erinnern, verdrängen, vergessen. Geschichtspolitische Wege ins 21. Jahrhundert, Giessen 2003, S. 109-136.

Wierling, Dorothee: Oral History, in: Maurer, Michael (Hg.): Aufriss der Historischen Wissenschaften, Stuttgart 2003, S. 81-151.

Wildmann, Daniel: Wo liegt Auschwitz? in: Boyadjian, Rupen: Völkermord und Verdrängung. Der Genozid an den Armeniern – die Schweiz und die Shoah, Zürich, 1998, S. 163-169.

Winter, Sebastian: Arischer Antifaschismus. Geschlechterbilder als Medium der kulturindustriellen Bearbeitung der Erinnerung an den Nationalsozialismus am Beispiel der Filme Der Untergang, Sophie Scholl und Napola, in: Kittkritik (Hg.): Deutschlandwunder. Wunsch und Wahn in der postnazistischen Kultur, Mainz 2007, S. 52-68.

Wolf, Walter: Faschismus in der Schweiz. Die Geschichte der Frontenbewegungen in der deutschen Schweiz 1930-1945, Zürich 1969.

Yuval-Davis, Nira: Gender and Nation, London 1998.

Zala, Sacha: Das amtliche Malaise mit der Historie. Vom Weißbuch zum Bonjour-Bericht, in: Schweizerische Zeitschrift für Geschichte. Sonderdruck, 47, 1997. S. 759-780.

Zala, Sacha: Gebändigte Geschichte. Amtliche Historiographie und ihr Malaise mit der Geschichte der Neutralität 1945-1961, Bern 1998.

Zander, Ulf: Holocaust at the Limits. Historical Culture and the Nazi Genocide in the Television Era, in: Karlsson, Klas-Göran; Zander, Ulf (Hg.): Echoes of the Holocaust: Historical Cultures in Contemporary Europe, Lund 2003, S. 255-292.

# Anhang

## Anhang 1: Leitfaden Gruppendiskussion

| | Interesse/Thema | Frage | Nachfragen | Bemerkungen | t |
|---|---|---|---|---|---|
| **Erinnerungsgeschehen I** Vorstellungen und Wissen aus diachronen und synchronen Beständen offene Fragen Fokus: Vorstellungen | **Einstiegsfrage A** Erzählgenerierend Uns interessiert: Welche Themen bringen sie als erstes? Was wird nicht thematisiert? Was für Geschichten werden erzählt? Wie strukturieren sie selbst das Gespräch? Fokus auf Schweiz? Nationale oder transnationale Perspektive? Ist der Holocaust ein Thema? | **A1 Einstieg** Was kommt Ihnen in den Sinn, wenn Sie das hören: Der Zweite Weltkrieg. | **Verständnisfragen** | Ziel: Angenehme Gesprächsatmosphäre schaffen | 20-30' |
| | **Themenblock B** Uns interessiert: Wie sehen sie die Situation und die Rolle der Schweiz und der Schweizer damals (Bedrohung, Kooperation, schwierig oder schön, etc). Emotionen? Uns interessiert, welches Bild sie vom Kollektiv Schweiz haben, ob beispielsweise ein Bild des Zusammenhalts gezeichnet wird | **B 1 Nur fragen, wenn nicht unter A bereits gekommen** Wie stellen Sie sich die Situation für die Schweiz damals und für die Leute in der Schweiz vor? | **Verständnisfragen** Wie denken Sie, war damals das Verhältnis der Schweizerinnen und Schweizer untereinander? | | 10' |

| | Interesse/ Thema | Frage | Nachfragen | Bemerkungen | t |
|---|---|---|---|---|---|
| **Erinnerungsgeschehen II** Wissen und Vorstellungen aus diachronen und synchronen Beständen konkrete Fragen Fokus: Wissen | **Themenblock C** Uns interessiert es, was sie über die jüngsten Anstrengungen zur Aufarbeitung der Schweiz im WWII und überhaupt über die Rolle der Schweiz damals wissen. Was für ein Geschichtsbild wird präsentiert? Welche Haltung haben sie gegenüber den HistorikerInnen? Konkret: Was denken/wissen sie über <br>• die Flüchtlingspolitik <br>• Nachrichtenlose Vermögen u Nazigold <br>• Neutralität <br>• Wirtschaftliche Verflechtungen | **Rolle der Schweiz Gesprächsimpuls: Bücher** schauen, was kommt nachfragen, Themen aufgreifen, die sie einbringen: Können Sie sich erinnern, um was es dabei so ging? Beispiel X, kommt Ihnen dazu etwas in den Sinn? **C1 Flüchtlinge/ Flüchtlingspolitik** | Keine Intervention, TN sprechen lassen <br><br><br><br><br><br><br><br><br><br><br><br><br><br><br>• Stichwort Flüchtlingspolitik, fällt Ihnen dazu etwas ein? <br>• Was denken Sie, hat man damals in der Schweiz über das Schicksal der Juden gewusst? <br>• *Das Boot ist voll*, sagt Ihnen das etwas? <br>• Sagt Ihnen der J-Stempel etwas? <br>• Was denken Sie, spielte Judenfeindschaft damals für eine Rolle? | | 30-40' |

… Anhang 1: Leitfaden Gruppendiskussion

| | Interesse/ Thema | Frage | Nachfragen | Bemerkungen | t |
|---|---|---|---|---|---|
| | Zudem interessiert uns, ob Antisemitismus überhaupt thematisiert wird, ob es ein Bewusstsein über dessen Bedeutung gibt, ob evtl. auch antisemitische Deutungsmuster und Stereotype präsent sind. | **C2 Nazigold/ Nachrichtenlose Vermögen** | ▪ Thema Nazigold und Nachrichtenlose Vermögen. Worum ging es in den Debatten vor zehn Jahren, sagt Ihnen das etwas? | | |
| | | **C3 Wirtschaftliche Verflechtungen** | ▪ Thema Wirtschaftliche Verflechtungen, kommt Ihnen da dazu etwas in den Sinn?<br>▪ Es gibt ja die Meinung, die Schweiz hat mit den Nazis zusammengearbeitet, was sagen Sie dazu?<br>▪ In welcher Form denken Sie, gab es eine Zusammenarbeit? | | |
| | | **C4 Neutralität/ Schweiz als Insel** | ▪ Die Schweiz wird ja als neutral angesehen, was würden Sie sagen?<br>▪ Auch ein häufiges Bild im Bezug auf damals ist das Bild von der Schweiz als Insel. Wie sehen Sie das, war die Schweiz eine Insel? | | |

| | Interesse/Thema | Frage | Nachfragen | Bemerkungen | t |
|---|---|---|---|---|---|
| **Erinnerungs-geschehen III** | **Themenblock D** Uns interessiert die Verknüpfung von Vergangenheit, Gegenwart und Zukunft, die im Geschichtsbewusstsein ihren Niederschlag findet. | **D1 Lernen aus der Vergangenheit** | • Fühlen Sie sich genug informiert über das, was passiert ist im Zweiten Weltkrieg?<br>• Wie und wo informieren Sie sich über die Zeit des Zweiten Weltkrieges?<br>• Was bringt es der Schweiz, sich mit der eigenen Vergangenheit auseinanderzusetzen?<br>• Was würden Sie sich von den HistorikerInnen wünschen? | | 20' |

# Anhang 2:Gesprächsimpuls

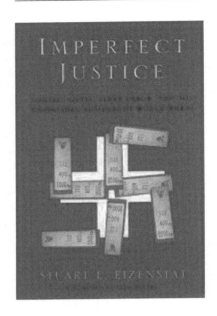

## Anhang 3: Fragebogen

A   *Der Zweite Weltkrieg* – Was fällt Ihnen dazu spontan ein? Nennen Sie bitte drei Stichworte.

Wann und in welchem Zusammenhang wurden Sie bisher mit dem Thema *Zweiter Weltkrieg* konfrontiert?

In welchem Zusammenhang wurden Sie **erstmals** mit dem Thema *Zweiter Weltkrieg* konfrontiert?

B   An welche Filme, Bücher und Fernsehsendungen zum Thema *Zweiter Weltkrieg*, die Sie gesehen oder gelesen haben, erinnern Sie sich? Können Sie sich an Titel und/oder Autoren erinnern?

Haben Sie Ausstellungen, Museen oder Gedenkorte besucht? Welche waren das, und wann war das?

Haben Sie im Schulunterricht den *Zweiten Weltkrieg* behandelt? Können Sie sich noch erinnern, was Sie damals erfahren haben?

Haben Sie Debatten mitverfolgt, die in den Medien zum *Zweiten Weltkrieg* geführt wurden?

C   Ist der *Zweite Weltkrieg* in Ihrer Familie, am Arbeitsplatz, im Verein etc. auch ein Gesprächsthema? Wenn ja, wo?

Gab es Begegnungen mit Menschen, die für Sie im Zusammenhang mit dem *Zweiten Weltkrieg* wichtig waren? Was für Personen waren das?

Gab es insbesondere in den letzten Monaten eine Sendung, ein Gespräch oder ein sonstiges Ereignis, bei dem Sie dem Thema *Zweiter Weltkrieg* begegnet sind?

## Personalien

Name/Vorname
Geburtsdatum
Derzeitiger Wohnort
Absolvierte Schulen
Beruf(e)
Politische Präferenzen (fakultativ)

## Anhang 4: Transkriptionskriterien

Für die mit dem Forschungsprojekt einhergehenden Veröffentlichungen haben wir die Namen der Interviewpartnerinnen und -partner pseudonymisiert und gewisse Ortsangaben und biographischen Daten verändert. Zwecks besserer Verständlichkeit haben wir die zitierten Sequenzen in Standartsprache übersetzt und Tempora, Kasus und Satzbau wenn notwendig angepasst. So wurde der Mundart-Perfekt in den meisten Fällen durch den Imperfekt ersetzt, der im Dialekt oft verwendete parataktische Stil in neue Haupt- und Nebensätze umgewandelt, in der mündlichen Sprache häufig vorkommende Füllwörter wie «und», «oder» und «dann», ebenso wie «äh» reduziert. Schwierig übersetzbare Dialektausdrücke und Helvetismen wurden beibehalten. Auslassungen sind mit drei Punkten in eckigen Klammern gekennzeichnet, ebenso wie akustisch unverständliche Passagen. Sprachliche Auffälligkeiten (z.B. Betonungen) sind mit Sonderzeichen kenntlich gemacht. Ebenfalls lesbar gemacht sind einzelne nonverbale Aspekte (z.B. lachen) und Rezeptionssignale (z.B. Mhm).

In Gruppendiskussionen kommt es häufig vor, dass mehrere Personen gleichzeitig sprechen, was Transkription und Lesbarkeit zusätzlich erschwert. Verwendet wird in dieser Arbeit eine Darstellungsweise, die gleichzeitig stattfindende Beiträge von anderen Teilnehmenden in runden Klammern kennzeichnet. Stellen, an denen die Teilnehmenden sich selber oder andere unterbrechen, sind mit einem Schrägstrich gekennzeichnet. Zitate in den Sprechbeiträgen sind markiert, ebenso Stellen, an denen die Teilnehmenden selbst in die Standardsprache wechseln.

Für Zitate aus Gruppendiskussionen, die direkt im Lauftext Verwendung finden, werden Anführungs- und Schlusszeichen verwendet, in Abgrenzung zu Zitaten aus Fachliteratur sind sie kursiv markiert.

### *Beispiele*

| | |
|---|---|
| [...] | Auslassung |
| [unv.] | unverständliche Passage |
| [Anm.] | Anmerkungen, Ergänzungen |
| / | Unterbrechung |
| [Lachen] | Charakterisierung von nonverbalen Vorgängen |
| Sie *ist* da | Betonung |
| «wenn die kommen» | Zitat |
| Hans P.: War (Anna F.: nicht schön) nicht schön. | Gleichzeitiges Sprechen mehrerer Teilnehmender |
| Anna F.: Er schrie, ((Dt.)) «Geht weg.» ((Dt.)) und/ | Wechsel der Teilnehmenden in Schriftsprache |

Druck: KN Digital Printforce GmbH · Schockenriedstraße 37 · 70565 Stuttgart